DEUTSCHE STANDARDS

Chefredaktion
Olaf Salié

Projektleitung
Kristina Reinbothe

Redaktionelle Leitung
Cläre Stauffer

Chef vom Dienst
Steffen Heemann

Redaktionsassistenz
Nicola Henkel

Gestaltung
Stefan Laubenthal

Fotos „Ausgezeichnete Gestaltungsideen"
Peter Johann Kierzkowski | pjk-atelier

BEISPIELHAFTE GESCHÄFTSBERICHTE

Mit Beiträgen von
Roland Tichy
Dr. Wolfgang Große Entrup
Thilo Breider
Klaus Rainer Kirchhoff
Marco Schüller

Mit Texten von
Sibylle Altenhövel, Gabriele Borgmann,
Cora Finner, Jens Frantzen, Anna Jacobsen,
Thomas Jakobi, Dr. Manfred Luckas,
André Zwiers-Polidori, u.a.

INHALT

Stärke und Vertrauen 6
von Roland Tichy, Chefredakteur WirtschaftsWoche

Nachhaltige Entwicklung in deutschen Unternehmen 8
von Dr. Wolfgang Große Entrup, Vorsitzender des Vorstands,
econsense - Forum Nachhaltige Entwicklung der Deutschen Wirtschaft e.V.

Von bewegten Zeiten und bewegenden Bildern 10
von Thilo Breider, Geschäftsführer und Partner 3st kommunikation GmbH

Internet goes mobile 12
von Klaus Rainer Kirchhoff, Kirchhoff Consult AG

PRÄSENTATION DER GESCHÄFTSBERICHTE

AUDI AG 16
Bayer AG 20
Bechtle AG 24
Beiersdorf AG 28
Bertelsmann AG 32
Bertrandt AG 36
Beta Systems Software AG 40
Bremer Lagerhaus-Gesellschaft –
Aktiengesellschaft von 1877 44
CAMERA WORK AG 48
comdirect bank AG 52
Commerzbank AG 56
DEKRA SE 60
Deufol AG 64
Deutsche Bank AG 68
Deutsche Telekom AG 72
Deutscher Sparkassen- und Giroverband 76
Dialog Semiconductor Plc 80

DIC Asset AG 84
DREWAG - Stadtwerke Dresden GmbH 88
DSW21 - Dortmunder Stadtwerke 92
EADS N.V. 96
Eckert & Ziegler 100
elexis AG 104
ElringKlinger AG 108
envia Mitteldeutsche Energie AG 112
Evonik Industries AG 116
FernUniversität in Hagen 120
Förde Sparkasse 124
Funkwerk AG 128
GBW AG 132
GESCO AG 136
GEWOBA Aktiengesellschaft Wohnen und Bauen 140
GfK SE 144
Giesecke & Devrient GmbH 148
GILDEMEISTER Aktiengesellschaft 152
GRAMMER AG 156
Helaba Landesbank Hessen-Thüringen 160
Heraeus Holding GmbH 164
HOYER GmbH 168
Hubert Burda Media 172
INDUS Holding AG 176
LANXESS AG 180
LEONI AG 184

Linde AG 188	Stadtwerke Köln GmbH 292
LPKF Laser & Electronics AG 192	Stadtwerke Münster 296
Mainova AG 196	Stadtwerke Tübingen GmbH 300
MediGene AG 200	STIHL Holding AG & Co. KG 304
Messe Frankfurt GmbH 204	Sunways AG 308
METRO GROUP 208	technotrans AG 312
MVV Energie AG 212	ThyssenKrupp AG 316
mwb fairtrade AG 216	TLG IMMOBILIEN GmbH 320
NanoFocus AG 220	TUI AG 324
Nemetschek AG 224	USU Software AG 328
Oldenburgische Landesbank AG 228	Uzin Utz AG 332
P&I AG 232	VERBIO Vereinigte BioEnergie AG 336
Porsche Automobil Holding SE 236	Volksbank Paderborn-Höxter-Detmold eG 340
Progress-Werk Oberkirch AG 240	Volkswagen AG 344
PSI AG 244	Vorwerk & Co. KG 348
PVA TePla AG 248	Wacker Chemie AG 352
R. STAHL Aktiengesellschaft 252	Wacker Neuson SE 356
REALTECH AG 256	WashTec AG 360
RWTH Aachen University 260	Westfälische Wilhelms-Universität Münster 364
Salzgitter AG 264	WMF AG 368
Santander Consumer Bank AG 268	Nachhaltigkeit im Blick 373
SCHOTT AG 272	Ausgezeichnete Gestaltungsideen 385
SEVEN PRINCIPLES AG 276	Studie Online-Geschäftsberichte 405
Siemens AG 280	von Marco Schüller, Head of Online Division, Kirchhoff Consult AG
SMS group 284	Agenturverzeichnis 416
Stadtwerke Hannover AG 288	Impressum 420

STÄRKE UND VERTRAUEN

VON ROLAND TICHY, CHEFREDAKTEUR WIRTSCHAFTSWOCHE

Die aktuellen wirtschaftspolitischen Entwicklungen haben weltweit die Hoffnung auf einen mittelfristig glatten Konjunkturverlauf zerschlagen. Der Verlust eines „A" im Rating der USA hat an einem Tag so viel Kapital vernichtet wie Spanien in einem Jahr erwirtschaftet. Der Euro und die Bereitschaft der Bundesregierung, als Bürge einzuspringen, haben Schulden Griechenlands, Portugals, Irlands und womöglich des lahmenden Italiens zu unseren gemacht und deren innenpolitischen, wirtschaftlichen und gesellschaftlichen Probleme gleich mit dazu. Haben sich die Leistungen der deutschen Industrie und deren nach wie vor ungebrochenen Exporterfolge in einer Finanzierungsfalle verfangen? Wohl (noch) nicht. Es ist seit jeher die Stärke deutscher Unternehmen gewesen – und ist es noch –, auf Krisen schnell, wohlüberlegt und mit längerfristiger Anpassung an neue Gegebenheiten zu reagieren. Es sind nicht die immer wieder, immer häufiger und meist aus unerfindlichen Gründen auftretenden Krisen, die ein Gefüge auseinanderbrechen lassen, sondern es ist die Unfähigkeit, mit Krisen umzugehen. Wirtschaftliches Wachsen und Werden, das haben deutsche Unternehmen bewiesen, ist nicht nur, aber auch ein Spiegel guten Krisenmanagements!

Dieser Weitblick trägt Früchte. Im zurückliegenden Geschäftsjahr 2010 haben die DAX-Schwergewichte mit 53 Mrd. Euro so viel verdient wie nie. Erstmals in der deutschen Unternehmensgeschichte schrieben alle Konzerne im Leitindex schwarze Zahlen – und das nur ein Jahr nach dem schwersten Konjunktureinbruch in der Geschichte der Bundesrepublik. Zuvor stark gebeutelte Branchen wie z.B. die Chemie- oder die Autoindustrie fuhren 2010 beachtliche Umsatzrenditen ein. Eben dieser „Return on Sales" kennzeichnet auch den Erfolg der deutschen Industrie-, Handels- und Dienstleistungsunternehmen – sie werden profitabler, flexibler und gegen Schwankungen unempfindlicher. Stiegen die Umsätze im vergangenen Geschäftsjahr noch eher moderat, so gingen die Nettogewinne im gleichen Zeitraum mit annähernd 150 % sprichwörtlich durch die Decke. Hier ist eindeutig ein Trend zu erkennen: Unternehmen wachsen nicht mehr um jeden Preis, sondern setzen stattdessen auf marktrelevante Spezialisierungen, globale Märkte und auf Synergien. Vor wenigen Jahren wurden unrentable Geschäftszweige häufig noch aus eher emotionalen – weil der Tradition verhafteten – Gründen dort beibehalten, wo Rationalität angeraten gewesen wäre. Das ist heute, und damit sind wir wieder beim Krisenmanagement, anders: Kompromisslos wird das Unrentable oder auch das, was das Gesamtunternehmen belastet, abgestoßen. Die Unternehmensführungen stehen in der Verantwortung ihren Mitarbeitern und ihren Eigentümern, den Aktionären, gegenüber. Mit neuer Kompromisslosigkeit werden sie deren Forderungen gerecht und sichern Fortbestand und Wachstum. Für Aktionäre und Investoren spielen Umsätze und Cashflow eine untergeordnete Rolle – was zählt, sind nachhaltige Gewinne.

Börsennotierte Unternehmen sind durch das Aktiengesetz dazu verpflichtet, sich in ihren Jahresberichten auch zur zukünftigen Entwicklung der Gesellschaft zu äußern. Bei diesen Prognosen halten sich die meisten Konzerne allerdings gerne und vornehm zurück. Diese Zurückhaltung ist angesichts der konjunkturellen Schwankungen verständlich, dennoch würde ich mir in diesem Zusammenhang doch neben mehr Transparenz auch Bereitschaft zur eigenen Courage wünschen. Mit dem Geschäftsbericht wird nicht nur Rechenschaft über das vergangene Geschäftsjahr abgelegt, sondern es wird durch ihn, wenn er präzise ist, sich vor Klarheit nicht drückt, auch das Vertrauen der Anteilseigner gewonnen und gefestigt. Jedes Unternehmen ist für jeden neuen Aktionär dankbar, weil es durch ihn an Stärke gewinnt. Das zeigt auch das vorliegende Kompendium deutlich. Der redaktionelle und drucktechnische Aufwand, der zur Herstellung der Berichte betrieben wird, ist immens. Stilistische und grafische Zutaten machen den Geschäftsbericht zur wichtigsten Imagebroschüre des Jahres. Das Selbstverständnis, der Optimismus, die Entschlossenheit und die Vision des Unternehmens werden ideenreich illustriert und mit den harten Fakten der Unternehmenskennzahlen zu Papier gebracht. Häufig macht der reine Zahlenteil der Berichte nur noch einen kleinen Anteil des Gesamtumfangs aus – auch Übertreibungen in der Form sind nicht selten. Zunehmend wird auch den Neuausrichtungen in der Unternehmensphilosophie viel Platz eingeräumt – ein Anteilseigner, der umfassend informiert wird, ist ein zufriedener Anteilseigner!

Dabei spielen Themen wie Nachhaltigkeit und Corporate Social Responsibility (CSR) eine immer bedeutendere Rolle. In Präsentation und Gewichtung auf den ersten Blick zum Imagegewinn gedacht, dominieren auch hier mittlerweile harte Fakten das unvermeidliche Umdenken. Themen wie z. B. Energieeffizienz stehen nicht erst seit Fukushima auf der Agenda der meisten Unternehmen, sie haben schon länger vorher aus Sorge vor explodierenden Energiekosten an Priorität gewonnen. Durch Maßnahmen zur Emissionsreduzierung und Ressourcenschonung lassen sich darüber hinaus Kosten minimieren und mit Technologien dieser Schlüsselqualitäten neue Märkte erschließen. Unternehmerische Gesellschaftsverantwortung (CSR) ist also nicht nur gut für die öffentliche Wahrnehmung eines Konzerns, sondern wird sich auch durchaus positiv auf die Bilanzen auswirken. Unternehmerische Verantwortung, Nachhaltigkeit und Umwelt ziehen sich quasi als „grüner Faden" durch die Geschäftsberichte. Dem Anleger wird dadurch auch ein Bewertungskriterium der Zukunftschancen des Unternehmens an die Hand gegeben. Und damit auch sein Vertrauen gewonnen. Und genau das ist nichtzuletzt eine vordergründige Aufgabe eines solchen Berichts!

Roland Tichy studierte in München und New Orleans Volkswirtschaft, Politik und Kommunikationswissenschaften. Nach zwei Jahren im Planungsstab des Bundeskanzleramts wechselte er als Bonner Korrespondent zur WirtschaftsWoche. Nach der Wiedervereinigung war er als Stellvertreter des Rundfunkbeauftragten der elektronischen Medienlandschaft in den Neuen Bundesländern mitverantwortlich. Er arbeitete für namhafte deutsche Wirtschaftsmagazine und als Medienberater für große Unternehmen.

Für das Handelsblatt leitete er das Berliner Büro. Seit 2007 ist er Chefredakteur der WirtschaftsWoche. Für seine Kolumne „Tichys Totale" wurde er 2008 mit dem Ludwig-Erhard-Preis für Wirtschaftspublizistik ausgezeichnet. Seine Kolumnen hat er 2009 erstmals in Buchform veröffentlicht.

Weitere Bücher schrieb Roland Tichy zum Thema Einwanderung und Bevölkerungsentwicklung, u.a. „Ausländer rein" und „Die Pyramide steht Kopf".

NACHHALTIGE ENTWICKLUNG IN DEUTSCHEN UNTERNE

VON DR. WOLFGANG GROSSE ENTRUP, VORSITZENDER DES VORSTANDS, ECONSENSE – FORUM NACHHALTIGE ENTWICKUNG DER DEUTSCHEN

Der Begriff des „nachhaltigen Wirtschaftens" hat in deutschen und internationalen Unternehmen in den letzten Jahren stark an Bedeutung gewonnen. Unternehmen sind sich mehr denn je ihrer Verantwortung gegenüber der Gesellschaft bewusst und sehen in Nachhaltigkeits-Herausforderungen auch geschäftliche Chancen. Unter „nachhaltigem Wirtschafen" versteht econsense im Sinne der Definition der Brundtland-Kommission eine „Entwicklung, die die Bedürfnisse der Gegenwart befriedigt, ohne zu riskieren, dass künftige Generationen ihre eigenen Bedürfnisse nicht befriedigen können."

Diese Definition dürfte inzwischen allgemein akzeptiert sein. Sie beschreibt die gesamtgesellschaftliche Aufgabe, wie man reflektiert und mit langfristiger Perspektive mit natürlichen, ökonomischen und gesellschaftlichen Belangen und Ressourcen umgehen sollte. Entscheidend ist hier das Ausbalancieren dieser drei Dimensionen. Das klingt zunächst banal, ist es aber nicht: Denn es bedeutet, dass in jedem Einzelfall angestrebt wird, die positiven Auswirkungen der Entscheidung auf jede der drei Dimensionen zu optimieren und die negativen zu minimieren.

Unter unternehmerischer Nachhaltigkeit verstehen wir deshalb nicht eine bloße Kommunikationsstrategie, die dem Unternehmen einen grünen Anstrich geben soll, sondern ein im Kerngeschäft des Unternehmens verankertes Prinzip. Hierzu gehört erstens, dass Unternehmen sowohl ihre Produkte als auch ihre Prozesse und Lieferketten beispielsweise auf effizienten Ressourceneinsatz, Umweltauswirkungen des unternehmerischen Handelns sowie die Einhaltung von Arbeitnehmer- und Menschenrechten überprüfen. Hierzu gehört zweitens, dass die Langfristigkeit von Geschäftsmodellen im Auge behalten wird, wie die Renditechancen jeder einzelnen Investition. Und schließlich drittens, dass Nachhaltigkeits-Herausforderungen, wie etwa der Klimaschutz, als Geschäftschance ergriffen werden. In letzter Konsequenz bedeutet eine durchdachte und ganzheitliche unternehmerische Nachhaltigkeitsstrategie für das Unternehmen die Minimierung von Risiken und Nutzung von Chancen – und damit eine mittel- und langfristig verbesserte Stellung im Markt.

Ein solches auf Nachhaltigkeit und Langfristigkeit angelegtes unternehmerisches Verhalten wird zunehmend auch von den Stakeholdern eingefordert. Insbesondere Konsumenten und Mitarbeiter legen verstärkt Wert auf nachhaltiges Handeln des Unternehmens, bei dem sie kaufen oder arbeiten. Verstärkt werden Nachhaltigkeitsaspekte aber auch von Investoren, Analysten und Versicherern wahrgenommen.

Immer mehr Unternehmen veröffentlichen dabei Berichte über ihr Nachhaltigkeitsengagement. Zum einen, um die Nachhaltigkeitsleistungen gegenüber Stakeholdern transparenter zu machen, zum anderen auch, um das eigene Engagement besser messen und damit steuern zu können.

Die Nachhaltigkeitsberichterstattung ist ein noch relativ junges Feld, das sich aber rapide entwickelt. Während im Jahr 2000 lediglich ein Drittel der 150 größten Unternehmen in Deutschland über ihr Nachhaltigkeitsengagement berichteten, sind es heute weit über die Hälfte – Tendenz steigend.

Auch die Qualität der veröffentlichten Berichte nimmt zu. Schon längst sind die meisten Nachhaltigkeitsberichte keine Werbebroschüren mehr. Mit handfesten Key Performance Indikatoren im Bereich Environment, Social and Governance (ESG) messen Unternehmen mittlerweile ihr Nachhaltigkeitsengagement. Sei es über Kennziffern zum CO_2-Ausstoß oder zum Materialeinsatz oder über Zahlen zu Arbeitsunfällen und zur Diversität in den Führungsebenen. Viele Unternehmen setzen sich dabei in diesen vermeintlich „weichen" Bereichen „harte" Ziele. Verstärkt werden die Berichte dabei auch von Wirtschaftsprüfungsgesellschaften auf ihre Richtigkeit hin geprüft.

Mit dem Berichtsrahmen der Global Reporting Initiative hat sich im Bereich der Nachhaltigkeitsberichterstattung ein international anerkannter Standard etabliert. Bei allen Entwicklungen, die die Nachhaltigkeitsberichterstattung in den letzten Jahren genommen hat, ist dieses Feld jedoch noch jung und es besteht viel Entwicklungspotenzial. Die Unternehmen suchen weiter nach neuen, nach besseren Möglichkeiten, ihr Nachhaltigkeitsengagement auszubauen sowie es messbarer und transparenter zu machen. Gerade bei der Berichterstattung tut sich hier sehr viel. So haben einige Unternehmen begonnen, Geschäftsbericht und Nachhaltigkeitsbericht zu integrieren. Andere integrieren lediglich einige relevante ESG-Kennzahlen in ihren Geschäftsbericht. Wiederum andere verzichten auf eine solche Kombination von Finanzthemen und „non-financials", um auf jedes Thema separat zu fokussieren. Ein „richtig" oder „falsch" gibt es dabei nicht, und die gewählten Strategien hängen stark von den angestrebten Zielgruppen ab. Damit wird sich mit der Zeit der für Unternehmen und Stakeholder praktikabelste Ansatz durchsetzen. Hier ist es jedoch wichtig, dass die Eigeninitiative der Unternehmen sowie die rapide Entwicklung in diesem Bereich nicht durch einschnürende gesetzliche Verpflichtungen und bürokratische Mehrarbeit eingeschränkt werden. Natürlich wünschen sich auch die Unternehmen eine gewisse Standardisierung von ESG-Kennzahlen, wie dies bei den GRI-Kriterien der Fall ist. Dies sollte aber unternehmerische Gestaltungsmöglichkeiten nicht einengen, sondern eher befördern.

Dr. Wolfgang Große Entrup ist seit dem 1. Januar 2007 in der Konzernzentrale der Bayer AG verantwortlich für den Bereich Environment & Sustainability und damit zuständig für die weltweite Steuerung der Konzernaktivitäten in diesen Bereichen. In dieser Funktion berichtet er direkt an den Konzernvorstand. Dr. Wolfgang Große Entrup wurde am 24. Mai 1962 in Euskirchen geboren und studierte an der Universität Bonn Agrarwissenschaften. Ab 1990 arbeitete Wolfgang Große Entrup als Persönlicher Referent eines parlamentarischen Geschäftsführers der Regierungskoalition im Deutschen Bundestag und promovierte an der Universität Bonn. 1994 trat er in die BASF AG ein. Hier übernahm er zunächst eine Stabsaufgabe in einer Bereichsleitung. Es folgten weitere Stationen in Geschäfts- und Zentraleinheiten. Im Januar 2002 kam Große Entrup zur Bayer AG, wo er zunächst die Leitung des Konzernstabs Qualitäts-, Umwelt- und Sicherheitspolitik übernahm, im Juli 2002 dann den Konzernbereich Governmental & Product Affairs. Außerhalb der Bayer AG hat Herr Dr. Große Entrup eine Reihe von Funktionen übernommen. Seit Juni 2011 ist er Vorsitzender des Vorstands von econsense - Forum Nachhaltige Entwicklung der Deutschen Wirtschaft e.V. Zudem ist er Vorsitzender der Bundesfachkommission Umweltpolitik des Wirtschaftsrats und Mitglied des Bundesvorstands. Im BDI gehört er dem Vorstand des Bereichs Technik und Umwelt an.

VON BEWEGTEN ZEITEN UND BEWEGENDEN BILDERN

VON THILO BREIDER, GESCHÄFTSFÜHRER UND PARTNER 3ST KOMMUNIKATION

Edmund Grabowski schaut schon wieder auf das Zifferblatt seiner inzwischen leicht beschlagenen Armbanduhr. Der silberne Zeiger auf dem schwarzen Zifferblatt zeigt 17.23 Uhr, gleich ist es vorbei. Sein Bauch rebelliert, laut, vor Hunger. Er hat den ganzen Tag kaum etwas gegessen. Das tiefe Grummeln in seinen Eingeweiden deutet aber auch an, wie nervös der erfahrene Aktienhändler kurz vor dem freitäglichen Handelsschluss der Frankfurter Börse ist. Noch sieben Minuten, dann ist Schluss – und die Schreckenswoche nimmt ein Ende. Die vergangenen fünf Tage als rasant zu bezeichnen, wäre mehr als untertrieben. Als der DAX montags morgens noch bei 5.700 Punkten steht, glauben die meisten Aktionäre und auch die Händler in ihren blauen Hemden mit dem weißen Kragen noch lange nicht an einen Finanz-Tsunami. Die halsbrecherische Berg-und Talfahrt startet aber in einem Höllentempo – und mündet am Freitag in einem Schlusskurs von 5.200 Punkten. „Es hätte schlimmer kommen können", murmelt Edmund Grabowski. Pünktlich um 17.30 Uhr ertönt der Gong. Grabowski atmet auf, das Schlimmste scheint überstanden zu sein.

WORTE SIND BILDER

Wie es weitergeht mit Edmund Grabowski und der Welt der Börse lesen Sie im Geschäftsbericht der, naja, sagen wir mal, Mustermann AG. Denn das, was wie das Drehbuch eines Finanzkrimis klingt, könnte so in einem Finanzbericht eines börsennotierten Unternehmens stehen, um mit wenigen Worten große, einprägsame Bilder im Kopf entstehen zu lassen. Denn auch in Geschäftsberichten kann – und sollte – man spannende „Geschichten" erzählen: Akzentuiertes, authentisches Storytelling ist in der Lage, Informationen und Imagebilder in den Köpfen der Leser dauerhaft zu verankern. Nichts ist so spannend wie die Realität – und die Erkenntnis, dass ehrliche, gewissenhaft recherchierte, lebendig erzählte Geschichten maximale Glaubwürdigkeit und große Emotionen erzeugen. Erfolgreiche Magazine wie brand eins oder GEO zeigen, wie spannend es sein kann, Wissen zu vermitteln. Mit Bildern eben, die komplexe Sachverhalte einfach und unterhaltsam aufbereiten.

BILDER BRINGEN VIELFALT

Apropos Unterhaltung: Auch wenn ein Geschäftsbericht nach §264 HGB „unter Beachtung der Grundsätze ordnungsmäßiger Buchführung ein den tatsächlichen Verhältnissen entsprechendes Bild der Vermögens-, Finanz- und Ertragslage der Kapitalgesellschaft zu vermitteln" hat, so darf – und sollte – er auch unterhaltende, imageprägende Elemente besitzen. Denn hinter Zahlen stecken Menschen und Geschichten, die Bilder des Unternehmens zeichnen und die Kraft der Authentizität nutzen. Diese Bilder entstehen natürlich nicht immer aus Texten, sondern auch aus Fotos, Illustrationen, Grafiken und sogar Materialien und Formen.

WIRTSCHAFT IN DREI AKTEN

Da ein guter Geschäftsbericht wie ein kurzweiliges Theaterstück funktionieren muss, steht am Anfang die Gliederung in Akte wie „Lagebericht", „Corporate Governance" und „Konzernabschluss". Daneben ist aber Platz für Improvisation und Pausenunterhaltung, für Zwischenspiele und die Ouvertüre. Ob das Reportagen sind oder Bildtrennseiten, Grafiken oder Interviews, entscheidet die Dramaturgie, die die spezifische Zielsetzung des Gesamtwerks im Blick hat.

INSZENIERUNG MIT FEINSINN

Klassische Inszenierungen in Geschäftsberichten bedienen sich gerne der Kraft großzügiger, doppelseitiger fotografischer Bildelemente. Solche Motive überzeugen dann, wenn es gelingt, gestalterische Originalität und Unternehmenstypik deutlich herauszuarbeiten. Sich dabei einzig an den Vorgaben des Corporate Designs auszurichten, reicht oft nicht aus. Das gilt auch für illustrative Bilder, deren Stilistik im CD meist gar nicht definiert ist. Fotografie muss daher sehr behutsam eingesetzt werden, in

Abstimmung mit Text und Grafik, in genauer Kenntnis des Unternehmens und seiner Besonderheiten.

ILLUSTRATIVE INDIVIDUALITÄT

Obwohl Illustrationen ein hohes Maß an unternehmensspezifischer Gestaltungstypik erlauben, sind sie in deutschen Geschäftsberichten – im Gegensatz zu angelsächsischen Reports – leider selten anzutreffen. Doch wenn sie den Charakter des Unternehmens atmen, werden sie zu expressiven, sprechenden Bildern. Zumal sie auch vielschichtige Inhalte sehr schnell auf den Punkt bringen können. Gleiches gilt für Infografiken und Tabellen, deren individuelle Wirkung oft unterschätzt wird.

ANFASSEN ERLAUBT

Auch das haptische Erlebnis, das ein Geschäftsbericht beim Blättern ausstrahlt, lässt im Kopf des Lesers Bilder entstehen. Wechselt man innerhalb eines Reports kapitelweise zwischen offenem und gestrichenem Papier, kann dies beispielsweise die Leitidee „Vielfalt erfahren" auf subtile Weise unterstreichen. Gleiches gilt für besondere Bindetechniken, Stanzungen, Prägungen und andere Veredelungskünste. Wohl dosiert und perfekt aufeinander abgestimmt, tragen sie dazu bei, unverwechselbare Unternehmensbilder zu erzeugen.

BILDER BEWEGEN

Konsistente Bilder zu erzeugen, ist in der Unternehmens- und Finanzkommunikation längst zu einer mehrdimensionalen Aufgabe avanciert. Ob Online-Geschäftsbericht oder iPad-App, das Bewegtbild ist buchstäblich auf dem Vormarsch. Ganz gleich, mit welcher Technik wir in Zukunft welche digitalen Kanäle bedienen. Aber: Die Fragen nach der idealen Bildauffassung, nach Dramaturgie, Authentizität und Charakter bleiben die gleichen. Denn die Herausforderung, der sich ein ambitionierter Theaterregisseur immer zu stellen hat, lautet: Was bleibt, wenn der Vorhang fällt?

Thilo Breider, geb. 1968, ist Geschäftsführer und Partner von 3st kommunikation in Mainz. Als Spezialist für Unternehmenskommunikation beschäftigt sich die Designagentur seit 1997 mit der Entwicklung unverwechselbarer Markenauftritte, Magazine, Websites und Geschäftsberichte, die seitdem vielfach mit nationalen und internationalen Awards ausgezeichnet wurden. Thilo Breider hat im Fachbereich "International Business Administration" an der Fachhochschule Wiesbaden und der Universidad de Sevilla studiert. Neben seiner Tätigkeit als Geschäftsführer ist der gelernte Diplom-Betriebswirt bei 3st kommunikation für Strategieentwicklung, Kommunikationskonzepte und Business Development verantwortlich.

INTERNET GOES MOBILE

VON KLAUS RAINER KIRCHHOFF, KIRCHHOFF CONSULT AG

Das Internet wird mobil – immer mehr Nutzer verfügen über mobile Endgeräte wie Smartphones oder Tablet-PCs. Durch eine in Deutschland fast vollständige Netzabdeckung mit Bandbreiten, die ein hohes Datenvolumen durchsetzen können, wird der Konsum von multimedialen Inhalten komfortabel möglich. Die stetig fallenden Preise stellen keine große Hürde mehr für die mobile Internetnutzung dar. Somit wird der Zugriff auf Webseiten von unterwegs zur Normalität. Dies lässt sich auch in den Webstatistiken ablesen. Der Anteil von Zugriffen auf Webseiten über mobile Endgeräte wächst ständig. Dies gilt ebenso für die Zugriffe auf Online-Geschäftsberichte.

Dieser Trend stellt die Unternehmen vor neue Fragen: Ist eine Optimierung der Webseiten für mobile Endgeräte notwendig? Oder gar die Entwicklung einer eigenen Corporate App? Und was ist mit dem Online-Geschäftsbericht? Die Geister scheiden sich an der Frage, welcher Weg eingeschlagen werden soll.

Mit der Entwicklung einer eigenen App zeigt man sich auf der Höhe der technischen und technisch-kulturellen Entwicklung. Die Einnahme der Vorreiterrolle verspricht einen Imagegewinn. Dem stehen eine Reihe von Nachteilen gegenüber. Zunächst einmal sind Apps plattformgebunden. Entwickelt man eine App für mobile Endgeräte auf Android-Basis oder für die Apple-Produkte? Mit Blick auf die Apple-Produkte muss entschieden werden, ob die App für das iPhone oder für das iPad entwickelt werden soll. In jedem Fall ist die Reichweite dadurch limitiert, dass man sich auf die technische Plattform eines Anbieters festlegt. Möchte man diese Beschränkung umgehen, dann wird die Entwicklung gleich mehrerer Apps fällig.

Zudem ist man bei Apple auf den iTunes-Store angewiesen, über den die App von den Nutzern heruntergeladen und dann installiert werden muss. Gerade für Geschäftsberichts-Apps wird der mit der Aufnahme in den Store verbundene Genehmigungsprozess zum Problem. Dieser kann zwei bis drei Wochen in Anspruch nehmen und macht es daher schwierig, die App zeitgleich mit dem klassischen Online-Geschäftsbericht und der gedruckten Version zu publizieren.

Den Nachteilen der limitierten Reichweite, der Notwendigkeit verschiedene Apps für verschiedene Plattformen und Endgeräte programmieren zu müssen und den zeitlichen Problemen steht der Vorteil gegenüber, dass die App – einmal installiert – auch offline genutzt werden kann.

Auf allen mobilen Endgeräten sind standardmäßig moderne Browser installiert und die Netzabdeckung ist fast flächendeckend gewährleistet. Daher stellt die Optimierung der klassischen Webseite für mobile Endgeräte die zweite Möglichkeit dar, auf den Trend zur mobilen Nutzung zu reagieren. Die Optimierungsmaßnahmen sind stufenlos skalierbar.

Durch eine Anpassung der CSS- und HTML-Programmierung lassen sich Spaltenbreiten an das Displayformat der mobilen Endgeräte anpassen und das Volumen der zu übertragenden Daten reduzieren. Ein Verzicht auf den Einsatz von Flash stellt sicher, dass sämtliche Inhalte auch auf Apple-Produkten dargestellt werden können. Schließlich sorgt eine Analyse der dynamischen Funktionen auf die Funktionsfähigkeit ohne aktiviertes JavaScript dafür, dass diese auch für die mobile Nutzung zur Verfügung stehen.

Ein Vorteil dieser Vorgehensweise liegt darin, dass sie plattform- und geräteunabhängig allen Nutzern zugute kommt und sukzessive implementiert werden kann. Das neue HTML5 erlaubt es sogar, die von den Apple-Produkten gewohnte „Wischnavigation" umzusetzen.

Welcher Weg einzuschlagen ist, wird mit Blick auf die Zielgruppe und eine Kosten-Nutzen-Analyse jeweils unternehmensindividuell entschieden werden. Die Anzahl der Geschäftsberichts-Apps hielt sich in der Berichtssaison 2010 jedenfalls in überschaubaren

Grenzen. In allen Fällen handelte es sich um vorsichtig tastende Versuche, das Terrain und die Möglichkeiten auszuloten, die diese Variante bieten kann. Momentan dominiert noch die Variante Optimierung der Seite für mobile Endgeräte.

Klaus Rainer Kirchhoff, geb. 1956, seit 1989 IR-Berater, gründete 1994 die heutige Kirchhoff Consult AG. Diese Gesellschaft entwickelte sich zur führenden deutschen Beratung für Geschäftsberichte, Investor Relations und Börsengänge. Mehrere internationale und nationale Preise für bislang weit über 600 erstellte Geschäftsberichte/Nachhaltigkeitsberichte/Unternehmensberichte und beste IPO-Begleitung bei über 50 getätigten Börsengängen sind ihm verliehen worden.

▎PRÄSENTATION DER GESCHÄFTSBERICHTE

AUDI AG

Rupert Stadler, Vorsitzender des Vorstands

Es ist eine Revolution, nichts anderes. Im großen Buch der Geschichte der Fortbewegungsmittel wird ein neues Kapitel aufgeschlagen. Und wir sind unmittelbar dabei und erleben, wie die großen Vordenker die neue Richtung vorgeben und faszinierende Lösungen präsentieren. Vordenker wie Audi.

Den Geschäftsbericht 2010 des Ingolstädter Automobilkonzerns ziert ein ebenso ästhetisches wie kraftvolles Bild mit einem Clou. Auf schwarzem Hintergrund sind vier Audi Modelle zu sehen. Versetzt voreinander stehend präsentieren sie markante Scheinwerfer und ausdrucksstarke Singleframe-Grills, die durch einen Prägedruck noch deutlicher hervorstechen. Doch was ist das? Dem vordersten Auto steckt ein orangefarbenes Kabel in der Frontpartie, das sich auf dem Boden zweimal umwickelt und dann nach links aus der Seite läuft. Der neugierige Leser verfolgt es natürlich. Über den Buchrücken der 258 Seiten starken Publikation hinweg führt es auf die Rückseite, wo sein anderes Ende in einer Stromzapfsäule steckt. Die Auflösung: Alle Autos auf dem Cover sind Studien zur Elektromobilität und demonstrieren, mit welcher Bandbreite der Automobilhersteller dieses Thema verfolgt. Sie tragen zudem mit dem Begriff „e-tron" bereits die zukünftige Bezeichnung für elektrische Fahrzeuge bei Audi im Namen: der e-tron Spyder, das Detroit-Showcar Audi e-tron, der Audi e-tron und der A1 e-tron. Zusammen bilden sie eine starke Flotte, die dem Trend zur Elektromobilität neuen Schub verleihen soll. „Aufbruch" heißt folgerichtig der Geschäftsbericht, und „Das nächste Kapitel der Mobilität".

Nach dem Aufschlagen findet der Leser ohne Umschweife die Kennzahlentabelle auf der linken Seite. Diese belegt übersichtlich den großen Erfolg des Unternehmens, worauf auch der Vorstandsvorsitzende Rupert Stadler auf der gegenüberliegenden Seite in seinem Editorial hinweist. 2010 war nichts weniger als ein Rekordjahr für Audi. Eine Höchstmarke von fast 1,1 Mio. Autos der Marke mit den Vier Ringen wurde ausgeliefert, ein Konzernumsatz von mehr als 35 Mrd. Euro erzielt. Das entspricht einem Plus von 18,8 %. Das Operative Ergebnis konnte sogar mehr als verdop-

Mobilität im urbanen Raum – eine Vision, die der AUDI AG ein Preis wert ist: Der Audi Urban Future Award prämiert stadtplanerische Entwicklungen für die Metropolen der Zukunft – der Artikel gewährt dem Leser spannende Einblicke in die Entwürfe.

pelt werden und belief sich auf über 3,3 Mrd. Euro. Auch zukünftig will der Konzern wachsen und ist bereit für den Aufbruch in ein neues Zeitalter. „Wir werden Pionier sein" verkündet Audi Chef Stadler. Um dies zu illustrieren, hat das Unternehmen einen nicht anders als spektakulär zu nennenden Geschäftsbericht herausgegeben. Von Seite 6 bis Seite 130 steht dieser ganz im Zeichen des Aufbruchs. Renommierte Autorinnen und Autoren beleuchten das Thema aus vielfältigen Blickwinkeln, treffen Menschen, die neue Herausforderungen anpacken und meistern und erleben revolutionäre Technik. Das Ganze wird verpackt in einen Magazinteil mit ausdrucksvollen Fotoreportagen, Feature-Artikeln und Interviews, deren Fülle sich hier nur anhand einzelner Beispiele beschreiben lässt. So kommt unter anderem der Astronaut David Randolph Scott zu Wort, der als erster Mensch mit einem Fahrzeug auf der Mondoberfläche fuhr. Dieses erste SUV verfügte bereits damals über zahlreiche technologische Entwicklungen wie Aluminium-Leichtbau oder Allradantrieb, die heute in irdischen Fahrzeugen zur Anwendung kommen. Einen Blick auf die Mobilität von übermorgen eröffnet der Audi Urban Future Award. Im Rahmen des höchstdotierten deutschen Architekturpreises wurden fünf Architekturbüros aus aller Welt für ihre Vision zur urbanen Mobilität

Die spanische Metropole Barcelona bietet die perfekte Kulisse für den City-Styler Audi A1, der bestens zu jedem Outfit und jedem Vorhaben passt – ob Uni, Shoppen, Sonnenbad am Strand oder Ausgehmeile am Abend.

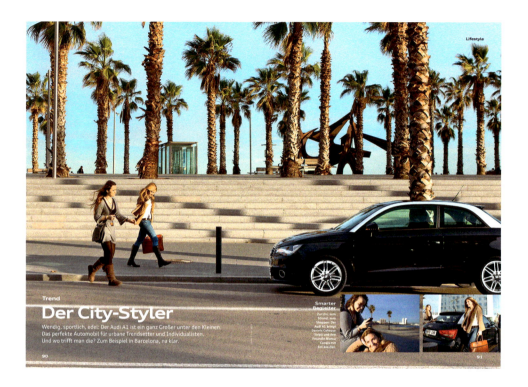

ausgezeichnet. Viele weitere spannende Artikel umfassen Porträts wie das vom Abenteurer Johan Ernst Nilson, der mit technologischer Unterstützung durch Audi als erster Mensch allein mit Körperkraft vom Nord- zum Südpol gelangen will. Darüber hinaus erfährt der Leser in spannenden Technikreportagen unter anderem mehr über die Entwicklung des Le-Mans-Rennwagens R18. In jedem Artikel gelingt es den Autorinnen und Autoren eine spannende Verbindung zwischen dem Thema und der Marke Audi herzustellen – und viele detailreiche Illustrationen und natürlich die hochwertige Fotografie liefern unverzichtbare Beiträge dazu. So setzt beispielsweise der Fotograf Tom Sólo in Barcelona Audi A1 Fahrerinnen authentisch in Szene und vermittelt die Begeisterung und Liebe der Protagonisten zu ihrem Fahrzeug. Neben der Printausgabe bietet eine interaktive Online-Version weitere spannende Inhalte rund um alle Geschichten. Ein Highlight ist die Navigation per Webcam. Eine Handbewegung reicht, um sich durch die virtuelle Welt von Audi zu blättern – ohne Maus, Tastatur und Touchscreen. Für Smartphones steht außerdem eine eigene Mobile Site zur Verfügung. Zudem erweiterte Audi nach dem großen Erfolg der iPhone App das Angebot um eine App für das iPad.

Die berühmten Vier Ringe, hier als Zahlenwerk, leiten den Finanzteil ein. Zusätzlich zur wirtschaftlichen Entwicklung werden Innovationen wie das Fahrerassistenzsystem Audi active lane assist und die Modelloffensive 2010 dargestellt.

„Audi, die Premiummarke Nr. 1" ist die klar definierte Vision des Konzerns, die den Finanzteil ab Seite 128 einleitet. Detailliert wird der Leser hierzu im Lagebericht informiert, in dem aktuelle und zukünftige Entwicklungen sowie die strategische Ausrichtung des Unternehmens als Ganzes beleuchtet werden. Wegweisende technologische Neuerungen, wie etwa der sogenannte Audi active lane assist, der den Fahrer bei der Spurhaltung unterstützt, werden informativ und verständlich beschrieben. Ähnliches gilt auch für das Zahlenwerk, das übersichtlich aufbereitet ist. Dank Navigation per Inhaltsverzeichnis in der rechten Marginalspalte findet sich der Leser stets gut zurecht. Und so bleibt nach dem Zuklappen dieses sehenswerten Gesamtwerks kein Zweifel: Die Revolution ist nicht aufzuhalten.

FINANZKENNZAHLEN

Stand: 31.12.2010
Rechnungslegung nach IFRS

Börsensegment: General Standard

WKN: 675700

Umsatz: 35.441 Mio. Euro

Ergebnis je Aktie: 60,13 Euro

Ausgleichszahlung je Aktie: 2,20 Euro

Operatives Ergebnis: 3.340 Mio. Euro

Eigenkapital: 11.310 Mio. Euro

Marktkapitalisierung: 27.950 Mio. Euro

Belegschaft: 59.513 (Durchschnitt)

Der nächste Geschäftsbericht erscheint am 1. März 2012

INFORMATION

AUDI AG
85045 Ingolstadt
Martin Primus
Finanzkommunikation/Finanzanalytik
Fon: 0841 89-92900
Fax: 0841 89-30900
martin.primus@audi.de
www.audi.de/investor-relations

Online-Bericht vorhanden

Agentur
G + J Corporate Editors GmbH, Hamburg
www.corporate-editors.com

 siehe Sonderteil
Seite 374

Bayer AG

Dr. Marijn Dekkers,
Vorstandsvorsitzender

Gute Unternehmenskommunikation ist in der Lage, auf das Wesentliche zu fokussieren, sofort in medias res zu gehen. Der Geschäftsbericht 2010 der Bayer AG setzt in dieser Hinsicht Maßstäbe. Nimmt der Leser die Publikation in die Hand, spürt er gleich die für Bayer so typische Mischung aus Seriosität, Standing und Kompetenz. Hier präsentiert sich ein wahres Schwergewicht seines Metiers, das der wertschöpfenden Kraft des Bayer-Kreuzes Rechnung trägt.

Diese Anmutung wird durch die exzellente Einbandgestaltung gekonnt in Szene gesetzt. So korrespondiert die Bayer-Mission „Science For A Better Life" direkt mit dem Cover-Motiv zweier Forscher, die vor der Rasterelektronenmikroskop-Aufnahme einer Polyurethan-Schaumstruktur stehen und diskutieren. Dr. Christoph Gürtler, Projektleiter bei Bayer MaterialScience, und die Wissenschaftlerin Daniela d'Elia von der RWTH Aachen erörtern hier, wie der Klimasünder Kohlenstoff für nachhaltiges Wirtschaften in der Industrie genutzt werden kann. Im Kontext des Projekts „Dream Production" soll CO_2 als Rohstoff bei der Herstellung von Polymer-Materialien Verwendung finden und damit einen Teil der herkömmlichen fossilen Rohstoffe ersetzen.

Mit dieser Visualisierung eines ambitionierten Vorhabens gibt Bayer für das Niveau dieses Geschäftsberichts die Richtung vor. Schließlich setzt das Erfinder-Unternehmen Zeichen in forschungsin‑

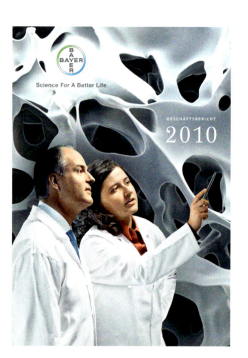

tensiven Bereichen und steht folglich im Austausch mit Wissenschaftlern renommierter Hochschulen, mit Kunden und Kooperationspartnern. Das Leitmotiv dieses Selbstverständnisses und mithin auch der vorliegenden Publikation lässt sich deshalb als Dialog mit Partnern auf den Punkt bringen.

In diesem Zusammenhang setzt die starke Marke Bayer, die international seit jeher einen guten Klang hat, auf eine Unternehmenskultur, die sich in dem Akronym LIFE bündeln lässt. Im Einzelnen sind dies die zentralen Werte Leadership (Führung), Integrität, Flexibilität und Effizienz. Der Einleger, gleich zu Beginn des Berichts, gibt über diese Philoso‑

Der Leiter der Thrombose-Gruppe bei Bayer HealthCare USA diskutiert mit dem Vice Chancellor für klinische Forschung an der Duke University, USA – Internationale Experten-Zusammenarbeit, eindrucksvoll in Szene gesetzt.

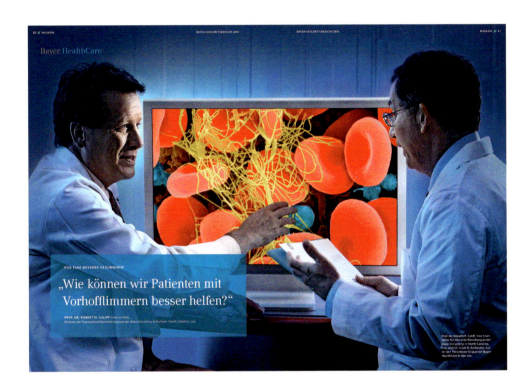

phie ebenso verständlich wie konzise Auskunft. Damit befindet sich der Leser nun schon inmitten der hochinteressanten Bayer-Welt, deren Geschicke seit Oktober 2010 mit Dr. Marijn Dekkers ein neuer Vorstandsvorsitzender lenkt. Umso spannender ist es, im Brief an die Aktionäre des Bayer-Chefs mehr über die „guten Wachstumschancen für unsere Geschäfte" zu erfahren. Der Konzern konnte seinen Umsatz im Jahr 2010 um 12,6 % auf 35,1 Mrd. Euro steigern, was einem neuen Rekord in der Unternehmensgeschichte entspricht. Auch die Bayer-Aktie, deren Facetten auf den Seiten 14 bis 19 detailliert ausgeleuchtet werden, entwickelt sich gut. An dieser Stelle spricht die 5-Jahres-Rendite, die ca. 12 % jährlich beträgt, für sich.

Mit der Doppelseite 20/21 führt die Publikation nun in das Herz des Unternehmens, die drei Teilkonzerne. Hier steht Bayer HealthCare an erster Stelle und eröffnet mit der motivstarken Veranschaulichung des Ziels, Patienten mit Vorhofflimmern besser helfen zu können. Die effektvolle farbliche Gestaltung anhand des Kontrasts von Blau und Rot liefert den stimmigen Hintergrund für Prof. Dr. Robert M. Califf von der Duke University in North Carolina und Dr. Scott D. Berkowitz, Leiter der Thrombose-Gruppe bei Bayer HealthCare USA – natürlich befinden sich beide im Dialog.

Nicht minder beeindruckend ist die einleitende Doppelseite zum Bereich CropScience fotografiert: Rote Tomaten stehen für die Option, der Weltbevölkerung vitaminreiches und hochwertiges Gemüse zur Verfügung stellen zu können.

Auf den folgenden vier Seiten wird das Thema „Schutz vor Thrombosen" nun anspruchsvoll und kenntnisreich im Fließtext vertieft, aufgelockert durch Fotos und eine anschauliche Grafik. Diese strenge formale Abfolge kommt bei der Vorstellung der anderen Arbeitsgebiete ebenfalls zum Tragen.
Auch Bayer CropScience wird auf den Seiten 26 und 27 hervorragend in Szene gesetzt. Hier wird der Akzent bei der Fragestellung „Wie können wir Obst und Gemüse verbessern?" auf die Diskussion zwischen Bayer-Tomatenzüchter Coert Engels und Produktentwicklerin Nikola Richter vom Salatproduzenten Bauer Funken gelegt. Die kräftigen, roten und grünen Farbtöne wirken freundlich und machen durch die Komposition des Motivs neugierig auf das Folgende. Zu Recht, denn die weiteren Ausführungen zur intensiven Forschung und Entwicklung rund um die perfekte Tomate Intense® lesen sich so spannend wie ein Wissenschaftskrimi. Sie vermitteln sehr viel von der Verve und Leidenschaft, mit der Bayer daran arbeitet, dass der wachsenden Weltbevölkerung auch in Zukunft hochwertiges Obst und Gemüse zur Verfügung stehen.
Mit der Präsentation des dritten Teilkonzerns Bayer MaterialScience auf den Seiten 32 bis 37 schließt sich äußerst intelligent der Kreis, führt doch dieses Kapitel wieder auf die Eingangsthematik des

Bayer steht am Kapitalmarkt mit seiner Aktienperformance gut da, die drei Teilkonzerne sind strategisch gut aufgestellt und auch in Sachen unternehmerischer Verantwortung ist der Konzern mit seinem Stiftungswesen aktiv.

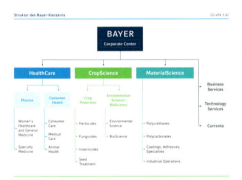

Covers zurück: Wie können wir den Klimakiller CO_2 sinnvoll nutzen? Auch hier wird der rote Faden des Dialogs zwischen einem Bayer-Forscher, Dr. Thomas Ernst Müller und einem Hochschul-Forscher, Prof. Dr. Waltner Leitner von der RWTH Aachen, stringent fortgeführt. Dass, bei aller Wissenschaftlichkeit, immer Menschen im Zentrum des Geschehens stehen, macht diesen Geschäftsbericht nicht nur zu einem konzeptionsstarken und inhaltlich überzeugenden, sondern auch zu einem sympathischen. Die Botschaft, dass Forschung faszinierend ist und von Menschen für Menschen gemacht wird, transportiert er jedenfalls äußerst glaubwürdig. Eine herausragende Publikation, die zu einem Unternehmen passt, das sechs Seiten braucht, um den Höhepunkten des Jahres 2010 gerecht zu werden.

FINANZKENNZAHLEN

Stand: 31.12.2010
Rechnungslegung nach IFRS

Börsensegment: DAX

WKN: BAY001

Umsatz: 35.088 Mio. Euro

Ergebnis je Aktie: 1,57 Euro

Dividende: 1.240 Mio. Euro

EBIT: 2.730 Mio. Euro

Eigenkapital: 18.896 Mio. Euro

Marktkapitalisierung: 45.800 Mio. Euro

Mitarbeiter: 111.400 (weltweit)

Der nächste Geschäftsbericht erscheint im Februar 2012

INFORMATION

Bayer AG
Gebäude W11
51368 Leverkusen
Jörg Schäfer
Konzernkommunikation
Fon: 0214 3039136
Fax: 0214 3071985
joerg.schaefer@bayer.com
www.bayer.de

Online-Bericht vorhanden

Agentur
3st kommunikation GmbH, Mainz
www.3st.de

Bechtle AG

Dr. Thomas Olemotz,
Vorstandsvorsitzender

Ein gewaltiger Felsen am Strand – massiv, unverrückbar, schon seit Jahrmillionen an Ort und Stelle. Das Salzwasser hat Spuren an seiner Flanke hinterlassen, auf seiner Oberseite wächst spärliches Gras, die gesamte Struktur ist verwittert und zerklüftet. Aber der riesige Gesteinsblock strahlt vor allem eines aus: Stärke. Auf dem Cover des Geschäftsberichts der Bechtle AG befindet sich diese wunderbare Naturfotografie natürlich nicht zufällig. „Bilanz der Stärke" ist der Titel der 228-seitigen Publikation und der Fels ist nur das erste der Symbole für die Wirtschaftskraft und Solidität des IT-Unternehmens mit Hauptsitz in Neckarsulm. Dass der Fels in seiner angedeuteten Rautenform dem Firmenlogo ähnelt, wird den meisten Betrachtern an dieser Stelle noch nicht auffallen. Diesen Aha-Effekt haben sich die Macher des Berichts für einige Seiten später aufgehoben. Fürs erste wirkt das Bild allein durch seine fast surreale Komposition, der mächtige Fels überragt ein spiegelglattes Meer, auch der Strand sieht wie glattgebürstet aus. Es scheint, als hätte die Natur dem monumentalen Charakter des Felsens nichts entgegenzusetzen.

Schlagen wir das Druckwerk einmal auf. Auf der linken Seite fasst ein Klappentext den Geschäftsbericht kurz zusammen, von Rekorden und besten Ergebnissen ist da die Rede. Schnell einen Blick in die innere Umschlagseite werfen, um zu sehen, ob die Kennzahlen diesem Versprechen folgen! In der Tat: Satte zweistellige Zuwächse in allen Bereichen. So setzten die fast 4.800 Mitarbeiter im abgelaufenen Geschäftsjahr über 1,7 Mrd. Euro um, ein Plus von annähernd 25 %. EBITDA: Um 33,6 % gestiegen. EBIT: 42,2 % mehr als im Vorjahr. Und auch das Ergebnis je Aktie erhöhte sich um fast 35 %, sodass sich die Bechtle-Aktionäre in diesem Jahr über eine Dividende von 0,75 Euro pro Aktie freuen können. Das sind wahrlich starke Zahlen, die das Jahr zum Rekordjahr für das Unternehmen machen. Verschiedene Grafiken und Diagramme untermalen und erläutern die vorzügliche Bilanz. Will der Betrachter nun weiter einsteigen, in diese in Schweizer Broschur gebundene Publi-

Das ist wahrlich ein starkes, da sehr überzeugendes Stück Bildsprache: Wie Monolithen in der Landschaft, so hat sich Bechtle fest am Markt verankert und ist ein starker Partner, wenn es um IT-Konzepte geht.

kation, findet er als erstes ein einfarbig rotes Deckblatt. Lediglich ein ausgestanztes Rechteck ist darauf zu sehen, durch das der Titel „Bilanz der Stärke" noch einmal durchscheint. Dahinter befinden sich ein Inhaltsverzeichnis und eine Doppelseite mit einem Jahreskalender, der die wichtigsten Ereignisse von Preisverleihungen bis zu Akquisitionen zusammenfasst. Dass der danach folgende Brief des Vorstandsvorsitzenden Dr. Thomas Olemotz mit den Attributen „überraschend, phänomenal, prächtig, bombenstark und glänzend" beginnt, darf jedoch nicht als unmäßige Selbstbeweihräucherung interpretiert werden – zitiert der Firmenchef doch lediglich Journalisten und Analysten, die die Bechtle-Jahresbilanz kommentierten. Dennoch hat sich Bechtle, befeuert durch die hervorragenden Zahlen, viel vorgenommen. In der sogenannten Vision 2020, zu der ein fünfseitiges Interview folgt, definiert der dreiköpfige Vorstand ambitionierte Ziele: So will Bechtle mit seinen beiden Geschäftsfeldern IT-Systemhaus und IT-E-Commerce nach Ablauf der nächsten zehn Jahre mit 10.000 Mitarbeitern einen Umsatz von 5 Mrd. Euro und eine EBT-Marge von 5 % erreichen.

Ab Seite 20 folgt dann der optisch opulente Teil des Geschäftsberichts, der natürlich auch mit dem Thema Stärke zu tun hat. Auf acht Doppelseiten werden verschiedene Facetten der Stärke von

Nein, diese Ameise bricht unter ihrer enormen Last nicht zusammen, sondern trägt das Blatt wacker bis zu ihrem Bau, wo viele starke Partner dafür sorgen, dass ein ordentliches Zuhause entsteht: Sinnfälliger kann ein Bild kaum sein.

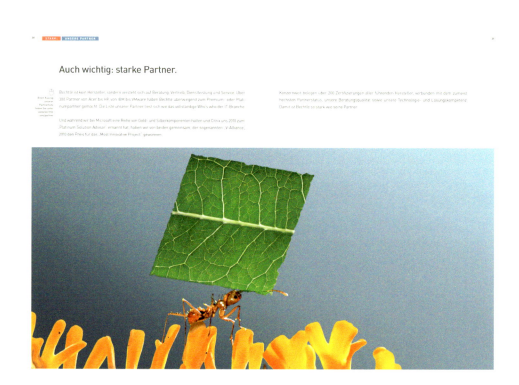

Bechtle behandelt, jeweils illustriert von einem großformatigen Foto. Die Motive reichen vom doppelten Hinkelstein bis zur Ameise, die ein überdimensionales Blattstück trägt. Und in jedem Bild findet der Berichtsleser das rautenförmige Format des Bechtle-Logos wieder. So ist das Blattstück der Ameise annähernd quadratisch, auch ein in Rautenform schwimmender Fischschwarm ist zu entdecken oder eine rautenförmig gewachsene Rose. Spätestens als eine Flugzeugturbine in einer maschinentechnisch unmöglichen Rautenform gezeigt wird, fällt beim letzten Betrachter der Groschen. „Volle Kraft voraus" lautet die Headline zum Turbinenbild – und symbolisiert die Aufbruchsstimmung und den gewaltigen Schub, den das Unternehmen derzeit auszeichnet.

Sodann folgt, auch gekennzeichnet durch ein Eingriffsregister am rechten Seitenrand, der Konzernlagebericht, den verschiedene Details auszeichnen. Es sorgen vielfältige Marginalien für weiterführende Informationen, entweder als direkte Anmerkung, als Querverweis innerhalb des Druckwerks oder als Internetlink. Ferner ziehen sich durch den gesamten 104 Seiten starken Teil des Berichts immer wieder kleine Porträtfotos von Mitarbeitern, die ebenfalls als Marginalien eingestreut werden. Sie werden von kurzen Zitaten begleitet, die immer eine besondere Stärke von Bechtle kommentieren.

Ob Umsatz, E-Commerce-Standorte oder die Aufschlüsselung der Strategie zur Unternehmensführung – Leistungen von Bechtle sprechen von Stärke.

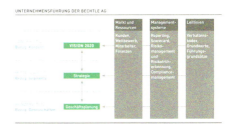

Dank Spotlack-Veredelung wirken diese Bilder nicht nur hochwertig, sondern spiegeln auch die Vielfalt der Mitarbeiter und den sie vereinenden Stolz auf das Erreichte wider. Im anschließenden Zahlenteil übernehmen dann aufgeräumte Tabellen mit angenehmem Weißraum oben und an den Seiten die Regie. Hier wird die Stärke von Bechtle in haarkleinen Details dargelegt. Den Abschluss des Berichts bildet dann noch ein gestalterisches Schmankerl: In der hinteren Umschlagklappe finden sich eine Deutschland- und eine Europakarte im IT-affinen Pixel-Look. Darin sind die derzeit 13 europäischen Bechtle-Länder nicht mit ihren Namen, sondern ihren Internetdomain-Endungen eingezeichnet – von .at für Österreich bis .pt für Portugal. Ein charmanter Abschluss für einen rundherum starken Geschäftsbericht.

FINANZKENNZAHLEN

Stand: 31.12.2010
Rechnungslegung nach IFRS

Börsensegment: TecDAX

WKN: 515870

Umsatz: 1.722,9 Mio. Euro

Ergebnis je Aktie: 2,21 Euro

Dividende je Aktie: 0,75 Euro

EBIT: 60,7 Mio. Euro

Eigenkapital: 371,5 Mio. Euro

Marktkapitalisierung: 608,8 Mio. Euro

Mitarbeiter: 4.766 (weltweit)

Der nächste Geschäftsbericht erscheint am 14. März 2012

INFORMATION

Bechtle AG
Bechtle Platz 1
74172 Neckarsulm
Thomas Fritsche
Investor Relations
Fon: 07132 981-4121
Fax: 07132 981-4116
ir@bechtle.com
www.bechtle.com

Online-Bericht vorhanden

Agentur
W.A.F. Werbegesellschaft mbH, Berlin
www.waf-werbung.de

Beiersdorf AG

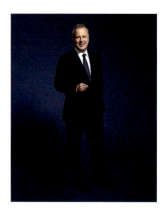

Thomas-B. Quaas,
Vorstandsvorsitzender

Seit rund 130 Jahren forscht, entwickelt und vermarktet die Beiersdorf AG Produkte rund um das Thema Hautpflege. Über Generationen und Kontinente hinweg vertrauen die Konsumenten auf die Wirkung dieser Hautpflege eines der weltweit führenden Kosmetikunternehmen. Aus gutem Grund. Denn als weltweit größte Marke in der Hautpflege gilt Nivea seit 100 Jahren als das Synonym für Hautpflege, für Schutz und Wohlgefühl. Ihre blaue Verpackung und ihre schneeweiße Farbe, ihre zart-dichte Konsistenz aus einer stabilen Wasser-und-Öl-Emulsion wirkt global, wird geschätzt und genutzt von Konsumenten aller Altersklassen überall auf der Welt: Nivea. Der Name ist längst Programm und schreibt seit der Erfindung durch den damals jungen Apotheker, Dr. Oscar Troplowitz, Erfolgsgeschichte.

Seither erweiterte Beiersdorf Nivea um ein Hautpflegesortiment, ergänzt die klassische Creme durch Produkte wie Körperlotionen, Nivea for Men, Sonnenschutz und Badepflege, Deodorants und Innovationen wie Nivea Q10. Nivea spiegelt den Zeitgeist einer ganzen Epoche von 1911 bis 2011. Heute wird die Nivea-Creme in der blauen Dose rund 150 Millionen Mal im Jahr verkauft und bildet das Zentrum der Markenfamilie von Beiersdorf. Zu ihr zählen außerdem Eucerin, La Prairie, Labello, 8x4, Florena, Hansaplast und tesa. Der Geschäftsbericht 2010 der Beiersdorf AG stellt diese Markenfamilie vor, und zwar in einem kleinen Extra-Heft im Pocketformat, eingefügt in der Innenseite des stabilen Covers. In diesem Heft überblickt der Leser die Jahresentwicklung in den einzelnen Segmenten, die in der Summe einen Konzernumsatz von 6.194 Mio. Euro generieren (5.571 Mio. Euro nach geändertem Umsatzausweis). Das Cover des 146 Seiten starken Geschäftsberichts ist weiß, schneeweiß und das klare und jedem bekannte Blau strahlt durch eine runde Stanzung auf der Seitenmitte. Der Name Nivea leuchtet durch diese Rundung und signalisiert: Hier geht es um Hautpflege. Das ist der erste kreative Hinweis auf die Kernkompetenz der Beiersdorf AG. Und diese Konzen-

Da strahlt sie dem Leser entgegen, May Ling Xu zählt zu den vielen Bewohnern Asiens, die auf Produkte aus dem Hause Beiersdorf schwören – mit 41 Tochtergesellschaften und 6.519 Mitarbeitern ist Beiersdorf allein in diesem Wachstumsmarkt präsent.

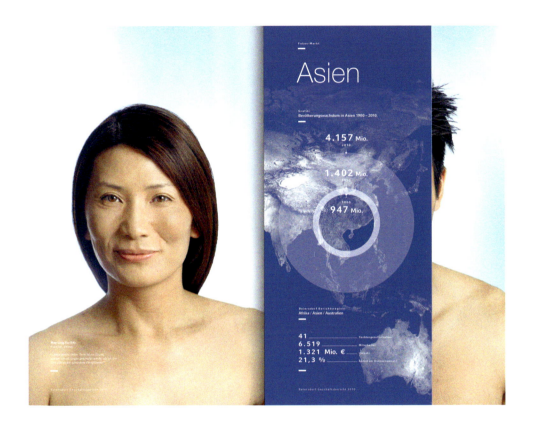

tration auf das Wesentliche stellt die Neuausrichtung des Geschäftsjahrs 2010 dar. Mit dem Umblättern der Kartonage wird die Cremedose des Titels zum Globus, zeigt die Kontinente, die die Fokusmärkte von Beiersdorf darstellen: Europa, Asien, Amerika. 6,9 Milliarden Menschen leben auf der Erde. Jeder von ihnen will seine individuellen Bedürfnisse erfüllen. Dazu zählt neben vielen Wünschen und Zielen auch eines: Die Pflege der Haut, das gesunde Gefühl, im Einklang zu sein mit sich selbst und der Umwelt. Die Beiersdorf AG will diese vielschichtigen Ansprüche aufnehmen, will reagieren auf die Herausforderungen in den einzelnen Ländern, bedingt durch Kulturen, Lebensweisen, Klima und Umwelt. Mit einer weiterentwickelten Strategie rückt der Konzern die Menschen und die Märkte in den Fokus und gibt dieser Strategie den Namen: „Focus on Skin Care. Closer to Markets".

Und mit dem Geschäftsbericht 2010 setzt Beiersdorf diese Strategie in Szene. Mit Gesichtern. Mit Menschen. Mit Wort und Bild. Die Akteure lachen den Leser an. Sie geben den Märkten ein Gesicht. Sie sagen mit ihren Worten, welche Wirkung sie erwarten von der Creme ihrer Wahl. Es sind Begegnungen mit sechs Menschen aus Europa, Amerika und Asien. Ihr Wunsch nach Pflege und

Auch die Mitarbeiter, wie hier Julia Frankenberger, International
Brand Manager, kommen in dem Bericht zu Wort und geben dem
Leser einen ganz persönlichen Einblick in ihre Arbeitswelt – die Welt-
kugel zeigt, dass es 19.127 weitere Beiersdorf-Arbeitswelten gibt.

Ausstrahlung verbindet sie und beweist dem Leser: Pflege und Wohlgefühl ist ein besonderes und ein alltägliches Thema. Das erklärt ebenso die gegenüberliegende blaue Halbseite als Informationsträger: Mit einem Länderausschnitt im Satellitenstil wirft der Geschäftsbericht ein Schlaglicht auf die Entwicklung in den Ländern Europas, Amerikas und Asiens und stellt Zahlen auf die Seite, die einen Eindruck vermitteln von Trends und Perspektiven. Die Rückseite verrät, wie die Beiersdorf AG auftritt in den Märkten dieser Länder, welche Konzepte sie bietet, damit sie die Nummer eins in Sachen Hautpflege bleibt, damit die Kunden weiterhin Qualität, Zuverlässigkeit und Ehrlichkeit als Werte der Marken erleben. Und genau in diesem Gegensatz aus künstlerischer Porträtfotografie und sachlicher Information, aus Großformat und Halbformat liegt der Reiz dieser Kreativseiten. Sie sprühen einerseits vor Lebendigkeit und sie bieten andererseits Ruhe durch Klarheit. Kaum ein Mix hätte die neue Strategie treffender beleuchten können, hätte das Thema Hautpflege rund um den Globus und Nähe zu den Märkten dieser Erde mehr betonen können als diese bildliche und textliche Darstellung. Dass am Ende dieser Reise durch die Welt der Beiersdorf AG ebenso Mitarbeiter zu Wort

Facing Markets, so der Titel, der treffender grafisch kaum ins Bild gesetzt werden kann, und das 100-jährige Jubiläum ist dem Klassiker Nivea gewidmet, dessen Verpackungen der Leser hier über die Jahrzehnte hinweg vergleichen kann.

2010: Facing Markets

kommen, lässt die Leistung des Konzerns umso glaubwürdiger erscheinen. Über 19.000 Mitarbeiter (stand 31.12.2010) arbeiten für den Erfolg, verstehen sich im Sinne der Strategie als globales Team, das sich seit 2010 wieder seiner Kernkompetenz zuwendet, nämlich der Hautpflege.

Diese Entscheidung erläutert der Vorsitzende des Vorstands, Thomas-B. Quaas, in seinem Vorwort. Er kündigt an, mit einem gestrafften Produktportfolio in die Erfolgsmarken zu investieren. 2010 bedeutete dieser Schritt die Ankündigung, sich zu verabschieden von der dekorativen Kosmetik in Deutschland und von den regional vertriebenen Marken Juvena und Marlies Möller. Der Geschäftsbericht 2010 spiegelt diese Kernkompetenz der Hautpflege wider. Das Papier fühlt sich an wie seidenweiche Haut. Haut in Nahaufnahme bebildert ebenso die Kapitelaufmacher. Und wenn sich die Headlines über diese Seiten schwingen mit einer Portion Lotion, dann gibt es nur noch eine Assoziation – Hautpflege pur. Dafür steht der Name einer Creme, die in diesem Jahr 100 Jahre jung geworden ist: Nivea.

FINANZKENNZAHLEN

Stand: 31.12.2010
Rechnungslegung nach IFRS

Börsensegment: DAX

WKN: 520000

Umsatz: 6.194 Mio. Euro

Ergebnis je Aktie: 1,40 Euro

Dividende: 159 Mio. Euro

EBIT: 699 Mio. Euro

Eigenkapital: 2.920 Mio. Euro

Marktkapitalisierung: 10.466 Mio. Euro

Mitarbeiter: 19.128 (weltweit)

Der nächste Geschäftsbericht erscheint am 1. März 2012

INFORMATION

Beiersdorf AG
Unnastraße 48
20245 Hamburg
Rolf Lange
Corporate Communications
Fon: 040 4909-2048
Fax: 040 4909-182048
rolf.lange@beiersdorf.com
www.beiersdorf.de

Online-Bericht vorhanden

Agentur
Strichpunkt GmbH, Stuttgart
www.strichpunkt-design.de

Bertelsmann AG

Hartmut Ostrowski,
Vorstandsvorsitzender

Die größten Erfolge basieren oft auf den einfachsten Formeln. Mit einer davon ist aus einem ehemals kleinen protestantischen Verlag einer der größten Medienkonzerne der Welt geworden, der aus der Medien- und Dienstleistungbranche nicht wegzudenken ist. Der Name des Unternehmens ist Bertelsmann – und die Formel lautet ganz simpel „Kreativität + Unternehmergeist".

Unter diesem Motto steht der Geschäftsbericht 2010 des Medienunternehmens, das den Standort Gütersloh fest auf der Landkarte der erfolgreichsten deutschen Unternehmen verankert hat. Der Titel des Berichts zeigt 104 Bertelsmann-Mitarbeiter aus allen Unternehmensbereichen des Konzerns, die stellvertretend für die mehr als 100.000 Mitarbeiter des Unternehmens in aller Welt stehen. Auf weißem Fond sind die quadratischen, spotlackierten Bilder zu einem großen Ganzen arrangiert. In der Summe bilden sie einen gewaltigen Pool von guten Ideen und entsprechendem Know-how, diese auch auf den Markt zu bringen. So wird deutlich, was Bertelsmann einzigartig und erfolgreich macht: seine kreativen und unternehmerischen Mitarbeiter.

Schlagen wir die in Schweizer Broschur gebundene Publikation einmal auf. So empfängt den Leser als erstes auf der linken Seite ein Hinweis, der eine wichtige Ausrichtung von Bertelsmann verdeutlicht: Dieser Geschäftsbericht ist auch als App erhältlich. Nutzer von iPhone und iPad, aber auch von Android-basierten Endgeräten können den Bericht mit einer Vielzahl an Zusatzfunktionen auch in digitaler Form kostenlos konsumieren. Mehr Fakten über das abgelaufene Geschäftsjahr erfährt der Leser dann, wenn er die innere Umschlagseite aufklappt. Hier finden sich die Kennzahlen sowie ein Überblick über die Unternehmensbereiche des Konzerns mit deren Ergebnissen. Zu diesen gehörten im Berichtsjahr 2010 die RTL Group, die Verlagsgruppe Random House und Gruner & Jahr, sowie der Dienstleister Arvato und die (als Unternehmensbereich inzwischen aufgelöste) Medienclub-Sparte Bertelsmann Direct Group. Gemeinsam erreichten sie einen Konzernum-

Wie Spotlights stellen die im wahrsten Wortsinn glänzenden Porträts die Mitarbeiter der jeweiligen Geschäftsbereiche in Bild und O-Ton vor – authentisch, sympathisch und so, dass der Leser mittendrin ist im kreativen Alltag von Bertelsmann.

BERTELSMANN

satz von 15,8 Mrd. Euro, eine deutliche Steigerung zum Vorjahr. Auch das Operating EBIT erreichte mit 1,8 Mrd. Euro einen sprunghaften Anstieg, der in einigen Bereichen sogar eine Rekordhöhe darstellt.

Hervorragende Zahlen und ein stringentes Gestaltungskonzept machen diesen Bericht aus. Vor allem sind seine Seiten weiß und großzügig, lassen Raum für das Auge und die Imagination des Betrachters. Kurze Porträts der Unternehmensbereiche, ein aufgeräumtes Inhaltsverzeichnis und ein verständlicherweise gut gelaunter Brief des Vorstandsvorsitzenden Hartmut Ostrowski kommen in klarem und hellem Look daher. Auch wenn es auf den folgenden Seiten um die Konzernstrategie, die Bertelsmann Essentials oder die Corporate Responsibility geht, beschränkt sich das Design auf viel Weißraum und typographische Differenzierung. „Richtige" Bilder gibt es ab Seite 22 zu sehen, wenn der 36-seitige Imageteil mit der Darstellung der Unternehmensbereiche beginnt. Hier wird das Motto „Kreativität + Unternehmergeist" weitergedacht und mit dem Kreativpool der Menschen bei Bertelsmann kombiniert. Anhand einzelner Projektbeispiele werden die dafür tätigen Kreativen und Unternehmer mit spotlackierten Porträtfotos gezeigt, die in einer grafischen Matrix miteinander vernetzt sind.

Auf den folgenden Seiten nimmt der Leser teil an den Entscheidungen, die getroffen wurden und kann so die einzelnen Kreativprozesse vom Anfang bis zum Ende mitverfolgen.

So arbeitete etwa beim Buchprojekt „Decoded" des Rappers Jay-Z, das von Random House auf die Beine gestellt wurde, ein großes Team vom Lektor über die Marketingexpertin bis zum App- und E-Book-Entwickler Hand in Hand. Auf zwei weiteren Doppelseiten pro Bereich werden dann in gleicher Weise verschiedene Aspekte des Projekts von der iPad-Anwendung des Buches bis zur auffälligen Außenwerbung gezeigt, gefolgt von weiteren Jahreshighlights rund um Bestseller und Produktstarts.

Ein wahrer Hingucker findet sich im Anschluss an dieses Kapitel. Dort befindet sich das eigenständige Magazin „Voice", das sich dem Thema Pressefreiheit und der von Bertelsmann im Jahr 2010 gegründeten „International Academy of Journalism", kurz Intajour, widmet. Auf 28 Seiten finden sich spannende Artikel über die Gründung und Hintergründe der Akademie, die Arbeit von Journalisten in Ghana oder Afghanistan sowie packende Porträts von engagierten deutschen Auslandskorrespondenten, abgerundet durch Statements von Nachrichtenikonen wie Peter Kloeppel oder „Stern"-Chefredakteur Thomas Osterkorn.

Erst dann beginnt der obligatorische Teil des Geschäftsberichts, der die Lageanalyse und die Finanzfakten des Medienunternehmens anschaulich aufbereitet. Illustriert durch Balken- und Kreis-

Die aktuellen Kennzahlen der Unternehmensbereiche von Bertelsmann leiten den Bericht ein, und am Schluss erfährt der Leser die Namen der titelgebenden Mitarbeiterporträts.

diagramme in blauen und roten Farbtönen werden Umsätze und Bilanzstrukturen transparent gemacht. Anschließend geben klar gegliederte Tabellen Aufschluss über die detaillierten Zahlen, die dank Rubrizierung am oberen Seitenrand stets präzise gefunden werden können. So bietet diese eindrucksvolle Publikation nicht nur die gleiche Hochwertigkeit und Transparenz, die das ebenso traditionsreiche wie zukunftweisende Unternehmen Bertelsmann auch für seine Medienprodukte beansprucht, sondern hält sich auch in der Gestaltung und Konzeption an das Erfolgsrezept von Kreativität plus Unternehmergeist.

FINANZKENNZAHLEN

Stand: 31.12.2010
Rechnungslegung nach IFRS

Umsatz: 15.768 Mio. Euro

Dividende: 180 Mio. Euro

Operating EBIT: 1.852 Mio. Euro

Eigenkapital: 6.486 Mio. Euro

Mitarbeiter: 104.419 (weltweit)

Der nächste Geschäftsbericht erscheint im März 2012

INFORMATION

Bertelsmann AG
Carl-Bertelsmann-Straße 270
33311 Gütersloh
Simone Fratczak
Unternehmenskommunikation
Fon: 05241 80-42919
Fax: 05241 80-642919
simone.fratczak@bertelsmann.de
www.bertelsmann.de

HTML-Bericht und App vorhanden

Agentur
red cell Werbeagentur GmbH,
Düsseldorf
www.redcell.de

Bertrandt AG

Dietmar Bichler,
Vorstandsvorsitzender

Wachstum braucht Ziele. Und Visionen. – unter dieses Motto stellt die Bertrandt AG ihren diesjährigen Geschäftsbericht. Der Engineering-Dienstleister entwickelt für unterschiedlichste Themenstellungen wegweisende und vor allem effiziente Lösungen, um aus Visionen konkrete Ziele werden zu lassen. Wie das Zusammenspiel von Kundenorientierung, Teamfähigkeit, Nachhaltigkeit und Zukunftsfähigkeit funktioniert und für ein erfolgreiches Geschäftsjahr 2009/2010 gesorgt hat, davon erzählt dieser lesenswerte Bericht. Und das erste Wort hat der Vorstandsvorsitzende.

Dietmar Bichler betont in seinem ausführlichen Brief an die Aktionäre das Zukunftspotenzial, das für den Konzern in der Entwicklung von CO_2-reduzierten Antriebstechnologien oder Leichtbaulösungen liegt. Wer jetzt allerdings einen Geschäftsbericht im Öko-Look erwartet, wird eine Überraschung erleben. Die Bertrandt AG hat ein gestalterisches Konzept entwickelt, das optisch die technologische Kompetenz des Konzerns betont – z. B. mit der schlanken Grotesk-Type – und das gleichzeitig mit den Mitarbeitern die Softskills für den technischen und unternehmerischen Erfolg ins Zentrum rückt. Betrachten wir zunächst den technologischen Look: Der Umschlag gibt bereits die gestalterischen Grundlinien vor. Das elegante mattweiße Papier ist der ideale Träger für eine Banderole aus Bildern. Es handelt sich um computergenerierte Darstellungen von Bauteilen, die die Hauptarbeitsfelder des Konzerns symbolisieren. In einem blau-grauen Duplex-Ton sieht man auf der Vorderseite das Detail einer Flugzeugturbine und die Karosserie eines Sportwagens. Weiter hinten sind ein Pkw-Innenraum sowie Windräder zu sehen.

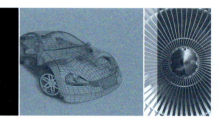

WACHSTUM BRAUCHT ZIELE.
UND VISIONEN.
Geschäftsbericht 2009/2010

Bestimmte gestalterische Details wie der schwarze Trennbalken, der den Falz überbrückt oder die schmale weiße Linie zwischen den Bildern begegnen uns im Inneren der Publikation immer wieder. Das beginnt bereits mit dem Umschlag, der vorne klappbar ist. Der Einstieg wird gezielt für eine sehr kompakte Darstellung des Geschäftsverlaufs in Karte, Text und Tabelle genutzt. Die erste Textseite vertieft

Der Fachbereich Powertrain ist gefragt, wenn es um innovative Antriebe mit minimiertem Reibungsverlust geht und Bertrandt hat mit dem virtuellen Antriebsstrang eine zukunftsgerichtete Anwendungsunterstützung entwickelt.

POWERTRAIN: DEN ANTRIEB VON MORGEN MITGESTALTEN.

den Titel als Mission Statement. Es steht einspaltig in einem eisgrauen Quadrat, zum Seitenrand bildet ein schwarzer Balken den Abschluss. Erfolgreich wird diese Struktur immer wieder neu dekliniert. Das überzeugende Inhaltsverzeichnis beispielsweise steht auf einer komplett bläulich-grau angelegten Doppelseite. Auf der linken Seite symbolisieren vier Bilder mit kurzen Erläuterungen und großen Seitenzahlen die Highlights des Jahres, rechts gibt es in einem helleren Kasten mit schwarzem Rand eine komplette Übersicht. Auf subtile Weise wird damit auf die Kernkompetenzen Bezug genommen: Design, Innovation, Organisation.

Sieben große Themenblöcke gliedern den Bericht inhaltlich. Eingeleitet werden sie durch eine Vorschaltseite, die sich als getreue Abbildung eines technischen Details entpuppt, z.B. eine Federung. Zwei Textelemente und ein Farbfoto springen ins Auge. Oben rechts gibt es ein Inhaltsverzeichnis für das Themengebiet, am diagonal entgegengesetzten Ende eine große Zahl. Beim Lagebericht ist das die Ziffer 428.834: In Tausend Euro ist das der Umsatz, wie eine Unterzeile erklärt und den Aktionär für sich einnimmt. Zudem werden jeweils zwei Mitarbeiter im Farbfoto porträtiert, denn deren Bedeutung für den Unternehmenserfolg zu dokumentieren, ist ein wesentliches Ziel dieses

Mit „Erfolgsfaktor: Professionalität" ist das Kapitel überschrieben, das dem Leser die Bertrandt Services präsentiert und überzeugend darlegt, wie hier Kundenorientierung gelebt wird.

Jahresrückblicks. Das Geschäftsjahr war mit 6.523 Beschäftigten jenes mit der bislang höchsten Mitarbeiterzahl in der Unternehmensgeschichte – und das in Zeiten, in denen andere Unternehmen seit Jahren Personal abbauen. Auch das Vorurteil, das Ingenieurswesen sei eine nicht einzunehmende Männerdomäne, räumt Bertrandt en passant aus: Die meisten Bilder zeigen ein weiblichmännliches Duo.

Unter der Überschrift „Wachstum braucht Ziele" werden die Aktivitäten und Innovationen aus den Geschäftsfeldern beschrieben, wozu als letztes Kapitel auch die Human Resources zählen. Dank des Fotokonzepts sind die Bertrandt-Mitarbeiter allerdings in jedem Kapitel präsent und stets wird deutlich, dass hier echte Menschen zu sehen sind und keine Models.

Die Kombination aus persönlicher Note und inhaltlicher Kompetenz unterstreichen auch die Zitate der jeweiligen Fachbereichsleiter. Sie werden grafisch in einem Kasten hervorgehoben und gehören zu den wenigen, aber gezielt eingesetzten Mitteln dieses Layouts. Ein wiederkehrendes Element ist ein seitenbreiter dunkel-metallischer Kasten am Textanfang mit knappen Informationen zum Bereich. Initialen und Zwischenzeilen sind in dem hellen blaugrauen Ton gehalten, den wir bereits kennen.

Die (Erfolgs-) Daten zur Aktie kann der Leser anhand des deutlich nach oben gerichteten Kursverlaufs nachvollziehen und auch die Aktionärsstruktur wird grafisch auf einen Blick visualisiert.

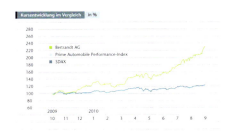

Die Fotos werden in ganz unterschiedlichen Formaten eingesetzt. So entstehen abwechslungsreiche, großzügige Seiten mit einer klaren Handschrift.

Formal anders werden die übrigen Berichtsteile behandelt, beginnend mit der Aktienentwicklung. Am rechten Seitenrand läuft eine breite Textspalte, in die zahlreiche elegante und übersichtliche Tabellen und Infografiken eingeklinkt sind. Die linke Marginalspalte wird sehr effektiv zur Leserführung eingesetzt. In hellgrauen Rechtecken steht dort erneut eine groß gesetzte Zahl mit drei knappen Zeilen zur Erläuterung. Das hohe gestalterische Niveau wird an kleinen Details sichtbar: Die Überschriften zu Grafiken und Tabellen laufen in weißen Großbuchstaben in einem Balken, der optisch die Banderole des Umschlags wieder aufnimmt. Eben dieses Gefühl fürs Detail macht den Erfolg der Bertrandt AG aus.

FINANZKENNZAHLEN

Stand: 30.09.2010
Rechnungslegung nach IFRS

Börsensegment: SDAX

WKN: 523280

Umsatz: 428,8 Mio. Euro

Ergebnis je Aktie: 3,11 Euro

Dividende je Aktie: 1,2 Euro

EBIT: 44 Mio. Euro

Eigenkapital: 136 Mio. Euro

Marktkapitalisierung: 441,4 Mio. Euro

Mitarbeiter: 6.523 (weltweit)

Der nächste Geschäftsbericht erscheint am 8. Dezember 2011

INFORMATION

Bertrandt AG
Birkensee 1
71139 Ehningen
Sandra Baur
Investor Relations
Fon: 07034 656-4201
Fax: 07034 656-4488
investor.relations@de.bertrandt.com
www.bertrandt.com

Agentur
SAHARA Werbeagentur GmbH, Stuttgart
www.sahara.de

Beta Systems Software AG

Jürgen Herbott (Vorsitzender),
Gernot Sagl (Finanzen), Vorstand

Unsere moderne Welt ist wie ein gewaltiges Uhrwerk, eine komplizierte Maschine, deren unzählige Mechanismen im Verborgenen arbeiten und dafür sorgen, dass das tägliche Leben reibungslos funktioniert. Wir können jeden Tag im Supermarkt frische Lebensmittel aus allen Teilen der Welt kaufen. Per Mausklick buchen wir einen Flug und stehen am nächsten Tag schon auf einem anderen Kontinent. Und wenn unser Auto kaputt geht, erhalten wir es morgen repariert wieder – egal, aus welcher Stadt oder welchem Land die nötigen Ersatzteile kommen.

Dafür zu sorgen, dass das alles funktioniert, ist die Domäne von Beta Systems. Und schon der Titel des Geschäftsberichts 2010 des Berliner Unternehmens zeigt dies eindrücklich. Auf den ersten Blick ein nüchterner, weißer Einband mit dem Titel „Geschäftsbericht 2010" in eckigen Klammern und in einer Typographie aus roten Pixeln, offenbart er sein Geheimnis bei nur ein wenig seitlichem Lichteinfall. Dann nämlich sieht der Betrachter, dass die Seite angefüllt ist mit Fragmenten eines Programmiercodes, der in transparentem Lack aufgebracht wurde. Die Botschaft: Wir sorgen ganz im Hintergrund zuverlässig dafür, dass alles läuft. Innen dominiert dann die Farbe Blau, die in verschiedenen Helligkeitsstufen für Tabellen, Highlights und beispielsweise auch die Gestaltung des Inhaltsverzeichnisses verwendet wird. Nach dem Aufschlagen findet der Betrachter sofort die Kennzahlen auf der linken Seite. Die 347 Mitarbeiter von Beta Systems erwirtschafteten im abgelaufenen Geschäftsjahr 47,6 Mio. Euro Umsatz. Das ist weniger als im Vorjahr, läuft aber dennoch auf ein positives Jahresergebnis von rund 0,8 Mio. Euro hinaus. Das Unternehmen – so erfährt es der Leser auch sogleich im Vorwort des Vorstands auf der nächsten Doppelseite – war von der Finanzmarktkrise 2009 schwer betroffen und hat in 2010 weichenstellende Umstrukturierungen durchgeführt.

Das „Jahr der Entscheidungen" nennen die beiden Vorstände Jürgen Herbott und Gernot Sagl dann auch den Berichtszeitraum. Die wichtigste dieser Entscheidungen war der

Identity Management heißt der Geschäftsbereich, mit dem Beta Systems dafür sorgt, dass in Großunternehmen sämtliche Daten vor den unbehelligten Zugriffen Dritter geschützt sind.

Verkauf der ECM-Sparte von Beta Systems. Damit einher ging auch die Entscheidung, die internen Strukturen und Prozesse radikal zu vereinfachen und sich thematisch zukünftig auf einige Kernkompetenzen und Trends in der IT zu konzentrieren, darunter Cloud Computing und Virtualisierung. Beta Systems bietet Großunternehmen, mittelständischen Firmen und Organisationen branchenübergreifend Softwareprodukte für die kosteneffiziente und sichere Überwachung von IT-Prozessen in high-performance IT-Umgebungen. Das Software- und Lösungsportfolio umfasst die Bereiche Data & Document Processing, dem sicheren und effizienten Informationsmanagement in Rechenzentren, das höchste Effizienz bei der Verarbeitung von Dokumenten gewährleistet, und Security & Compliance, dem sicheren und effizienten Benutzermanagement für das umfassende Management gesetzlicher Vorgaben. Produkte beider Bereiche werden unter dem übergreifenden Aspekt Überwachung, Risiko-Management und Compliance („GRC – Governance, Risk Management, Compliance") und als integrierte Produktsuite entwickelt, vermarktet und vertrieben. Weltweit optimieren mehr als 1.300 Kunden in über 3.200 laufenden Anwendungen von Beta Systems ihre Prozesse und verbessern ihre Sicherheit.

Workload Management heißt die Formel, mit der
Beta Systems dafür sorgt, dass die Produkte jeden
Tag frisch ins Regal kommen.

Wie genau das im Einzelnen aussieht, zeigt eine durch den gesamten Geschäftsbericht fortgeführte Bildstrecke. Dort sind Menschen in ganz alltäglichen Situationen zu sehen, etwa eine junge Frau, die am Gemüseregal im Supermarkt eine Paprika begutachtet. Das ganzseitige Foto ist im unteren Viertel wiederum mit Ziffern und Zahlen eines Programmiercodes bedeckt, eingeleitet vom Begriff „Workload Management". Auf der gegenüberliegenden Seite wird das Geschehen erklärt: Dank Automatisierung der Lieferkettenlogistik mit Produkten von Beta Systems können Menschen jeden Tag frische Produkte genießen. Die Reihe der Motive wird fortgesetzt mit einer Frau, die am Flughafen sitzt und beruhigt reisen kann, weil Beta Systems im Bereich Identity Management der Fluglinie bei der Sicherung ihrer Zugriffsrechte hilft. Oder einem jungen Mann mit Telefon am Ohr, der dank Softwarelösungen, mit denen der Telefonanbieter seine Rechnungen gestaltet und generiert, von „Kostentransparenz auf einen Blick" profitiert. Diese Bildserie ist neben dem obligatorischen Vorstandsporträt das einzige fotografische Element in der gesamten Publikation. Dabei verzichtet sie selbstbewusst auf die große Kulisse und setzt ganz auf ihre überzeugenden Protagonisten – und den Aha-Effekt, wenn sich die alltäglichen Situationen mit den Anwendungen von Beta Systems

Die Grafiken fassen für den Leser entscheidende Daten und Fakten auf einen Blick zusammen.

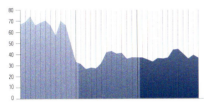

Marktkapitalisierung Beta Systems 2008 – 2010 in € Mio. (Xetra)

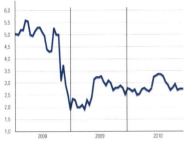

Performance der Beta Systems-Aktie 2008 – 2010 in € (Xetra)

Handelsvolumina der Beta Systems-Aktie 2008 – 2010 in Tausend Stück (Xetra)

im Kopf des Lesers untrennbar verbinden. Die Bilderserie fungiert auch als Kapiteltrenner des Druckwerks, das mit einer immer über die komplette Doppelseite laufenden Rubrizierung am Seitenkopf eine optimale Orientierung bietet.

Auch der Zahlenteil ab Seite 50 besticht durch übersichtlich gestaltete Seiten und mittels verschiedener Blautöne lesefreundlich geordnete Tabellen. Im Anschluss findet sich noch eine Weltkarte, die den Überblick über die 14 nationalen und internationalen Standorte des Unternehmens gibt sowie ein ausführliches Glossar, das auf drei Seiten auch IT-ungeübten Lesern Begriffe von „Access Management" bis „Workflow" erklärt. So endet ein bis ins kleinste durchdachter, der Umbruchsituation des Unternehmens angemessen schnörkelloser und dennoch stets attraktiver Geschäftsbericht, der seine Hauptbotschaft souverän vermittelt: Beta Systems sorgt dafür, dass unsere Welt zuverlässig funktioniert – und zwar heute wie morgen.

FINANZKENNZAHLEN

Stand: 31.12.2010
Rechnungslegung nach IFRS

Börsensegment: Prime Standard
(bis 10. Juni 2011, seit 13. Juni 2011: General Standard)

WKN: 522440

Umsatz: 47,6 Mio. Euro

Ergebnis je Aktie: -0,26 Euro

EBIT: 1,0 Mio. Euro

Eigenkapital: 30,2 Mio. Euro

Marktkapitalisierung: 36,5 Mio Euro

Mitarbeiter: 347

Der nächste Geschäftsbericht erscheint im Dezember 2011 (Rumpfgeschäftsjahr 2011)

INFORMATION

Beta Systems Software AG
Alt-Moabit 90d
10559 Berlin
Stefanie Frey
Investor Relations
Fon: 030 726118-171
Fax: 030 726118-800
ir@betasystems.com
www.betasystems.com

Agentur
ART-KON-TOR Kommunikation GmbH, Jena
www.art-kon-tor.de

Bremer Lagerhaus-Gesellschaft – Aktiengesellschaft von 1877

Detthold Aden,
Vorstandsvorsitzender

Ein sehnlich erwartetes Licht im nächtlichen Sturm, fest und trutzig stehend in tosender Gischt, so warnt er die Seeleute vor drohender Gefahr und leitet sie souverän in den Heimathafen – gibt es ein besseres Symbol für zuverlässige Sicherheit als einen Leuchtturm? Seine hoch aufragende Gestalt und der tagsüber weithin sichtbare Anstrich in kräftigem Rot-Weiß machen jeden Leuchtturm zur Landmarke. Und zu einem idealen Titelmotiv für einen Geschäftsbericht eines traditionsreichen Marktführers in der seehafenorientierten Logistik.

Das Cover des Geschäftsberichts 2010 der BLG LOGISTICS GROUP wird von einem solchen Bauwerk geschmückt, mit Glanzlack veredelt leuchtet der rot-weiße Turm vor tiefblauem Meer. Sein weißer Streifen ist mit dem BLG-Logo verziert: Eine selbstbewusste Fotomontage, die die Marke BLG in den Fokus der Aufmerksamkeit rückt. Darunter liest der Betrachter den Titel der 198 Seiten starken Publikation: „Markenbewusst" steht da in silberner Prägung zu lesen. Dies ist eine Fortsetzung des Konzepts des letztjährigen Berichts, dessen Titel „Chancenbewusst" lautete. So wie der damalige gut in die Zeit des Wiederaufschwungs nach der Wirtschaftskrise passte, ist auch der diesjährige Titel perfekt gewählt. Denn die Krise, soviel sei vorweggenommen, hat das Unternehmen mit Stammsitz Bremen ganz eindeutig weit hinter sich gelassen. Wenn nun von Markenbewusstsein

MARKENBEWUSST

geschrieben wird, ist damit nicht nur die Marke BLG gemeint, sondern auch die illustre Runde von Weltmarken, für die der Logistikdienstleister schon seit vielen Jahren tätig ist. So erfährt man es nach dem Aufschlagen des Berichts aus dem Vorwort des Vorstands. BMW, Mercedes, VW, Bosch und Siemens zählen dazu, aber auch IKEA oder Tchibo. Sie alle vertrauen dem Unternehmen mit den drei Geschäftsbereichen Automobile, Container und Contract ihre Waren in der einen oder anderen Form an. Für deren fristgerechte Ablieferung, aber teilweise auch Weiterverarbeitung und Veredelung sorgten im abgelaufenen Geschäftsjahr durchschnittlich 5.949 Mitarbeiter,

Wenn es um Logistik geht, ganz gleich ob für Kaffeepulver,
Autoteile oder beeindruckend riesige Offshoreanlagensegmente,
ob im Seehafen oder im Hochregallager – BLG kennt die
angemessene Lösung.

Handelslogistik für Tchibo im Hochregallager Bremen

Der Geschäftsbereich CONTRACT

Der Geschäftsbereich realisiert komplexe individuelle Logistiklösungen für Kunden aus Industrie und Handel. Die Leistungsschwerpunkte sind die Königsdisziplin Automotive (Autoteilelogistik) sowie Industrie- und Produktionslogistik, Handels- und Distributionslogistik, die Seehafenlogistik für konventionelle Güter in Bremen sowie die Logistik am BLG Coldstore am Containerterminal Bremerhaven. Als neues Geschäftsfeld werden Logistikprozesse für die Offshore-Windenergie entwickelt.

Autoteilelogistik für Kfz-Hersteller

In der Kontraktlogistik lassen sich nicht alle Dienstleistungen in einem festen Standortnetzwerk konzentrieren. Deshalb investiert der Geschäftsbereich CONTRACT dort, wo die Kunden die Leistungen benötigen. So arbeiten inzwischen Logistikzentren und Spezialanlagen an über 30 Standorten in Europa und in Übersee für renommierte Kunden wie Mercedes, MAN, VW, Siemens, Konica Minolta, IKEA, Griesson – de Beukelaer oder hansgrohe.

Beispiel Autoteilelogistik: Beschaffung, Produktion und Absatz weltweit sind in der global agierenden Automobilindustrie längst Realität. Die Logistik integriert die Teilefertigung der Hersteller und aller Zulieferer in Systemdienstleistungen, um die Montagelinien der Hersteller im In- und Ausland zuverlässig zu versorgen.

Verladung von Offshore-Turmsegmenten

Die Hersteller verlagern auch Produktionsschritte auf ihre Logistiker. Dazu gehören die Aushärtung geklebter Karosserieteile, die Konservierung von Rohbauteilen und die Vormontage von Systemkomponenten. Die Logistik agiert damit als „verlängerte Werkbank" der Hersteller.

Beispiel Industrie- und Produktionslogistik: Dabei geht es insbesondere um die Optimierung der Produktionsabläufe und Materialflüsse in den Werken der Kunden. Dazu gehört auch die Übernahme von Personal, Anlagen und Geräten. Diese Form der Werkslogistik leistet der Geschäftsbereich für Kunden aus Automobilindustrie und Telekommunikation sowie beim Bau von Eisenbahnen.

Beispiel Handels- und Distributionslogistik: Zentral über Emmerich werden der gesamte europäische Markt und Teile Afrikas mit Bürogeräten von Konica Minolta versorgt. Die Basisgeräte werden im European Distribution Center der BLG nach individuellen Kundenbestellungen konfiguriert, landerspezifisch mit Zubehör sowie Gebrauchsanweisungen bestückt und direkt auf den Weg zum Kunden gebracht.

Unter dem Motto „Jede Woche eine neue Welt" lässt Tchibo über 50.000 Verkaufsstellen in Deutschland und Europa mit Bedarfsartikeln versorgen – zentral über das Hochregallager der BLG in Bremen. Und auch IKEA nutzt die Kompetenz der BLG zur Bestückung seiner Verkaufsstellen in Deutschland und England.

Ein weiteres Beispiel für die Handels- und Distributionslogistik ist Griesson – de Beukelaer, einer der führenden europäischen Gebäckwarenhersteller. Der Start erfolgte im Oktober 2008 mit der Übernahme des Distributionszentrums Koblenz und des Werkslagers. Anfang 2009 folgte die Übernahme der gesamten operativen Logistik an den Standorten Polch, Kahla, Ravensburg und Wurzen.

Seehafenlogistik in Bremen

Die Seehafenlogistik für konventionelles Stückgut hat ihren Schwerpunkt in Bremen. Dabei geht es um individuelle Logistik für Projektladungen, Verkehrssysteme, Stahlprodukte, Maschinen und Anlagen sowie für Forstprodukte. Am Containerterminal Bremerhaven bietet der BLG Coldstore komplette Logistiklösungen für Kühl- und Tiefkühlgüter.

so die konsolidierte Zahl. Einschließlich ihrer Beteiligungen bietet die BLG weltweit inzwischen bereits rund 15.000 Arbeitsplätze.

Wo überall diese Mitglieder der BLG-Familie im Einsatz sind, erkennt der Leser beim Aufklappen der inneren Umschlagseite. Dort findet sich eine in silberner Punktoptik geprägte elegante Weltkarte, die mit roten Kästchen für die einzelnen Standorte versehen wurde. Darunter sind sie aufgelistet, die insgesamt 88 Standorte vom brasilianischen Anchieta bis zum slowakischen Zilina. Dann beginnt mit schnörkelloser Klarheit der Geschäftsbericht. Die erste Seite der in Schweizer Broschur gebundenen Publikation bietet auf silbernem Fond eine Übersicht über die Unternehmenskennzahlen. Und schon sieht man auf den ersten Blick die positive Entwicklung im Vergleich zum Vorjahr: Eine Umsatzsteigerung um fast 10 % auf nun 897 Mio. Euro kann sich sehen lassen. Die resultierende Umsatzrendite wuchs um 30,2 %, das EBIT sogar um 41,8 % – stolze Zahlen, die von allen Geschäftsbereichen erwirtschaftet wurden.

In der geradlinigen Dramaturgie des Druckwerks geht es nun mit einem 14-seitigen Imageteil weiter, in dem sich das Unternehmen BLG umfassend darstellt. Ein einführender historischer Abriss

Auch wenn es um den Transport ins Land geht, kennt die BLG die passende Lösung und erobert sich damit weitere Vertriebswege.

erzählt von der Geschichte des Unternehmens, das als seinerzeit einzigartiger Zusammenschluss von 65 Bremer Kaufleuten im Jahr 1877 begann. Die Gründer bündelten unter dem damaligen Namen Bremer Lagerhaus-Gesellschaft ihre Leistungen und begründeten so ein rasantes Wachstum der Bremer und Bremerhavener Seehäfen. Im Verlauf der Jahrzehnte war es immer wieder die BLG, die wegweisende Neuerungen einführte – vom ersten elektronischen Hafeninformationssystem der Welt bis zu einem der heute weltgrößten Autoterminals, in dem jährlich über zwei Millionen Fahrzeuge umgeschlagen werden. Unter dem neuen Namen BLG LOGISTICS GROUP ist aus dem lokalen Hafenunternehmen ein internationaler Logistiker geworden. Seine drei Geschäftsbereiche werden im Folgenden mit jeweils einer Doppelseite mit beeindruckenden Fotos präsentiert. Zuerst geht es um Autos. Der Geschäftsbereich Automobile ist heute weit mehr als nur der Logistiker für 5,4 Mio. Fahrzeuge, so die Zahl des Jahres 2010. Denn die BLG übernimmt auch die sogenannte Pre-Delivery-Inspection, den Einbau von Sonderausstattungen wie DVD-Anlagen oder Glasdächern sowie auch Umrüstungen oder Sonderlackierungen. Für den Lückenschluss zwischen Seehafen und über 7.000 Händlern sorgt eine moderne Lkw-Flotte mit mehr als 500 Transportern. Noch enger vernetzt sich

Die Grafiken zur BLG am Kapitalmarkt zeigen ein erfolgreiches Börsenjahr 2010.

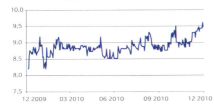

Aktienkursentwicklung

Mitarbeiter nach Geschäftsbereichen

aber der Geschäftsbereich Contract mit den Herstellern. Hier erledigt BLG sogar Fertigungsschritte für die Autohersteller, wie etwa die Vormontage oder die Aushärtung geklebter Teile. Über noch mehr Dienstleistungen des modernen Logistikers informieren weitere sechs Seiten mit detaillierten Fallbeispielen – etwa über eins der größten Hochregalläger Europas, das BLG für den Kunden Tchibo unterhält. Es fasst 200.000 Paletten gleichzeitig und funktioniert vollautomatisch.

Im Anschluss an diese Reise durch die BLG-Welt folgt der Zahlenteil des Geschäftsberichts, der durch ein Eingriffregister schnell und komfortabel navigierbar gemacht wurde. Seine Inhalte sind ebenso klar strukturiert und alle Zahlen werden in übersichtlichen Tabellen mit Highlights in silberner und firmenblauer Farbe dargeboten. Was beim Leser am Schluss bleibt? Der nachhaltige Eindruck eines Global Players in der Logistik, der seine hanseatische Kaufmannstradition in Ehren hält – und der als feste Größe auf dem bewegten Logistik-Markt so sicher steht wie ein Leuchtturm in der Brandung.

FINANZKENNZAHLEN

Stand: 31.12.2010
Rechnungslegung nach IFRS

Börsensegment: Freiverkehr

WKN: S26160

Umsatz: 897,4 Mio. Euro

Ergebnis je Aktie: 0,34 Euro

Dividende: 1,3 Mio. Euro

EBIT: 49,9 Mio. Euro

Eigenkapital: 16,0 Mio. Euro

Marktkapitalisierung: 36,4 Mio. Euro

Mitarbeiter: 5.949

Der nächste Geschäftsbericht erscheint im Mai 2012

INFORMATION

Bremer Lagerhaus Gesellschaft –
Aktiengesellschaft von 1877
Präsident-Kennedy-Platz 1
28203 Bremen
Dietmar Kull
Investor Relations
Fon: 0421 398-3382
Fax: 0421 398-3233
dkull@blg.de
wwww.blg.de

CAMERA WORK AG

Ute Hartjen und Benjamin Jäger, Vorstand

Begeisterung kann euphorisch, kontemplativ oder empathisch sein. Der Geschäftsbericht 2010 der CAMERA WORK AG ist begeisternd und damit voller Gefühle. Denn hier steht nicht der Bericht als solcher und auch nicht die AG im Vordergrund, sondern das, worauf sich das Geschäft zuallererst gründet: die Fotokunst. Schon der Titel des im DIN A4-Format gehaltenen Bandes setzt einen ersten ästhetischen Akzent: Aus einem Bilderrahmen heraus blickt das bekannte Fotomodell Stephanie Seymour dem Leser direkt in die Augen – und entfaltet damit eine Sogwirkung, der man sich kaum entziehen kann. Durch das Anheben ihres transparenten Kleides entblößt sie zudem ihre Scham und „offenbart den Blick auf eine heilige Kostbarkeit, die gleichzeitig auch als Waffe gesehen werden kann", erfährt der Leser in der später folgenden Erklärung zu der Aufnahme von Richard Avedon. Sie dominiert das Cover sowohl durch ihre Größe als auch durch die mittige Platzierung auf der seidenmatten Kartonage. Durch den hervorgehobenen Bilderrahmen und die lackierte Oberfläche der Fotografie lässt sich der Leser allzu gern verführen, mit den Fingerspitzen über das Papier zu streichen.

Am unteren Rand kann er so auch den Titel des Geschäftsberichts ertasten: „Masterworks" steht dort in glänzend-elfenbeinfarbigen Versalien geschrieben, die trotz ihrer Größe auf den ersten Blick

kaum auffallen. Damit gibt der Schriftzug einen wesentlichen Hinweis auf die tägliche Arbeit des Unternehmens, bei der es darum geht, einzelne Fotoarbeiten, aber auch ganze Sammlungen und Lebenswerke von Fotografen aufzuspüren, die eine Wertanlage mit hohem Entwicklungspotenzial darstellen. Lediglich kleine, braune Lettern zeigen, dass es sich hier um einen Geschäftsbericht handelt. Dieser wirkt durch den aufklappbaren Umschlag, auf dem sich die wichtigsten Angaben zu den Organen der Gesellschaft sowie das Impressum befinden, sehr edel. Die Innenseite zeigt übersichtlich angeordnet Ausstellungsplakate, die die außergewöhnliche Arbeit des Konzerns

So wird ein Stillleben zum Porträt: Pfeife, Brille und Aschenbecher werden zu Attributen Piet Mondrians – eine Aufnahme, die den berühmten Konstruktivisten fotografisch gekonnt in Szene setzt.

repräsentieren. Der erste Versprechen des Covers, dass es in der Publikation eben nicht um die nüchterne Zusammenstellung von Daten und Fakten des abgelaufenen Geschäftsjahrs geht, bestätigt sich im Grußwort an die Aktionäre – übrigens wie alle Beiträge in Deutsch und Englisch verfasst. Vielmehr wolle CAMERA WORK mit dem Bericht „eine Auswahl fotografischer Ikonen der Sammlung" vorstellen, heißt es dort. Gleichzeitig würdigt der Vorstand hier die Erfolge des Jahres 2010, zu denen u. a. die zeitweise Erweiterung der Ausstellungsfläche in der Berliner Kantstraße durch den „Temporary Showroom" im gegenüberliegenden Stilwerk gehörte.

Auf den folgenden 74 Seiten wird dann das eigentliche Kapital des Unternehmens – nämlich eine der weltweit größten Foto- und Fotobuchsammlungen – vorgestellt. Der einzigartige, stetig wachsende Bestand der CAMERA WORK-Sammlung setzt sich hauptsächlich aus Vintageabzügen namhafter Fotografen wie Diane Arbus, Irving Penn, Helmut Newton und Peter Lindbergh sowie potenzialstarken Arbeiten junger Talente zusammen. Bekannte und weniger bekannte Fotografien sind es, denen es gelingt, den Betrachter zu fesseln sowie das Ansehen und den Erfolg der renommierten Galerie zu dokumentieren. Dabei prägen vor allem großformatige Schwarz-Weiß-Fotografien den

Irving Penns elegante Aufnahme des Models – seine Ehefrau übrigens – ist selbst Ikone geworden, denn sie gehört zu den bekanntesten Bildern der Modegeschichte.

Berichtsverlauf: Von der fotografischen Liebeserklärung von Paul Strand an seine Frau Rebecca über die siebenjährigen Zwillingsschwestern Cathleen und Colleen Wade, die auf den ersten Blick fast gleich und beim genaueren Betrachten doch ganz unterschiedlich aussehen, von Diane Arbus bis hin zum „Café in Lima" von Irving Penn, in dem sich Jean Patchett verträumt an die Perlenkette greift – der Umgang mit den künstlerischen Mitteln ist ebenso vielfältig wie die Bandbreite der Themen. Zu erwähnen ist auch Richard Avedons Porträtserie „The Family", die auf insgesamt 69 Bildern die Machtelite in Washington D.C. des Jahres 1976 zeigt oder die Aufklappseite in der Mitte der Publikation mit drei Werken des Fotografen Harry Callahan. Darauf ist jeweils der Schoß seiner Frau Eleanore in leicht veränderter Pose zu sehen, auf dem ein schwarzes Tuch elegant drapiert wurde.

Alle Aufnahmen des Geschäftsberichts befinden sich in einem passenden Bilderrahmen, der dem Leser das Gefühl gibt, sich tatsächlich in einer Fotoausstellung zu befinden. Die textlichen Ausführungen überzeugen durch einspaltigen Blocksatz, eine klare Strukturierung und viel Weißraum. Einzige Ausnahme bildet der Jahresrückblick, der sich durch die kleinformatige Fotostrecke und den schwarzen Hintergrund vom übrigen Bericht abhebt. Die Doppelseite lässt einige besondere

Die Frau des Farmers, der Schoß der Frau, der durch die formale Konstruktion den Charakter einer Grafik hat, Füße, die durch Pfützen tanzen – allesamt fotografische Meisterwerke der Sammlung von CAMERA WORK.

Momente der CAMERA WORK AG bildlich und mit kurzer Beschriftung Revue passieren. Und dann folgt er schließlich doch noch: der „eigentliche" Geschäftsbericht. Die Trennung und dennoch Verbindung von Unternehmens- und Finanzteil gelingt dabei auf denkbar einfache Art: Eine weiße Seite leistet die Trennungsarbeit, wiederkehrende Gestaltungselemente wie etwa die Schriftfarben Schwarz und Silbergrau sorgen für den optischen Zusammenhalt. Auf acht Seiten erfährt der Leser alles über den finanziellen Erfolg der Gesellschaft: Eingeleitet von dem Bericht des Aufsichtsrats folgen Gewinn- und Verlustrechnung und die Bilanz mit Zahlen zur Finanz- und Ertragslage des Unternehmens. Durch die meisterhafte Kameraarbeit der Künstler und das nicht weniger glanzvolle Layout ist der Geschäftsbericht der CAMERA WORK AG nicht nur ein informatives Medium, sondern auch hochwertige Kunst – genau wie die Fotografie selbst.

Der nächste Geschäftsbericht erscheint vorauss. im Juni 2012

INFORMATION

CAMERA WORK AG
Kantstraße 149
10623 Berlin
Jan Ole Eggert
Fon: 030 310077-78
Fax: 030 310077-80
info@camerawork.de
www.camerawork.de

Agentur
Sepp Barske, Berlin
www.seppdesign.de

comdirect bank AG

Dr. Thorsten Reitmeyer,
Vorstandsvorsitzender

„Es war noch nie so einfach, Kunde bei comdirect zu werden, und noch nie so attraktiv, es zu sein!". Die Kunden der comdirect können zufrieden sein. Und das ist vor allem das Verdienst der zahlreichen Mitarbeiter. Ihre Initiativen stehen im Mittelpunkt des aktuellen Geschäftsberichts der comdirect. Einige dieser Mitarbeiter stellen sich im Laufe des Berichts vor und erzählen, was sie im vergangenen Jahr für die zahlreichen Kunden der Bank erreicht haben. Der Vorstand der comdirect ist überzeugt: Von diesen Ideen lebt das Geschäft.

Umgesetzt wird das gestalterische Konzept des Berichts über eine einseitige handschriftliche Skizze, wie sie in Fachgesprächen häufig entsteht. Die Skizze stellt knapp und präzise die gemeinsam erarbeitete zentrale Idee vor. Fotos der entsprechenden Mitarbeiter mit Schreibutensil und einem Blatt Papier entstanden in individueller Arbeitsumgebung. Diese sympathisch wirkenden Mitarbeiterbilder verleihen dem eher unpersönlichen Direktbankgeschäft eine sehr persönliche Note.

Eines der Bilder zeigt Andrea Wöhlke: Sie repräsentiert den Kundenservice, der bei comdirect nunmehr rund um die Uhr an 365 Tagen im Jahr erreichbar ist. So ist es in einem anthrazitfarbenen Balken am unteren Seitenanschnitt zu lesen. Wer noch mehr über die Idee und den Kundenservice der comdirect erfahren möchte, sollte einen Blick hinter die farblich abgesetzte Fotoklappseite

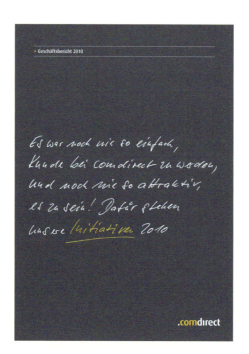

werfen. Hier werden im Stil einer Zeitungsreportage mit Zwischenüberschriften, eingebundenen Produkt- und Kampagnenbildern sowie Infokästen spannende Hintergrundinformationen geliefert.

In weiteren Reportagen des Berichts erfährt der Leser, wie sich die comdirect zum deutschen Marktführer im Online-Wertpapiergeschäft entwickelt hat und was hinter dem Erfolg der comdirect Baufinanzierung steht. Man liest über die Vorteile, die Kunden von der kontinuierlichen Weiterentwicklung der IT-Infrastruktur haben und welche Initiativen bei der comdirect Tochter ebase hinter intelligenten Depot- und Kontolösungen für institutionelle Anleger lie-

So strahlend kann Service aussehen. Der Bericht der comdirect verleiht der sympathischen Stimme vom Kundentelefon ein Gesicht und stellt überzeugend dar, was Kundennähe für die Bank bedeutet: Öffnungszeiten, die keinen Ladenschluss kennen.

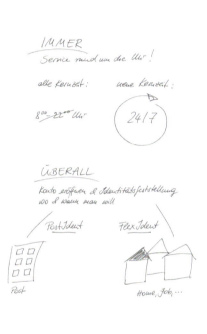

gen. Die fünf Geschichten der Mitarbeiter sind in den Verlauf des Geschäftsberichts eingestreut und sorgen für optische Abwechslung in einem Layout, das sich auf Text und aussagekräftige Grafiken konzentriert. Sie bieten dem Leser einen sehr guten Überblick über das Leistungsspektrum der comdirect und deren Ziele.

Am Anfang des Berichts steht ein ausführliches Interview mit dem dreiköpfigen Vorstandsteam. Die Überschrift gibt bereits die Richtung vor: „Initiative zeigen – profitabel wachsen". Dass sich die Initiativen des vergangenen Jahres ausgezahlt haben, stellt auch der Vorstandsvorsitzende in seinem Vorwort heraus. Dr. Thorsten Reitmeyer, der erst kurz vor Ablauf des Berichtsjahrs die Führung der Direktbank übernommen hat, kann gleich zum Start sehr gute Zahlen präsentieren. Dazu gehören ein betreutes Kundenvermögen, das um 7 Mrd. Euro auf 42,5 Mrd. Euro gestiegen ist und ein über den Erwartungen liegendes Ergebnis vor Steuern von 81 Mio. Euro. Aber Reitmeyer gibt auch bereits die neue Richtung vor. Bemerkenswert ist der sprachliche Duktus, der sehr persönlich und dynamisch wirkt. So entsteht ein hohes Maß an Glaubwürdigkeit.

Auch im B2B Bereich ist die comdirect über die Tochter ebase gut aufgestellt. „Mit der neuen Produktarchitektur gehen wir einen weiteren Schritt in die Richtung, die deutschlandweit führende B2B Direktbank zu werden", weiß Georg Burkhardt, Bereichsleiter IT zu berichten.

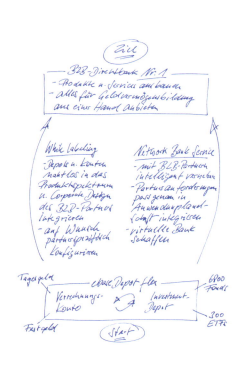

Fotografie bedeutet im comdirect Geschäftsbericht, Menschen in ihrem gewohnten Arbeitsumfeld zu zeigen. Dafür standen „echte" comdirect Mitarbeiter vor der Kamera, die die Bank und ihre Arbeit authentisch und professionell präsentieren. Auch das Porträtfoto des Vorstandsvorsitzenden und die Gruppenaufnahme des Vorstandsteams spiegeln dies wider. Gelungen ist dabei die dezente Einbeziehung des Corporate Designs, das die Beziehung zur Bank unterstreicht.

Und nicht nur die Fotografie ist fern jeder Hochglanzästhetik. Schon haptisch gibt sich der Geschäftsbericht bodenständig. Das dicke, ungestrichene Papier ist griffig und verleiht dem Bericht bei rund 140 Seiten einen soliden und unprätentiösen Auftritt.

Praktische Details, wie das ausklappbare Inhaltsverzeichnis auf der äußeren Umschlagseite, das ausführliche Finanzglossar oder der tabellarische Überblick über die wesentlichen Konzernkennzahlen, erleichtern die Durchsicht. Dank des stabilen Papiers und einer kräftigen Klebebindung lässt sich der comdirect Geschäftsbericht wie ein Coffee Table Book aufgeschlagen lesen.

Das Berichtslayout ist zweispaltig angelegt, die schmale comdirect Schrift hebt sich deutlich von den reinweißen Seiten ab und wirkt frisch und modern. Regelmäßige Absätze fördern den Lesefluss.

Gleich auf der ersten Innenklappe erläutern die Grafiken unter der Überschrift „Starke Produkte, starke Performance" das Geschäftsmodell der comdirect bank. Das Säulendiagramm stellt die Entwicklung der Kunden bei comdirect dar.

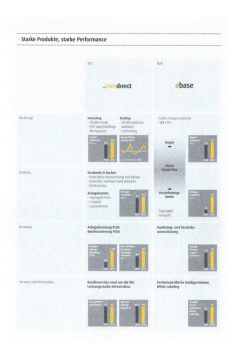

Die einzeiligen Zwischenüberschriften sind ebenso wie die Hauptüberschriften und die Grafiken von zwei gestrichelten Linien eingefasst. Mit minimalen gestalterischen Mitteln entsteht so ein klar strukturiertes Seitenbild. Abstufungen der gelben comdirect Hausfarbe bringen Wärme in die zahlreichen Infografiken. Bei den Tabellen werden die Spalten des Berichtsjahrs ebenfalls farblich hervorgehoben. Inhaltlich präsentieren die Tabellen auch Informationen zu den nicht-finanziellen Werttreibern der Bank. Das Versprechen der Verlässlichkeit und Authentizität, das die handschriftlichen Einleitungen suggerieren, wird damit eingelöst. Die comdirect bank zeigt, dass sie das Vertrauen ihrer Stakeholder verdient. Und besonders ihre zahlreichen Kunden wissen: Es braucht keine Filialen, um erfolgreich zu sein.

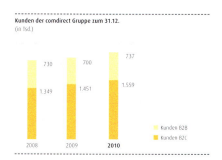

FINANZKENNZAHLEN

Stand: 31.12.2010
Rechnungslegung nach IFRS

Börsensegment: SDAX

WKN: 542800

Erträge: 291 Mio. Euro

Ergebnis je Aktie: 0,42 Euro

Dividende je Aktie: 0,42 Euro

EBT: 80,9 Mio. Euro

Eigenkapital: 514 Mio. Euro

Marktkapitalisierung: 1.016,8 Mio. Euro

Mitarbeiter: 1.120

Der nächste Geschäftsbericht erscheint am 27. März 2012

INFORMATION

comdirect bank AG
Pascalkehre 15
25451 Quickborn
Tobias Vossberg
Unternehmenskommunikation/
Investor Relations
Fon: 04106 704-1980
Fax: 04106 704-1969
tobias.vossberg@comdirect.de
www.comdirect.de

Online-Bericht vorhanden

Agentur
ergo Unternehmenskommunikation
GmbH & Co. KG, Frankfurt
www.ergo-komm.de

Commerzbank AG

Martin Blessing,
Vorstandsvorsitzender

Das abgelaufene Geschäftsjahr der Commerzbank war ein besonderes, denn es stand ganz im Zeichen der erfolgreichen Eingliederung der Dresdner Bank. Das größte Integrationsprojekt der deutschen Bankengeschichte, das im Mai 2011 erfolgreich abgeschlossen wurde, war ein Meilenstein. Aus zwei mach eins – von dieser erfolgreich gelösten Mammutaufgabe erzählt der vorliegende Geschäftsbericht.

Dabei fängt er – sieht man einmal von seinem stattlichen Umfang von 382 Seiten ab – eher sachlich an. „Herausforderungen annehmen – Ziele erreichen" ist die Publikation betitelt. Der Einband zeigt zwei übereinander angeordnete Fotos, oben das Porträt einer lächelnden Frau, von der im späteren Verlauf noch die Rede sein wird. Darunter befindet sich die Außenansicht einer Commerzbank-Filiale, deren Fassade schon das neue Logo ziert. In der unteren Ecke der Titelseite steht der Anspruch der neuen leistungsstarken Bank: „Gemeinsam mehr erreichen" – zutreffender als je zuvor. Die Farbwelt des Geschäftsberichts setzt sich aus einem angenehm weißen Fond mit Elementen in Grau und vor allem einem warmen Gelb zusammen – der alten und neuen Hausfarbe der Commerzbank. Im Innern erwartet den Leser ein klassischer Aufbau, mit den Unternehmenskennzahlen auf der linken Seite und der Einleitung rechtsseitig. Zuerst ein Blick auf die Kennzahlen, die die erfolgreiche Entwicklung im Jahr 2010 dokumentieren; so erreichte die Bank ein Operatives Ergebnis von rund 1,4 Mrd. Euro und eine Kernkapitalquote von 11,9 %. Klappt man die Kennzahlenseite auf, findet sich eine kurze Darstellung der neuen Commerzbank sowie die Konzernstruktur.

Der Geschäftsbericht beginnt mit sieben vorgeschalteten Doppelseiten, die verschiedene Aspekte der Zusammenführung der beiden Banken exemplarisch darstellen. In einem klaren Layout, bestehend aus einem querformatigen Foto, dem Text und jeweils zwei bis drei wichtigen Fakten am unteren Seitenrand wird erzählt, wie die Integration umgesetzt wurde. Insgesamt 4.500 Mitarbeiter waren an diesem

Die gelungene Integration der Dresdner Bank ist das einführende Thema und die facettenreiche Bildstrecke erzählt u.a. von der Entwicklung des neuen Logos, das die Strahlkraft der neuen Marke widerspiegelt.

Gemeinsamer Marktauftritt

bankweiten Großprojekt beteiligt, das von der Anpassung der IT bis zur Entwicklung eines einheitlichen Marktauftritts reichte. Es wurden mehr als 3.000 Workshops abgehalten, rund 3.800 Führungskräfte ausgewählt und mehr als 1.600 Gebäude auf die neue Marke umgestellt. Im neuen Wort-Bild-Zeichen sind die positiven Elemente beider Banken in moderner Weise vereint: der bekannte Markenname der Commerzbank sowie das zu einem dreidimensionalen gelben Band weiterentwickelte Markenzeichen der ehemaligen Dresdner Bank. Durch den Einsatz von LED-Lampen in der Außenbeleuchtung der Filialen wurde eine Energieeinsparung von 82 % möglich. Auch international wurden die Filialen, Repräsentanzen und Tochtergesellschaften integriert – aktuell 58.255 Mitarbeiter in 50 Ländern arbeiten jetzt für die neue Commerzbank.

Im Lagebericht stoßen wir nochmals auf das Titelthema des Berichts: vor den einzelnen Segmentkapiteln werden Kunden der Bank mit ihren ganz eigenen Herausforderungen und Zielen im Jahr 2010 porträtiert. Hier begegnen wir der Dame vom Deckblatt wieder. Sie ist eine von insgesamt sechs beispielhaften Erfolgsgeschichten von Kunden der Bank und heißt Dr. Jana Leidenfrost. Als Diplom-Psychologin erfüllte sie sich den Traum einer Unternehmensgründung auf dem Gebiet der

Die Commerzbank ist in vielen Segmenten aktiv, so auch im Privatkundengeschäft, das vor allem durch professionelle Beratung und individuelle Förderung gekennzeichnet ist und die Bank als zuverlässigen Partner ausweist.

internationalen Führungskräfteentwicklung. Um ihren Mandanten eine einzigartige Atmosphäre im Grünen zu bieten, renovierte sie die Familienvilla. Weitere Fallbeispiele reichen vom Logistikunternehmen, das ein neues Terminal gebaut hat, über den russischen Investor, der sich im Kaligeschäft engagieren möchte, dem Weltkonzern Linde AG, bei dem es um die Absicherung von Währungsrisiken geht bis zu einem Recyclingunternehmen, das seine Kapazitäten mit dem Bau einer neuen Produktionshalle erweitert hat. Alle wurden von den jeweiligen Experten der Commerzbank umfassend betreut und konnten ihre Herausforderungen erfolgreich meistern.

Die vielfältigen weiteren Inhalte des Berichts werden durch eine innovative Rubrizierung am oberen Seitenrand strukturiert, die zu jedem Kapitel ein kurzes Inhaltsverzeichnis liefert. Auch knappe Hinweise am Textrand, die mit einem gelben Papiersymbol markiert sind, verweisen auf weiterführende Informationen im Dokument. Ein Eingriffregister hilft, die Seitenfülle praktisch zu handhaben. Bis der eigentliche Zahlenteil des Konzernabschlusses auf Seite 200 beginnt, und Tabellen sowie ausführliche Erläuterungen die Details des Geschäftsjahres beleuchten, bieten Lagebericht und Risikobericht wichtige Informationen zur Entwicklung des Konzerns sowie zu den verschiedenen Segmenten und

Quer über den Globus verteilt symbolisiert das neue Markenzeichen die globale Präsenz des Konzerns, der auf zahlreiche Preise und Auszeichnungen unterschiedlichster Provinienz verweisen kann.

der Steuerung der Bank. Auflockerung bieten nicht nur informative Diagramme, sondern auch spannende Einblicke in die Entwicklung der Bank. Etwa ein Porträt eines weiblichen Bereichsvorstands der Finanzabteilung der Bank. Als Beispiel dafür, dass sich Kind und Karriere nicht ausschließen, kann der Leser auf einer Doppelseite mehr über sie und ihre Aufgabe erfahren. Abgeschlossen wird der Geschäftsbericht mit einer Weltkarte in der hinteren Umschlagseite, die das weitreichende internationale Netzwerk einer Großbank zeigt, die in allen wichtigen Wirtschaftszentren vertreten ist. Der Geschäftsbericht der Commerzbank zeigt auf spannende und grafisch anspruchsvolle Weise, dass die Bank mit einem starken operativen Geschäft und der erfolgreichen Integration ihre Ziele im Jahr 2010 erreicht hat und auf dem richtigen Weg ist.

FINANZKENNZAHLEN

Stand: 31.12.2010
Rechnungslegung nach IFRS

Börsensegment: DAX

WKN: 803200

Bilanzsumme: 754.299 Mio. Euro

Ergebnis je Aktie: 1,21 Euro

Eigenkapital: 28.658 Mio. Euro

Marktkapitalisierung: 6,6 Mrd. Euro

Mitarbeiter: 59.101 (weltweit)

Der nächste Geschäftsbericht erscheint Ende März 2012

INFORMATION

Commerzbank AG
Kaiserplatz
60311 Frankfurt am Main
Investor Relations
Fon: 069 136-22255
Fax: 069 136-29492
ir@commerzbank.com
www.commerzbank.de

Online-Bericht vorhanden

Agentur
wirDesign communications AG,
Berlin, Braunschweig
www.wir-design.de

DEKRA SE

Stefan Kölbl,
Vorsitzender des Vorstands

Bei einer Marke wie DEKRA dürfte bei einer Befragung auf Anhieb jeder spontan das Hauptgeschäftsfeld benennen: Die Fahrzeugprüfung, die seit Gründung des Vereins 1925 auch das Akronym erklärt: Deutscher Kraftfahrzeug-Überwachungs-Verein. 86 Jahre später ist daraus nicht nur das größte Unternehmen seiner Art in Deutschland geworden, sondern ein führender Global Player. Um diesen Erfolg zielgruppenorientiert zu erzählen, bietet DEKRA für das Geschäftsjahr 2010 einen Geschäftsbericht in zwei Bänden an. Beide machen schon durch die Titelfotografien neugierig. Der Unternehmensbericht zeigt einen jungen Chinesen im Business Dress, der die Zukunft fest im Blick zu haben scheint. Im Hintergrund: Shanghai bei Nacht – eine Szene aus der hell und farbenfroh illuminierten Metropole. Der Titel dazu „Experten ohne Grenzen". Mit diesem Fokus werden auf 52 Seiten die Aktivitäten der DEKRA SE vorgestellt. Eine ebenso überzeugende Bildidee gab es für den zweiten Band, den Finanzbericht, der schlicht mit „Unsere Leistungen" betitelt ist. Hier sieht man eine moderne Energiesparlampe leuchten. Damit ist die Klammer zwischen den beiden Berichten geschickt hergestellt und der Charakter der jeweiligen Publikationen bleibt gewahrt.

Der Finanzbericht enthält die pflichtgemäße Darstellung der Geschäftsentwicklung in Form eines Konzernlageberichts und des Konzernabschlusses mit seinem Tabellenteil. Gestalterisch beschränkt

man sich auf ein sachliches, aber elegantes Grundlayout, das im Unternehmensbericht weiter entwickelt wird. Großzügigkeit entsteht durch einen breiten weißen oberen Seitenrand, der nur die Paginierung und eine klein gesetzte Dachzeile enthält. Der zweispaltige Satzspiegel ist im Lagebericht mit einer rechten Marginalspalte versehen. Hierein laufen gezielt eingesetzte Infografiken. Zahlreiche Zwischenzeilen in Schwarz und der dunkelgrünen Unternehmensfarbe gliedern die Texte. Das Grün als Schmuckfarbe wird bei den Tabellen des Anhangs durch Silbergrau ergänzt. Das wirkt elegant und passt gut zu einem technologieorientierten Unternehmen. Den

Im Osten ist es besonders hell – jedenfalls wenn man weiß, dass DEKRA hier eines der modernsten LED-Prüfungslabors eröffnet hat, das mit innovativen Methoden für eine energieeffiziente lichte Zukunft sorgt.

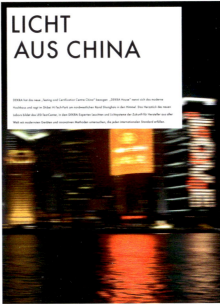

zurückhaltenden Gesamteindruck unterstreichen die schwarz-weißen Fotografien des Vorstands- und des Aufsichtsratsvorsitzenden. In dieses Bild fügt sich auch die unprätentiöse und lesefreundliche Antiqua-Type. Dem hochwertigen gestalterischen Ausdruck entspricht das griffige, matt gestrichene Papier aus FSC-zertifizierten verantwortungsvollen Quellen.

Dieser Grundtenor wird im Unternehmensbericht emotional durch Farbe geschickt erweitert. Da sind zum einen zahlreiche hochwertige Farbbilder sowohl des Managements als auch aus dem Unternehmensalltag und zum anderen die drei wiederkehrenden Schmuckfarben aus dem Regenbogen, die den Business Units zugeteilt sind. Der Leser lernt das farbige Leitsystem direkt im klappbaren vorderen Umschlag kennen. In DEKRA -Grün steht dort zu lesen, wie das Unternehmen dank seiner „Experten ohne Grenzen" gewachsen ist. Der Kurzbeschreibung folgen die Highlights 2010, die mit großen Lettern ins Auge stechen. Dazu gehören ein auf 1,8 Mrd. Euro gestiegener Umsatz und rd. 3.000 neue Arbeitsplätze. Aufgeklappt folgt eine Kurzbeschreibung der Konzernstruktur mit einer Tabelle, die zentrale Kennzahlen im Dreijahresvergleich präsentiert. Einblick in die drei Geschäftsbereiche geben kurze Summaries, die jeweils durch eine Tabelle und ein Foto ergänzt werden.

Auch in Nordeuropa ist DEKRA gefragt, wenn es um zuverlässige Qualitätssicherung geht: Für die Prüfung der schwedischen Reaktordruckbehälter ist ein eigens von DEKRA entwickelter Roboter im Einsatz.

Dem Stammgeschäft Automotive ist die Farbe Gelb zugeordnet. Die industriellen Prüfungen sind mit Magenta und die Personaldienstleistungen mit Orange gekennzeichnet.

Der Bericht des Vorstands beginnt klassisch mit einem einspaltigen Brief des Vorsitzenden Stefan Kölbl. Er präsentiert sich mit Porträt und Kurzbeschreibung seiner beruflichen Entwicklung im Unternehmen. Die Teamorientierung der Vorstandsarbeit unterstreicht ein sympathisches Gruppenfoto, das den dreiseitigen Vorstandsbericht großformatig bebildert. Die Beschreibung der Geschäftsentwicklung in den Business Units erfolgt in drei dreiseitigen Kapiteln. Sie nehmen das bekannte Layout als Basis. Auch hier ist die Sprache sachorientiert, Emotionalität transportiert der Einsatz der Schmuckfarben und vor allem die Fotografie, die ganz nah bei den handelnden Personen bleibt. Elegant sind die blassgrauen Aufmacherfotos, die z.B. einen Prüfingenieur mit Kunden am Fahrzeug zeigen. Während der obere freie Seitenrand für Überschriften in Großbuchstaben genutzt wird, läuft in gleicher Breite unten ein Fotoband, das jeweils von einer Tabelle mit den Geschäftsbereichszahlen eingeleitet wird. Als Abtrennung zum Text in der Seitenmitte dient ein farbiger Streifen, an dem die reportagehaften Fotos hängen.

DEKRA ist überall auf dem Globus zuhause wie die Standortkarte zeigt, und im Finanzbericht stehen die Säulendiagramme dem Text erläuternd zur Seite.

Dem Titelthema widmet sich die zweite Hälfte des Unternehmensberichts. Das Layout wird dabei zu einem modernen Magazin weiterentwickelt mit Reportagen, aber auch einem Interview mit dem Leiter des Bereichs E-Mobilität. Neben Hanson Zhang, einem chinesischen Lichttechniker, lernen wir eine russische Ingenieurin aus Stockholm, einen deutschen und einen US-amerikanischen Prüfingenieur sowie einen Ausbilder der DEKRA Akademie und deren Arbeit kennen. Kurze Texte, großformatige und hochwertige Fotografie bestimmen diesen Abschnitt. So schließt sich inhaltlich der Kreis der Titelbilder, und der Leser ist um eine Erkenntnis reicher: DEKRA kann viel mehr als Fahrzeugprüfungen.

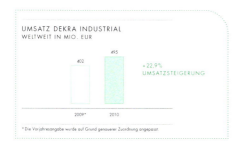

FINANZKENNZAHLEN

Stand: 31.12.2010
Rechnungslegung nach IFRS

Umsatz: 1.859 Mio. Mio. Euro

EBIT: 104,9 Mio. Euro

Mitarbeiter: 24.867 (weltweit)

Der nächste Geschäftsbericht erscheint im Mai 2012

INFORMATION

DEKRA SE
Handwerkstraße 15
70565 Stuttgart
Stephan Heigl
Kommunikation und Marketing
Fon: 0711 7861-2876
Fax: 0711 7861-2912
stephan.heigl@dekra.com
www.dekra.de

Online-Bericht vorhanden

Agentur
HGB Hamburger Geschäftsberichte
GmbH & Co. KG, Hamburg
www.hgb.de

Deufol AG

Der Vorstand: Andreas Bargende, Tammo Fey und Detlef W. Hübner (Vorsitzender)

Profis machen den Unterschied, z. B. bei Verpackungen. Das kann heute jeder beurteilen, der eine Ware scheinbar günstig im Internet bestellt und schließlich wegen mangelnder Kompetenz des Verkäufers einen Scherbenhaufen in Händen hält. Die Deufol AG macht schon mit ihrem Geschäftsbericht deutlich, dass ihren Geschäftspartnern solche Erlebnisse erspart bleiben.

Der Jahresbericht 2010 des Verpackungsdienstleisters ist in einen stabilen, rot-weißen Transportkarton integriert. Oben und unten drückt der Empfänger eine Lasche ein und reißt entlang der Perforation den Karton auf. Der 140-seitige Bericht ist als Ringbuch auf der Rückseite befestigt. Leichter lässt sich kaum durch einen Geschäftsbericht blättern. Vier unterschiedlich farbige Reiter ermöglichen den Zugang zu den Hauptabschnitten des Berichts. Auch diese Einlegeseiten sind aus deutlich verstärktem Papier und bleiben so gut in Form – bestens verpackt also, denn solche Details machen die Qualität dieses Geschäftsberichts aus, lassen eine überzeugende Verbindung aus Inhalt und Form entstehen, die den Leser intellektuell und emotional anspricht.

Doch zurück auf Anfang: Deufol ist der neue Name des traditionsreichen Anbieters D.Logistics. Die neue Wort-Bildmarke, bereits auf Titel und Klappumschlag offensiv kommuniziert, ist denkbar einfach gehalten: schwarze serifenlose Großbuchstaben auf weißem Grund, das „D" von Deufol wird seitlich und oben von einem roten Winkel umfasst, als stecke es in einer Verpackung. Auf der weißen

Titelseite steht das Logo unter einem rot umrandeten Adressfeld. Statt der Empfängeradresse gibt es jedoch ein aus dem Karton ausgeschnittenes Segment. So fällt der Blick auf eine rote Fläche der Innenseite des Umschlags. In vier Zeilen wird die Umfirmierung begründet: Das Unternehmen will sein Profil als internationaler Spezialist für Verpackungen und angrenzende Services stärken. Das hat nichts Verspieltes, sondern gehört zu einem organischen Designkonzept. Wer sich beim Titel über die Buchstabenkombination RE gewundert haben sollte, die weiß auf rotem Grund den oberen Seitenrand dominieren, hat nun den

RE – START, neuer Name, gleiche Professionalität,
konsequente Weiterentwicklung: Identifizierbar, handlebar,
lesbar – so wie eine vernünftige Botschaft zu sein hat,
so leitet der Geschäftsbericht seine Equity-Story ein.

roten Faden gefunden. RE ist die Vorsilbe, mit der der REstart von Deufol erklärt wird. So ist dem eigentlichen Bericht ein nahezu quadratisches Booklet vorgeschaltet, das auf sechs Seiten den Schritt zur Dachmarkenstrategie begründet und optisch wie inhaltlich nachvollziehbar macht bis zu den REsults des Global Players Deufol.

Der beschäftigt weltweit gut 2.700 Mitarbeiter, steigerte den Umsatz 2010 um 5,9 % auf 307,1 Mio. Euro und erzielte ein operatives Ergebnis von 10,6 Mio. Euro. Davon kündigt der REport wie der erste Hauptabschnitt betitelt ist, mit dem sich der Vorstand an die Aktionäre wendet. Neben dem erfreulichen Zahlenwerk erklärt das dreiköpfige Vorstandsteam in seinem Vorwort ausführlich die strategische Bedeutung der Neuausrichtung der Marke.

In diesem Vorspann, sind auch die einzigen Fotos des Geschäftsberichts angedruckt. Die Führungscrew stellt sich mit drei schwarz-weißen Porträtaufnahmen ihren Lesern vor. Kurze Texte mit biografischen Details des beruflichen Werdegangs bei Deufol begleiten die Fotos. Statt auf Bilder setzt dieser Bericht ansonsten ganz auf jene Anschaulichkeit, die aus der Kombination von klarer Sprache und informativen Grafiken erwächst. Eingebettet sind diese Elemente in ein überzeugendes farbliches Gesamtkonzept. Das Schwarz und Rot des Logos, ergänzt um einen Grauton, ermöglichen in Zusammenspiel mit Weiß ein überraschend abwechslungsreiches Seitenbild. Grundlage ist ein

Deufol ist weltweit aktiv – nicht nur durch international geführte Projekte, sondern auch durch seine Niederlassungen. Im Geschäftsbericht wird diese globale Präsenz an 76 Standorten in 9 Ländern in einer gewohnt prägnanten Grafiksprache visualisiert.

einspaltiger Satzspiegel auf reinweißem Papier. Darauf läuft die dank großem Zeilenabstand gut lesbare und elegante Grotesktype in Grau. Schön ist die Paginierung, die das Motiv des Winkels aus dem Logo für die Zahlen wieder aufnimmt. Daneben sorgen in der Dachzeile graue und rote Titelzeilen für Überblick. In diesen Farbabstufungen gliedern auch die zahlreichen Schlag- und Zwischenzeilen den Text. Das Spiel aus Schwarz, Weiß, Rot prägt auch die Vorschaltseiten mit dem Registerrand. Die Seiten werden jeweils vollfarbig hervorgehoben, mit den anderen Tönen werden die Textinformationen wie Überschrift und Inhaltsverzeichnisse gestaltet. Das wirkt zupackend. Ebenso subtil wie gewinnbringend nutzt man die Farbtöne auch bei den zahlreichen Infografiken und Tabellen. Die finden sich im Lagebericht sowohl in der breiten äußeren Marginalspalte als auch im Textblock. Das bringt Abwechslung und folgt doch einer klaren Linie. Die Balkengrafiken bestehen aus übereinander gestapelten dunkelgrau-roten oder hellgrauen Kisten, sodass Berichts- und Vorjahr gut unterscheidbar sind. Diese kleinen Würfel werden auch – flächig zu einem Quadrat geformt – anstelle von Kuchengrafiken eingesetzt: ein origineller Einfall.
Den unterschiedlichen Leserbedürfnissen nach Detailinformationen kommt dieser Bericht überzeugend nach, indem er grafisch einen schnellen Zugriff ermöglicht, z.B. im Anhang des Konzernabschlusses – Recall genannt – , wo auf den hellgrauen Seiten die Folge der Tabellen leicht erfassbar

Die Grafiken fassen nicht nur die ausführlichen Informationen zur Aktie noch einmal auf einen Blick zusammen, sondern orientieren sich in ihrer Gestaltung am Gesamtlayout des originellen Geschäftsberichts.

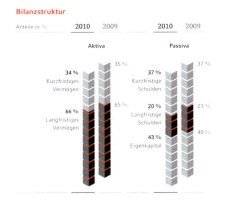

bleibt, weil ihre Bezeichnung in die jeweils links stehende Marginalspalte rückt. In diese leserfreundliche Kategorie fallen im abschließenden Abschnitt Facts & Figures auch das Glossar, eine großzügige Darstellung der Konzernkennzahlen im Fünfjahres-Rückblick und ein Organigramm der Beteiligungen.

Wer so überzeugend seine Jahreszahlen zu verpacken weiß, dem werden auch seine Kunden weiter ihre Güter anvertrauen: vom kleinen Hörgerät bis zur kompletten Industrieanlage.

FINANZKENNZAHLEN

Stand: 31.12.2010
Rechnungslegung nach IFRS

Börsensegment: Prime Standard

WKN: 510510

Umsatz: 307,1 Mio. Euro

Ergebnis je Aktie: 0,07 Euro

Dividende je Aktie: 0,03 Euro

EBIT: 10,6 Mio. Euro

Eigenkapital: 99,0 Mio. Euro

Marktkapitalisierung: 66,5 Mio. Euro

Mitarbeiter: 2.721 (weltweit)

Der nächste Geschäftsbericht erscheint im April 2012

INFORMATION

Deufol AG
Johannes-Gutenberg-Straße 3–5
65719 Hofheim (Wallau)
Rainer Monetha
Investor Relations
Fon: 06122 501-238
Fax: 06122 501-300
rainer.monetha@deufol.com
www.deufol.com

Agentur
FIRST RABBIT GmbH, Köln
www.firstrabbit.eu

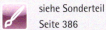
siehe Sonderteil
Seite 386

Deutsche Bank AG

Dr. Josef Ackermann,
Vorstandsvorsitzender

Mit dem Motto „Leistung aus Leidenschaft" ist der Deutschen Bank ein großer Wurf gelungen. Er ist einprägsam und bringt den Anspruch des Unternehmens glaubwürdig auf den Punkt. Denn ohne Leidenschaft, harte Arbeit und Engagement wäre es für die Bank wohl nicht möglich gewesen, sich in einem schwierigen Jahr derart gut zu behaupten.

So ist es verständlich, dass auch der Titel des Geschäftsberichts 2010 auf diese bemerkenswerte Leistung rekurriert: Erfolgreich in unsicheren Zeiten. Und dass sich dieser Erfolg ausdrücklich auch als globaler versteht, macht das Cover des rund 70 Seiten schlanken Jahresberichts mehr als deutlich. Die Bildstrecke zeigt vier Menschen aus vier verschiedenen Ländern – den Niederlanden, Australien, Deutschland und Indien – die alle in einer besonderen Beziehung zur Deutschen Bank stehen. Patrick Lemmens ist Aktionär, Emma Quinn Kundin, Maurice Robinson Mitarbeiter und Chennupati Vidya betreut ein soziales Projekt, das von der Deutschen Bank unterstützt wird. Gespräche mit diesen vier Personen, die auf dem Titelbild sympathisch in Szene gesetzt sind, strukturieren den weiteren Verlauf dieser Publikation und füllen sie durch ihre Präsenz zugleich mit Leben.

Erfolgreich in unsicheren Zeiten – in dieser Aussage manifestiert sich ein gesundes Selbstbewusstsein, aber als überlegener Gewinner der Krise fühlt sich die Deutsche Bank nicht. Es ist eher der berechtigte Stolz darauf, durch Marktstärke, verantwortungsbewusstes Handeln und eine motivierte

Belegschaft eine deutlich solidere Position inne zu haben als vorher.

Und genau diesen Eindruck vermittelt auch der Brief des Vorstandsvorsitzenden Dr. Josef Ackermann auf den Seiten 2 bis 7. Pointiert zieht er Bilanz und stellt die Entwicklung der Bank in einen ökonomischen und politischen Kontext. Vor dem Hintergrund konjunktureller Probleme in den sog. Peripheriestaaten und einer kräftig wachsenden Wirtschaft in Deutschland beliefen sich die Gesamterträge der Bank im Jahr 2010 auf 28,6 Mrd. Euro. Dies sind die höchsten Erträge, die jemals erzielt wurden. Die weltweit über 100.000 Mitarbeiter und

Die eindrucksvolle Kulisse Sydneys dient
Emma Quinn, Head of Dealing in Australien und
Neuseeland von AllianceBernstein, als Symbol für ihre
erfolgreiche Kooperation mit der Deutschen Bank.

das zwölfköpfige Group Executive Committee, das auf Seite 9 angenehm unaufgeregt porträtiert wird, haben also jede Menge richtig gemacht. Von den Zwölfen gehören sieben dem Vorstand der Deutsche Bank AG an, darunter Anshuman Jain und Jürgen Fitschen, die sich den Vorstandsvorsitz in der Nachfolge von Dr. Josef Ackermann ab Mai 2012 teilen werden.

Auf der Doppelseite 20/21 trifft der Leser nun zuerst auf den Portfolio Manager Patrick Lemmens aus Rotterdam. Inmitten professionell anmutender Räumlichkeiten reflektiert er den Umstand, dass die guten Resultate der Deutschen Bank all ihren Stakeholdern zugute kommen. Auf den nachfolgenden Seiten können sich eben jene Stakeholder dann sehr detailliert und konzise mit dem Unternehmensprofil, dem Thema Corporate Governance sowie dem Kapitel „Im Interesse unserer Partner" vertraut machen. Viel Weißraum und eine wohltuend nüchterne Seitengestaltung erleichtern hier die Informationsaufnahme auf geradezu vorbildliche Art und Weise. Weniger ist auch in der Unternehmenskommunikation oft mehr.

Die Doppelseite 34/35 zeigt Emma Quinn, Head of Dealing in Australien und Neuseeland von AllianceBernstein, vor der atemberaubenden Kulisse Sydneys. Dass sich beide Unternehmen durch

Auch wenn es darum geht, sich seiner
gesellschaftlichen Verantwortung bewusst zu sein,
weiß die Deutsche Bank sich zu engagieren, wie hier
im indischen Vijayawada.

ein global wie lokal starkes Geschäft definieren und aus einer Arbeitsbeziehung eine echte Partnerschaft geworden ist, wird durch die stimmige Motivwahl nachdrücklich akzentuiert.

Die Aktie der Deutschen Bank hat sich im Umfeld volatiler Märkte gut entwickelt, wie der sehr dicht geschriebene Fließtext und die exzellenten Grafiken den Leser schwarz bzw. blau auf weiß wissen lassen. Vor allem die zur Übernahme der Deutschen Postbank angekündigte größte Kapitalerhöhung in der Geschichte der Deutschen Bank wurde von den Aktionären positiv aufgenommen.

Dieses Standing wäre ohne die Mitarbeiter – der Jahresbericht macht das bewusst deutlich – nicht möglich. Es sind Mitarbeiter wie der entspannt und souverän wirkende Maurice Robinson auf den Seiten 58 und 59, die, nach seinem Bekunden, vor allem hervorragend zusammenarbeiten. Diese explizite Netzwerkkultur der Deutschen Bank fördert den übergreifenden Ideenaustausch und forciert die Option, schnelle und effiziente Lösungen für die Kunden zu erarbeiten.

Doch damit hat sich das Spektrum der Bank, für die Vielfalt – Diversity – schon seit langem unverzichtbarer Bestandteil der Unternehmenskultur ist, noch längst nicht erschöpft. Denn die Deutsche Bank hat sich als einer der Hauptinitiatoren und Erstunterzeichner im November 2010 dem Leitbild

Ob globale Präsenz, Performance der Aktie oder Mitarbeiterentwicklung – die Grafiken visualisieren das Geschäftisjahr.

Weltweite Präsenz

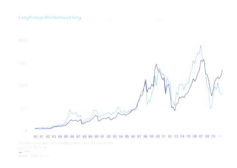

Langfristige Wertentwicklung

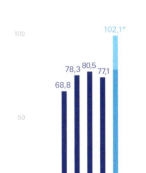

02–17
Mitarbeiterzahl
In Tausend zum Jahresende*

* In Vollzeitkräfte umgerechnet
* davon Deutsche Postbank 20,4 Tsd

für verantwortliches Handeln in der Wirtschaft verpflichtet. In diesem Zusammenhang ist das Generieren sozialen Kapitals von großer Bedeutung. Dazu gehören Aspekte wie Nachhaltigkeit und Talentförderung ebenso wie genuines soziales Engagement. Ein Engagement, das anhand der Doppelseite 64/65 sehr eindrucksvoll visualisiert wird. Hier berichtet Chennupati Vidya, wie die Deutsche Bank sie bei ihren Bemühungen unterstützt, gefährdeten Kinder in Indien zu helfen und ihnen eine neue Lebensperspektive zu eröffnen. Besser könnte dieser durch seine inhaltliche Geschlossenheit überzeugende Jahresbericht wohl kaum arrondiert werden.

Wer sich mit den Zahlen der Deutschen Bank noch intensiver beschäftigen möchte, dem sei der über 400 Seiten starke Finanzbericht ans Herz gelegt. Hier sorgt die funktionale Gestaltung für einen guten Überblick und die ausführliche Darstellung der Vergütungen von Aufsichtsrat und Vorstand zeigen, dass man es bei der deutschen Bank mit der Corporate Governance ernst meint und sich in jeder Hinsicht um das Vertrauen der Aktionäre bemüht.

FINANZKENNZAHLEN

Stand: 31.12.2010
Rechnungslegung nach IFRS

Börsensegment: DAX

WKN: 514000

Ergebnis je Aktie: 3,07 Euro

Dividende je Aktie: 0,75 Euro

EBIT: 3.975 Mio. Euro

Eigenkapital: 48.843 Mio. Euro

Marktkapitalisierung: 36,34 Mrd. Euro

Mitarbeiter: 102.062 (weltweit)

Der nächste Geschäftsbericht erscheint im März 2012

INFORMATION

Deutsche Bank AG
Taunusanlage 12
60325 Frankfurt am Main
Dr. Wolfgang Schnorr
Investor Relations
Fon: 069 910-33319
Fax: 069 910-38591
wolfgang.schnorr@db.com
www.deutsche-bank.de

Online-Bericht vorhanden

Agentur
häfelinger + wagner design gmbh,
München
www.hwdesign.de

Deutsche Telekom AG

René Obermann,
Vorstandsvorsitzender

Kann man ein Jahrzehnt mit einer einzelnen Maßeinheit charakterisieren? Wenn ja, dann fiele die Wahl wohl nicht schwer: Es müsste das Gigabit sein, die Einheit, die Datenmengen im Bereich von mehr als einer Milliarde Einzelinformationen zusammenfasst. 109 Informationen pro Sekunde – vor kurzer Zeit waren solche Übertragungsraten noch Science Fiction. Inzwischen können bereits einzelne Haushalte mit Glasfaseranbindung in dieser Geschwindigkeit komplexe Medienanwendungen wie etwa 3D-Fernsehen genießen oder gleichzeitig mehrere Filme aufnehmen und ansehen. Deutschland steht an der Schwelle zur Gigabit-Gesellschaft. Maßgeblich an dieser Entwicklung beteiligt ist das Unternehmen mit dem großen T in Magenta. Und so steht auch der Geschäftsbericht 2010 der Deutschen Telekom im Zeichen des „Giga". Auf dem Titel, der in puristisch weißem Look daherkommt, prangen zwei überdimensionale Anführungszeichen in der Unternehmensfarbe – ein subtiles und dennoch höchst wirkungsvolles Symbol für den Start einer neuen Ära. Eine darüber stehende Marginalie erläutert das Thema für den Betrachter: „2015 wird ein Mobilfunk-Kunde jeden Monat rund 14 Gigabyte an Datenvolumen verbrauchen. 2005 waren es nur wenige Megabyte." Auch auf dem Mobilfunk-Sektor hat sich das Datenvolumen also vertausendfacht.

Nach dem Aufschlagen der 236 Seiten zählenden Publikation fällt dem Betrachter sofort der Slogan auf der rechten Seite ins Auge: „Fit für die Gigabit-Gesellschaft". Dass die Telekom das Potenzial hat, nicht nur fit, sondern treibende Kraft zu sein, erschließt sich beim Blick auf die Kennzahlen auf der linken Seite. Weiterhin deutlich über 60 Mrd. Euro Umsatz und ein EBIT von 5,5 Mrd. Euro demonstrieren Wirtschaftskraft. Noch mehr Details erfährt der Leser, wenn er die Umschlagseite aufklappt. Hier findet man ein Unternehmensporträt sowie einen Überblick über die operativen Segmente der Telekom, die eines der weltweit führenden integrierten Telekommunikationsunternehmen ist. So hat der Konzern 129 Mio. Mobilfunk-Kunden und 36 Mio. Kunden mit

Und los geht's: Im Hintergrund das starke Netzwerk der Telekom, mit dem das Internet auch in ländliche Regionen gelangt – einer der schönsten Momente ist es, wenn die ersten Funksignale über die Antenne gehen, versichert Uwe Pobel von der Telekom dem Leser.

Festnetz- sowie 16 Mio. Kunden mit Breitbandanschlüssen. Über die Hälfte des Umsatzes wird außerhalb Deutschlands generiert.

Mit welchen Technologien und auf welchen Märkten diese Umsätze gemacht werden, zeigt der eindrucksvolle und konsequent durchdachte Imageteil des Geschäftsberichts. Insgesamt sechs Doppelseiten sind dafür reserviert. Sie zeigen jeweils ein vollflächiges Foto über zwei Seiten, auf das immer ein dazwischen eingebundener kleiner Vierseiter in einem Sonderformat von etwa 14 x 19 cm Bezug nimmt. Eingeleitet wird dieser Berichtsteil von einer Doppelseite, auf der das selbstbewusste Statement steht: „Wir haben alles, was diese Entwicklung fordert und fördert". Zum Beispiel schnelle Breitbandnetze. Ein Detailfoto von Kabelbündeln wird hier ergänzt durch ein Zitat und Porträtfoto eines Telekomtechnikers im kleinformatigen Sonderteil. Auf dessen Rückseite wird etwa vom Ausbau des sogenannten LTE-Netzes berichtet, einer Mobilfunktechnologie, mit der auch die letzten bislang nicht erschlossenen Regionen Deutschlands mit breitbandigen Internetzugängen ausgestattet werden können. Auf einer weiteren Seite geht es um den universellen Zugang zu Information und Kommunikation – eben „Vernetztes Leben!". Dazu berichtet eine Telekom-Mitarbeiterin vom ersten

Die Roboter arbeiten so effektiv miteinander, dass die Funken nur so sprühen – sinnfälliges Bild für die Konzeption von vernetzten Infrastrukturen: z. B. per Cloud, einer Datenwolke, entwickelt von T-Systems International unter der Leitung von Holger Bräunlich.

HotSpot an Bord eines Flugzeugs und dem vergeblichen Versuch, eben dieses durch das Versenden von großen Datenmengen in die Knie zu zwingen. Ein großes Panoramabild aus einem Flughafenterminal illustriert dieses Thema. Weitere spannend fotografierte und inszenierte Doppelseiten reißen etwa Themen wie die strategische Zusammenlegung des Mobilfunk- und Festnetzgeschäfts oder das Angebot der Telekom als Anbieter von Informations- und Kommunikationstechnik für Unternehmen und Institutionen an.

Im Folgenden erwartet den Leser ein Brief vom Vorstandsvorsitzenden René Obermann an die Aktionäre. Dieser beginnt auf einer kleinen Sonderformatseite mit einem Porträtfoto, setzt sich dann aber auf einer folgenden Doppelseite fort. Ein ungewöhnlicher Übergang, der allein dadurch schon für Aufmerksamkeit sorgt. Der Telekom-Chef erläutert darin unter anderem den Wandel des Unternehmens von einer klassischen „Telco" zu einer „Telco plus", also einem Anbieter von neuen, integrierten und internetbasierten Produkten und Services. Eine auf fünf Handlungsfelder abzielende Strategie soll den Weltkonzern mit fast 250.000 Mitarbeitern auf Wachstumskurs halten.

Im Finanzteil fassen verschiedene Grafiken wichtige Daten auf einen Blick zusammen, so z. B. die T-Aktie im Vergleich, die Aktionärsstruktur oder das Geschäftsmodell – selbstverständlich sind die markanten Daten im Telekom-Magenta hervorgehoben.

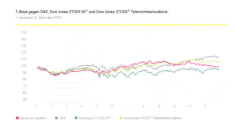

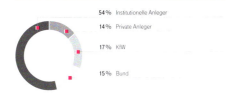

Die stabilen Grundlagen für das Wachstum können spätestens im Konzernlagebericht ab Seite 43 detailliert eingesehen werden. Als Mittelteil der Publikation wird dieser mit einem einfachen Eingriffregister schnell zugänglich gemacht. Dort findet der Leser als erstes drei Seiten mit Diagrammen, die einen Überblick über das Geschäftsjahr geben. Klare Linien und intelligente Strukturen kennzeichnen die in Grün und Telekom-Magenta gehaltenen Infografiken. Danach folgt ein ebenfalls dreiseitiger News-Überblick, der in Textform die wichtigsten Ereignisse des Jahres zusammenfasst, so etwa den offiziellen Start der neuen Firmierung „Telekom Deutschland", die unter anderem die Geschäftsbereiche T-Mobile und T-Home zusammenfasst. Im Anschluss folgt ein übersichtlich gegliedertes und mit Tabellen in eine klare Form gefasstes Zahlenwerk von großem Umfang. Natürlich steht dieser lesenswerte Geschäftsbericht auch in digitaler Form zum Download bereit – und mit Gigabit-Technologie wäre er vermutlich binnen Millisekunden auf dem Rechner – bereit zur Lektüre.

FINANZKENNZAHLEN

Stand: 31.12.2010
Rechnungslegung nach IFRS

Börsensegment: DAX

WKN: 555750

Umsatz: 62.421 Mio. Euro

Ergebnis je Aktie: 0,39 Euro

Dividende je Aktie: 0,70 Euro

EBIT: 5.505 Mio. Euro

Eigenkapital: 43.028 Mio. Euro

Marktkapitalisierung: 41.700 Mio. Euro

Mitarbeiter: 252.494 (weltweit)

Der nächste Geschäftsbericht erscheint am 23. Februar 2012

INFORMATION

Deutsche Telekom AG
Postfach 20 00
53105 Bonn
Anna Bischof
Corporate Communications
Fon: 0228 181-4949
Fax: 0228 181-94004
medien@telekom.de
www.telekom.com

Online-Bericht vorhanden

Agentur
HGB Hamburger Geschäftsberichte
GmbH & Co. KG, Hamburg
www.hgb.de

Deutscher Sparkassen- und Giroverband

Heinrich Haasis, Präsident des Deutschen Sparkassen- und Giroverbands

Die Sparkassen leisten ihren Beitrag zur kreditwirtschaftlichen Entwicklung in Deutschland. Auf vielfältige Weise tragen sie dazu bei, den gesellschaftlichen Wandel zu begleiten und die Menschen davon zu überzeugen, vorzusorgen und in die Zukunft zu investieren. Ein werthaltiges Produktangebot und eine regionale Verankerung bilden die Koordinaten eines Geschäftsmodells, das seit 200 Jahren erfolgreich ist, das den Menschen individuelle Finanzlösungen bietet mit herausragendem Service. Die Sparkassen erreichen ihre Kunden bis hinein in die kleinste Kommune. Das Geschäftsmodell ist noch heute so wertvoll und aktuell wie damals.

Die Sparkassen schaffen Werte - und sie leben Werte. Davon erzählt der Geschäftsbericht 2010. In einer Sprache, die Nähe und Transparenz ausdrückt, die es versteht, den Leser hineinzuziehen in 60 Seiten Sparkassenwelt. Für die Sparkassen und ihre Verbundpartner ist das Jahr 2010 ein erfolgreiches. Es ist das Jahr nach der Finanzkrise. Die Sparkassen taten viel, um die Krise zu bewältigen. Sie zogen in stürmischen Zeiten ihre Schirme nicht ein, sondern sagten neue Kredite an Unternehmen und an Selbstständige von 64,2 Mrd. Euro zu. Dies symbolisiert der Titel des Geschäftsberichts 2010: Werte schaffen. Werte leben. Feine Linien pointieren ihn, geben ihm eine besondere, eine wertvolle Bedeutung. Die Linien sind denen der Geldscheine nachempfunden. Sie laufen fühlbar über die Seiten, sie geben Wert und Design des Berichts vor. Sie fügen sich ineinander, lassen Menschen und

Szenen entstehen, wenn der Text von der Philosophie der Sparkassen erzählt, von ihren Werten wie Kundenorientierung, partnerschaftliches Handeln und vom Engagement für das Gemeinwohl. Dann erhalten die materiellen Werte eine weitere Dimension, weisen auf das Vertrauen und Verständnis der Sparkassen vor Ort hin.

Im Finanzbericht 2010 formieren sich diese Linien zu Zahlen. Durch diese gestalterische Konsequenz erscheint der Geschäftsbericht klar und prägnant. Dadurch wird er spannend. Das ist sein Reiz. Die Gestaltung lässt dem Leser Weißraum für das Verstehen des

Aus feinen Linien, dem Muster auf einem Geldschein nachempfunden, setzt sich ein Bild zusammen, das, gefärbt im typischen Rot der Sparkasse, sinnbildlich für das folgende Kapitel steht : Partnerschaftliches Handeln.

Finanzgruppe
Deutscher Sparkassen- und Giroverband

Geschäftsmodells der Sparkassen-Finanzgruppe, für das Erfassen der Zahlen im Berichtsjahr. Der Präsident des Deutschen Sparkassen- und Giroverbandes, Heinrich Haasis, erläutert das Jahr zu Beginn des Berichts und jede weitere Seite setzt die Daten und Fakten 2010 mit einer gestalterisch schwungvollen Note um. Die Zahlen des Jahres strahlen im Corporate-Rot und hinterlassen gedankliche Spuren in den Köpfen der Leser: 3 Mrd. Euro, davon 2,5 Mrd. Euro in Form von Ertragssteuern, bringen die Sparkassen 2010 auf, um das Leben in den Regionen und Kommunen lebenswerter zu machen. Das wird von den Menschen vor Ort wahrgenommen.

In einer Umfrage der icon Wirtschafts- und Finanzmarktforschung sprechen 57 % der Bevölkerung den Sparkassen die höchste Kompetenz zu, wenn es darum geht, Vermögen zu optimieren, Altersvorsorge zu treffen und die Lebensrisiken abzusichern. Individuelle Beratungen und Lösungen sowie umfassender Service sind die Stärken der Sparkassen und ihrer Partner, und zwar dort, wo die Menschen leben. 20.850 Geschäftsstellen und 348.500 Mitarbeiter spannen ein sicheres Netz für die 50 Millionen Kunden der Sparkassen-Finanzgruppe, wenn es um Fragen zum Geld geht und darüber hinaus um das Engagement in den Regionen.

Und hier kann sich der Leser überzeugend davon ins Bild setzen lassen, was partnerschaftliches Handeln konkret heißt: Dank der Sparkasse Herford kann die Bäckerei Geld und Energie sparen – nur ein Beispiel von vielen.

Das Profil 2010, der Imageteil des Geschäftsberichts, fächert diesen Einsatz auf und zeigt, was die Sparkassen bewegt. Das Profil ist eingelegt in die innere Titelkartonage, gestalterisch korrespondierend und weitere Akzente setzend zum Thema: Werte schaffen. Werte leben. Es umfasst 40 Seiten und wirft das Schlaglicht auf den Kern des Geschäftsmodells – auf die Menschen und ihre Bedürfnisse – auf die Antworten, die die Sparkassen-Gruppe entwirft in einer globalen und digitalen Welt.. Auf dem Titelblatt verbinden sich die Linien zu Menschen. Sie lassen Situationen entstehen, denen die Sparkassen mit Sachkompetenz, Kundennähe und Effizienz begegnet. In diesem Heft stellt sich Heinrich Haasis im Interview den Fragen nach Krise, Aufschwung, nach der Wirtschaftsstruktur in Deutschland. Und nach dem Streben eines jeden einzelnen nach Wohlstand. „Die Zufriedenheit unserer Kunden bleibt eines unserer wichtigsten Unternehmensziele". Mit diesen Worten zeigt er, wo die Sparkassen sich sehen: in der Gesellschaft. Dort, wo sie wahrgenommen werden von den Menschen. Mitten drin. Im Leben. Das nachhaltige Engagement als Förderer kultureller, sozialer und sportlicher Belange unterstreicht diese Wertehaltung eindrucksvoll: 511,4 Mio. Euro spiegeln

Die Pyramide verdeutlicht das Sparkassen-Finanzkonzept, der markante Globus zeigt das internationale Engagement und das Organigramm erläutert das Geschäftsmodell.

den Einsatz für das Gemeinwohl wider, für Projekte in Kunst und Kultur, Umwelt und Soziales, für die Förderung von Forschung, Wirtschaft und Wissenschaft. Werte schaffen. Werte leben. Dieser Leitsatz der Sparkassen-Finanzgruppe überschreibt das Geschäftsjahr 2010, prägt es intensiv in Rot-Weiß, im Corporate Design des Unternehmens, konsequent von der ersten bis zur letzten Seite.

FINANZKENNZAHLEN

Stand: 31.12.2010
Rechnungslegung nach HGB

Geschäftsvolumen: 3.300 Mrd. Euro

Geschäftsstellen: 20.850

Unternehmen der
Sparkassen-Finanzgruppe: 610

Mitarbeiter: 363.000

Der nächste Geschäftsbericht
erscheint im Juli 2012

INFORMATION

Deutscher Sparkassen- und Giroverband
Charlottenstraße 47
10117 Berlin
Silke Lehm
Kommunikation und Medien
Fon: 030 20225-5114
Fax: 030 20225-5131
silke.lehm@dsgv.de
www.dsgv.de

Online-Bericht vorhanden

Agentur
Kirchhoff Consult AG, Hamburg
www.kirchhoff.de

Dialog Semiconductor Plc

Greg Reyes, Chairman

Pure Energie. Eine Explosion aus leuchtenden Farben und rasanter Bewegung, wie ein Urknall in der Schwärze eines noch leeren Universums. Drei identische Logos, jeweils eine Kombination aus den Buchstaben D und S, wirbeln durch den luftleeren Raum, scheinen eine gewaltig große Beschleunigung zu nutzen – oder selbst auszulösen. Ja, das Titelbild des Geschäftsberichts des Unternehmens Dialog Semiconductor ist ebenso abstrakt wie spektakulär.

Und es passt perfekt. Nur unterstützt vom Slogan „Powering ahead..." erzählt es in einem einzigen Bild von einem Unternehmen, dessen Metier die Energie – und dessen rasanter Erfolg derzeit kaum zu stoppen ist. Schlägt der Leser die 93 Seiten starke Publikation auf, erfährt er schon bald mehr über den Konzern mit Hauptsitz in in der Nähe von Stuttgart, der aber als englische Plc – dem ungefähren Pendant zur deutschen AG – firmiert. Nach dem Aufklappen findet er auf elegant schwarzem Fond links das Inhaltsverzeichnis, rechts eine kurze Einführung. Dialog Semiconductor entwickelt sogenannte hoch integrierte Mixed-Signal-ICs. Im Klartext: Kleine Schaltbauteile, die vornehmlich in mobilen Mediengeräten wie Smartphones und Tablet-PCs aber auch für Displaybeleuchtungen und in Automobilen eingesetzt werden. Ihr Zweck: Optimierung des Energieverbrauchs. Dass Dialog dies äußerst erfolgreich tut, zeigen ausgewählte Diagramme auf der nächsten Doppelseite. Vorher liest

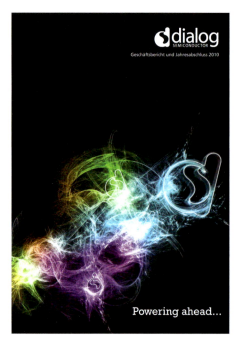

der Rezipient aber noch, dass Dialog Semiconductor eines der am schnellsten wachsenden börsennotierten Halbleiter-Unternehmen in ganz Europa ist – und das seine rund 400 Mitarbeiter in 2010 einen Umsatz von 296,6 Mio. US-Dollar erwirtschafteten.

Auf der nächsten Doppelseite herrscht nicht mehr das gediegene Schwarz, sondern ein bunter Farb- und Informationsmix. Die erwähnten Balkendiagramme stechen sofort ins Auge. Das sollen sie auch, verkünden die blauen Balken schließlich nur Erfolge. Eine Umsatzsteigerung von 36 % gegenüber dem Vorjahr macht 2010 zum Rekordjahr, ohne dass die Wirtschaftskrise eine erkennbare Auswirkung

Die energiegeladene Doppelseite führt den Leser in das spannende Geschäft des Unternehmens ein, sorgen die Spezialisten doch für die Treiber, die dem Nutzer die brillanten Displays liefern, mit denen das mobile Leben erst Spaß macht.

auf die Entwicklung der Zahlen gehabt hätte. Drei profitable Jahre in Folge und Schuldenfreiheit – das sind Fakten, die jeder Stakeholder gerne liest. Auf die rechte Hälfte der informativen Doppelseite haben die Macher des Geschäftsberichts außerdem spannende Prognosen für die Zukunft gepackt, teilweise ebenfalls in Diagrammen, diesmal in Rot. Auch diese stimmen zuversichtlich, prognostizieren sie doch ein Marktwachstum, das zwischen stetig und explosiv pendelt. So wird sich etwa der Smartphone-Markt von 2010 bis 2013 ungefähr verdoppeln, der für Tablet-PCs von 2011 bis 2015 schätzungsweise vervierfachen. Da Dialog einen Entwicklungsschwerpunkt auf besonders energiesparende Displaytechnologien, wie etwa organische LEDs (OLED) legt, ist das Unternehmen also perfekt aufgestellt. Auch der Audio- oder Automotive-Sektor sind stets zukunftsträchtige Marktsegmente.

Auf der nächsten Doppelseite sieht der Betrachter direkt ein Beispiel. Ein annähernd doppelseitiges Foto zeigt eine junge Frau, die auf einer Wiese sitzt und einen Tablet-PC bedient. Die schon auf der Titelseite verwendeten Energiewirbel und -linien sind auch auf diesem Bild zu sehen, sie verknüpfen das mobile Mediengerät mit vielfältigen Symbolen, die für mögliche Anwendungen stehen, von

Ohne Spezialbrille dreidimensionale Seherlebnisse genießen zu können, das ist eines der Verdienste von Dialog, denn sie haben die Technik entwickelt, 2D-Bilder energieeffizient in 3D darstellbare Contents zu transformieren.

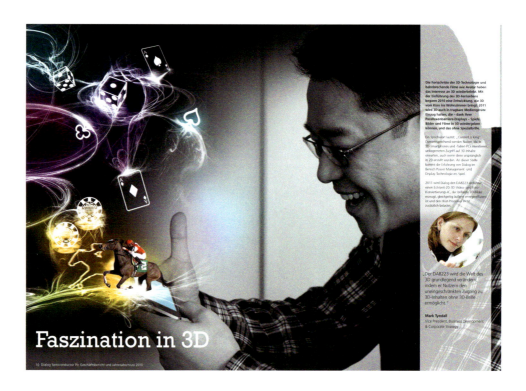

Internet, Shopping und Musik bis zum E-Book. Dank Dialog-Power-Management kann die Protagonistin jederzeit und überall arbeiten, spielen oder kommunizieren, ohne Kompromisse bei der Batterielebensdauer. Das gilt auch für die neueste Generation sogenannter E-Reader, die dank E-Ink-Technologie die Darstellung von Schrift auch ohne Spannungsquelle aufrechterhalten können – als elektronisches Papier.

Ähnliche Doppelseiten gibt es noch drei weitere. Auf allen sieht man Menschen in Großaufnahme, die eine mobile Technologie nutzen: Eine Joggerin, die dank Audio-Codecs von Dialog extra lang Musik hören kann, eine Frau die auch im Auto in sozialen Netzwerken unterwegs ist – und einen Mann der mit seinem Smartphone Inhalte in 3D konsumiert. Letzteres ist eine bahnbrechende Entwicklung des Unternehmens: Ein Konvertierungs-IC, der es möglich machen wird, Videos oder Bilder von 2D in eine dreidimensionale Darstellung umzuwandeln – und das ohne Spezialbrille. „Dieser IC wird die Welt des 3D grundlegend verändern, indem er Nutzern den uneingeschränkten Zugang zu 3D-Inhalten ermöglicht", wird dazu der Vice President des Bereichs Business Development, Mark Tyndall zitiert. Technologien wie diese entwickelt Dialog Semiconductor am Standort Stuttgart

Der Umsatz hält, was das Unternehmen verspricht: ein errfolgreiches Geschäftsjahr, denn auch der Kurs der Aktie zeigt nach oben, ebenso wie das Konzernergbenis deutliche Steigerungen ausweist.

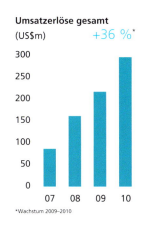

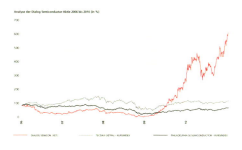

selbst, lässt sie jedoch komplett extern bei namhaften Weltklasseherstellern produzieren. Dieses Geschäftsmodell nach dem „Fabless"-Prinzip, bei dem beispielsweise auch die Qualitätskontrolle ausgelagert wird, sorgt für eine schlanke Organisation, größtmögliche Flexibilität – und letztendlich auch für die hervorragenden Ergebnisse des abgelaufenen Geschäftsjahrs.

Der hintere Teil der Publikation kommt angelsächsisch pragmatisch daher. Klar in sechs Kapitel gegliederte Seiten, die per Registrierung am Seitenkopf schnell gefunden werden können, bieten alle wichtigen Informationen – schnörkellos und schwarz auf weiß. Dass dies nicht nüchtern wirkt, sondern angenehm selbstbewusst und reduziert, liegt am ruhigen Gesamtauftritt des gut gemachten Druckwerks – das in seinem ausführlichen Zahlenteil ein großes Effekt-Feuerwerk auch gar nicht nötig hat. Der Funke springt bei diesen energiegeladenen Ergebnissen schließlich ganz von selbst über.

FINANZKENNZAHLEN

Stand: 31.12.2010
Rechnungslegung nach IAS

Börsensegment: Prime Standard

WKN: 927200

Umsatz: 296.597 Tsd. US-Dollar

Ergebnis je Aktie: 0,70 US-Dollar

EBIT: 45.341 Tsd. US-Dollar

Eigenkapital: 205.272 Tsd. US-Dollar

Marktkapitalisierung: 1.106 Mio. Euro

Mitarbeiter: 398 (weltweit)

Der nächste Geschäftsbericht erscheint im März 2012

INFORMATION

Dialog Semiconductor Plc
Neue Straße 95
73230 Kirchheim/Teck
Birgit Hummel
Investor Relations
Fon: 07021 805-412
Fax: 07021 805-200
birgit.hummel@diasemi.com
www.dialog-semiconductor.com

Online-Bericht vorhanden

Agentur
85four, London, UK
www.85four.com

DIC Asset AG

Ulrich Höller, Vorsitzender des Vorstands

„Die DIC Asset AG ist eines der großen börsennotierten Immobilienunternehmen in Deutschland, ohne die Nachteile eines 'Großunternehmens': Wir setzen auf schlanke Strukturen, permanenten Ideenaustausch und die Flexibilität, stets nach der besten Lösung zu streben" – so steht es im diesjährigen Geschäftsbericht des agilen Unternehmens. Und wie diese Lösung aussehen kann, zeigt der Frankfurter Konzern lesenswert und nachvollziehbar im Weiteren auf. So stellt sich das Unternehmen in einem gelungenen Zusammenspiel aus Eleganz, Modernität und einer großen Portion Menschlichkeit vor.

Genau diese Eigenschaften waren es auch, die dazu beigetragen haben, dass die DIC Asset AG trotz nach wie vor schwieriger Rahmenbedingungen auf ein sehr erfolgreiches Jahr 2010 zurückblicken kann: Mit 44 Mio. Euro hat der FFO (Funds from Operations), eine der wichtigsten Kennzahlen im Immobiliensektor, die Erwartungen des Unternehmens deutlich übertroffen und auch der Konzernüberschuss erhöhte sich im Vergleich zu 2009 um 2 % auf 16,5 Mio. Euro. Zudem wurden mit 132 Mio. Euro mehr als doppelt so viele Immobilien verkauft wie im Jahr zuvor. Diese positiven Entwicklungen sind bereits auf dem Cover des 197 Seiten starken Geschäftsberichts angedeutet – mit Hilfe eines schematisch abgebildeten Balkendiagramms. Den unteren Abschluss der Titelseite bildet ein breiter grüner Streifen, dessen Farbe die gesamte Publikation als Navigations- und Gestaltungselement durchzieht. Der Umschlag aus festem, geriffeltem Karton vermittelt sowohl haptisch als auch optisch den Eindruck von Solidität und Innovationsfähigkeit. Das außergewöhnliche Querformat signalisiert zudem Selbstbewusstsein – auch in einem für die Immobilienbranche herausfordernden Jahr.

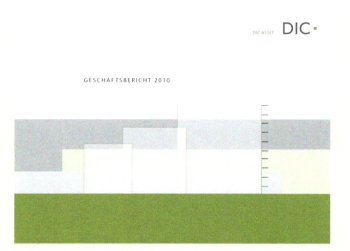

Beim Umschlagen des doppelt geklappten Einbands fällt der Blick zunächst auf die in einer Tabelle übersichtlich dargestellten Konzernzahlen, ergänzt um zwei Infografiken. Ein weiteres Umschlagen macht sichtbar, worin die Aktiengesellschaft investiert ist: ausschließlich in Gewerbeimmobilien, darunter vor allem

Das formal minimalistisch daherkommende Layout besticht durch Authentizität, die durch die handschriftlichen Statements der DIC Asset Mitarbeiter noch unterstrichen wird – überzeugend und gut gemacht.

Büro- und Geschäftshäuser, in Hauptverwaltungen namhafter Unternehmen und in gemischt genutzte Immobilien in zentralen Lagen großer deutscher Städte. Die doppelseitige Fotostrecke mit Objekten der DIC Asset AG zeigt beispielhaft Gebäude aus dem Portfoliobestand, der auch im vergangenen Geschäftsjahr von dem internen Immobilienmanagement-Team erfolgreich betreut wurde. Weitere Details erfährt der Leser im Innenteil der Publikation. Hier ändert sich die Papierqualität, sie wird glatt, klar und fest. Den Auftakt für die Erfolgsgeschichte macht der Brief an die Aktionäre. Prof. Dr. Gerhard Schmidt, Vorsitzender des Aufsichtsrats, und der Vorstandsvorsitzende Ulrich Höller fassen auf vier Seiten das Geschäftsjahr kurz zusammen und schildern dann prägnant die zukünftigen Ziele des Unternehmens. Dabei sprechen sie die Aktionäre, Geschäftspartner, Mitarbeiter und Freunde sowohl textlich als auch bildlich offen, freundlich und optimistisch an.
Beim Durchblättern des anschließenden Lageberichts fallen dem Leser vor allem sechs Doppelseiten ins Auge: Diese setzen mit vielen Bildern aus dem Arbeitsalltag kreativ die Herausforderungen und Erfolge der DIC Asset AG in Szene. Dazu ist auf der linken Seite ein großformatiges Foto abgebildet, das sich in einer Bilderstrecke bis auf die rechte Seite fortsetzt. Dort finden sich außerdem die Überschrift, ein Zitat in Handschrift-Optik sowie ein kurzer erklärender Text. „Stabile Vermietungsquote" lautet beispielsweise die Überschrift der Seiten 36/37. Text und Zitat beleuchten die Voraussetzungen, die dafür notwendig sind – wie zum Beispiel die Nähe zu Mietern und Märkten oder auch ein-

Die Bildsprache zieht sich durch den gesamten Bericht und kann den Leser in jedem Geschäftsbereich davon überzeugen, dass er es mit Experten zu tun hat, die es ernst meinen und ihr Geschäft verstehen.

fach „gut zuhören können". Passend dazu sind auf den Bildern Mitarbeiter zu sehen, die sich untereinander oder mit Kunden unterhalten. Denn anders als reine Finanzinvestoren ist die DIC Asset AG mit Niederlassungen in Frankfurt am Main, Mannheim, Berlin, Hamburg, Düsseldorf und München vor Ort tätig und im regionalen Umfeld aktiv und vernetzt.

Auf den Seiten 54/55 geht es um „Potenzialstarke Projekte", die das Unternehmen mit Ideen und Umsetzungsstärke vorantreibt. Die Bilder zeigen sowohl Mitarbeiter in der Planungsphase als auch fertige Objekte. Mit dieser Gestaltungsidee wird nicht nur ein informatives Bild gezeichnet, sondern auch ein sympathisches Image erzeugt. Gleichzeitig strahlen die „Kreativseiten" mit viel Weißraum Klarheit, Kompetenz und Ruhe aus – ganz in dem Stil, mit dem die DIC Asset AG auch ihr 289 Immobilien umfassendes Portfolios managt. Im übrigen Geschäftsbericht hat dann die textliche Erläuterung Priorität. Textlastigere Passagen werden jedoch immer wieder durch Bilder der über Deutschland verteilten Immobilienobjekte sowie Fotos mit Szenen aus der Arbeit der Mitarbeiter unterbrochen. Zudem sorgen zahlreiche Absätze und Zwischenüberschriften für Übersichtlichkeit. Hinzu kommen Tabellen und Grafiken, die neben dem hohen Informationswert auch geschickt der Auflockerung des nüchternen Layouts dienen. Ein Glossar bietet zudem Erklärungen einzelner Begriffe, bevor der Geschäftsbericht endet, wie er begonnen hat: persönlich und sympathisch – mit einem Foto der Verantwortlichen aus dem Vorstand. Entstanden ist eine starke Publikation, die das

Ob Unternehmensstruktur, Standortverteilung oder das Wachstum in den Mieteinnahmen – die übersichtlichen Grafiken passen sich optisch perfekt in das gelungene Layout ein.

Unternehmen charakterisiert: durchdacht, strukturiert und glaubwürdig in der Aussage. Damit schließt die DIC Asset AG an die hochwertigen Berichte der vorangegangenen Jahre an. Denn wie schon das Zitat auf Seite 13 sagt: „Positive Ergebnisse sind umso erfreulicher, wenn sie kontinuierlich erzielt werden".

UNTERNEHMENSSTRUKTUR

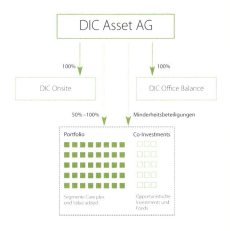

AUSGEWOGENE STANDORTVERTEILUNG
Immobilienvermögen der DIC Asset AG

WACHSTUM MIETEINNAHMEN
like-for-like in %

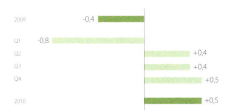

FINANZKENNZAHLEN

Stand: 31.12.2010
Rechnungslegung nach IFRS

Börsensegment: Prime Standard

WKN: 509840

Umsatz: 228,8 Mio. Euro

Ergebnis je Aktie: 0,44 Euro

Dividende je Aktie: 0,35 Euro

EBIT: 74,6 Mio. Euro

Eigenkapital: 587,1 Mio. Euro

Mitarbeiter: 110

Der nächste Geschäftsbericht erscheint im März 2012

INFORMATION

DIC Asset AG
Eschersheimer Landstraße 223
60320 Frankfurt am Main
Immo von Homeyer
Head of Investor Relations & Corporate Communications
Fon: 069 274033-86
Fax: 069 274033-69
i.vonhomeyer@dic-asset.de
www.dic-asset.de

Agentur
LinusContent AG, Frankfurt am Main
www.linuscontent.com

DREWAG – Stadtwerke Dresden GmbH

Dipl.-Volkswirt Reiner Zieschank,
Sprecher der Geschäftsführung

Die DREWAG ist ein Unternehmen der Stadt Dresden. Sie versorgt rund 300.000 Kunden mit Strom, Erdgas, Trinkwasser und Fernwärme. In eigenen umweltfreundlichen Anlagen erzeugt sie einen großen Teil der Energie selbst und ihr Konzept setzt den Schwerpunkt auf erneuerbare Energien, auf innovative Techniken und Energiedienstleistungen in der Landeshauptstadt des Freistaats Sachsen. Die Lösungen der DREWAG gehen dabei weit über die Forderungen der Bundesregierung hinaus. Denn für die Stadtwerke Dresden beginnt die Zukunft jetzt. Mit dem Geschäftsjahr 2010. Die DREWAG stellt die erste Biogasanlage am Standort des Heizkraftwerks Dresden-Klotzsche fertig und betont bei der feierlichen Einweihung den doppelten Nutzen von Biogasverfahren. Neben der klimaneutralen Gewinnung von Strom und Wärme werden Emissionen vermieden und Substrate umweltverträglich aufbereitet. Das zweite Highlight des Jahres ist der Erwerb des Windparks Ziepel. Windkraft wächst längst zur kostengünstigsten Lösung der alternativen Energien und ermöglicht die Gewinnung von sauberem Strom. Mit dieser Investition stellt die DREWAG ihre Zeichen auf Zukunft, auf die Mission, den Weg zu ebnen für alternative Energie und ihren effizienten Einsatz und für die Anwendung umweltschonender Verfahren.

So kann es in der Konsequenz für den Geschäftsbericht 2010 nur einen Titel geben: Mission Zukunft.

Im DREWAG-Grün strahlt der Hintergrund. Fotos unterbrechen die Farbdichte und gelbe Strahlen umrahmen diese Bildstrecke, geben einen ersten Hinweis auf den Inhalt des Geschäftsberichts – auf das Produktportfolio der Stadtwerke Dresden. Es setzt sich zusammen aus einem intelligenten Mix aus fossiler und erneuerbarer Energie. Mit diesem Titel richtet das Unternehmen seinen Fokus auf die Gegenwart und die Zukunft, auf die Verantwortung für die jetzige und die nächste Generation. Der Schutz von Klima und Umwelt, von der Lebensqualität der Menschen in der Region, das ist ein leitendes Anliegen der DREWAG. Sie stellt es dar mit einer Titel-Fotostrecke. Die

Windräder sind schön: Als buntes Windspiel für Kinder und als Turbinen für die Umwelt, produzieren sie doch saubere Energie – auch im DREWAG-Windpark drehen sich die Räder und liefern Strom für rd. 12.000 Drei-Personen-Haushalte.

schwingt sich über die Seite, blendet die Energieprojekte des Geschäftsjahres ein. Und im Vordergrund richtet ein Vater mit kleiner Tochter auf der Schulter den Blick geradeaus. Einige Seiten später erklärt sich dieses Metapher-Motiv, das sich wie ein grüner Faden durch die 136 Seiten des Berichts zieht: Er ist ein Mitarbeiter der DREWAG und mit ihm stellen sich auf den Kreativseiten so manche seiner 1.271 Kollegen und Kolleginnen mit ihren Kindern vor. Kaum ein Motiv könnte mehr Nähe, mehr Persönlichkeit und Authentizität wecken als diese sympathische Präsenz der Mitarbeiter, als dieses Bild für Gegenwart und Zukunft.

Die Seiten des Berichts sind abgerundet. Sie sind ringgelocht und sie unterstreichen den flexiblen Charakter des Papiers. Sie lassen sich leicht durchblättern. Bevor die DREWAG jedoch ihre Kernkompetenz erklärt und die Geschäftsentwicklung 2010 durch Grafiken und Tabellen unterstreicht, ihre Umsatzerlöse mit 1.052 Mio. Euro beziffert, markiert eine grüne Seite den Berichtsanfang. Sie erklärt den Titel: Mission Zukunft. Sie wirft den Blick zurück, als sich die erste Technische Bildungsanstalt Deutschlands 1828 in Dresden gründete. Sie führt den Leser weiter über den Weg des Wandels, der von da an Schritt für Schritt einsetzt. Auf dieser Seite fragt die DREWAG, ob sich heute

Seifenblasen, rund und leicht durch die Luft schwebend, begleitet
von dem Bild einer Biogasanlage der DREWAG, die Strom, Wärme
und Treibstoff produzieren kann, ohne die Umwelt zu belasten –
ein Schwer- und ein Gleichgewicht, harmonisch nebeneinander.

wieder ein Wendepunkt von Dresden aus vollziehen werde im Bereich der Energie, der das Leben, die Gesellschaft und das Denken der Menschen beeinflusst. Die DREWAG sieht sich als Teil eines Prozesses, der längst begonnen hat. Die folgenden Seiten erläutern die Leistungen der DREWAG in diesem Prozess. Im Stile des Titels durchweben Fotoseiten diese Erläuterungen zum Geschäftsmodell und zur Entwicklung. Sie geben dem Geschäftsbericht einen lebendigen Ausdruck, weil Bild und Text die wichtigsten Projekte im Geschäftsjahr benennen, weil sie die Auswirkungen auf die Menschen in Dresden und der Region beschreiben. Die Fotos sind scharf konturiert, hell in Szene gesetzt und erhalten ihren Reiz aus dem Gegensatz von Projektstatik und der Lebhaftigkeit der Mitarbeiter mit ihren Kindern.

Dieses Spiel mit Motiven fesselt den Blick des Lesers. Es berührt. Und es visualisiert die Kompetenz der DREWAG in Solarenergie, Windenergie, Kraft-Wärme-Kopplung, Smart Meter, E-Mobility, Biopellets-Verbrennung. Diese Kreativseiten geben gehaltvolle Informationen durch Zahlen. Sie finden pfiffige Formulierungen für komplexe Themen. Der Leser erfährt zum Beispiel, dass ein 500 Kilometer langes Fernwärmenetz rund 125.000 Haushalte und 6.000 Geschäftsgebäude mit Wärme

Die einzelnen Geschäftsbereiche werden im Text zusätzlich durch farblich aufeinander abgestimmte Grafiken illustriert wie hier zum Thema vertriebsorientierte Strombeschaffung.

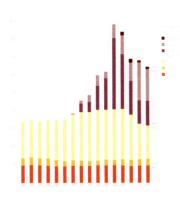

und Wasser versorgt, dass der DREWAG-Windpark für 12.000 Haushalte Strom liefert, dass bereits 5.000 Haushalte mit den intelligenten Stromzählern Smart Meter ausgestattet sind, dass 2010 die erste Elektrotankstelle für Autos und Fahrräder in Dresden eröffnete. Das sind die Beispiele für den Erfolg des Geschäftsjahres 2010. Sie leiten über zum sachlichen Inhalt, zur Entwicklung der DREWAG in ihren Kernfeldern. Jetzt wird der Ton sachlich. Für die transparente Erläuterung der Geschäftstätigkeiten nimmt sich die DREWAG viel Raum. Jeder Energiebereich wird farblich markiert. Das gibt dem Bericht Klarheit und Struktur. Das setzt einen Kontrast zu den temporeichen Fotoseiten. Das bietet Zeit zum Nachdenken über die Zukunft und zum Erfassen der Mission der DREWAG, nämlich Energie als Gegenwarts- und Zukunftsthema gleichermaßen zu verstehen.

FINANZKENNZAHLEN

Stand: 31.12.2010
Rechnungslegung nach HGB

Umsatz: 1.052 Mio. Euro

EBIT: 122,4 Mio. Euro

Eigenkapital: 307 Mio. Euro

Mitarbeiter: 1.271

Der nächste Geschäftsbericht erscheint im Juni 2012

INFORMATION

DREWAG – Stadtwerke Dresden GmbH
Rosenstraße 32
01067 Dresden
Gerlind Ostmann
Unternehmenskommunikation/
Strategisches Marketing
Fon: 0351 860-4936
Fax: 0351 860-4438
gerlind_ostmann@drewag.de
www.drewag.de

Agentur
Markenteam Werbeagentur GmbH, Dresden
www.markenteam-dresden.de

DSW21 – Dortmunder Stadtwerke

Guntram Pehlke,
Vorstandsvorsitzender

Vermutlich jeder, der in seiner Jugend die erste Stereoanlage bekommen hat, weiß um die Bedeutung des Equalizers. Die souveräne Bedienung des Geräts mit den klassischen Schiebereglern, mit denen sich Höhen, Mitten und Bässe einstellen lassen, zeichnete erst den wahren Kenner aus. Spätere Anlagen trumpften mit Equalizern mit grafischer Anzeige auf, bei denen die einzelnen Frequenzbereiche als sich bewegende, im Takt der Musik hüpfende Säulen abgebildet waren. Selbst wenn man das Gerät nicht bedienen konnte oder wollte – diese Säulen waren nicht nur cool, sie wurden zu einem noch heute viel verwendetem Symbol für Musik.

Auch im Geschäftsbericht von DSW21, dem Infrastrukturunternehmen für Dortmund, ist Musik drin – und zwar metaphorisch und im wahrsten Wortsinn. Schon auf dem Cover des Schubers für die querformatige DIN A4-Publikation erkennt es der Betrachter beim näheren Hinsehen. Ist der Titel auf den ersten Blick noch schlicht weiß, fallen schnell die drei Säulen aus länglichen Rechtecken mit abgerundeten Kanten auf, die teilweise in einem sanft abgetönten Weiß, teilweise auch als ertastbare Prägungen aufgebracht wurden – ein Equalizer in stilisierter Form. Zusätzlich findet sich am Fuß der Seite ein grafisches Element, das ebenfalls sanft abgetönte Schattenrisse von Beinen einer tanzenden Menschenmenge zeigt.

Nach dem Aufklappen des Deckels offenbart sich das Musikthema unmittelbar. Leuchtet dem Betrachter doch sofort die auf der rechten Seite angebrachte CD in der Hausfarbe Rot entgegen.

„Im Takt der Stadt" heißt sie, ebenso wie der gesamte Geschäftsbericht. Legen wir sie direkt ein, während wir die mehrteilige Publikation erkunden. Aus den heimischen Boxen erklingt dann eine extrem vielseitige Klangmischung, 13 Stücke von 13 Künstlern, die unterschiedlicher kaum sein könnten. Eine Harfistin ist darunter, aber auch eine Industrial-Band, ein Liedermacher und ein Jugendblasorchester. Doch natürlich haben sie alle etwas gemeinsam: Alle kommen aus Dortmund, alle haben an einem der

Im Takt der Stadt, hier schnörkellos und rau wie es sich für eine Hafenstimmung geziemt, spielen die Gypsies und traten damit auch in der Live-Reihe von DSW21 auf – im Bericht stehen sie Pate für die DSW21-Tochter Dortmund Hafen.

LAGEBERICHT DES VORSTANDES UND KONZERNLAGEBERICHT

Musik-Projekte von DSW21 teilgenommen – und alle werden im vorliegenden Geschäftsbericht vorgestellt. Bevor es aber soweit ist, sollte der Leser kurz das Gesamtensemble des aufwendigen Berichts erfassen. Denn in dem Schuber findet sich nicht nur rechts die CD, sondern daneben in einer Klarsichttasche ein kleinformatiger, 8-seitiger Zahlenspiegel, der die Finanzinformationen von DSW21 für den Schnellleser zusammenfasst. Ein ausführlicher Finanzteil über 25 Seiten lässt sich aus einer Einschubtasche dahinter herausziehen. Auf der linken Seite des Schubers wartet hingegen noch eine attraktive Spielerei: Die Seite bildet ebenfalls einen Einschub, in den der 84 Seiten umfassende Geschäftsbericht eingelegt ist. Auf ihrer Front sind wiederum die Equalizer-Säulen zu finden, hier jedoch als ausgestanzte Löcher. Zieht man nun den Bericht aus dem Einschub, erscheint in den einzelnen Stanzlöchern lesbarer Text. Zuerst wird der Titel „Im Takt der Stadt" erkennbar, dann ist in einem oberen Loch „Geschäftsbericht 2010" zu lesen. Durch diese gestalterisch wie buchbinderisch spannende Idee wird der Bericht umso mehr zum interaktiven Erlebnis.
Schlagen wir die musikalische Publikation nun einmal auf. Auf der linken Seite findet sich ein kleiner Bilderüberblick, der alle Künstler wiederum in kleinen Equalizer-Balken zeigt, während rechts eine emotional ansprechende Einleitung die Leser begrüßt. „Wofür schlägt Dein Herz in dieser Stadt?" ist der erste Satz des Textes, und gleichzeitig die Kernfrage der Marke „Herzvorkommen" mit der

Hafencontainer, E-Gitarre und Bass: In Dortmund geht was ab, denn die Stadtwerke sorgen nicht nur mit ihren Töchtern wie hier im Hafen dafür, dass alles nach Plan verläuft, sondern geben mit der Reihe „Im Takt der Stadt" auch den Ton an.

DSW21 seit 2008 die lokale Musikszene fördert. Allein seit Januar 2010 wurden über 100 Konzerte in angesagten Clubs der Stadt unterstützt.

Erst nach dem Umblättern entdeckt der Leser die Kennzahlentabelle, die deutlich macht, dass DSW21 sich nicht nur erfolgreich mit Musikförderung beschäftigt, sondern auch mit ihrem Kerngeschäft. Die annähernd 1.900 Mitarbeiter erwirtschafteten im Geschäftsjahr einen Umsatz von 1,56 Mrd. Euro, deutlich mehr als im Vorjahr. Das resultierende Jahresergebnis beläuft sich auf 20 Mio. Euro. An diesem Ergebnis sind verschiedenste Geschäftsbereiche und Tochtergesellschaften beteiligt, darunter die Nahverkehrssparte, aber auch die Dortmunder Energie- und Wasserversorgung GmbH, die Dortmunder Hafen AG und der Flughafen, aber auch diverse weitere Unternehmen von Immobilienentwicklungsgesellschaften bis zur Telekommunikation. Die genaue Struktur des Unternehmens und die detaillierten Ergebnisse der einzelnen Bereiche werden im Folgenden genau dargestellt.

Jede Bereichspräsentation wird von einem ganzseitigen Künstlerporträt eingeleitet und einer Bilderserie auf der nächsten Doppelseite begleitet. Die Musikerinnen und Musiker sind dabei immer an einem DSW21-Standort fotografiert worden, so etwa das Jugendblasorchester der Musikschule Dortmund am Phoenix See. Dies ist eines der wohl spektakulärsten Immobilienprojekte des Ruhr-

Und auf der CD kann sich der Leser die musikalischen Darbietungen anhören und im Takt der Stadt wiegen. Der Zahlenspiegel ergänzt den Bericht mit den wichtigsten Daten und Entwicklungen in Tabellenform.

gebiets, bei dem auf den Flächen eines ehemaligen Hochofen- und Stahlwerksgeländes ein 24 ha großer See entstand und das Areal zu einer Wohn- und Gewerbelandschaft am Wasser umgenutzt wurde.

Die großzügig gestalteten Seiten lassen dem Leser viel Raum und erlauben eine intensive Beschäftigung mit den oft kunstvoll inszenierten Fotos der Musikerinnen und Musiker. Besonders interessant ist natürlich, sich von der CD direkt den Song zum Bild herauszusuchen und so das Multimedia-Erlebnis perfekt zu machen. Viel zu schnell ist so die Lektüre dieses konsequent designten und konzipierten Geschäftsberichts vorbei – und viele Leser werden an ihrer Stereoanlage gewiss auf „Repeat" drücken.

Im Takt der Stadt

ZAHLENSPIEGEL 2010

FINANZKENNZAHLEN

Stand: 31.12.2010
Rechnungslegung nach HGB

Umsatz: 1.013 Mio. Euro

Ergebnis: 5,6 Mio. Euro

Eigenkapital: 1.457,2 Mio. Euro

Mitarbeiter: 3.453 (Konzern)

Der nächste Geschäftsbericht erscheint im Juni 2012

INFORMATION

DSW21 – Dortmunder Stadtwerke AG
Deggingstraße 40
44141 Dortmund
Wolfgang Herbrand
Leiter Presse und Information
Fon: 0231 955-2105
Fax: 0231 955-3332
w.herbrand@dsw21.de
www.dsw21.de

Online-Bericht vorhanden

EADS N.V.

Louis Gallois, Chief Executive Officer im Kreis von Mitarbeitern

Dass der Traum vom Fliegen Wirklichkeit geworden ist, zählt zu den größten Errungenschaften der Menschheit. Und obwohl sie heute zum alltäglichen Bild gehören, üben Flugzeuge mit ihrer Überwindung der Schwerkraft immer noch eine ungebrochene Faszination aus.

Dieser Eindruck bestätigt sich nachhaltig, wenn man den Geschäftsbericht von EADS zur Hand nimmt. Die aufwendige Gestaltung beeindruckt schon auf den ersten Blick: In einem stabilen Schuber befindet sich einerseits das 186 Seiten starke Registrierungsdokument zusammen mit dem 132 Seiten zählenden Finanzbericht, andererseits der mit 68 Seiten sehr schlanke und konzise Magazinteil, der hier im Fokus der Betrachtung stehen soll. Sein Titel lautet ebenso ungewöhnlich wie programmatisch „Das Unternehmen im Jahr 2010 – Flug in die Zukunft".

Das Motiv auf dem Cover könnte hierfür nicht passender sein: Verkörpert das Kind, das aus dem Fenster eines Flugzeuges schaut und dessen Zeigefinger in den Himmel weist, doch eben genau das: den Flug in die Zukunft und die Zukunft des Fliegens. Und es gibt wohl wenige Unternehmen, die sich mit diesem Thema so gut auskennen wie EADS. Der europäische Konzern ist eines der weltweit führenden Unternehmen in den Bereichen Luft- und Raumfahrt sowie Verteidigung und den dazugehörigen Dienstleistungen. Die rund 122.000 EADS-Mitarbeiter erwirtschafteten 2010 – dem Jahr des zehnjährigen Bestehens – einen Umsatz von 45,8 Mrd. Euro.

Von diesen imposanten Kennzahlen erfährt man gleich zu Beginn der Publikation in dem als Einleger gestalteten Informationsheft mit dem Titel „EADS auf einen Blick". Hier wird dem Leser ein signifikanter Mehrwert an Information geboten, unterstreichen diese 21 römisch gezählten Seiten doch all das, was den Konzern in puncto Geschäftstätigkeit, Struktur, Aktie usw. ausmacht. Vor allem nehmen die EADS-Divisionen Airbus, Eurocopter, Astrium und Cassidian anhand aussagekräftiger Bildstrecken und kompakter Kennzahlen unmittelbar Gestalt an. Darüber hinaus machen sie in

So schön kann Fliegen sein: Der startbereite Airbus entwickelt in dieser doppelseitigen Aufnahme eine geradezu beeindruckende Ästhetik und harmoniert perfekt mit dem Ziel von EADS: Langfristige Werte – ein fulminanter Auftakt.

ihrer Teaser-Funktion neugierig auf das, was im Magazinteil noch ausführlich folgt. Es öffnet sich als Einstieg eine äußerst lebendig und sympathisch gestaltete Doppelseite 2/3, die einen von jungen Menschen eingerahmten Airbus A380 zeigt. Auch sie stehen für die Zukunft. EADS hat daher anlässlich seines zehnjährigen Bestehens insgesamt 10.000 Schulkinder an zahlreichen EADS-Standorten in Europa eingeladen. Die versal gesetzte Aussage dazu ist unmissverständlich: „Vision und Innovation sind Garanten für nachhaltigen Erfolg und langfristige Wertschöpfung. Wir heben ab für den Flug in die Zukunft". Hier präsentiert sich ein Unternehmen mit klaren Zielen und den Möglichkeiten, diese schnell, direkt und sicher anzufliegen. EADS orientiert sich – siehe nächste Doppelseite – dabei immer an langfristigen Werten, nicht zuletzt für die jungen Menschen von heute, die morgen in und mit dem Konzern die Zukunft gestalten werden. Dieser lange Atem, das Denken und Handeln in großen Zusammenhängen, durchzieht den Bericht wie ein roter Faden, reißt mit, vermittelt dem Leser den Wunsch, selbst Teil dieser Dynamik zu sein.

Dass das Unternehmen auch in turbulenten Zeiten den Kurs halten wird, garantieren das verantwortliche Board of Directors sowie das Executive Committee, jeweils ebenso entspannt wie kompetent

Zuversichtlich und gut gelaunt blickt Maud Deplancq in die Kamera – da hat sie auch allen Grund zu, meldet EADS doch jährlich über 1.000 Patente an, die dazu beitragen, innovative Lösungen für zukünftige Herausforderungen zu entwickeln.

porträtiert auf den Seiten 10 und 11 bzw. 16 und 17. Allen voran fliegt in diesem Kontext natürlich der CEO Louis Gallois, der auf den Seiten 14 und 15 selbstbewusst, souverän und pointiert Bilanz zieht. Sein Fazit lautet, dass der Konzern im zweiten Jahrzehnt seiner EADS-Geschichte sein Potenzial vollständig erschließen wird. Als wichtigsten Erfolgsfaktor stellt der CEO dabei ausdrücklich die hochengagierten und qualifizierten Mitarbeiter heraus.

Mit dem Abschnitt „Globaler Horizont", der auf der Doppelseite 20/21 beginnt, etabliert sich dann die Struktur der weiteren Kapitel „Nachhaltige Erfolge" und „Unsere Zukunft": Nach der motivstarken Darstellung eines Fluggeräts folgt eine zweite, stärker personalisierte, Doppelseite mit einem EADS-Mitarbeiter, der mit eben diesem Flugzeug oder, wie hier auf Seite 24 einem Helikopter, in Aktion tritt. Arrondiert wird diese intelligente Gliederung durch einen darstellenden, informativen Teil und abwechselnd durch ein Interview mit einem Top-Manager des Unternehmens. Auf den Seiten 38 bis 49 werden die verschiedenen Divisionen vertiefend porträtiert und in Hinblick auf ihre Perspektiven und Marktchancen ausgelotet. Der Ausblick gerät dabei insgesamt sehr positiv, ohne jedoch potenzielle Probleme zu verschweigen.

Kursentwicklung der Aktie, Aktionärsstruktur oder die Managementstruktur des Konzerns werden dem Leser in einem Extra-Heft auf einen Blick präsentiert – eine so umsichtige wie leserfreundliche Maßnahme.

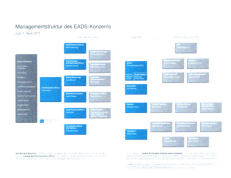

Auf den Seiten 52ff. schließt sich dann konzeptionell und inhaltlich der Kreis mit dem Kapitel „Unsere Zukunft", dessen Raumfahrtmotiv – Stichwort Astrium – nebst umseitigem Einblick in die Forschungslabore eine regelrechte visuelle Initialzündung darstellt. Spätestens hier wird klar, dass EADS konsequent in neue Technologien investiert, denn Innovationen sind das Fundament für die Zukunft. 2010 reichte der Konzern über 1.000 neue Patente ein und baute so seine Führungsposition bei Patenten für die Luft- und Raumfahrt weiter aus. Im Fokus stehen dabei immer stärker Aspekte wie umweltschonende Mobilität und die Öko-Effizienz, die für das Unternehmen von zentraler strategischer Bedeutung ist.

EADS ist mit diesem Geschäftsbericht ein wirklich großer Wurf gelungen. Gedanklich und von der Gestaltung her auf höchstem Niveau, erfasst er die Faszination Fliegen und damit zugleich auch den genetischen Code dieses zukunftsorientierten, auf Wachstum bedachten Konzerns.

FINANZKENNZAHLEN

Stand: 31.12.2010
Rechnungslegung nach IFRS

Börsensegment: MDAX

Umsatz: 45,8 Mrd. Euro

Ergebnis je Aktie: 0,68 Euro

EBIT: 1,2 Mrd. Euro

Mitarbeiter: knapp 122.000 (weltweit)

Der nächste Geschäftsbericht erscheint Mai/Juni 2012

INFORMATION

EADS Deutschland GmbH
81663 München
Dr. Martin Agüera
Corporate Communications
Fon: 089 60734-735
Fax: 089 60727-435
martin.aguera@eads.net
www.eads.net

Online-Bericht vorhanden

Agentur
W & Cie Company, Paris
www.wcie.fr

siehe Sonderteil
Seite 388

Eckert & Ziegler

Der Vorstand (v.l.n.r.):
Dr. Edgar Löffler,
Dr. Andreas Eckert (Vorsitzender),
Dr. André Heß

Eckert & Ziegler sieht sich nach dem zwölften erfolgreichen Konzernjahr gut aufgestellt. Der Experte für radioaktive Anwendung in der Medizin, der Wissenschaft und der Industrie muss weltweit kaum Wettbewerber fürchten. Zu breit ist seine Produktpalette in den vier Segmenten Strahlentherapie, Isotope Products, Radiopharma und Umweltdienste, zu groß sein spezielles Wissen um Zulassungen und Genehmigungen und zu hoch sind die Eintrittsbarrieren für andere Anbieter in den Markt. Das macht selbstsicher. Da lässt sich so manche Herausforderung sportlich bewältigen und mit der Metapher eines Fußballteams, eines Fairplays mit Freude an Strategie und Höchstleistung gestaltet Eckert & Ziegler den Geschäftsbericht 2010.

„Gut aufgestellt" heißt das Motto auf der Titelseite mit dem Motiv einer Mannschaft, die auf Linie steht, angeführt vom Trainer – im Anzug – vom Vorstand des Konzerns. Das Kompetenzfeld ist weit gesteckt und die Ziele sind klar definiert für dieses Spiel um den ersten Platz in der Weltliga. Es geht um eine komplexe Disziplin: um die Handhabung und Verarbeitung von radioaktiven Stoffen, um medizinische Produkte für die Diagnose und Behandlung von Krebs, um die industrielle Messtechnik und die Qualitätssicherung. In diesen Kernbereichen tritt Eckert & Ziegler mit einem starken Team von 546 Mitarbeitern an – in insgesamt 15 Hauptproduktgruppen, zusammengefasst in vier Segmente, geleitet von jeweils unabhängigen Managern.

Diese Strategie ist wohldurchdacht. Sie lässt Freiräume für Innovation und Entwicklung. Sie nutzt die gemeinsamen Synergieeffekte bei Einkauf, Transport, Lagerung und Entsorgung. Der rote Faden der Radioaktivität verbindet die vier Konzernbereiche, gibt der Diversifizierung einen Rahmen. Und mit der klaren Ansage eines Trainers gibt der Vorstandsvorsitzende, Dr. Andreas Eckert, das nächste Konzernziel vor: 2014 soll sich der Umsatz auf 200 Mio. Euro belaufen, erreicht durch eine Mischung aus internem Wachstum und Zukäufen, durch Produktentwicklungen

Gut aufgestellt: Die Mannschaft auf dem Fußballplatz als Bild für die strategische Ausrichtung des Konzerns: Die Ballannahme ist schon einmal gesichert, wie das Segment Isotope Products in Person von Margarita Villanueva zu berichten weiß.

und steigendes Auftragsvolumen. 2010 schafft dazu die Vorlage mit Umsatzerlösen von 111 Mio. Euro und mit einem Quartalsrekord von 30 Mio. Euro. Nie zuvor wurde in der Konzerngeschichte ein höheres Volumen in einem Dreimonatszeitraum erreicht und nie zuvor wurde das Team Eckert & Ziegler mehr gewürdigt: Es ist Preisträger des bundesweit ausgetragenen Innovationswettbewerbs „365 Orte im Land der Ideen" für seine Isotopentechnik und darüber hinaus Finalist als Entrepreneur des Jahres.

Motivation genug für die Aktivitäten und Teams der Segmente, die der Geschäftsbericht in den Mittelpunkt stellt. Nach dem Warming-up durch das Nennen der Jahres-Highlights, nach der ausführlichen Beschreibung der Konzernstruktur und seiner Kernkompetenz, nach dem Blick auf die Umsatzentwicklung öffnet sich das Feld der Segmente ganz im Sinne des Titelmotivs. Jetzt gibt der Vorstand den Ball ab an seine Spieler. Sie kämpften für den Jahreserfolg und hier zeigen sie sich – bildlich, sportlich und selbstbewusst.

Mit dieser Visualisierung setzt Eckert & Ziegler einen erfrischenden Kontrapunkt zu jenen Seiten, die in sachlicher Manier berichten von der Produktentwicklung und der Konzernstruktur in Europa

Im Segment Strahlentherapie beweist Eckert & Ziegler Stürmerqualitäten wie Dr. Axel Hentrich, Projektleiter Entwicklung in siegessicherer Pose auf seinen Fußballschuhen sitzend, zu vermelden weiß, denn sein Team ist bestens aufgestellt.

und den Vereinigten Staaten. Die verantwortlichen Mitarbeiter in den Segmenten scheinen hinauszutreten aus der Seite, bereit für den Anpfiff, bereit für das Spiel. Auf großzügigem Weißraum bewegen sie sich und reden über ihre Position im Team. Der Text zum Bild ist knackig und prägnant. Er ist Zitat und Auftrag gleichermaßen. Und mit dem Umblättern dieser Segment-Auftaktseiten erfährt der Leser von den konkreten Anwendungsbereichen. Das Spiel eröffnet das Segment Isotope Products. Es ist das größte und ertragsreichste Geschäftsfeld des Konzerns. Es liefert u. a. radioaktive Komponenten für die industrielle Messtechnik, Strahlenquellen für die nuklearmedizinische Bildgebung. Dicht folgt ihm das Segment Strahlentherapie. Es ist z.B. spezialisiert auf die Implantate-Behandlung von Prostatakrebs oder Tumorbestrahlungsgeräte. Dann kommt das ertragsreichste Segment aufs Spielfeld, Radiopharma. Die Mitarbeiterin strahlt selbstbewusst in die Kamera. Ihre Bewegung ist dynamisch, sie spricht den Leser direkt an: „Unser Spiel beginnt um Mitternacht." Das weckt Neugierde. Sie erzählt von den hohen Ansprüchen der Qualitätskontrolle, von Radiodiagnostika, vom Erfolgsprodukt Yttrium-90 und die Folgeseiten bestätigen ihre Worte mit Fotos aus der Produktion, mit Arbeitsszenen und Produktdetailaufnahmen, mit dichten Texten. Den Schlusspfiff

Die originelle ganzseitige Grafik visualisiert das Spielfeld, auf dem sich Eckert & Ziegler erfolgreich behauptet, wie der Kursverlauf der Aktie zeigt.

dieser gelungenen Präsentation der Segmente setzen die Umweltdienste, neu aufgestellt und erfolgreich gestartet, um eine lückenlose Abflusskontrolle zu gewährleisten, um den Strahlenschutz und seine fachgerechte Entsorgung zu kontrollieren. Diese Seiten bringen Spannung in den 114-seitigen Geschäftsbericht und sie hauchen dem Titel des Berichts Leben ein. Mit spielerischen Symbolen des Fußballs, mit flotter Sprache. Und wenn der Vorstandsvorsitzende sich noch einmal in eigener Sache zu Wort meldet, bevor die Zahlen im Konzernabschluss das Berichtsjahr belegen, wenn er sich nachdrücklich gegen eine von den Medien forcierte Strahlenpanik ausspricht, dann unterstreichen diese klaren Worte die Leidenschaft des Konzerns im Nischenmarkt Strahlen- und Medizintechnik. Dann gibt diese Seite dem Motto Recht: gut aufgestellt.

FINANZKENNZAHLEN

Stand: 31.12.2010
Rechnungslegung nach IFRS

Börsensegment: Prime Standard

WKN: 565970

Umsatz: 111 Mio. Euro

Ergebnis je Aktie: 1,81 Euro

Dividende je Aktie: 0,60 Euro

EBIT: 16,6 Mio. Euro

Eigenkapital: 73,6 Mio. Euro

Marktkapitalisierung: 140 Mio. Euro

Mitarbeiter: 546 (weltweit)

Der nächste Geschäftsbericht erscheint am 30. März 2012

INFORMATION

Eckert & Ziegler AG
Robert-Rössle-Straße 10
13125 Berlin
Karolin Riehle
Investor Realtions & PR
Fon: 030 941084-138
Fax 030 941084-112
karolin.riehle@ezag.de
www.ezag.de

Agentur
Salzkommunikation Berlin GmbH, Berlin
www.salz-berlin.de

elexis AG

Der Vorstand:
Edgar Michael Schäfer (links) und
Siegfried Koepp, Vorsitzender

Die elexis-Gruppe agiert als internationaler Konzern auf allen globalen Märkten. Sie kündigt an, die Technologie- und Marktführerschaft weltweit übernehmen zu wollen, und sie gibt diesem Anspruch einen Slogan: „Vision for Automation." Unter den beiden Geschäftsbereichen High Precision Automation und High Quality Automation subsumieren sich die operativ tätigen Tochtergesellschaften. Und mit dieser Struktur arbeitet die elexis-Gruppe mit nachhaltiger Ausrichtung auf internationalen Märkten in den Branchen Gesundheit, Mobilität, Energie und neue Konsum- und Verpackungsmuster. Diese Diversifikation ist ein Grund für den Erfolg, für den Weg aus dem Krisenjahr wieder hinein in die Wachstumsphase ab 2010. 58,2 % direkte Exportquote generiert das Unternehmen im Geschäftsjahr und Auftragseingänge von 150,7 Mio. Euro. Damit markiert die elexis-Gruppe einmal mehr ihr Alleinstellungsmerkmal, nämlich auf neue technologische Standards in Sachen Qualität, Sicherheit, Schnelligkeit und Präzision zu setzen. Weltweit. So scheint es konsequent, diesen strategischen Schwerpunkt als Titel des Geschäftsberichts 2010 zu nennen: „Marktführerschaft durch internationale Präsenz".

Was die elexis-Gruppe unter dieser Headline auf der gestrichenen und seiden-matten Kartonage der Titelseite versteht, das erklärt sie auf 151 folgenden Seiten. Dabei richtet sie den Fokus auf die

Welt und insbesondere auf die BRIC-Staaten, auf Brasilien, Russland, Indien und China. Einen ersten Blick nach dem Umblättern wirft der Leser auf eine globale elexis-Karte, auf die elexis-Welt. Hier verbinden sich die Partnerländer mit dem Geschäftssitz, mit Wenden in Deutschland. Nach dem Motto „Think global. Act local!" verfolgt die elexis-Gruppe den Grundsatz, den deutschen Ingenieuren immer und überall einheimische Mitarbeiter der jeweiligen Länder zur Seite zu stellen. Mit dieser Unternehmensphilosophie äußert sie ihren Respekt vor Kulturen und Gepflogenheiten, vor dem Kommunikationsstil der Menschen. Mit dieser Strategie der Wertschätzung optimiert die elexis-

Internationalität ist das Thema des Berichts und so stellt er konsequenterweise Teams aus aller Herren Länder vor, wie hier die indisches Crew, die die Synergiepotenziale beider Kulturen schätzt.

Gruppe ihre Leistung, motiviert ihre Mitarbeiter auf international hohem Niveau und sie stärkt die Wahrnehmung in den Branchen, als Entwickler für innovative Technologien und als effizienter Problemlöser zu agieren.

Die Weltkugel ist das Titelmotiv. Sie erscheint klein. Nie rückten die Länder der Erde durch die Globalisierung näher zusammen. Nie verwebten sich die Wünsche und Ziele der Menschen mehr als heute. Zwei Hände umfassen die Erde, vorsichtig, respektvoll und schonend. Und mit dieser Metapher meldet sich der Vorstand der elexis-Gruppe, Edgar Michael Schäfer und Siegfried Koepp, zu Wort. Beide begründen in einem Interview ihren weltweiten Erfolg mit der dezentralen Führung. Sie richten den Fokus auf das operative Geschäft ihrer Tochter- und Enkelgesellschaften, auf die Aktionen am internationalen Markt, vornehmlich in den BRIC-Ländern. Und mit den Perspektiven für das folgende Jahr leiten sie über in den Kreativteil des Geschäftsberichts. Dieser Teil visualisiert die Stärke, die Akzeptanz der elexis-Gruppe vor Ort, in den Ländern Brasilien, Indien, China, Italien, Frankreich, den USA und Japan. Für diese Präsentation nimmt sich das Unternehmen viel Raum und der Leser hoffentlich Zeit. Denn die großformatigen Fotos erstrecken sich über doppelte Seiten.

Natürlich ist elexis, hier mit der Tochter EMG, auch in den USA präsent und die drei verantwortlichen Herren, sympathisch mit eigenem Bild vor eigenem Unternehmen mit eigenen Zertifikaten ins Bild gesetzt, sagen dem Leser warum.

„Mein erster Eindruck von EMG nach meiner ersten Begegnung 1999, damals noch als Konkurrent, hat sich nicht geändert. Ich war sehr beeindruckt von dem, was ich in einem einzigen Wort als QUALITÄT zusammenfassen kann. EMG stellt nicht nur die hochwertigsten Produkte her, sondern unterstützt seine Produkte auch durch eine erstklassige Organisation. Dies hat mich letztendlich überzeugt, Teil des EMG-Teams zu werden. Ein bekanntes Sprichwort hier in den USA besagt: „Wenn du sie nicht schlagen kannst, verbünde dich mit ihnen". Und genau das habe ich 2001 getan"

EMG USA, Steve Devorich

Sie gewähren einen Einblick in die internationale Arbeit, benennen die Herausforderungen in den Ländern und sie würdigen die Leistung der Mitarbeiter im Team. Die Bilder stehen für die Unternehmensphilosophie, mit länderübergreifendem Know-how technischen Support und Technologielösungen zu liefern – für viele Branchen. Mit diesen Seiten, mit den Fotos und ihren überlaufenden Texten, wird die elexis-Gruppe konkret. Sie nennt Beispiele für ihre Kompetenzen. Sie wirft das Schlaglicht auf ihre herausragenden Projekte 2010 und auf ihre internationale Präsenz.

In Brasilien entstehen bei der Produktion von Eisenerz große Mengen an Schüttgut. Die elexis-Gruppe arbeitet am technischen Support, an „intelligenten Ausrichtern für Förderbänder". Oder China: Hier steht der kulturelle Austausch im Vordergrund, das Akzeptieren, das Sichergänzen hinsichtlich Entscheidungsfindung und -umsetzung. Auch der Kommunikationsstil entscheidet oftmals über Effizienz und Erfolg. Oder die USA: Das elexis-Team bietet mehr als Lösungen – es ist ebenso behilflich bei der Implementierung, begleitet die gesamten Prozesse. Die Kundendienstleistungen, die kontinuierlichen Informationen sind prägend für das Vertrauen zwischen allen Partnern. Oder Japan: Die Produkte sind fortschrittlich, setzen Standards auf vielen Märkten und die Kommuni-

Logischerweise ist die internationale Präsenz der ersten Doppelseite des Berichts vorbehalten, der Kurs der Aktie beeindruckt nicht minder und das schön in Szene gesetzte Organigramm zeigt die Konzernstruktur.

kation wird begleitet von einer freundlichen, geduldigen Haltung. Letztendlich ist die Summe aus Technologie und Menschlichkeit, aus Forschung und Verantwortung für jeden Prozess, für jede Partnerschaft gewinnbringend. Davon erzählen die Mitarbeiter auf den Kreativseiten. Durch das fotografische Stilmittel der persönlichen Begegnung wird der Geschäftsbericht 2010 gefüllt mit Leben. Durch die Einblicke in Märkte und Branchen fächert sich mit jeder Seite das Titelmotiv der Weltkugel auf in spannende elexis-Projekte. So ergänzen sich Know-how und Kommunikation zum besten Ergebnis. Die Leuchtkraft der Bilder und die Zitate der Mitarbeiter geben dem Titel des Geschäftsberichts 2010 eine besondere Note: Marktführerschaft durch internationale Präsenz.

FINANZKENNZAHLEN

Stand: 31.12.2010
Rechnungslegung nach IFRS

Börsensegment: Prime Standard

WKN: 508500

Umsatz: 136,7 Mio. Euro

Ergebnis je Aktie: 0,24 Euro (nach Sondereffekten)

Dividende: 3,4 Mio. Euro

EBIT: 4 Mio. Euro (nach Sondereffekten)

Eigenkapital: 69,1 Mio. Euro

Marktkapitalisierung: 121,7 Mio. Euro

Mitarbeiter: 785 (weltweit)

Der nächste Geschäftsbericht erscheint im März 2012

INFORMATION

elexis AG
Industriestarße 1
57482 Wenden
Gabriele Bornemann
Leiterin IR
Fon: 02762 612-136
Fax: 02762 612-135
bornemann@elexis.de
www.elexis.de

Agentur
Crossalliance Communication GmbH,
München
www.crossalliance.de

ElringKlinger AG

Der Vorstand (v.l.n.r.):
Dr. Stefan Wolf (Vorsitzender),
Karl Schmauder, Theo Becker

Bereits Pythagoras betrachtete die Kugel als Symbol für Vorwärtsbewegung, Momentum und Antrieb. So spannt sich ein beziehungsreicher Bogen von dem antiken Philosophen zu einem modernen Unternehmen, das sich mit Antrieben bestens auskennt. Die Rede ist hier von der ElringKlinger AG und ihrem grandiosen Geschäftsbericht 2010. Er trägt den passenden Titel „Zwei Antriebswelten. Eine Strategie" und versinnbildlicht diese Kompetenz eben anhand zweier Kugeln auf dem Cover, das mit seinen changierenden Weiß- und Grautönen sehr elegant wirkt. Um dem Leser langes Rätseln zu ersparen, wird gleich auf der Innenklappe der 208 Seiten starken Publikation die Erklärung geliefert. Die linke Kugel steht für den Verbrennungsmotor, die rechte für E-Mobility, denn heute prägen zwei Antriebswelten die Zukunft der Automobilindustrie: der klassische Verbrennungsmotor, der durch Downsizing deutlich optimiert wird und alternative Antriebstechnologien wie der batteriegespeiste Elektromotor oder die Brennstoffzelle.

ElringKlinger vertieft diese Bestandsaufnahme im Folgenden und fokussiert dabei auf die Tatsache, dass das Unternehmen als einer von wenigen Zulieferern weltweit bestens aufgestellt ist, um technologisch anspruchsvolle Komponenten für alle Antriebstechnologien zu fertigen. Als global agierender Entwicklungspartner und Erstausrüster für Zylinderkopf- und Spezialdichtungen, Kunststoffgehäusemodule, Abschirmteile für Motor, Getriebe und Abgasanlagen sowie Batteriekomponenten beliefert das Unternehmen mit Hauptsitz in Baden-Württemberg nahezu alle Fahrzeug- und Motorenhersteller der Welt. Um dieser Aufgabe gerecht zu werden, engagierten sich in der ElringKlinger-Gruppe 2010 fast 4.700 Mitarbeitern an 29 Standorten weltweit.

Wie erfolgreich sich ElringKlinger dabei positioniert, bringt das Vorwort des Vorstandsvorsitzenden auf den Seiten 5 bis 7 auf den Punkt. Dr. Stefan Wolf, im Kreise seiner Vorstandskollegen Karl Schmauder und Theo Becker souverän porträtiert, betont in diesem Kon-

Die Kugel als Symbol für Antrieb und Vorwärtsbewegung steht im Bildkonzept Pate für die Kompetenz von ElringKlinger, für den klassischen Verbrennungsmotor ebenso wie den modernen Elektromotor effiziente Technik zu liefern.

text, dass ElringKlinger von der rasanten Entwicklung des Fahrzeugmarkts nach dem Krisenjahr 2009 profitiert hat. So lag der Umsatz der Gruppe 2010 mit 795,7 Mio. Euro um 37 % über dem Vorjahr, das Ergebnis vor Ertragssteuern konnte im gleichen Zeitraum sogar um 90 % auf nunmehr 94 Mio. Euro gesteigert werden.

Diese stolzen Kennzahlen beeindrucken ebenso wie die konsequente Ausrichtung auf die Kernthemen der Kunden, denen dieser stringent konzipierte Geschäftsbericht so strukturiert Rechnung trägt: die Verbrauchs- und Emissionsreduzierung beim klassischen Verbrennungsmotor und dem Bereich der neuen Antriebstechnologien. Egal ob optimierter Verbrennungsmotor, Hybrid oder reiner Elektroantieb, ElringKlinger ist bestens gerüstet, in allen Segmenten profitables Wachstum zu generieren. Signifikant ist in diesem Zusammenhang auch der Trend zum Hybridfahrzeug. Hybrid ist dabei ein Synonym für technologisch innovativ, nachhaltig und für einen zeitgemäßen Lebensstil.

Die inhaltliche Qualität der vorliegenden Publikation ist schon nach wenigen Seiten Lektüre evident, doch die Güte der Gestaltung steht ihr in keiner Weise nach. Die visuelle Anmutung z. B. der Doppelseiten 12/13 und 14/15 verkörpert genau den dynamischen, zukunftsträchtigen Impetus, für

Hier gibt die Kugel den Blick frei auf ein Kontaktierungssystem – anmutig und edel in Szene gesetzt – , das ElringKlinger für Lithium-Ionen-Batterien entwickelt hat.

den das Unternehmen steht. Auf Seite 12 wird das Leitmotiv der Kugel unter dem Titel E-Mobility – Energiespeicher gefragt – großformatig aufgegriffen, während die gegenüberliegende Seite mittels einer ausgestanzten Rundung den Blick auf das Motiv der Seite 15 freigibt. Auf sattem Schwarz kommt hier die Abbildung eines Zellkontaktierungssystems für Lithium-Ionen-Batterien besonders gut zur Geltung. Der atmosphärisch dichte Farbkontrast macht hier die Tatsache, dass Batterien sowohl in Hybridfahrzeugen als auch in reinen Elektromobilen als Energiespeicher zum Einsatz kommen, sinnlich erfahrbar. Dieser exzellenten Kapiteleinführung folgt dann eine spannende Diskussion zwischen dem Vorstandsvorsitzenden Dr. Stefan Wolf und Prof. Dr. Stefan Bratzel vom Center of Automotive der FH der Wirtschaft Bergisch Gladbach mit dem Resümee: Finanzstarke und innovative Unternehmen, die auch in der Krise weiter investiert haben, setzen sich durch.
Auf den Seiten 20 bis 23 wird in Bezug auf das Thema E-Mobility – netzunabhängige Energie – gestalterisch ebenso verfahren wie bei der ersten Kapiteleinleitung. Diesmal wird die Aufmerksamkeit des Lesers auf ein stimmig fotografiertes Brennstoffzellensystem gerichtet. An dieser Stelle, wie überhaupt im Verlauf des gesamten Berichts, manifestiert sich die spezifische Ästhetik von Hoch-

Die Darstellung zeigt dem Leser, an welchen Stellen ElringKlinger zum Downsizing im Verbrennungsmotor beiträgt (blaue Markierung) und welche Komponenten für den elektrischen Antriebsstrang (graue Markierung) entwickelt werden.

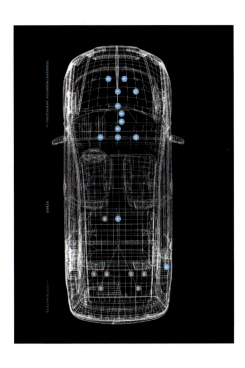

technologie. Einen Höhepunkt der kreativen Energie stellen zweifelsohne die als Centerfold konzipierten Seiten 30 und 31 dar, die dem Leser die Zusammenschau von Verbrennungsmotor und E-Mobility in großartiger Manier vermitteln. Anhand der modellhaften Skizze eines Autos werden dabei, auf schwarzem Hintergrund, die Aspekte Verbrennungsmotor/Downsizing, Hybrid und Elektroantrieb grafisch exemplifiziert.

Die Seitenkompositionen 104 bis 107 bzw. 114 bis 117 widmen sich dann, in gleicher Anmutung und Qualität wie ihre Vorgänger am Kapitelanfang, der Optimierung des Verbrennungsmotors: einmal durch den leistungsstarken und emissionsreduzierten Turbolader, ein anderes Mal durch das Abschirmsystem Elrotherm, das die modernen Motoren vorbildlich vor Hitze schützt.

Der aktuelle Geschäftsbericht von ElringKlinger bringt das Beste aus zwei Welten perfekt in Einklang und realisiert dies auf einem inhaltlich und visuell herausragenden Niveau.

FINANZKENNZAHLEN

Stand: 31.12.2010
Rechnungslegung nach IFRS

Börsensegment: MDAX

WKN: 785602

Umsatz: 795,7 Mio. Euro

Ergebnis je Aktie: 1,11 Euro

Dividende: 22,2 Mio. Euro

EBIT: 106,7 Mio. Euro

Eigenkapital: 512,3 Mio. Euro

Marktkapitalisierung: 1.691 Mio. Euro

Mitarbeiter: 4.700 (weltweit)

Der nächste Geschäftsbericht erscheint im März 2012

INFORMATION

ElringKlinger AG
Max-Eyth-Straße 2
72581 Dettingen/Erms
Stephan Haas
Investor Relations
Fon: 07123 724-137
Fax: 07123 724-641
stephan.haas@elringklinger.de
www.elringklinger.de

Online-Bericht vorhanden

Agentur
3st kommunikation GmbH, Mainz
www.3st.de

envia Mitteldeutsche Energie AG

Der Vorstand (v.l.n.r.):
Ralf Hiltenkamp,
Carl-Ernst Giesting (Vorsitzender),
Dr. Andreas Auerbach

In der glatten, kristallklaren und transparenten Wasseroberfläche spiegelt sich der makellose, hellblaue Fliesenboden des Schwimmbads. Rot sind die einzelnen Bahnen abgeteilt und markiert, die zum Wettkampf einladen. „Mit enviaM schwimmen wir auf der Erfolgswelle." sagt Dr. Hans-Christian Rickauer. Der Oberbürgermeister von Limbach-Oberfrohna, in diesem Bild auf dem Startblock sitzend, bestätigt damit, dass enviaM im Jahr 2010 zu den Siegern gehört und diese Position dank seiner Partner auch weiterhin sichern und mit stetigem Wachstum ausbauen wird. Dieses Bild steht symbolhaft für die schnörkellose Klarheit und Transparenz, aber auch für die Nähe zu den Menschen, die enviaM in ihrem Geschäftsbericht hervorhebt.

Schon die Titelseite verdeutlicht, dass bei enviaM der Mensch im Vordergrund steht. Der freundlich und modern wirkende Hellblau-Ton, in dem der Hintergrund gehalten ist, bestimmt als Grundfarbe den ganzen Geschäftsbericht. Auf den fünf Fotos des Titels lächeln uns die engagierten und freundlichen Mitarbeiter und Partner von enviaM an, die ganz entscheidend zum Unternehmenserfolg beitragen. Da sieht man das kleine blonde Mädchen von der Nachwuchsförderung des enviaM Projekts „Energie erleben", den jungen Azubi, der seine Ausbildung zum Mechatroniker bei enviaM mit links packt und die zufriedenen Geschäftsführer lokaler Partnerunternehmen. So wird deutlich, dass Mitarbeiter und Partner das A und O des Energiedienstleisters sind.

Aufmacher in dem klar und übersichtlich gegliederten Werk ist ein sechsseitiges Interview mit dem enviaM-Vorstandsvorsitzenden Carl-Ernst Giesting, das uns seine Verbundenheit mit der Region und seinen Menschen unter dem Leitsatz „Nur wer starke Wurzeln hat, kann gesund wachsen." erläutert. Auf den ersten Seiten wird somit deutlich, warum man trotz steigender Konkurrenz- und verschärfter Wettkampfsituation erfolgreich im Rennen liegt. enviaM hat starke, solide Wurzeln, die das Unternehmen fest mit Land und Leuten in Ostdeutschland verbindet. Giesting als zentrale

Um Energie zu sparen oder den Wasserverbrauch zu senken, bedarf es einer gewissen Intelligenz – jener von enviaM, die mit ihrem intelligenten Zähler „smart meter" in Kooperation mit dem Abwasserzweckverband Salza ein Pilot-Projekt gestartet hat.

Leitfigur von enviaM hebt in seinen Statements deutlich hervor, dass die Energiewelt von enviaM im Zeitalter der erneuerbaren Energien dezentraler, grüner, intelligenter und mobiler wird, zu bezahlbaren Preisen. Die vier Großaufnahmen im Interview mit Giesting zeigen ihn denn auch als Menschen in wunderschöner, grüner Natur. Sie unterstreichen das gute und sichere Gefühl, dass enviaM durch sein verantwortliches und beispielhaftes Handeln dafür sorgt, dass die Welt in diesem Teil von Ostdeutschland in Ordnung ist und bleibt. enviaM beweist sein vorausschauendes VORWEG GEHEN, als Gesellschaft innerhalb der RWE AG im Ausbau der erneuerbaren Energien in Ostdeutschland. Wind, Wasser, Sonne und Co. sind die Energieträger der Zukunft. enviaM weitet seine Energie-Netze kontinuierlich durch effiziente und leistungsstärkere Technologien aus, damit der „grüne Strom" zuverlässig und umweltschonend beim Verbraucher ankommt.

Der Bericht hat als Kopfzeile auf den rechten Inhaltsseiten jeweils einen kurzen Überblick des Kapitelverzeichnisses nach Art einer Webseitennavigation. Durch Fettdruck markiert, orientiert sich der Leser, in welchem Abschnitt er liest. Bereits die Umschlagrückseite zeigt die durchweg positiven Firmenresultate von enviaM auf einen Blick. Der Geschäftsbericht gliedert sich in zwei Teile, wobei

Wichtige Fragen benötigen kompetente Ansprechpartner: In Ostdeutschland kennt enviaM die richtigen Antworten, wenn es um Strom, Steckdosen und Lieferanten geht – mit dem Nachwuchsförderprojekt „Energie erleben" wird für Hochspannung in den KiTas gesorgt.

„MIT enviaM WEIß ICH, WIE DER STROM IN DIE STECKDOSE KOMMT."
Katharina Domaschke, Kindertagesstätte „Pfiffikus" im brandenburgischen Schleife

enviaM ist Partner bei der Nachwuchsförderung. Früh übt sich, wer ein Meister werden will. Mit unserem Projekt „Energie erleben" wecken wir schon bei Kindern im Vorschulalter Entdeckergeist und Forscherdrang. Auch in der Kindertagesstätte „Pfiffikus" im brandenburgischen Schleife sorgen wir für Hochspannung. Spielerisch lernen die Kleinen hier gemeinsam mit unserem Maskottchen Kilowattchen den richtigen Umgang mit Energie. Ob beim Bilderquiz, Hörspiel oder Geschicklichkeitstest – Mitmachen macht Spaß und Sinn.

der Jahresabschluss ab S. 53 den Finanzteil bildet. 2010 steht ganz im Zeichen der Kooperation mit MITGAS, wie es auch die sehr anschauliche Jahreschronik auf S. 20 beweist. Hier erfährt der Leser, dass enviaM und MITGAS sich erstmals mit einem gemeinsamen Messeauftritt auf der „Haus-Garten-Freizeit" in Leipzig präsentieren. Die Chronik teilt das Geschäftsjahr in jeweils Zweimonatsabschnitte, die die wichtigsten Ereignisse benennt und mit Fotos untermalt. Auch dabei stehen wieder die Partner, Mitarbeiter und Menschen der Region im Mittelpunkt. Die Chronik vermittelt zudem das enorme soziale Engagement von enviaM und seinen Mitarbeitern durch Spenden, Organisation von Wettbewerben und Projekten, Unterstützung von regionalen Events und kulturellen Veranstaltungen. Das Energieunternehmen versteht sich als „Regionalwerk", als verlässlicher Partner vor Ort, der sich entscheidend durch die Nähe zu seinen Kunden von überregionalen Anbietern abhebt. Als Unternehmensverbund sichert enviaM 1,2 Mrd. Euro Wertschöpfung, mehr als 16.500 Arbeitsplätze und rd. 650 Mio. Steuereinnahmen jährlich. Verflochten und fest verankert mit der Solidargemeinschaft zwischen Stadt, Land und Kommunen profitieren alle von der Stärke der enviaM und als Anteilseigner sind sie entscheidende Impulsgeber und nehmen Einfluss auf die

Die konsequent in Blautönen gehaltenen Grafiken dienen im Finanzteil der visualisierenden Zusammenfassung wichtiger Kennzahlen wie Anteilseigner, Vermögens- und Kapitalstruktur oder Mitarbeiterentwicklung.

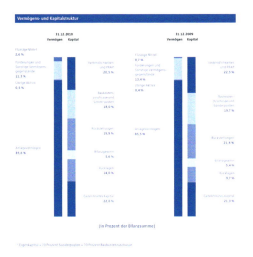

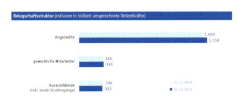

Unternehmensentwicklung. Ambitioniert trägt enviaM das langfristig bis zum Jahr 2050 geplante Energiekonzept der Bundesregierung mit. Ein Schwerpunkt ist die „grüne" Eigenerzeugung, um die Klimaschutzziele optimal zu erreichen.

„Als eines der führenden Unternehmen in Ostdeutschland trägt enviaM wesentlich zur Stärkung der Wirtschaftskraft in der Region bei." so Giesting. Auch im Brief des Aufsichtsrats von S. 12-15 bestärkt der Vorsitzende, Dr. Rolf Martin Schmitz, dieses „Wir Gefühl", das die Region stark macht und weiter voranbringt. So kann der Leser die Gewissheit haben, dass sich enviaM nicht nur für das Firmengeschehen verantwortlich fühlt, sondern sich für die ganze Region stark macht.

FINANZKENNZAHLEN

Stand: 31.12.2010
Rechnungslegung nach HGB

Umsatz: 2.823 Mio. Euro (ohne Strom- und Energiesteuer)

Ergebnis je Aktie: 0,65 Euro

Dividende: 161,3 Mio. Euro

EBIT: 324 Mio. Euro

Eigenkapital: 1.200,7 Mio. Euro

Mitarbeiter: 2.102 (zzgl. 323 Azubis)

Der nächste Geschäftsbericht erscheint am 24. April 2012

INFORMATION

envia Mitteldeutsche Energie AG
Chemnitztalstraße 13
09114 Chemnitz
Sven Schulze
Unternehmenskommunikation/
Umfeldmanagement
Fon: 0371 482-2051
Fax: 0371 482-2055
Sven.Schulze@enviam.de
www.enviam.de

Online-Bericht vorhanden

Agentur
Heimrich & Hannot,
Berlin/Dresden/Köln/Leipzig
www.heimrich-hannot.de

Evonik Industries AG

Der Vorstand (v.l.n.r.):
Ralf Blauth, Dr. Wolfgang Colberg,
Dr. Klaus Engel (Vorsitzender)

Der Jahrhunderte alte Traum unbeschränkter Mobilität war, ist und bleibt für viele Menschen die entscheidende Triebfeder – auch wenn er in den letzten Jahrzehnten zunehmend mit negativen Folgen wie Ressourcenverbrauch und Zerstörung der Lebensgrundlagen künftiger Generationen assoziiert wird. Viele junge Unternehmen der „Green Energy"-Bewegung versuchen das Spannungsfeld zwischen individuell erlebtem Freiheitsdrang und Energie verbrauchender Fortbewegungswirklichkeit aufzulösen oder zumindest erträglich zu machen; wenige sind dabei so konsequent und erfolgreich wie die Evonik Industries AG.

Aus der Kernkompetenz Spezialchemie kommend, gewinnen für das Essener Unternehmen die Batterietechnologie und die Erzeugung von leichten, aber dennoch extrem stabilen Hochleistungskunststoffen zunehmend an Bedeutung. Die Entwicklung des Experimentalfahrzeugs „Wind Explorer" und seine erfolgreiche Pionierfahrt demonstrieren eindrucksvoll, dass Evonik bereit ist, in neue Wege zu investieren: Neben der innovativen Speicherung und Nutzung des zum großen Teil durch Windkraft erzeugten Stroms und dem Werkstoff ROHACELL® für die ultraleichte Karosserie steuerte das Essener Unternehmen auch eine neue Materialmischung für die besonders rollwiderstandsarmen Reifen bei, die ebenfalls entscheidend zum niedrigen Energieverbrauch des Wind Explorers beiträgt. Diese Komponenten waren wichtige Voraussetzungen für den erfolgreichen Test – der Leichtbauwagen mit Elektroantrieb fuhr 5.000 Kilometer durch Australien, fast immer autark, nur in Ausnahmefällen mit Netzstrom wieder aufgeladen.

Derartige Pilotprojekte sind natürlich (noch) nicht das alltägliche Kerngeschäft, aber sie zeigen, in welche Richtung es gehen könnte – also nimmt die Machbarkeitsstudie „Wind Explorer" auch im Geschäftsbericht 2010 großen Raum ein: Auf den ersten 20 Seiten ist das

Der clevere Wind Explorer von Evonik ist dank Lithium-Ionen-
Technologoie und Leichtbau ein höchst zukunftsfähiges
Elektrofahrzeug – überzeugend versinnbildlicht durch den
Blick vom Meeresufer in den abendlichen Horizont.

leicht und dynamisch wirkende Gefährt immer wieder sehr wirkungsvoll in Szene gesetzt: Exotische Vegetation, australische Sonne und spektakuläre Landschaften zu wechselnden Tageszeiten und Lichtverhältnissen unterstützen auf den hochwertigen Fotos perfekt die Aufbruchsstimmung, die der ganze Bericht verbreitet – das weckt Experimentier- und Abenteuerlust. Dabei wirkt der Stil nie aufdringlich oder gekünstelt – durch die Kraft der Bilder und den sparsam dosierten, aber treffenden Text transportiert sich die Stimmung auf durchaus sympathische Art. Der ausgesprochen aerodynamisch und, um es menschelnd zu sagen, „freundlich" designte Wind Explorer strahlt seine Umweltverträglichkeit und Ressourceneffizienz mit jedem Bild und jedem Kilometer aus und zeigt perfekt, wie harmonisch Bewegung in Zukunft funktionieren kann – der Imagetransfer vom Versuchsobjekt zu den vielfältigen Aktivitäten und nicht zuletzt der Firmenphilosophie von Evonik funktioniert also ausgezeichnet.

Schick, sympathisch und auf eine anrührende Art niedlich kommt der Wind Explorer daher und passt bestens in eine Umwelt, die auch in Zulunft wachsen und gedeihen möchte.

Mit ihren vielen emotionsgeladenen Bildern fungiert die Wind Explorer-Story als Identität stiftender Überbau zu den nüchternen Fakten des professionell gestalteten Berichts mit dem selbstbewussten Titel „Vorreiter sein". Und sie weist auf breiter Basis die Richtung in die Zukunft, denn Energieeffizienz spielt nicht nur in der Mobilität, sondern auch in vielen anderen wirtschaftlichen und gesellschaftlichen Bereichen eine immer wichtigere Rolle. Der Bericht betont wiederholt die Verantwortung für die schonende Nutzung der Ressourcen und den Anspruch von Evonik auf Technologieführerschaft in diesem Sektor als entscheidendes Konzernziel. Untermauert wird das Engagement mit einem Investitionsvolumen von 338 Mio. Euro allein für den Bereich Forschung und Entwicklung.

Die Entwicklung der verschiedenen Geschäftsbereiche ist im 50-seitigen Lagebericht mit vielen Einzelzahlen belegt; auch hier scheint immer wieder der Fokus auf Nachhaltigkeit, Klima- und Um-

Die Grafiken lassen auch den Laien ein wenig von der innovativen Technik erahnen, die in dem Wind Explorer steckt und mit deren Hilfe er rd. 5.000 Kilometer durch Australien bewältigen konnte – Stromkosten: 10 Euro.

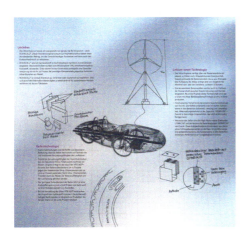

weltschutz auf. Eine realistische Risikoabwägung untermauert den Eindruck einer auf solidem Fundament stehenden Publikation. Den Zahlen zur Gesamtlage der Evonik Industries AG ist zu entnehmen, dass nach dem Krisenjahr 2009 – auch an den Essenern ist es nicht spurlos vorübergegangen – deutliche Aufholeffekte eingesetzt haben: der Jahresumsatz stieg um nicht weniger als 26 % von 10,5 auf 13,3 Mrd. Euro, das Konzernergebnis konnte sogar von 240 auf 734 Mio. Euro mehr als verdreifacht werden. Damit hat Evonik operativ das Vor-Krisen-Jahr 2008 deutlich übertroffen. Das folgende Kapitel „Konzernabschluss" erläutert auf 85 farblich abgesetzten Seiten detailliert die Finanzkennzahlen des Konzerns und ihre Berechnungsgrundlagen. Die anfänglich geschürte Emotion wird also mit reichlich Zahlen- und Analyse-Material unterfüttert; man gewinnt mit der Lektüre dieses Geschäftsberichts den Eindruck, dass Evonik für die Zukunft gut aufgestellt ist: Das Bedürfnis nach Mobilität wird es immer geben, die Produktion von Konsumgütern sowieso – und der Bedarf an energieeffizienten Lösungen wird steigen. Man nimmt den Autoren die Begeisterung für das alles ab und schließt die Publikation in der guten Gewissheit, dass Evonik auch in Zukunft marktfähige Innovationen liefern wird.

FINANZKENNZAHLEN

Stand: 31.12.2010
Rechnungslegung nach IFRS

Umsatz: 13.300 Mio. Euro

Ergebnis je Aktie: 1,58 Euro

Dividende: 400 Mio. Euro

EBIT: 1.639 Mio. Euro

Eigenkapital: 5.969 Mio. Euro

Mitarbeiter: 34.407 (weltweit)

Der nächste Geschäftsbericht erscheint im März 2012

INFORMATION

Evonik Industries AG
Rellinghauser Straße 1-11
45128 Essen
Volker Schmitt
Themenmanagement
Fon: 0201 177-3829
Fax: 0201 177-2908
volker.schmitt@evonik.com
www.evonik.de

Online-Bericht vorhanden

Agentur
XEO GmbH, Düsseldorf
www.xeo-marken.de

 siehe Sonderteil
Seite 375

FernUniversität in Hagen

Prof. Dr.-Ing. Helmut Hoyer, Rektor

In einer Welt, wo sich die Menge relevanten Wissens täglich zu verdoppeln scheint, ist lebenslanges Lernen eine Überlebensstrategie. Nur wer sich weiterbildet, kann seiner Karriere selbst eine Richtung geben. Doch was ist, wenn man gerne studieren möchte, aber mitten im Arbeitsleben steckt, ein Hobby ausübt, das mit herkömmlichen Studienzeiten nicht vereinbar ist oder eine Familie hat, um die man sich kümmern will und muss? Dann bietet sich ein Fernstudium an der FernUniversität in Hagen an, bei dem die Studierenden sich den Stundenplan so einrichten können, dass er in ihren Terminkalender passt.

Die FernUni Hagen ist die erste und einzige öffentlich-rechtliche Fernuniversität in Deutschland und, gemessen an den über 78.000 Studierenden im In- und Ausland, zugleich Deutschlands größte Hochschule. An den Fakultäten für Kultur- und Sozialwissenschaften, Mathematik und Informatik, Wirtschaftswissenschaft sowie der Rechtswissenschaftlichen Fakultät werden Bachelor- und Master-Studiengänge angeboten sowie Promotionen und Habilitationen durchgeführt. Der Unterricht erfolgt anhand von Studienbriefen, interaktiven DVDs und über das Internet, begleitet von individuellen Betreuungsangeboten, die durch Mentorinnen und Mentoren an den Regional- und Studienzentren sowie auf virtuellen Plattformen stattfinden.

Zusammen mit der Gesellschaft der Freunde der FernUniversität gibt die FernUni Hagen regelmäßig ein Jahrbuch heraus, das die Aktivitäten der Bildungseinrichtung für die Öffentlichkeit dokumentiert. Es konzentriert jedes Jahr den Blick speziell auf eine der Fakultäten, die sich mit ihrem Angebot und ihrer Forschung präsentiert. Darüber hinaus lässt man Studierende, Lehrende, Freunde und Förderer zu Wort kommen und präsentiert die Highlights des Jahres. Nichtzuletzt zeigt der Bericht auch die Jahresstatistiken, deren Zahlen belegen, was die Universität leistet und welche Tendenz für die Zukunft zu erwarten ist: kontinuierlich steigende Studentenzahlen, die eine Expansion der Universität unabdingbar machen. Dem wachsenden Angebot einer lebendigen Universität entsprechend bietet das Jahrbuch eine Fülle an Informatio-

Olympiateilnahme und Studium: Zwei Interessenslagen, die sich
nicht vereinbaren lassen, möchte man meinen, aber weit gefehlt,
denn die FernUni in Hagen ermöglicht individuelle Lebensentwürfe,
ohne dass die Bildung dabei auf der Strecke bleiben muss.

nen. Aber wer verstünde schon mehr von der übersichtlichen Aufbereitung von Informationsmaterial als eine Fernuniversität. Und so nimmt sich der Jahresbericht 2010 erstaunlich schlank aus; auf gut 70 Seiten präsentiert er in kurzen prägnanten Artikeln eine ganze Bandbreite universitären Forschens und Unterrichtens. Gut lesbar und mit leichter Hand geschrieben, kommt er fast wie ein Unimagazin daher. Dem trägt auch das abwechslungsreiche Layout Rechnung, das jeden Artikel individuell präsentiert, durchsetzt von liebevollen grafischen Details. Als gestalterisches Grundelement dient ein zweifarbiges Seitenlayout, das beige auf weiß oder weiß auf beige die querformatigen Doppelseiten unterteilt und es erlaubt, bis zu drei verschiedene Themen übersichtlich nebeneinander zu präsentieren.

Die Grundstruktur zeigt sich schon auf dem Umschlag: Auf dem Titelbild ist eine junge Frau zu sehen, die spiegelverkehrt etwas auf eine Glasscheibe schreibt, während sie durch sie hindurch fotografiert wird. Wer die Spiegelschrift entziffern kann, liest „Lernen 2.0"; auf der Rückseite schwebt in weißer Schrift und verschiedenen Schriftgrößen und Fonds die Webadresse der Uni – angelehnt an die Schlagwort-Wolken auf manchen Webseiten. Das Seitenlayout spielt durchgehend im ganzen Buch mit teilweise abgerundeten Ecken, greift damit das Corporate Design der FernUni auf und kreiert einen abwechslungsreichen Seitenfluss. Auf einzelnen Seiten finden sich Handzeichnungen von Studierenden beim Lernen oder im Gespräch, in Bleistiftumrissen auf weißem Papier. Sie wirken wie

Auch der Journalist Guiseppe Guglielmi steht als Testimonial im Bericht der FernUni in Hagen für das gut durchdachte und mit den verschiedenen Lebensentwürfen der Studierenden bestens vereinbare Lehr- und Forschungskonzept der FernUni Hagen.

die virtuellen Studenten des Web 2.0, die durch das Internet auf die Seiten kamen und nun auf der Suche nach Informationen sind.

Es mag nicht von ungefähr kommen, dass die FernUni in diesem Jahr die Fakultät für Wirtschaftswissenschaft präsentiert. Neben Forschung und Lehre steht in diesem Rahmen auch die Verknüpfung mit Politik und der Wirtschaft selbst im Fokus – ein wichtiges Element der universitären Finanzierung. Ein weiterer Fokus liegt auf dem Neubauprojekt der Uni, die an ihrem Heimatstandort in Hagen ein weiteres Gebäude errichtet. Deutlich wird zugleich, dass die eigentliche Expansion nicht in Hagen stattfindet. Die steigenden Studierendenzahlen in Deutschland sowie international verlangen insgesamt nach mehr Lehrkapazitäten. Die Uni reagiert darauf mit dem Ausbau ihrer Regional- und Studienzentren und einem wachsenden Lern- und Betreuungsangebot im Internet. Aber auch das Lernen 2.0 will finanziert werden, und so ist eine der wesentlichen Botschaften des Jahrbuchs auch, dass die Uni mehr finanzielle Mittel braucht – dabei appelliert die hauptsächlich vom Land Nordrhein Westfalen finanzierte FernUniversität vor allem an die Bundesregierung.

Immer wieder eingestreut erscheinen ganzseitig Porträts von Studierenden, die ihre persönlichen Gründe für ihr Fernstudium erläutern. Von der Spitzensportlerin über den Jongleur, vom Bundeswehrsoldaten bis zum Wissenschaftsjournalisten finden ganz unterschiedliche Menschen den Weg auf den virtuellen Campus und studieren mit großem persönlichem Gewinn. Das Jahrbuch der Fern-

Anhand der anschaulichen Grafiken kann sich der Leser schnell und bequem einen guten Überblick zu den Studierenden der FernUni verschaffen.

Universität in Hagen wimmelt von interessanten Menschen, Geschichten, Erfahrungen, illustriert durch fröhliche und intelligente grafische Details. Wer es in die Hand nimmt, wird es tatsächlich von vorne bis hinten durchlesen und am Ende überlegen, ob er nicht auch in Hagen ein Fernstudium 2.0 anfangen sollte.

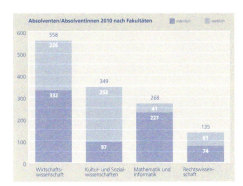

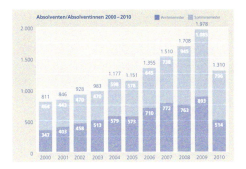

KENNZAHLEN

Stand: 31.12.2010

Fakultäten: 4

Studierende: 76.000 (SoSe 2010)

Haushalt: 79,5 Mio. Euro

Mitarbeiter: 1.667

Der nächste Geschäftsbericht erscheint im März 2012

INFORMATION

FernUniversität in Hagen
58084 Hagen
Dr. Burkhard Lehmann
Fon: 02331 987-2423
Fax: 02331 987-2408
burkhard.lehmann@fernuni-hagen.de
www.fernuni-hagen.de

Agentur
A.DREIplus GmbH, Gütersloh
www.a3plus.de
Illustrationen: Ines Meyer

Förde Sparkasse

Der Vorstand (v.l.n.r.):
Götz Bormann (Vorsitzender),
Wilfried Sommer, Ulrich Boike,
Dr. Martin Skaruppe

2010 war ein gutes Jahr für die Förde Sparkasse. Die Bilanzsumme ist um 18 Mio. Euro auf 5,81 Mrd. Euro gestiegen. Damit ist sie die zweitgrößte Sparkasse in Schleswig-Holstein. Und auch das Kreditgeschäft erhöhte sich um 4,2 % auf 4,52 Mrd. Euro. Diese positive Entwicklung des vergangenen Geschäftsjahrs gab dem Unternehmen viel „Raum für starke Leistungen", wie bereits auf dem Cover des aktuellen Geschäftsberichts zu lesen ist. Dieser wird übrigens zusammen mit dem Sozialbericht versendet, der viel Raum für soziales Engagement enthält. Doch davon an anderer Stelle mehr.

Passend zum Titel des Geschäftsberichts zeigt der Umschlag aus weichem Karton das Foto eines leeren Zimmers, das viel Platz für die individuelle Gestaltung lässt. Dieser Raum, den das Unternehmen hier bildlich zur Verfügung stellt, zieht sich wie ein roter Faden durch den Bericht und wird von Mitarbeitern, Kunden und Partnern der Förde Sparkasse auf ganz unterschiedliche Weise mit Leben gefüllt.

Den Anfang macht der vierköpfige Vorstand. Seriös mit Anzug und einem sympathischen Lächeln stehen die Herren inmitten des Zimmers und blicken dem Leser direkt in die Augen. Bei der Aufnahme präsentierte sich das Führungsgremium trotz Termindrucks „gut gelaunt und konzentriert

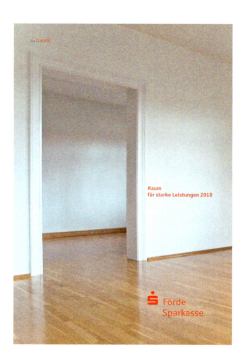

bei der Sache", wie in einem Statement des Fotografen zu lesen ist. Unter der Überschrift „Gestaltungsraum" berichten sie auf einer Doppelseite kurz und prägnant vom Geschäftsjahr 2010, in dem Ideen verwirklicht, Grenzen überwunden und neue Wege beschritten wurden. Dabei standen stets die Kunden im Mittelpunkt des unternehmerischen Handelns und so ist es nur folgerichtig, dass auch der Jahresbericht in hohem Maße auf die Region und ihre Bewohner eingeht.

Entstanden ist ein Imageteil, der wenig zu tun hat mit abstraktem Zahlenwerk. Vielmehr werden hier Geschichten erzählt – von ganz normalen Menschen, die die Leistungen der

Arbeitsraum: Sie werfen sich gegenseitig den Ball bzw. den Magisterhut zu: Die beiden zählen zu den Nachwuchskräften, die die Sparkasse mit ihrem anspruchsvollen Bachelor-Trainee-Programm tatkräftig unterstützt.

Sparkasse in Anspruch nehmen und von ihnen profitieren. So zum Beispiel eine junge Mutter von drei Kindern und Kundenbetreuerin in der Filiale Eckernförde. Sie ist bereits nach kurzer Elternzeit wieder ins Arbeitsleben eingestiegen. Dank insgesamt sieben Teilzeitmodellen, unter denen die Mitarbeiter der Förde Sparkasse wählen können, bleibt für die Bankkauffrau immer noch genügend „(Spiel-)Raum" für die Familie. Ein ganzseitiges Bild zeigt die glückliche Mutter mit einer Aktenmappe in der Hand; im Hintergrund spielen friedlich ihre Kinder. Auch ein junger Bankkauffmann, der gerade mit einem Koffer in der Hand und mit „unverschämt guter Laune", wie der Fotograf berichtet, den Raum verlässt, profitiert von den Leistungen des Geldinstituts. Dank seines Private-Banking-Beraters hat der Unternehmer, Familienvater und passionierte Golfspieler genügend „(Frei-)Raum", um sich den lang gehegten Traum von einer Weltreise zu erfüllen. Und dann ist da noch das junge Paar, das dank der Vermittlung des Immobilien-Zentrums der Förde Sparkasse schon bald seinen eigenen „(Wohn-)Raum" beziehen kann. Insgesamt stellte das Unternehmen im Jahr 2010 rund 260 Mio. Euro zur Verfügung, damit für Kunden aus der Region der Wunsch nach den eigenen vier Wänden Wirklichkeit werden konnte.

Freiraum: Einfach mal weg von hier – möglich dank Privat
Banking: Der Herr verschwindet in die Ferne und die
Kundenberater der Förde Sparkasse blicken den Leser fragend
an: Welche Freiräume sollen wir für Sie verwirklichen?

Mehr Raum für Träume

So hat die Förde Sparkasse in ihrem Geschäftsbericht einen lebendigen und sehr kurzweiligen Weg gefunden, ihr Finanzdienstleistungsangebot vorzustellen. Im Vordergrund steht dabei nicht: So vielfältig sind unsere Leistungen, sondern: So vielfältig sind unsere Kunden. Denn Geschichten verraten mitunter mehr als nüchterne Zahlen darüber, welchen Stellenwert die Sparkasse für viele Menschen besitzt. Die sympathischen und authentisch wirkenden Fotos runden die gelungenen Einblicke in die Kundenwelt ab. Hier wird Realität vermittelt, das ist das Leben – protokolliert von einem Unternehmen, das mittendrin steht.

In einem 2.300 Quadratkilometer großen Geschäftsgebiet ist die Förde Sparkasse mit drei Hauptstellen in Eckernförde, Kiel und Plön sowie in 77 weiteren Filialen, davon 23 SB-Filialen, vertreten. Dieses lückenlose Netzwerk wird im Kapitel „Wirtschaftsraum" anhand eines ganzseitigen Kartenausschnitts von Schleswig-Holstein anschaulich dargestellt. Die Nähe zum Kunden ist aber nicht nur Teil des Erfolgsrezepts, sie ist auch Teil der Sparkassenphilosophie. Zurückhaltend, aber dennoch stets präsent – diese Eigenschaften treffen auch auf das Layout der Publikation zu: Für Überschriften und Hintergründe greifen die Gestalter als Wiedererkennungsmoment auf das Sparkassen-Rot

Ein Kinderwagen steht Pate, wenn die Sparkasse ihre Zahlen zur familienfreundlichen Teilzeitquote präsentiert, wachsende Bücherstapel symbolisieren die Fortbildungsmaßnahmen und Ähren zeigen das erfolgreiche Agrargeschäft.

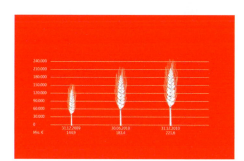

zurück. Der einspaltige Text ist gut lesbar und überzeugt – passend zum durchgängigen Thema – durch viel Weißraum. Ein gestalterisches Highlight bieten die verwendeten Diagramme. So verdeutlicht beispielsweise ein Kuchendiagramm in Form eines Kinderwagens, dass die Teilzeitquote bei der Förde Sparkasse im Jahr 2010 bei 32,68 % lag. Die wachsende Anzahl an Fortbildungsmaßnahmen im Unternehmen lässt sich, statt wie sonst üblich an Balken, an verschieden hohen Bücherstapeln ablesen und unterschiedlich große Ähren zeigen die positive Entwicklung des Kundenkreditvolumens im Bereich Agrarkunden.

„Raum für starke Leistungen" – dieses Konzept, das auf hochkonzentrierten, aber ebenso unterhaltsamen 30 Seiten überzeugt, bestimmt auch die abschließende Jahresbilanz: Hier werden Aktiva, Passiva sowie Gewinn- und Verlustrechnung übersichtlich und schnörkellos in Tabellen dargelegt. So präsentiert sich die Förde Sparkasse in Zahlen und authentischen Geschichten als verlässlicher Partner. Mit überzeugenden Leistungen gibt sie ihren Kunden den Raum, den sie benötigen, um ihre Stärken zu entfalten und neue Perspektiven zu entwickeln – das beweist nicht zuletzt der diesjährige Geschäftsbericht, der seinen Raum von der ersten bis zur letzten Seite beispielhaft genutzt hat.

FINANZKENNZAHLEN

Stand: 31.12.2010
Rechnungslegung nach HGB

Eigenkapital: 294 Mio. Euro

Mitarbeiter: 1.383

Der nächste Geschäftsbericht erscheint im Juni 2012

INFORMATION

Förde Sparkasse
Lorentzendamm 28–30
24103 Kiel
Caje Petersen
Vorstandssekretariat
Fon: 0431 592-1120
Fax: 0431 592-1811
caje.petersen@foerde-sparkasse.de
www.foerde-sparkasse.de

Agentur
Büro3, Maasbüll
www.buero3.de

 siehe Sonderteil Seite 376

Funkwerk AG

Der Vorstand: Dr. Hans Grundtner (Vorsitzender, 3.v.r.), Carsten Ahrens (2.v.r.), Johan Schmid-Davis (rechts) im Gespräch mit Rigobert Kaiser (links)

Physikalische und mathematische Formeln haben eine spezielle Ausstrahlung auf den Laien: Sie wirken kompliziert und schön zugleich durch ihre unbekannten Zeichen, kombiniert mit Zahlen, Buchstaben, Klammern und Strichen. Wie bei ägyptischen Hieroglyphen umgibt sie eine Aura des Geheimnisvollen und gleichzeitig versprechen sie Aussicht auf Erfolg, weil sie die Lösung kennen. Diesen Reiz nutzt die Funkwerk AG für den Umschlag ihres Geschäftsberichts 2010, der den Titel „Die Formel zum Erfolg" trägt. Ein Close-up auf eine weiße Tafel zeigt eine Folge von Formeln. Dabei liegt die größte Bildschärfe im linken Seitendrittel während es nach rechts genauso wie zur Rückseite hin unscharf wird, sodass eine schreibende Hand am Seitenanschnitt wie in Nebel getaucht scheint. Ein gelungener Auftakt, der Neugierde weckt und zum Aufschlagen verführt.

Einen inhaltlichen Kontrapunkt setzt der Vorstandsvorsitzende, Dr. Hans Grundner mit seinem Brief an die Aktionäre, der gleich die ersten beiden Seiten umfasst. Statt Geheimnisse gibt es dort Klartext. Der Unternehmensgründer lässt die ersten zehn Jahre der Funkwerk AG Revue passieren und schildert dabei in bemerkenswerter Klarheit auch die Herausforderungen. Einer dreifachen Belastungsprobe sei das Unternehmen in den letzten beiden Jahren ausgesetzt gewesen, doch weist er auch auf die Potenziale hin, von denen in diesem Jahresrückblick berichtet wird.

Zum leserfreundlichen Einstieg gehört auf der ersten Umschlagseite eine Tabelle mit den Konzernkennzahlen für die letzten beiden Jahre, die u.a. einen Umsatz von 211 Mio. Euro für 2010 ausweist sowie ein positives operatives Ergebnis, das nur durch Konsolidierungskosten zu einem negativen EBIT wurde. Das kurze Mission Statement erläutert, dass Funkwerk sich zu einem Lösungsanbieter für Informations- und Kommunikationssysteme entwickelt hat, der sich insbesondere auf die Geschäftsfelder Verkehr und Sicherheit mit vier klar definierten Zielgruppen konzentriert. Kommunikation hat für die Funknetz-Spezialisten einen hohen Stellenwert. Das demonstriert

Die Formel für Erfolg führt auf jeden Fall ein Pi im Zähler – was es sonst noch mit ihr auf sich hat, nämlich den Antennengewinn zu berechnen, erläutert Kai Meissner, Leiter Entwicklung, dem Leser.

der dreiköpfige Vorstand in einem Interview unter dem Titel „Funkwerk im Dialog". Das Team stellt sich den Fragen des Wirtschaftsjournalisten Rigobert Kaiser. Das gewählte Format wirkt modern und offen. Gleichzeitig bietet es die Möglichkeit, zu demonstrieren, wer im Team welche Fragen kompetent beantworten kann. Auch auf der Bildebene wird der Vorstand ins rechte Licht gerückt. Die Einstiegsdoppelseite zeigt die Herren stehend im Gespräch mit dem Interviewer. Es folgen kleinformatige Bildreihen am oberen Seitenrand, die die einzelnen Personen und Details in den Blick nehmen. Den Abschluss zu diesem authentischen Einblick bilden drei Kurzporträts mit den beruflichen Werdegängen.

Erst jetzt folgt das großzügig gestaltete Inhaltsverzeichnis. Ein kurzer Text erläutert, dass der Geschäftsbericht mit den Mitarbeitern zugleich das Know-how des Unternehmens präsentieren möchte. Das gelingt auf überzeugende Weise indem jeder große Teilabschnitt des Berichts – wie etwa der Konzernabschluss – von einem aufwendig gestalteten Trenner eingeleitet wird. Dabei ist die rechte Seite jeweils ganz in der weinroten Hausfarbe gehalten, auf der Titel und Inhaltsverzeichnis des folgenden Kapitels in Weiß stehen. Die dazugehörige linke Klappseite zeigt außen Mitarbeiter,

Auf den folgenden Seiten erfährt man, wie geschickt und erfolgreich sich Funkwerk im Bereich Automotive Communication positioniert hat, um für die mobile Kommunikation von heute sichere und zuverlässige Technik zu liefern.

die in ihrem authentischen Arbeitsumfeld fotografiert wurden. Mal sehen wir ein spektakuläres Labor, eine Fertigungsstation oder auch eine typische Büroumgebung, in denen der Mitarbeiter steht und den Leser selbstbewusst ansieht. Eine physikalische Formel in einem halbtransparenten Kasten ist über das Foto gelegt. Der namentlich vorgestellte Mitarbeiter erläutert ihre Bedeutung für seine Arbeit und die Produkte der Funkwerk AG. Auf dem Inneren der Klappseite vertiefen Reportagen aus Wort und Bild das außen begonnene Thema. Eingebettet ist das Bildkonzept in ein elegantes Gesamterscheinungsbild, das hohe Wertigkeit vermittelt. Dieser Eindruck entsteht bereits haptisch. Das griffige, matt gestrichene Papier vermittelt durch sein Gewicht und ein Seitenvolumen von immerhin 144 Seiten das Gefühl, ein gutes Buch in Händen zu halten: Ein Eindruck, den die gesamte Gestaltung vorzüglich unterstützt.

Die Typografie ist ideal auf die Bedürfnisse der Finanzkommunikation abgestimmt. Die Texte sind einspaltig gesetzt und wirken auf den Seiten transparent und gut lesbar: Grund hierfür sind eine ideale Zeilenlänge, ein idealer Zeilenabstand, eine moderne, gut lesbare Serifenschrift und der sinnvolle Einsatz von Absätzen. Anklänge an die gute Lesbarkeit eines Sachbuchs findet sich auch in

Um dem Leser die Strategie der AG aufzuschlüsseln, sind die einzelnen Punkte noch eimmal in einem Schema visualisiert worden, auch Aktienverlauf oder Rohertrag wurden in ansprechenden Grafiken zusammengefasst.

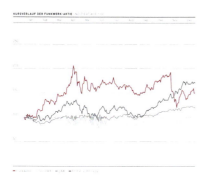

der durchdachten und perfekt aufeinander abgestimmten Hierarchie der Überschriften, die sich gekonnt durch Größe, Schriftwahl und Farbe differenzieren. Stabdiagramme, die im Konzernlagebericht Verwendung finden, werden aus den Marginalspalten kommend in den Textblock eingerückt. Die Tabellen im Abschluss und im Anhang des Berichts wirken licht, aufgeräumt und sind durch führende Linien sehr gut lesbar. Der gesamte Seitenaufbau arbeitet großzügig mit viel Weißraum. Eine schmale Dachzeile am oberen Seitenrand orientiert den Leser durch die großen Zahlen der Paginierung sowie durch ein mitlaufendes Register mit rot hervorgehobenem aktuellem Kapitel.

Insgesamt ein in sich stimmiger Bericht, der sowohl auf der inhaltlichen, als auch auf der gestalterischen Ebene kompetent und anschaulich den Wert des technischen Know-hows vermittelt, das die Funkwerk AG zum Erfolg führt.

FINANZKENNZAHLEN

Stand: 31.12.2010
Rechnungslegung nach IFRS

Börsensegment: Prime Standard

WKN: 575314

Umsatz: 211 Mio. Euro

Eigenkapital: 64,5 Mio. Euro

Marktkapitalisierung: 58,6 Mio. Euro

Mitarbeiter: 1.372 (weltweit)

Der nächste Geschäftsbericht erscheint im März 2012

INFORMATION

Funkwerk AG
Im Funkwerk 5
99625 Kölleda
Jörg Reichenbach
Investor Relations
Fon: 03635 600-346
Fax: 03635 600-507
ir@funkwerk.com
www.funkwerk.com

HTML-Bericht vorhanden

Agentur
Studio Delhi, Mainz
www.studiodelhi.de

GBW AG

Der Vorstand (v.l.n.r.):
Dr. Claus Lehner, Ernst Holland (Vorsitzender), Matthias Steinhauer

Wenn der Leser den Geschäftsbericht der GBW Gruppe in den Händen hält und durch die Seiten blättert, dann erfährt er, dass die bayerische Wohnungsgesellschaft 2011 einen ganz besonderen Meilenstein setzt: „75 Jahre GBW – 75 Jahre erfolgreicher Wohnungsbau". Und so lädt die GBW Gruppe ihre Aktionäre, Mitarbeiter, Kunden und Partner ein zu einer anregenden Lektüre, indem sie noch einmal mit feinem Gespür für Details aufbereitet, was in dieser Zeitspanne geschah, wie sich die Geschäftsstrategie zur Erfolgsgeschichte entwickelte:

Dabei fallen schnell zwei Konstanten auf: Schon immer lag der Fokus der GBW Gruppe auf Bayern, auf München, Nürnberg, Erlangen, Regensburg und Würzburg. Und: Schon immer definiert sie hier ihren Auftrag als ein enges Zusammenspiel von sozialer Orientierung und wirtschaftlichem Erfolg. Und der Klang dieser Komponenten ist nachhaltig. Er berücksichtigt den demografischen Wandel ebenso wie die Bedürfnisse junger Familien. Die GBW Gruppe bietet Menschen auch mit geringem Einkommen ein schönes Zuhause.

Die permanente Arbeit an der Qualität der Wohnobjekte – etwa durch effiziente Sanierungen und ein aktives Portfoliomanagement – spiegeln sich in sehr gesunden Kerndaten wider: So weist der Wohnungsbestand zum Stichtag 2010 einen Nettovermögenswert von 862 Mio. Euro aus. Und die Unternehmensführung tut viel, um diesen Wert zu pflegen und auszubauen. In den nächsten vier Jahren will sie mehr als 200 Mio. Euro in Modernisierung und Instandhaltung bzw. in die energetische Verbesserung der Gebäude investieren. Das schafft Vertrauen bei Mietern und Partnern. Für die Richtigkeit der unternehmerischen Entscheidungen spricht die Tatsache, dass weniger als zwei Prozent der Wohnungen leer stehen. Die Menschen fühlen sich wohl in den Wohnungen der GBW Gruppe.

Der hohe Qualitätsanspruch findet auch seinen Ausdruck in der Aufbereitung des Geschäftsberichts: Durch die hochwertige und zugleich ökologische Papierqualität. Durch moderne

Mit dieser kunstvoll inszenierten Spiegelung einer Hausfassade läutet die Doppelseite eine spannende Zeitreise von 1936 bis 2011 ein: 75 Jahre GBW in Bayern.

Fotoimpressionen. Durch eine klare Sprache. Der Leser taucht ein in 116 Seiten Unternehmenswelt und begibt sich im Herzstück des Berichts auf eine gedankliche Reise zurück in die Gründungsjahre der GBW Gruppe.

Der chronologische Rückblick ist das Highlight des Berichts. Hier bündelt sich die visuelle Kraft durch künstlerische Architekturfotografie: Weichzeichnung, Konturenschärfe und Harmonie der Farben im Wechsel mit Schwarz-Weiß: Alles beginnt mit der Titelseite „75 Jahre GBW – eine starke Gruppe". Eine Fassaden-Detailfotografie strebt in die Höhe und gibt im übertragenen Sinne die perspektivische Ausrichtung der GBW Gruppe vor: „werteorientiertes Wachstum". Diese Strategie erläutert der Vorstandsvorsitzende, Ernst Holland, in einem Interview. Er erklärt das Geschäftsmodell in seiner Verbindung aus sozialer Verantwortung und wirtschaftlichem Erfolg und erläutert die Strategie des aktiven Portfoliomanagements unter der Maßgabe „Qualität statt Quantität".
Der Bericht wirft Schlaglichter auf diese Erfolge des Unternehmens, visualisiert die Kompetenz in jedem einzelnen Kapitel mit Fotokunst, Farbharmonie und inhaltsreichen Antworten auf die Fragen zur Energieeffizienz, zur Bestandspflege, zur Schaffung bezahlbaren Wohnraums, zur sozialen

Und nach dem man in Wort und Bild durch deutsche Wohn- und Immobilienkultur geführt wurde und einen starken Konzern kennen gelernt hat, blickt der Leser beruhigt in Gegenwart und Zukunft der GBW Gruppe.

Verantwortung. Und in der Mitte des Geschäftsberichts wird die orangefarbene Farbfläche der Kapitel zu einem herausklappbaren Stilelement. Gestanzt mit den Unternehmensjahren 1936 und 2011 umschließt sie jene Seiten, die von der historischen Entwicklung der GBW Gruppe von der Gründung bis heute erzählen.

Das Leitmotiv fasst mit Worten ein, was die Gruppe heute so stark macht: Ihre langjährige Erfahrung. Ihre sozialen Maßstäbe. Ihr nachhaltiges und aktives Portfoliomanagement. Ihre effizienten Prozesse. Zu wissen, wo die Wurzeln sind, sich immer wieder zu besinnen auf die Meilensteine des Weges und dabei Perspektiven zu entwerfen – das sind Koordinaten dieser Geschichte. Sie begann in einer Zeit geprägt von der Weltwirtschaftskrise, von Armut und Wohnungsnot. Das Ziel war von Anfang an klar: bezahlbaren Wohnraum zu schaffen. Bereits zwei Jahre nach der Gründung stellte das Unternehmen als damalige Bauträger AG insgesamt 407 Wohnungen fertig, stand dann als GBW AG 1945 nach der Zerstörung vor dem Wiederaufbau, profitierte in den 50er- und 60er-Jahren von der Förderung im sozialen Wohnungsbau, gestaltete den Bauboom im Zuge der Olympischen Spiele 1972 in München mit und verwirklichte in den 80er-Jahren ein ganzes Wohngebiet

Das Organigramm erläutert die Struktur der GBW Gruppe, die Kursentwicklung der Aktie steht dem Text veranschaulichend zur Seite und schließlich zeigt die Karte das Engagement der GBW Gruppe in Bayern.

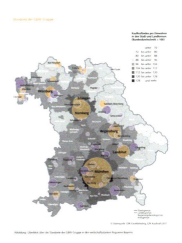

mit 1.600 Wohnungen. Heute besteht das Portfolio der GBW Gruppe aus rund 33.000 Wohneinheiten in den bayerischen Ballungsräumen. Die Fotoimpressionen des Imageteils zeigen den Zeitgeist, der in den jeweiligen Entwicklungsphasen wehte. Sie rufen Erinnerungen wach an ein Stück deutsche Geschichte. Die Fotos berühren. Und sie lassen den Leser manchmal leise lächeln – wenn jenseits der großen politischen Ereignisse der Bohnenkaffee als Hochgenuss, die Waschmaschine als Technikwunder und der VW-Käfer als Luxusauto jener Jahre erscheinen. Auch der Wohnungsbau spiegelt über die Jahre die Sprache der Zeit, zeigt den Wandel an den GBW-Gebäuden von damals bis heute. So entsteht Lust auf die Unternehmensgeschichte der GBW Gruppe.

Die Fotos sind stark. Die Worte ebenso. Deshalb hätte das Motto des Geschäftsberichts 2010 kaum treffender lauten können als: „75 Jahre GBW – eine starke Gruppe".

FINANZKENNZAHLEN

Stand: 31.12.2010
Rechnungslegung nach HGB

Börsensegment: Freiverkehr

WKN: 586320

Umsatz: 204 Mio. Euro

Ergebnis je Aktie: 0,32 Euro

Dividende je Aktie: 0,09 Euro

EBIT: 79 Mio. Euro

Eigenkapital: 365 Mio. Euro

Marktkapitalisierung: 753 Mio. Euro

Mitarbeiter: rd. 380

Der nächste Geschäftsbericht erscheint im Mai 2012

INFORMATION

GBW Gruppe
Dom-Pedro-Straße 19
80637 München
Katja Neese/Martina Frick
Public Relations/Investor Relations
Fon: 089 30617-481
katja.neese@gbw-gruppe.de
www.gbw-gruppe.de

Online-Bericht vorhanden

Agentur
acm Werbeagentur GmbH, München
www.acm.by

GESCO AG

Dr.-Ing. Hans-Gert Mayrose (links)
und Robert Spartmann, Vorstand

Mittelständler sind das Rückgrat des deutschen Exporterfolgs. Im Maschinenbau wird seit Generationen erfolgreich getüftelt, und es werden Lösungen für die kniffeligsten Probleme aller möglichen Branchen gefunden. Eine ebenso zeitgemäße Präsentation ihrer Aktivitäten z.B. in Form eines Geschäftsberichts ist allerdings eher die Ausnahme. Beste Gelegenheit für die Wuppertaler GESCO AG, Pluspunkte zu sammeln. Das GESCO-Plus lautet denn auch der Titel, den dieses ungewöhnliche Unternehmen für seinen Rückblick auf das Geschäftsjahr 2010/2011 gewählt hat. Selten wird man einen Bericht finden, der sein Thema inhaltlich und formal so überzeugend durchdekliniert wie der von GESCO. „Einzelne Elemente, mit einem intelligenten Konzept integriert. In einer Gruppe, die ihre Mitglieder stärkt." So bringt man es im Missionstatement auf den Punkt. Die GESCO AG ist ein Zusammenschluss von 14 mittelständischen Unternehmen der Metall und Kunststoff verarbeitenden Industrien.

Die Idee der 1989 gegründeten AG ist es, die Vorteile der Finanzierungsmöglichkeiten des Kapitalmarkts mit denen traditioneller Familienunternehmen zu verbinden. Mehrwert verspricht dieses Modell allen Stakeholdern: von den bisherigen Eigentümern, die ihr Lebenswerk fortgesetzt sehen, über die Mitarbeiter bis hin zu den Kunden und Aktionären. Wie der Mehrwert in Zahlen aussieht,

demonstriert man mit großen Pluszeichen im klappbaren Umschlag. Im Berichtsjahr legten der Konzernumsatz um 20,7 % auf über 335 Mio. Euro und der Konzernüberschuss um 71,4 % auf gut 15 Mio. Euro zu. Präsentiert wird diese Erfolgsserie in einer grafisch modernen Anmutung. Auf den reinweißen Seiten des festen, matt gestrichenen Papiers glänzen ein kühler Silbermetallic-Ton, der gut mit dem Thema Maschinenbau harmoniert, ergänzt von dazu passenden Grün- und Türkis-Tönen. Maschinenbau hat mit handfesten Menschen und Produkten zu tun. Das spiegelt der Bericht haptisch wider. Er liegt schwer in der Hand, dank eines kartonierten Umschlags, der einer

Zusammen ergeben sie das GESCO Plus: Die Mutter mit ihren
Töchtern, das erfährt der Leser beim Umblättern der transparenten
Seite und dann liest er auch, dass GESCO auf die Unabhängigkeit der
Töchter ebenso Wert legt, wie auf Kommunikation untereinander.

Verpackung gleicht. Die Informationen sind auf insgesamt über 130 Seiten in zwei Berichtsteilen – Image und Finanzen – verpackt.

Der Finanzteil ist im klassischen Format fest mit dem Umschlag verbunden, der vordere Kartoneinband schafft Platz für viele Zahlen in Form eines Zehn-Jahresrückblicks auf die Kennzahlen und Informationen zur Aktie, die im Berichtsjahr die Performance des SDAX deutlich übertroffen hat. Silbergrau ist der Titel eingefärbt, an seinem rechten Rand entsteht im Anschnitt ein Pluszeichen aus Grün und Türkis in der Vertikalen, während der linke Arm ausgeschnitten ist, sodass auf dem Weiß des hinteren Umschlagteils der Titel gedruckt steht: das GESCO-Plus. Mit diesem Motiv wird vor allem im Imageteil intensiv gearbeitet. Im Finanzteil mit seinen rd. 80 Seiten beschränkt man sich auf die finanztechnische Pflicht. Der zweiköpfige Vorstand stellt sich in einem zurückhaltenden schwarzweißen Doppelporträt vor und ordnet in seinem Vorwort ausführlich und klar den Geschäftsverlauf ein. Der Konzernlagebericht läuft in zwei schmalen Textspalten jeweils zum Seitenrand

Die geschickt und ansprechend in Szene gesetzten operativen GESCO Töchter vermitteln dem Leser ein anschauliches Bild und zeigen damit gleichzeitig, wie umsichtig und nachhaltig die Investitionsstrategie von GESCO ist.

versetzt, so wirken die Doppelseiten sehr luftig, weil auch die Seitenränder nach oben und unten großzügig bemessen sind. Elegant ist die schmal geschnittene Antiqua-Type, die durch eine Schwesterschrift mit Serifen für Überschriften und Leads ergänzt wird. Die einzige Schmuckfarbe ist Türkis, das man sparsam für wenige Details nutzt. Das gilt auch für den Konzernanhang, bei dem die Seiten bis auf einen schmalen Rand grau eingefärbt sind. Inhaltlich lässt dieser Berichtsteil bis hin zur Tabelle mit der Aufgliederung der Vorstandsvergütung keine Wünsche offen. Ein schönes Detail im Impressum: Der Bericht wurde CO_2-neutral auf FSC-zertifiziertem Papier gedruckt.

Dieser Sinn für Details zeichnet vor allem den Imageteil aus, der die Tochtergesellschaften porträtiert. Etwas schmaler und kürzer als der Hauptbericht, liegt er mit knapp 50 Seiten sehr gut in der Hand. Ein magnetischer Aufkleber fixiert ihn im Umschlag, er lässt sich aber leicht lösen und herausnehmen. Mit dem aus den Schmuckfarben zusammengesetzten Plus-Zeichen wird in vielfältiger Weise gearbeitet – ein gelungenes Sinnbild für die verschiedenen Schwerpunkte. Es gibt einleitende

Das GESCO Plus ist leitendes Symbol des Berichts, denn nur das Zusammenfügen der einzelnen Elemente zu einem sinnvollen, intelligent konzipierten Ganzen schafft Mehrwert – wie hier Tradition und Vision.

Doppelseiten, die das Konzept des Unternehmens mit knappen Sätzen erklären. Auf einem ganzseitigen Foto ist z. B. schemenhaft ein Mann zu sehen, der einen metallenen Winkel zeigt, auf dem der Bildfokus liegt. Darüber steht „Maschine" und die Nachbarseite erläutert, wie über 50 Mio. Euro in Sachanlagen investiert wurden. Die rechte Seite ist allerdings aus transparentem Papier. Schlägt man sie um, liegt auf dem Foto ein schraffierter Winkel, der sich über das Metallteil legt und zu einem Plus-Zeichen verbindet: Der Text dazu erläutert das Zusammenspiel von Mensch und Maschine.

Jeder Tochtergesellschaft ist nun eine Doppelseite vorbehalten. Ein Foto zeigt doppelseitig ein Maschinendetail. Auf der linken Seite wird dazu ein Porträtbild des jeweiligen Geschäftsführers eingeklinkt, während rechts auf einer grauen Fläche ein Kurzporträt in Text und Tabelle steht. Überzeugend wird das Grundlayout des Hauptteils variiert, die Töchter aber grafisch gleich behandelt. Abwechslung entsteht durch die unterschiedlichen Hintergrundfotos. Organisch wird so das Unternehmenskonzept der GESCO AG entwickelt: Ein Plus entsteht durch den Zusammenschluss vieler Partner.

FINANZKENNZAHLEN

Stand: 31.12.2010
Rechnungslegung nach IFRS

Börsensegment: SDAX

WKN: A1K020

Umsatz: 335 Mio. Euro

Ergebnis je Aktie: 5,05 Euro

Dividende je Aktie: 2,00 Euro

EBIT: 27 Mio. Euro

Eigenkapital: 114 Mio. Euro

Marktkapitalisierung: 180 Mio. Euro

Mitarbeiter: 1.775

Der nächste Geschäftsbericht erscheint im Juni 2012

INFORMATION

GESCO AG
Johannisberg 7
42103 Wuppertal
Oliver Vollbrecht
Investor Relations
Fon: 0202 24820-18
Fax: 0202 24820-49
vollbrecht@gesco.de
www.gesco.de

Online-Bericht vorhanden

Agentur
Heureka! Profitable Communication GmbH, Essen
www.heureka.de

 siehe Sonderteil
Seite 390

GEWOBA Aktiengesellschaft Wohnen und Bauen

Manfred Sydow, Vorstand

Mit 41.267 Mieteinheiten im Jahr 2010 ist die GEWOBA Aktiengesellschaft Wohnen und Bauen der größte Wohnungsanbieter im Land Bremen. Das ist genauso eine Tatsache wie jene, dass jeder siebte Bremer derzeit in einer GEWOBA-Wohnung wohnt. Auch dass die Bewirtschaftung, Betreuung und Entwicklung so eines immensen Bestands eine echte Mammutaufgabe ist, ist eine Tatsache. Sie erfordert nicht nur Immobilien-Know-how und langjährige Erfahrung, sondern auch wirtschaftlichen, ökologischen und sozialen Weitblick. Dass sich die GEWOBA darüber hinaus für die Quartiere und die Umwelt einsetzt, ist für das Traditionsunternehmen Ehrensache. Genau wie es für die Aktiengesellschaft Ehrensache ist, nachhaltig und langfristig zu investieren sowie für funktionierende Nachbarschaften zu sorgen.

Um „Tatsachen" und „Ehrensachen" geht es auch im aktuellen Geschäftsbericht der GEWOBA, der sich in einen 49 Seiten umfassenden Finanzteil und den 60 Seiten starken Bericht zur Corporate Social Responsibility (CSR) gliedert. Die Titelseiten der Druckwerke in Beige und Olivgrün erinnern dabei sowohl optisch als auch von der Haptik an eine Tapete im Retro-Stil, was die Publikation klassisch und modern zugleich wirken lässt. Auch im weiteren Verlauf des Berichts wird dieses Gestaltungselement immer wieder aufgegriffen und sorgt für ein so hochwertiges wie einheitliches

Erscheinungsbild. Gleichzeitig spiegelt die Tapete einen wichtigen Grundgedanken der GEWOBA wider: Denn ganz gleich, ob klassisch, edel, natürlich oder ausgefallen – stets gilt: Tapeten macht aus Wänden ein Zuhause. Und so steigert die Wandverkleidung nicht nur das Wohn-, sondern auch das Wohlgefühl der Menschen. Ziele, die auch das Bremer Unternehmen seit nunmehr fast 90 Jahren verfolgt.

Was im Einzelnen die GEWOBA für ihre Kunden tut, lässt sich in den „Ehrensachen" schwarz auf weiß nachlesen. Nach dem Aufschlagen erwartet den Leser zunächst jedoch ein Interview mit Vorstand Manfred Sydow, in dem er

GEWOBA Mieter werden von Energiesparhelfern direkt zuhause beraten, wie sie mit einfachen Tricks und Mitteln ihre Kosten senken können, ohne einen Cent dafür bezahlen zu müssen – für die GEWOBA Ehrensache.

über Trends in der Wohnungswirtschaft und die Zukunft der Aktiengesellschaft berichtet. Dass man um diese nicht bange sein muss, erfährt man ab Seite sechs. Mit einem Jahresüberschuss von 30,6 Mio. Euro wurden die Erwartungen des Vorstands deutlich übertroffen. Dem gegenüber stehen Bestandsinvestitionen von 62,5 Mio. Euro, die das Unternehmen beispielsweise in Modernisierungen wie energetische Dämmmaßnahmen oder Erneuerung von Heizungsanlagen steckt. Im weiteren Verlauf gliedert sich die Publikation in die fünf Bereiche Ökonomie, Ökologie, Soziales, Personal und Stiftung. Jedes dieser Kapitel wird eingeleitet von einem ganzseitigen Bild. Darauf ist mittig ein thematisch passendes Foto zu sehen, aufgehängt an einer auffällig tapezierten Wand. Das jeweilige Muster der Tapete setzt sich auf den folgenden Seiten als schmaler Streifen am oberen Rand fort und dient dabei als Hintergrund für die Kapitelüberschrift. So kann sich der Leser jederzeit problemlos zurechtfinden. Die ansprechend und aussagekräftig gestaltete Darstellung der GEWOBA Wohnungsbestände in Bremen, Bremerhaven und Oldenburg verleiht den notwendigen Überblick. Auf hellgrauem Hintergrund erkennt man die Umrisse der drei Städte, dazu sind die einzelnen Stadtteile durch verschiedene, grünliche Akzentuierungen herausgearbeitet Die textlichen Ausführungen

Die GEWOBA engagiert sich in dem Bremer Programm „Wohnen in Nachbarschaften" zur Verbesserung der Lebensqualität und übernimmt damit auch außerhalb der eigenen Unternehmensbereiche soziale Verantwortung.

im CSR-Bericht sind zweispaltig gesetzt und werden durch kleinformatige Fotos visuell veranschaulicht. Zu sehen sind Aufnahmen von verschiedenen Stadtteilen, einladenden Grünanlagen, einzelnen Gebäuden und sympathischen Menschen jeden Alters.

So wird dem Leser ein realistisches Wohn- und Lebensbild vermittelt und gezeigt, dass es sich in den Räumen des norddeutschen Immobilienunternehmens gut leben lässt. Unterstützt wird dieser Eindruck von kleinen Episoden aus dem Leben der GEWOBA-Kunden. So zeigt beispielsweise eine Fotodoppelseite im Kapitel zur Ökologie eine Mieterin, die Tipps von einem Energiesparhelfer bekommt.

Auf der nächsten Seite erfährt der Leser dann von der wichtigen Rolle, die besagte Energiesparhelfer in Sachen Effizienz spielen: Seit Dezember 2010 rücken sie in der Bremer Gartenstadt Vahr den versteckten Stromfressern, wie alten Glühlampen, zugestellten Heizkörpern und tropfenden Wasserhähnen, zu Leibe – und zwar für den Mieter kostenlos. „Ehrensache" war für das Unternehmen auch, seinem Mitarbeiter Tim Frölich eine zweimonatige Elternzeit zu genehmigen, wie im Kapitel Personal berichtet wird.

Die übersichtlichen und ansprechend in Szene gesetzten Grafiken verdeutlichen das ökologische und soziale Engagement der GEWOBA und sprechen ebenfalls von Ehrensachen.

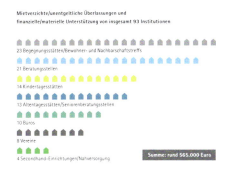

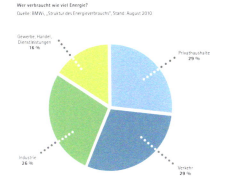

Im Gegensatz zum CSR-Bericht, wo klar der Mensch im Vordergrund steht, geht es im Finanzteil um nüchterne Zahlen und Fakten – um „Tatsachen" eben. Gleich zu Beginn bietet die GEWOBA auf der aufklappbaren Kartonage einen tabellarischen Überblick über Umsätze, Bilanzkennzahlen, Kennzahlen aus der Immobilienwirtschaft und den Immobiliendienstleistungen der Geschäftsjahre 2010 und 2009. Im Folgenden erhält der Leser weitere Berichte und Informationen – klar strukturiert und sauber aufgeschlüsselt. Verdeutlicht werden diese durch übersichtliche Tabellen und eingängige Balkendiagramme. Hier ist der Text im Finanzteil einspaltig gesetzt; auf Fotos wird bis auf die Porträtaufnahmen von Vorstand Manfred Sydow und dem Aufsichtsratsvorsitzendem Senator Dr. Reinhard Loske komplett verzichtet. So entlässt der anschauliche Geschäftsbericht der GEWOBA den Leser nicht nur perfekt informiert, sondern vor allem auch mit einem guten Gefühl – für das Unternehmen aus Bremen ist das Ehrensache.

FINANZKENNZAHLEN

Stand: 31.12.2010
Rechnungslegung nach HGB

Umsatz: 182,4 Mio. Euro

Dividende: 15,8 Mio. Euro

EBIT: 64,8 Mio. Euro

Eigenkapital: 292,1 Mio. Euro

Mitarbeiter: 431

Der nächste Geschäftsbericht erscheint im Mai 2012

INFORMATION

GEWOBA Aktiengesellschaft
Wohnen und Bauen
Rembertiring 27
28195 Bremen
Karin Liedtke
Unternehmenskommunikation/
Marketing
Fon: 0421 3672-101
Fax: 0421 3672-103
liedtke@gewoba.de
www.gewoba.de

Agentur
Zum Goldenen Hirschen, Hamburg
www.hirschen.de

 siehe Sonderteil
Seite 377

GfK SE

Prof. Dr. Klaus L. Wübbenhorst,
Vorstandsvorsitzender

Die GfK setzt seit Jahren Standards in Gestaltung, Inhalt und Sprache ihrer Geschäftsberichte. Sie zeichnet Bilder von Menschen und Märkten, erfüllt Marktforschungsdienstleistungen in über 100 Ländern. Ihre Informationssysteme sind unerlässlich für ihre Kunden. Mit feinabgestimmten Instrumenten und innovativen Methoden begleitet sie Prozesse, liefert präzise Daten über das Verhalten der Gesellschaft, über Perspektiven am Markt. Diese Ergebnisse fächert sie auf in ihren Geschäftsberichten und zwar in außergewöhnlicher Stilart. Fotografie und Text harmonieren und verweben sich miteinander zu einer Story. Die erlaubt den Blick über den Tellerrand, weit über die Geschäftsentwicklung hinaus. So merkt der Leser schnell: Hier trifft die GfK den Nerv der Zeit, bricht ihre gesellschaftlich relevanten Analysen runter auf eine Ebene, die den einzelnen berühren, seine Lebensweisen beleuchten und dabei jenen Aha-Effekt erzielen, den sich die Leser wünschen. So wird die GfK zum Trendsetter in der Wahl ihrer Themen und in der Kunst der Visualisierung.

2009 spiegelte sie den Zeitgeist im Krisenjahr. Er war geprägt von einer optimistischen Wertehaltung in der Gesellschaft, vom Mut, die nächsten Schritte zu wagen und vom Willen, diese Krise schnell zu überwinden. Dafür erhielt sie den Ritterschlag des manager magazins: Bester Geschäftsbericht in der Kategorie SDAX. So ist die Niveauvorgabe hoch für den Geschäftsbericht 2010. Die GfK geht diese Herausforderung gelassen an. Das Jahr 2010 ist das erfolgreichste der gesamten Unternehmensgeschichte in Umsatz und Ergebnis. Professor Dr. Klaus L. Wübbenhorst nennt neben Strategie und Mitarbeiter-Know-how drei weitere Gründe für diese gute Nachricht:

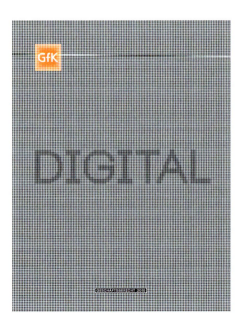

Erstens. Nach weltweiter Erholung wächst der Markt der Marktforschung wieder nachhaltig. „Wir haben Rückenwind – und keinen Gegenwind." Zweitens. Die Schwellenländer werden zum Wachstumstreiber. Drittens. Die GfK verbindet ihre traditionellen Stärken mit neuen Technologien und stellt fest, dass nie zuvor die Entwicklung der digitalen Gesellschaft derart rasant war. Computer- und Internetnutzung beherrschen Konsumverhalten und Kommu-

Zwei englische Studienteilnehmer geben einen Einblick in ihre Mediennutzungsgewohnheiten.

nikation. Social Networks beeinflussen Marken-Image und Kaufentscheidung. Jeder ist jederzeit erreichbar. Und längst ist eine Vision zur Wirklichkeit geworden: Das Thema digital ist omnipräsent. Es ist das Motiv des Geschäftsberichts 2010 der GfK. Das starke Cover ist gepixelt und die Punkte verdichten sich zur Seitenmitte zu dem einen Wort: Digital. Und in dem schwarz-weißen Raster strahlt das Logo in Orange als kleine Farbfläche. Diese Farbe wird mit dem Aufblättern des 170 Seiten umfassenden Berichts zur Leitfarbe. Sie betont die Kapitelseiten. Sie markiert die Seitenregister. Sie steht für die Stärke des Unternehmens, für Kommunikation.

Und bevor die GfK gestalterisch und inhaltlich durch das Jahr führt, präsentiert sich der gesamte Vorstand als Team mit Medien, mit digitalen Medien in der Hand und freudig strahlend in die Zukunft schauend. Das fällt bei einem Umsatz von 1.294,2 Mio. Euro leicht. Perspektivisch wird sich das Vorstandsteam im Rahmen der neuen Strategie „Own the Future" fragen, wo zukünftig die größten Wachstumschancen liegen auf diesem Zukunftsmarkt. Mit dem Blick zurück auf die Gegenwart eröffnet sich das Herzstück des Berichts: mit einer orangefarbenen Doppelseite und mit der Anleitung, QR-Codes auf Handys und Smartphones zu dechiffrieren. Mit der Headline, deren Buchstaben eine

Hier erlebt der Leser im wahrsten Sinne die Dritte Dimension:
3D-Fernseher gewinnen zunehmend an Beliebtheit, die GfK
überträgt die Dreidimensionalität sogar in ihren Geschäftsbericht.

Lebenshaltung beschreiben, einen Kommunikationsstil, der den Alltag beschleunigt: Digital. Diese Seiten erscheinen als nutzerfreundliche Computeroberfläche. Sie präsentieren sich spannend, schnell, vielseitig. Kleine Icons setzen Signale zum Handeln, Umblättern, Lesen, Nachdenken, Querdenken. Diese Seiten nehmen unter anderem das Internet und Crossmedia unter die Lupe. Das GfK Media Efficiency Panel lässt eine Auswahl von 15.000 Haushalten über ihr Einkaufsverhalten sowie ihre Mediennutzung berichten. Welche Werbung, welcher Medienmix zwischen TV, Print und Online ist ausschlaggebend für die Kaufentscheidung? Eine Untersuchung von Crossmedia-Effekten erarbeitet die GfK 2010 gemeinsam mit Google und Coca-Cola und die Studie beweist, dass sich bei einem optimierten Mediamix mindestens 10 % der Marketingkosten einsparen lassen. So steht am Ende die Erkenntnis: TV-Werbung und Online-Suche gehen Hand in Hand.

Mit dieser Botschaft eilt der Leser weiter durch die mit Symbolen und Apps verbundenen Seiten, wird fasziniert von der Aussage, dass 45 Arten von Medien unseren Alltag bestimmen. Sie ermöglichen die Kommunikation, unabhängig von Ort und Zeit. Zwei Teilnehmer des Marktforschungsprojekts der GfK NOP Media stellen sich vor, werden durch Fotografie zu Protagonisten. Dieses Projekt erzählt

Die Stärken und Schwächen eines Onlineauftritts analysiert die GfK, indem sie das Surfverhalten misst und die Zufriedenheit abfragt, das GfK Automotive Pricing Tool besteht aus 5 Modulen, die verschiedene Felder der Preisfindung abdecken.

vom Alltag der Briten im Jahr 2010 und von ihrem Umgang mit den Medien. Die künstlerischen Aufnahmen der Fotografin Gabo und des Fotografen Andreas Chudowski halten den Blick fest, lange, viel länger als die thematische Rasanz es eigentlich erlauben dürfte. Aber Bildinhalt, Farbbrillanz und Ausdruckskraft setzen einen Kontrapunkt zur visualisierten Nutzeroberfläche eines Computers oder eines Films in 3D. Auch der Text nimmt sich Zeit und Raum, um die vernetzte Welt zu erklären mit einem Wechsel aus Beschreibung und Interview, aus Wirklichkeit und Vision. Der Geschäftsbericht 2010 der GfK gibt dem technischen Wort einen Inhalt, bestehend aus Arbeit, Spiel, Film, Musik, Reden. Leben. Digital wird zum Lebensstil.

FINANZKENNZAHLEN

Stand: 31.12.2010
Rechnungslegung nach IFRS

Börsensegment: SDAX

WKN: 587530

Umsatz: 1.294,2 Mio. Euro

Ergebnis je Aktie: 1,99 Euro

Dividende: 17,4 Mio. Euro

EBIT: 140,6 Mio. Euro

Eigenkapital: 677,5 Mio. Euro

Marktkapitalisierung: 1.364 Mio. Euro

Mitarbeiter: über 10.000 (weltweit)

Der nächste Geschäftsbericht erscheint am 12. März 2012

INFORMATION

GfK SE
Nordwestring 101
90419 Nürnberg
Marion Eisenblätter
Corporate Communications
Fon: 0911 395-2645
Fax: 0911 395-4041
marion.eisenblätter@gfk.com
www.gfk.com

Online-Bericht vorhanden

Agentur
Scheufele Hesse Eigler Kommunikationsagentur GmbH, Frankfurt am Main
www.scheufele-online.de

Giesecke & Devrient GmbH

Dr. Karsten Ottenberg,
Vorsitzender der Geschäftsführung

Die Globalisierung eröffnet Möglichkeiten und Märkte. Sie überwindet zeitliche und räumliche Grenzen. Sie gibt den Menschen die Freiheiten, weltweit zu reisen, überall zu bezahlen, mit jedem zu kommunizieren und sich zu vernetzen über fünf Kontinente hinweg. Menschen, Daten und Waren sind ständig in Bewegung. Die Grundlage für das Bezahlen mit Banknote, Karte oder via Smartphone ist das Vertrauen der Menschen in die Sicherheit von Werten, Daten, Transaktionen und Identitäten.

Giesecke & Devrient garantiert das, jeden Tag. Als Technologieführer bietet das Unternehmen Produkte, Dienstleistungen und Lösungen in den Geschäftsbereichen Banknote, Mobile Security und Government Solutions an, sieht die Trends der Zukunft vorher, um eines in jeder Phase der sich rasant entwickelnden Märkte zu garantieren: Lösungen und Antworten auf die Fragen der Zeit. Und so ist es nur konsequent, dass der Geschäftsbericht 2010 von Giesecke & Devrient kreiert wurde als ein spannendes Frage-Antwort-Konzept. Der haptische Eindruck des stabilen und dennoch flexiblen Papiers erzeugt Vertrauen und Wohlgefühl. Der Titel deutet auf den Inhalt: Visualisiert durch großgerasterte Fotoausschnitte von G&D-Produkten und beschriftet mit den Schlagworten Fragen/Märkte – Antworten/Lösungen erhält der Leser bereits hier eine Ahnung vom gewichtigen Inhalt.

Und mit dem Unternehmens-Claim „Creating Confidence." wird klar, dass zu den leitenden Unternehmenswerten Qualität, Nachhaltigkeit, Verantwortung und Integrität ebenso Vertrauen zählt. Bereits das erste Umblättern der Titelseite zeigt den Mehrwert dieses außerordentlichen Berichts. Er formuliert die Fragen, die Ängste und vielleicht auch die Zweifel der Menschen, wenn es um das Bezahlen, die Kommunikation, das Reisen sowie das Arbeiten geht. Sicher, effizient und komfortabel sollen die Möglichkeiten sein. Das verlangt der Kunde, weltweit. Und dafür arbeitet Giesecke & Devrient mit Tradition und Innovation. Die Fragen bilden den Auftakt des Spannungsbogens. Sie

„Fragen//Unsere Märkte" lautet der Titel des Berichtsteils, der sich mit drängenden Fragen, wie jener nach Sicherheit auseinandersetzt und den Leser samt seiner Befürchtungen angesichts der digitalen Datenwelt ernst nimmt.

sind wie ein Heft im Heft eng verbunden mit der Titelseite und setzen symbolisch ein Zeichen dafür, wie nah und transparent das Unternehmen mit seinen Kunden kommuniziert.

Lösungen zu den komplexen Themen rund um das Bezahlen und die Kommunikation zu bieten sowie Identitäten zu sichern, dafür arbeitet Giesecke & Devrient mit über 10.000 Mitarbeiter und erwirtschaftete 2010 einen Umsatz von fast 1,7 Mrd. Euro. Ihr Wissen, ihr Forschungs- und Entwicklungsdrang ist der Schlüssel zum Erfolg. Davon ist der Vorsitzende der Geschäftsführung, Dr. Karsten Ottenberg, in seinem Vorwort überzeugt. Und diesem Wissensschatz widmet der Geschäftsbericht ein ganzes Kapitel. Es beweist, welch hohen Stellenwert die Mitarbeiterentwicklung und das Work-Life-Balance eines jeden Einzelnen in der Unternehmensphilosophie einnehmen. Bevor Dr. Ottenberg jedoch mit klarer Sprache das Jahr 2010 nachzeichnet und seine Prognose für das Folgejahr formuliert, werfen die dem Titelblatt angebundenen Seiten jene Fragen auf, die die Menschen berühren. „Gibt es in unserer vernetzten Welt noch Sicherheit?", „Ist Bargeld unverzichtbar?", „Geht ohne mein Handy bald nichts mehr?", „Weiß man immer genau, wo ich bin und was ich mache?", „Wird durch den technischen Fortschritt alles komplizierter?", „Welche Zukunft haben unsere Mitarbeiter?",

"Antworten//Unsere Lösungen" finden sich in diesem Berichtsteil, der dem Leser die vorher gestellten Fragen professionell und kompetent zu beantworten weiß und ihn so mit einem guten Gefühl entlässt.

"Wie kann man heute Verantwortung leben?" Wie Schlagzeilen, fett und schwarz und großgepixelt, prägen die Buchstaben die Seite, werden visualisiert mit Detailfotos, die es vermögen, Tempo und Tiefe zu erzeugen. Dann folgt jeweils ein Teaser. Sie sind die „Appetizer" auf den gesamten Bericht. Sie reißen die Lösungen an, sie wecken Neugierde auf jene Kapitel, die sich ausführlich mit den Themen befassen.

Eine Inhaltsnote navigiert zur entsprechenden Seite. Diese Imageseiten bergen einen Mehrwert für den Leser, denn sie lassen ihn textlich eintauchen in die Unternehmenswelt und bieten Lösungen auf all jene Fragen, die den Geschäftsbericht 2010 eröffnen. Das Layout sieht viel Platz vor für das, was Giesecke & Devrient leistet. Sie sind aufgemacht im Magazinstil, brillieren mit Schlagzeilen, die den Blick lenken auf den Folgetext in Spalten, unterbrochen durch Zwischenzeilen, bereichert durch Zahlen, Einschübe, Zeichnungen. Die Kapitel erstaunen. Sie liefern Informationen, die weit über eine Berichterstattung hinausgehen, weil sie die Dimension der Unternehmenswirkung plastisch werden lassen: 100 Länder zum Beispiel drucken Banknoten auf Papier von Giesecke & Devrient. 90 Länder steigen auf hochsichere E-Pässe um. Diese Fakten bedient das Unternehmen.

Die Antwortkapitel werden von diesen so anschaulichen wie originellen Grafiken begleitet und wecken Vertrauen, da sie dem Informationsbedürfnis der Leser nachkommen.

Weltweit. Und wie zum Beweis seiner Tradition und Innovation läuft auf diesen Highlight-Seiten eine Linie mit. Sie markiert am Seitenende die Meilensteine des Unternehmens von der Gründung an. Es ist ein historischer Querschnitt, und es ist ein Beweis für die Kompetenz des Technologieunternehmens, das seit 160 Jahren diese Entwicklung rund um den Globus prägt und eines im Sinn hat: „Creating Confidence." Das Frage-und-Antwort-Konzept des Geschäftsberichts 2010 ist gelungen. Es bleiben keine Fragen offen. Die Antworten beruhigen. Sie vermitteln Sicherheit. Und diese wird untermauert mit jeder Seite des Lageberichtes. Ein Glossar rundet den Service ab und mit dem Umblättern der letzten Seite schwingt das Versprechen von Giesecke & Devrient nach: „Wir machen die Welt sicherer – in den Märkten Bezahlen, Kommunikation und Identität."

FINANZKENNZAHLEN

Stand: 31.12.2010
Rechnungslegung nach IFRS

Umsatz: 1.688,2 Mio. Euro

EBIT: 131,3 Mio. Euro

Eigenkapital: 438,3 Mio. Euro

Mitarbeiter: 10.413 (weltweit)

Der nächste Geschäftsbericht erscheint im April 2012

INFORMATION

Giesecke & Devrient
Prinzregentenstraße 159
81677 München
Corporate Communications
Fon: 089 4119-1188
Fax: 089 4119-1208
press@gi-de.com
www.gi-de.com

Online-Bericht vorhanden

Agentur
Cortent Kommunikation AG,
Frankfurt am Main
www.cortent.de

GILDEMEISTER Aktiengesellschaft

Dr. Rüdiger Kapitza,
Vorstandsvorsitzender

Kühl, unbeugsam, sanft glänzend – Metall ist schlichte Eleganz und souveräne Stärke. Aus einem Block gefräste Werkstücke werden unweigerlich zu Kunstwerken, mit ausgefallenen Geometrien, die auf den ersten Blick unvorstellbar scheinen. Wer solides Metall bearbeitet, braucht dazu einen ebenso festen Willen – und Ideenreichtum.

„Kooperation stärkt Innovation" steht auf dem Einband des Geschäftsberichts 2010 der GILDEMEISTER Aktiengesellschaft, der allein durch seine Aufmachung schon von der Expertise in der Metallbearbeitung kündet. Der Slogan steht eingestanzt auf einem silbrig-grauen Fond mit einer Anmutung von gebürstetem Metall, und er steht umrandet von einer Lochmaske kleiner Einstanzungen, durch die eine eingearbeitete silberne Folie glänzt. Je nach Lichteinfall schimmert das Titelbild entsprechend edel und geheimnisvoll. Als weiterer Clou sind in die vordere Klappe des Einbands zwei Einschubtaschen eingearbeitet, aus denen der gespannte Betrachter zwei kleine Publikationen zieht. So liegen plötzlich drei Druckwerke auf dem Tisch, neben dem eigentlichen Geschäftsbericht ist es eine 20-seitige Übersicht über Ziele, Ergebnisse und Struktur des Konzerns sowie eine Produktschau auf 16 Seiten und mit zahlreichen teils ein- und teils doppelseitigen Ausklappern. Diese Publikationen sind mehr als ein attraktiver Mehrwert und eine überraschende Spielerei. Sie sind wertvolle Hilfen, um den Konzern Gildemeister kennen zu lernen und zu verstehen. Denn das Portfolio umfasst

klassischerweise Dreh- und Fräsmaschinen der modernsten Generation, aber auch Ultraschall-Werkzeugmaschinen oder verschiedene Produkte aus dem Bereich der Solarenergie wie etwa Nachführsysteme für Solaranlagen oder eine innovative Großbatterie als dezentraler Stromspeicher.

Doch beginnen wir mit der Lektüre der wesentlichen Publikation. Stolze 224 Seiten stark bietet sie umfassende Einsichten in die Welt eines Traditionsunternehmens im Hightech-Bereich. Auf der inneren Umschlagseite befinden sich die Kennzahlen und zur Verdeutlichung von Umsatz, Auftragseingang

Mit seinen Hightech-Lösungen ist GILDEMEISTER für das morgen bestens gerüstet, ebenso wie mit seinem kreativen Personal, das in der Forschungsabteilung wegweisende Lösungen im Team entwickelt.

und weiteren Faktoren auch Balkendiagramme. Es war ein gutes Jahr für den Maschinenbauer, der damit die Talsohle der Wirtschaftskrise hinter sich gelassen hat. Der Umsatz stieg um 17 % auf 1,37 Mrd. Euro, das EBIT wuchs um satte 42 % auf nunmehr 45 Mio. Euro. Entscheidend war dafür das letzte Quartal 2010, das die erhoffte Wende brachte. Aus einem negativen Einstieg ins Jahr wurde dank 35,9 Mio. EBIT allein im vierten Quartal noch ein positives Gesamtergebnis. Viel wichtiger noch für den Investitionsgüterhersteller: Auch der Auftragseingang erhöhte sich signifikant. Den ereignisreichen Jahresverlauf erkennt der Leser auch auf der unkonventionell und informativ gestalteten Doppelseite 4/5 des Berichts. Hier wird die gesamte Seite zu einem Jahreskurs-Diagramm der Gildemeister-Aktie, das von begleitenden Texten zu den einzelnen Monaten kommentiert wird. So kann der Leser direkt den Einfluss einzelner Ereignisse auf den Aktienwert beobachten. Erfolgreiche Messeauftritte, Anziehen der Konjunktur – all dies lässt den Kurs steigen, der zum Jahresende kräftig im Plus endet.

Die Publikation wird dann mit den obligatorischen Briefen von Aufsichtsrat und Vorstand fortgesetzt. Auch hier herrschen vorsichtig optimistische Töne. Erwähnenswert: Im Brief des Vorstandsvorsitzenden

Die Maschinen von GILDEMEISTER setzen Standards und sorgen mit ihrem umfassenden Kunden-Servicepaket dafür, dass das auch so bleibt: egal wann und egal wo – der Service ist stets einsatzbereit.

an die Aktionäre ist konsequenterweise stets von GILDEMEISTER als „Ihrem Unternehmen" die Rede. Eigentlich eine Selbstverständlichkeit, die jedoch in den meisten Geschäftsberichten unter den Tisch fällt. Hier sorgt die Anrede umso mehr für eine positive Identifikation mit der Bielefelder Hightech-Firma. Wie breit GILDEMEISTER heutzutage aufgestellt ist, zeigt dann die Berichterstattung aus den Segmenten Werkzeugmaschinen, Services oder Energy Solutions. Zu jedem Geschäftsfeld gibt es in der Publikation einen Kapiteltrenner, der aus zwei Doppelseiten mit jeweils einem Ausklapper auf der hinteren Doppelseite besteht. Dort werden Mitarbeiter porträtiert wie etwa Matthias Brand aus der Forschungs- und Entwicklungsabteilung, dessen Bilder mit beeindruckenden Maschinenfotos kontrastiert werden, die etwa die revolutionäre 5-Achs-Fräsmaschine DMU 60 eVo Linear in einer nahezu kunstvollen Inszenierung abbilden. Oder auf Seite 60/61: Hier ist Jayaram Gopal zu sehen, seines Zeichens Leiter Services Kooperationsmärkte. Schließlich sind auf der ganzen Welt rund 130.000 GILDEMEISTER-Maschinen installiert. Besonders wichtig ist in diesem Zusammenhang die neue Kooperation mit dem japanischen Werkzeugmaschinenhersteller Mori Seiki. Illustriert wird die internationale Ausrichtung des Konzerns auch durch eine ausklappbare Weltkarte auf der nächsten

Mit einer steilen Kurve nach oben empfängt den Leser die grafisch unterstützte Chronik zur Equity-Story 2010, in den Berichten zu den Geschäftsbereichen sorgen aufschlussreiche Grafiken für den umfassenden Überblick.

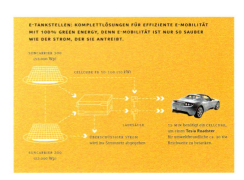

Seite, die die 23 Vertriebs- und Servicestandorte von Chicago über Bangalore bis Melbourne aufzeigt. Dass Gildemeister aber auch über den Tellerrand der Metallbearbeitung schaut, zeigt das erfolgreiche Segment Energy Solutions. Hier ist auf einer weiteren Trennerseite ein spanischer Solarpark zu sehen, in dem eine hochmoderne Cellcube-Batterie für die Speicherung des umweltfreundlichen Stroms sorgt.

So ist der Leser eigentlich schon überzeugt, bevor auf Seite 104 der Konzernlagebericht und später der bequem über Eingriffregister zu findende Zahlenteil beginnen. Überzeugt von der Zukunftsfähigkeit dieses ebenso stabilen wie flexiblen Unternehmens, das dank intelligentem Management – seit Mai 2010 übrigens auch mit einer Frau im vierköpfigen Vorstand – die richtigen Weichen gestellt hat. Dieser aufwendige und dabei stets Vertrauen erweckende Bericht hat daran einen großen Anteil.

FINANZKENNZAHLEN

Stand: 31.12.2010
Rechnungslegung nach IFRS

Börsensegment: MDAX

WKN: 587800

Umsatz: 1.376,8 Mio. Euro

Ergebnis je Aktie: 0,09 Euro

EBIT: 45 Mio. Euro

Eigenkapital: 412,89 Mio. Euro

Marktkapitalisierung: 761,2 Mio. Euro

Mitarbeiter: 5.445 (weltweit)

Der nächste Geschäftsbericht erscheint am 15. März 2012

INFORMATION

GILDEMEISTER Aktiengesellschaft
Gildemeisterstraße 60
33689 Bielefeld
Birgit Schlüter
Public Relations
Fon: 05205 74-3075
Fax: 05202 74-3081
birgit.schlueter@gildemeister.com
www.gildemeister.com

Online-Bericht vorhanden

Agentur
Montfort Werbung GmbH, A-Klaus
www.montfortwerbung.com

 siehe Sonderteil
Seite 392

GRAMMER AG

Der Vorstand (v.l.n.r.):
Manfred Pretscher, Hartmut Müller (Vorsitzender), Alois Ponnath

Nach einem sehr schwierigen Geschäftsjahr 2009, welches durch die Auswirkungen der weltweiten Finanz- und Wirtschaftskrise geprägt war, konnte der Grammer Konzern im abgelaufenen Geschäftsjahr eindrucksvoll in der Gewinnzone zurückkehren. Durch frühzeitige Anpassungsmaßnahmen wurden die Weichen für eine erfolgreiche Zukunft richtig gestellt und das Unternehmen konnte im Jahr 2010 überproportional an der Erholung der Weltwirtschaft partizipieren. Daher steht der aktuelle Geschäftsbericht des Amberger Herstellers von gefederten Sitzen für Nutzfahrzeuge und Pkw-Innenausstattungen in diesem Jahr ganz im Zeichen des Aufschwungs.

„Auf Wachstumskurs" ist das weiße Cover betitelt, darauf sind drei blaue Rechtecke mit weißen Pfeilen zu sehen, die an Autobahnschilder erinnern. Sie führen geradewegs nach Amerika, Europa und Asien, und definieren so schon direkt die Zielregionen und Zukunftsmärkte des Unternehmens. Ergänzt wird die schlicht und elegant gestaltete Seite von einem weiß geprägten Grammer-Logo am unteren Seitenrand. In ebenso pragmatischer wie selbstbewusster Haltung geht es auch weiter, wenn der Betrachter die 110-seitige Publikation aufschlägt. Als erstes begrüßt ihn eine ausführliche Kennzahlentabelle auf der linken Seite. Die dort vorgefundenen Ergebnisse bekräftigen eindrucksvoll, dass der Titel des Druckwerks zu Recht gewählt wurde. So konnte Grammer seinen Umsatz um stolze 27,8 % steigern, die fast 8.000 Mitarbeiter weltweit erzielten annähernd 930 Mio. Euro Umsatz. Etwas weniger als zwei Drittel stammen aus dem Geschäftsfeld Automotive, in dem etwa Kopfstützen, Armlehnen und Mittelkonsolen für renommierte Autohersteller produziert werden. Der Rest entstammt dem Segment Seating. Hier werden Sitze für Offroad-Nutzfahrzeuge wie Land- und Baumaschinen entwickelt, für Trucks und Busse, aber auch für Eisenbahnwaggons. Diese Details erfährt der Leser, wenn er die innere Umschlagseite aufklappt. Dort findet er auch eine Weltkarte mit den 30 Grammer-Standorten in 17 verschiedenen Ländern.

Die Straße führt durch eine beeindruckend inszenierte
Gebirgslandschaft, vier Zahlen, zwei Aussagen und eine
Headline genügen, um klar zu machen, mit wem man es zu tun
hat: dem europäischen Marktführer für Offroad-Sitzsysteme.

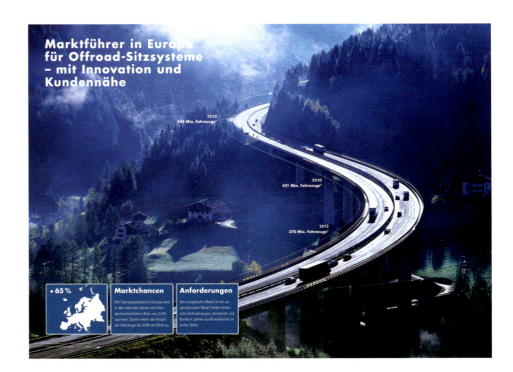

Die eigentliche Publikation beginnt dann mit einer kurzen strategischen Erläuterung auf Seite 1, die auf einem fotografierten Leder-Hintergrund gedruckt ist. Insbesondere in den Wachstumsmärkten Asiens sowie in Nordamerika will das Unternehmen verstärkt agieren und produziert speziell für diese Märkte eigene Sitzsysteme. Die Bündelung der Forschungs- und Entwicklungsabteilung am Standort in Amberg sorgt dabei zukünftig für effizientere und schnellere Marktreife. Weitere strategische Details bietet dann ein Interview mit dem Vorstand. In diesem mit sechs Seiten – inklusive Gruppenfotos und Porträts – ungewöhnlich ausführlichen Teil des Berichts gewähren die drei Manager den Lesern einen hochspannenden Einblick in die Unternehmensführung. Nach diesem inhaltlichen Highlight folgt auf dem Fuße ein optisches: Denn weitere sechs Seiten sind für drei doppelseitige Fotomotive reserviert, ein Bild für jeden der drei Märkte. Den Anfang macht das Panorama einer geschwungenen Autobahnbrücke, die ein Tal überspannt und auf der anderen Seite hinter einem bewaldeten Bergrücken verschwindet. Eine gestrichelte Linie entlang des Straßenverlaufs und dort positionierte Jahreszahlen machen die Autobahn zu einem Zeitstrahl, der die

Auch hier verleiht das Grammer-Blau der Autobahn, die durch eine nächtlich beleuchtete asiatische Metropole führt, ihren besonderen Reiz und überzeugt den Leser, dass GRAMMER den Herausforderungen an heutige und zukünftige Märkte gewachsen ist.

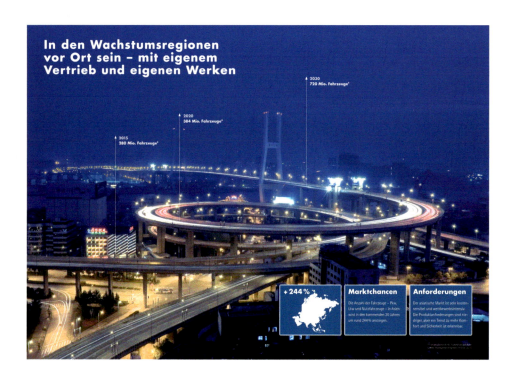

Marktentwicklung in Europa verdeutlicht. Bis 2030, so die Prognose, wird es auf dem Kontinent 544 Mio. Fahrzeuge geben, ein Plus von 65 % gegenüber dem heutigen Bestand. Für Grammer besonders wichtig: Auf diesem Markt wird explizites Augenmerk auf Sicherheit und technische Anforderungen gelegt. Um den US-amerikanischen Markt geht es dann auf der nächsten Doppelseite. Hier ist es ein Highway in der Morgendämmerung, der sich ebenfalls in Kurven auf den Horizont zu bewegt. Die Trucks und Autos werden auch hier von einem Zeitstrahl begleitet, der dem Markt – in dem es im Unterschied zu Europa zuallererst um Komfort geht – ein Plus von 31 % vorhersagt. Den absoluten Boom aber erwartet Grammer in Asien. Das Bild einer komplizierten Brückenauffahrt wird dazu verwendet, das immense Wachstum von 244 % bis 2030 zu illustrieren. Alle drei Doppelseiten sind auf dieselbe Art und Weise faszinierend, überall dominieren dunkle Blautöne und eine einheitliche, attraktive Bildsprache.

Nach diesem ästhetischen Leckerbissen folgen vier weitere Seiten, auf denen die Wachstumschancen von Grammer in ausführlicher Textform dargelegt werden. Neben den erwähnten Produkten erweitert der Sitzhersteller derzeit auch sein Portfolio. So wurde im Geschäftsjahr der erste speziell

Die vordere Innneklappe informiert dem Leser auf einen Blick über die weltweiten Standorte; Grafiken, wie jene zu Umsatz oder Aktienkurs, geben Aufschluss über den Verlauf des Berichtsjahrs.

für Sportboote entwickelte Sitz vorgestellt – und prompt mit dem renommierten iF design award sowie dem red dot design award ausgezeichnet.

Nach diesen angenehm gestalteten und lesenswerten Ausflügen in die Märkte von Grammer, lädt der Geschäftsbericht nun zur Lektüre der obligatorischen Parts ein. Beginnend mit dem Corporate-Governance-Bericht, werden hier detaillierte Firmeninformationen gut verständlich und übersichtlich aufbereitet. In den maßvoll eingesetzten Diagrammen und Tabellen sind Abstufungen von Blau die beherrschende Farbe, die auch im Finanzteil ab Seite 45 als Highlight zur Geltung kommt. Dieser lässt mit einer durchnummerierten Struktur, einem angenehmen Satzspiegel und klarer Gestaltung nichts zu wünschen übrig. Und die Richtung für das Unternehmen Grammer hat ja schon der Titel dieses gut gemachten Geschäftsberichts eindeutig festgelegt: Volle Kraft voraus!

FINANZKENNZAHLEN

Stand: 31.12.2010
Rechnungslegung nach IFRS

Börsensegment: SDAX

WKN: 589540

Umsatz: 929,7 Mio. Euro

Ergebnis je Aktie: 1,60 Euro

EBIT: 32,9 Mio. Euro

Eigenkapital: 173,1 Mio. Euro

Marktkapitalisierung: 192,1 Mio. Euro

Mitarbeiter: 7.955

Der nächste Geschäftsbericht erscheint am 29. März 2012

INFORMATION

GRAMMER AG
Georg-Grammer-Straße 2
92224 Amberg
Ralf Hoppe
Investor Relations,
Communications & Marketing
Fon: 09621 66-2200
Fax: 09621 66-32200
ralf.hoppe@grammer.com
www.grammer.com

Agentur
Kirchhoff Consult AG, Hamburg
www.kirchhoff.de

Helaba Landesbank Hessen-Thüringen

Hans-Dieter Brenner,
Vorsitzender des Vorstands

Auf einen Blick zeigen die Zahlen der Helaba: Das Geschäftsmodell als Universalbank ist erfolgreich. Und zukunftsorientiert. Von seinen Hauptsitzen in den attraktiven Wirtschaftsräumen Hessens und Thüringens agiert der Helaba-Konzern mit einem starken regionalen Fokus und darüber hinaus mit überregionaler und internationaler Ausrichtung. Drei Geschäftsfelder bestimmen die Kernthemen der Bank: Großkundengeschäft, Privatkunden und Mittelstandsgeschäft als Partner der Verbundsparkassen sowie Öffentliches Förder- und Infrastrukturgeschäft. Und mit einer Bilanzsumme von 166 Mrd. Euro zählt der Helaba-Konzern zu den führenden Banken am Finanzplatz Frankfurt. Seit 2005 sind die Helaba-Ratings unverändert gut, und mit dieser Auszeichnung liegt die Bank in der Spitzengruppe der deutschen Kreditinstitute.

So auch im Geschäftsjahr 2010. Es ist operativ ein sehr gutes Jahr bei schwierigen Rahmenbedingungen. Der Vorstandsvorsitzende, Hans-Dieter Brenner, nennt dafür vielfache Gründe, hebt die konsequente Kundenorientierung der Bank und die Verankerung in der Realwirtschaft und in der Kernregion Hessen-Thüringen hervor. Und die Leistung der 6.010 Mitarbeiter. Sie setzen sich für diesen Erfolg ein, für das Erreichen der Ziele, für den Ausbau der Marktposition. So scheint es konsequent und spannend zugleich, einen Blick zu wagen in die Zukunft, ein Szenario zu entwerfen

für die weiteren strategischen Schritte in Richtung Wachstum und Nachhaltigkeit. Dafür wählt der Helaba-Konzern ein Wort, das positive Akzente setzt und Raum lässt für die gesamte solide Philosophie der Bank. Ein Wort, das Qualitätsstreben und Risikobeherrschung gleichermaßen betont und damit die Verlässlichkeit für Investoren und Kunden unterstreicht: Perspektiven. Dieses Wort bestimmt die Titelseite des Geschäftsberichts 2010 und darüber hinaus schimmert es durch jede weitere der 258 Seiten.

Perspektiven. Die Buchstaben dieses Worts sind fühlbar durch die Prägung, sichtbar durch UV-Lackierung und passen sich harmonisch in

Die enorme Energie, die der Offshore-Windpark produziert, steht hier treffend als Symbol für die Finanzierungslösungen, mit denen die Helaba ihren Kunden die Realisierung unterschiedlichster Projekte ermöglicht.

das Gesamtblau des Titels ein. Sie sind präsent, ohne zu dominieren. Sie strahlen und bleiben dennoch dezent. Und in dieser ganzheitlichen Wirkung, verstärkt durch die haptische Sanftheit der Klappkartonage, erhält das Wort eine besondere Bedeutung für den gesamten Geschäftsbericht. Bereits mit dem ersten Aufklappen definiert der Vorstandsvorsitzende, Hans-Dieter Brenner, das Leitwort an der prominenten Stelle der ersten Seite: „Die Helaba zeichnet sich durch ihre vielversprechenden Perspektiven aus, die sich aus ihrem zukunftsorientierten Geschäftsmodell ergeben. Grund genug, diese im Geschäftsbericht genauer zu beleuchten." Damit lädt er Investoren, Kunden, jeden Leser ein, sich einzulassen auf die Geschäftsstrategie des Konzerns, auf die anschauliche Erläuterung des Geschäftsmodells und auf die ausführliche Rechenschaft des Berichtsjahrs 2010. Blau sind die Kreativseiten, und sie korrespondieren mit der Titelkartonage, erinnern an die Prägung. Perspektiven. Sie zeigen farblich, fotografisch, wörtlich, wie diese Perspektiven aussehen, in dem sie erzählen von der Kompetenz der Helaba in ihren Kernbereichen, in dem sie die Leistung aufblättern im wahrsten Sinne des Wortes. Diese Seiten überraschen: Auf dem weitem Raum einer blauen Doppelseite wirft der Bericht sein Schlaglicht auf jedes Geschäftsfeld. Über einem blaubehauchten Foto

Der beeindruckende MAIN TOWER der Helaba in Frankfurt steht auch für die Stärke, die der Finanzdienstleister als Verbundbank und Partner der Sparkassen in der Bündelung von Synergien entwickelt.

erfährt der Leser in wenigen Zeilen, was die Universalbank leistet im Immobiliengeschäft, im Bereich Corporate Finance, im Asset Management. Sie erklärt auf diesen ins Konzernblau getauchten Fotos, wie ihr Selbstverständnis wirkt als Verbundbank und welche Aufgaben sie wahrnimmt im öffentlichen Förder- und Infrastrukturgeschäft.

Und mit dem Umblättern dieser beschrifteten Blaubilder auf DIN-A5-Format eröffnet sich die Konzernwelt in Farbe und weitet sich das Foto aus in seiner gesamten Motivgröße. Das ist der Überraschungsmoment aus Wort und Bild, der es vermag, Spannung zu wecken auf die inhaltsreiche Information der Folgeseiten, auf die Erläuterungen zum Geschäftsmodell der Helaba. Und immer wieder scheint durch jede Zeile hindurch, wie wichtig sich die regionale Verankerung in Hessen und Thüringen für die Helaba darstellt, wie hoch sie ihre Verantwortung für Gesellschaft und Umwelt einschätzt, nämlich als einen am Gemeinwohl orientieren öffentlichen Auftrag.

Was kann diesen Anspruch mehr mit Leben füllen als ein Ereignis, welches den Finanzmarkt Frankfurt und darüber hinaus ganz Deutschland und die Welt bewegt? Die Frauen-Fußball-Weltmeisterschaft. Der Helaba-Konzern spricht darüber und beweist damit seine Nähe zu den Menschen

Das strategische Geschäftsmodell der Helaba, das Gesamtkreditvolumen nach Kundengruppen oder die Entwicklung der Helaba Invest werden dem Leser, wie weitere relevante Fakten, in übersichtlichen Grafiken veranschaulicht.

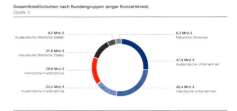

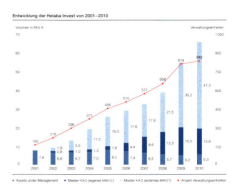

weit über die Region hinaus. Silvia Neid, einst Fußballerin aus Frankfurt, heute Nationaltrainerin des deutschen Frauenfußballs, feierte bereits den Sieg der WM 2007 in Frankfurt (und die Hoffnung war groß, dass sich dieses Ereignis wiederholt). Die Helaba unterhält sich mit ihr über die Verantwortung für die nachfolgende Generation, über die Bedeutung des Sports für die Gesellschaft. Dieses Interview und diese Fotos setzen einen emotionalen Höhepunkt im Geschäftsbericht 2010 und beleuchten die Perspektiven, die sich immer dann eröffnen, wenn Strategien erfolgreich sind, wenn Ziele erreicht werden mit Einsatz und Leistung. Dann folgen die Daten und Fakten des Helaba-Konzerns. Und am Ende leuchten sie wieder bildlich auf, die besonderen Momente 2010. Sie gaben dem Geschäftsjahr Glanz und Erfolg und einen Wert über 258 Seiten.

FINANZKENNZAHLEN

Stand: 31.12.2010
Rechnungslegung nach IFRS

Geschäftsvolumen: 193 Mrd. Euro

Ergebnis nach Steuern: 298 Mio. Euro

Eigenkapital: 5,2 Mrd. Euro

Mitarbeiter: 6.010 (weltweit)

Der nächste Geschäftsbericht erscheint im Mai 2012

INFORMATION

Helaba Landesbank Hessen-Thüringen
Neue Mainzer Straße 52–58
60311 Frankfurt am Main
Wolfgang Kuß
Presse und Kommunikation
Fon: 069 9132-2877
Fax: 069 9132-82877
wolfgang.kuss@helaba.de
www.helaba.de

Online-Bericht vorhanden

Agentur
3st kommunikation GmbH, Mainz
www.3st.de

Heraeus Holding GmbH

Jan Rinnert und
Dr. Frank Heinricht,
Geschäftsführung

Nischen nutzen. Diesen Titel wählt Heraeus für den Geschäftsbericht 2010. Und drückt damit einen Teil der Philosophie des Edelmetall- und Technologieunternehmens aus. Seit 160 Jahren beeindruckt Heraeus den Weltmarkt mit seinen Innovationen, mit seinen Lösungen, die kaum ein anderes Unternehmen in dieser Vielfalt zu bieten vermag. Dabei treiben Kompetenz, Forschung und die Begeisterung für Material und Wirkung den Konzern voran. Das war schon immer so. Bereits um 1900 forschte der Wissenschaftler Richard Küch im damals noch jungen Unternehmen Heraeus, wollte das Schmelzen von Edelmetallen verfeinern, es anwenden auf andere Bereiche. Er schmolz einen Bergkristall. Mit Hilfe eines Knallgasgebläsebrenners. Das Ergebnis war verblüffend: Es zeigte einen neuen Werkstoff – ein blasenarmes und hochreines Quarzglas. Und diese Experimentierfreude, diese Lust auf Entdeckungen jenseits des Mainstreams begründet seitdem die Nischen-Philosophie des Konzerns und eröffnet immer wieder Horizonte. Heute, über 110 Jahre nach Richard Küchs Erfindung, hat Heraeus auf dieser Grundlage längst eine Informationstechnologie entwickelt, um jene Hunderte von Millionen Kilometer Glasfaserkabel herzustellen, die das Eintauchen ins World Wide Web für jeden User erst möglich machen. Mit diesem Beispiel zeigt der Konzern, dass aus Experimentierfreude schnell ein Alleinstellungsmerkmal werden kann, dass sich oftmals Nischen am Weltmarkt öffnen, wenn Unternehmen es wagen, neue Wege zu beschreiten.

Davon erzählt der Geschäftsbericht. Mehr noch: Er bringt dem Leser komplexe Themen nahe durch eine Sprache, die berührt, und durch Fotos, die in den Bann ziehen. Und in der Summe aus beidem entsteht eine Story, die weit über das Jahr 2010 reicht. Denn sie zeichnet ein Unternehmensporträt, fächert die Kompetenzfelder auf, nennt die Erfolge in Wort und Zahl und bietet darüber hinaus eine Lektüre mit Mehrwert, weil sie verrät, wie sich die Bereiche Edelmetalle, Materialien und Technologien, Sensoren, Dentalprodukte, Biomaterialien und Medizinprodukte sowie Quarzglas und Speziallichtquellen im Alltag wider-

Wer mit einem Meisterstück schreibt, will seine königsblaue
Tinte sauber und millimetergenau übers Papier führen können,
das Geheimnis liegt in der Feder und damit bei Heraeus.

Heraeus

Millimeterfeine Linienführung durch Schreibfedern mit Edelmetall-Know-how

spiegeln. Es beginnt mit dem Titelbild. Silbernfarbige Kugeln rollen über die Seite. Eingetaucht in einen goldenen Hintergrund, der sich farblich aufzulösen scheint und letztendlich nur einen Hauch des edlen Metalls versprüht. Ein gestanztes Sternchen ziert die Kartonage und dieses Stilmittel übernimmt die Leserführung, denn es wird von jetzt an auf jeder Highlightseite im 82 Seiten starken Bericht auftauchen und wie eine kleine Fußnote beim Umblättern erklären, was Heraeus in seinen Geschäftsfeldern leistet. Das Titelblatt entfaltet sich beim Ausklappen als Träger der ersten Informationen, die das Unternehmen seinen Lesern vorab geben will: Dazu gehören einerseits die Kennzahlen zum Konzernabschluss. Sie erklären mit einer Steigerung des Produktumsatzes um 58 % auf 4,1 Mrd. Euro und einem Ergebnis um 132 % auf 396 Mio. Euro das Jahr 2010 zum erfolgreichsten in der Unternehmensgeschichte. Und dazu gehören andererseits die Geschäftsbereiche. Sie werden bildlich dargestellt. Durch Motive von Materialien. Und wieder deutet der kleine gestanzte Stern am Ende an, dass Erklärungen folgen werden. Die Fotos sind scharf im Motiv und von metallischer Transparenz in der Farbgebung und diese Fotosprache hält Heraeus bei – von der ersten bis zur letzten Seite.

Lupenreine Linien zeichnet diese "Kugel", eine
Schreibfederspitze aus einer Ruthenium-Osmium-Legierung,
wie sie Heraeus seit den 1920er-Jahren herstellt.

SCHREIBFEDERSPITZE AUS EINER RUTHENIUM-OSMIUM-LEGIERUNG

Bevor auf den nächsten Seiten die Leistung nach der Manier eines spannenden Corporate Publishings aufgeblättert wird, stellt sich das Unternehmen dem Leser vor: Es hat seine Wurzeln fest verankert in Deutschland und strahlt vom Geschäftssitz in Hanau seine Mission weltweit aus. 125 Standorte und 25 eigene Entwicklungszentren markieren diese Internationalität. 12.931 Mitarbeiter geben dem Unternehmen rund um den Globus ein Gesicht. Und damit entsteht ein Spannungsbogen, der mit dem Vorwort der Geschäftsführung beginnt, mit dem ehrlichen und klaren Statement von Jan Rinnert und Dr. Frank Heinricht. Sie sind zufrieden, denn die Vision 2010 ist erreicht. Nun gilt es, das neue Konzernbild 2020 umzusetzen.

Darauf stimmen die Folgeseiten ein. Sie sagen, warum es sich lohnt, immer wieder neue Nischen zu entdecken. Zum Beispiel weil die kleinen Kügelchen des Titelblatts aus Ruthenium-Osmium-Legierungen bestehen und unverzichtbar sind als Schreibköpfe für Füllfederhalter. Heraeus liefert sie weltweit an fast jeden Schreibwarenhersteller. Oder weil die wertvollsten Handys aus bis zu 100 Gramm Gold gefertigt werden, und zwar als hochpräzise bearbeitete Tasten- und Gehäuseteile. Oder weil die Deuterium-Lampe zur Analyse von Babynahrung lebenswichtig ist. Oder weil bereits

Ob die Aktivitäten rund um den Globus, das Konzernergebnis oder der nach den Bereichen Produkt und Edelmetall aufgeschlüsselte Umsatz – die Grafiken spiegeln den Erfolg der Holding wider.

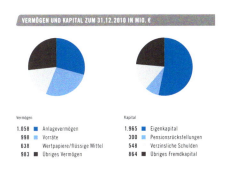

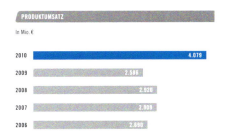

ein Millimeter dicke Spezialfasern energiereiche Laserstrahlen übertragen. Oder weil 222 Nanometer Wellenlänge eines UV-Strahlers Packstoffe entkeimen. All diese Produkte setzt der Geschäftsbericht in Szene und die Präzisionsarbeit des Konzerns ins Licht. Mit einer beindruckenden Detailfotografie, von einem kleinen Stern durchstanzt, der wie ein Stilelement wirkt und dabei seitenweise die Motivation von Heraeus folgen lässt und darüber hinaus das gesamte Spektrum der Leistung auffächert.

So mutet dieser Geschäftsbericht an wie eine Reise durch ein Unternehmen, das so manches Mal ungenannt bleibt, weil es eben jene kleinen Teilchen liefert, die sich in den Produkten verbergen, die jedoch Wachstum und Nachhaltigkeit beschleunigen im besten Sinne der Wissenschaft: kreativ zu sein und – Nischen zu nutzen.

FINANZKENNZAHLEN

Stand: 31.12.2010
Rechnungslegung nach HGB/ IFRS

Umsatz:
Produktumsatz 4.079 Mio. Euro
Edelmetallhandelsumsatz 17.946 Mio. Euro

EBIT: 396 Mio. Euro

Eigenkapital: 1.965 Mio. Euro

Mitarbeiter: 12.931 (weltweit)

Der nächste Geschäftsbericht erscheint im Mai 2012

INFORMATION

Heraeus Holding GmbH
Heraeusstraße 12–14
63450 Hanau
Martina Rauch
Konzernkommunikation
Fon: 06181 35-5100
Fax: 06181 35-4242
martina.rauch@heraeus.com
www.heraeus.com

Online-Bericht vorhanden

Agentur
3st kommunikation GmbH, Mainz
www.3st.de

HOYER GmbH

Die Geschäftsführung:
Ortwin Nast (Vorsitzender, links)
und Gerd Peters

Sie müsste das nicht tun: einen Geschäftsbericht veröffentlichen mit Angaben zu Umsatz, Gewinn und Rentabilität. Viele andere ihrer Art wehren Fragen nach solchen Zahlen als geradezu unsittlich ab. Offenbar ist die HOYER GmbH Internationale Fachspedition ein Familienunternehmen mit einem etwas anderen Verständnis davon, wie man mit 65 Jahren wertvolle Traditionen bewahrt und gleichzeitig offensiv neue Akzente setzt. Hanseatisch Blau ist ein Synonym für die Solidität alteingesessener Hamburger Familien. Genau so präsentieren sich die vier Eigentümer aus der Hoyer-Familie auf der ersten Seite des in aufmerksamkeitsstarkes Rot gekleideten Geschäftsberichts. Klassisch elegant gekleidet laufen Thomas Hoyer und seine drei Schwestern dem Leser aus dem Foto quasi entgegen. Das wirkt dynamisch und sympathisch. Ein kurzer Text umreißt das Selbstverständnis des Unternehmens, das von Werten wie Qualität, Vertrauen und Fairness geprägt ist, um die gesetzten Ziele zu erreichen. Transparenz, so kann man hinzufügen, gehört auch zu diesen Tugenden, denn am Ende des Geschäftsberichts verdeutlicht ein Organigramm nicht nur die Struktur des mittelständischen Transportspezialisten, sondern legt auch die Besitzverhältnisse offen. Zu je einem Viertel sind die Geschwister Eigentümer, zwei von ihnen gehören auch dem Beirat des Unternehmens an, der den Geschäftsführern Ortwin Nast und Gerd Peters zur Seite steht. Beide Gremien werden in der gleichen Bildsprache wie die Familie präsentiert.

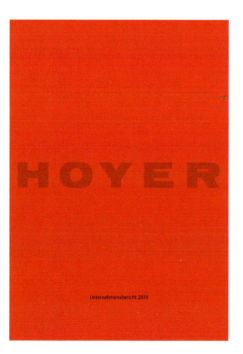

Ein Geschäftsbericht, der mehr sein will als eine Imagebroschüre, muss Zahlen nennen. HOYER bietet deshalb gleich auf der zweiten Seite einen Fünfjahresrückblick über die Kennzahlen. Für 2010 sind dort ein Umsatz von 989,8 Mio. Euro und ein Ergebnis von 26,4 Mio. Euro verzeichnet. Erhellend sind auch Angaben zur Umsatzrentabilität oder der Entwicklung der Eigenkapitalquote, die mit 36 % im Berichtsjahr einen Höchstwert erreichte. Die Einordnung des Zahlenwerks nimmt Tomas Hoyer als Beiratsvorsitzender in seinem Vorwort vor. So liegt die Rentabilität über dem

Frauenpower: Die Berufskraftfahrerin Franziska Hintze träumt seit sie im Alter von 2 Jahren das erste Mal mitfuhr von dem Platz hinterm Steuer und HOYER hat ihr in dieser Männerdomäne eine Chance gegeben – gut für sie und gut für HOYER.

Branchendurchschnitt. Der Vorteil der bemerkenswerten Offenheit im Umgang mit der Geschäftsentwicklung liegt auf der Hand: Als international agierendes Unternehmen mit einer Vielzahl von Geschäftsbeziehungen zu großen Partnern im Bereich des Transports von Chemikalien, Gas, aber auch sensiblen Gütern wie Lebensmitteln, kann man sich überzeugend als starker und verlässlicher Partner präsentieren. Seine Modernität und Leistungsfähigkeit demonstriert HOYER aber auch auf eine ganz andere Art.

Während Politik und Öffentlichkeit über Frauenförderung in der Wirtschaft diskutieren, zeigt das vermeintlich männlich dominierte Speditionsunternehmen, dass es Frauenpower als selbstverständlichen Teil seiner Entwicklung sieht. Auf fünf Doppelseiten, die jeweils einem Thema vorgeschaltet sind, lernen wir Frauen kennen, die für HOYER aktiv sind. Auf eine Leiterin für Human Ressources zu treffen, mag noch eine Selbstverständlichkeit sein. Doch das Spektrum reicht viel weiter. Im gewerblichen Bereich sehen wir eine Kraftfahrerin, die sich darüber freut, dass sie bei HOYER eine Ausbildung zu ihrem Traumberuf machen konnte. Ein großformatiges Foto zeigt die junge Frau hinterm Steuer ihres Trucks. Ihr Fazit steht in plakativen Lettern als Überschrift im Bild:

Mit einem stolzen Lächeln blickt Wei Fong Kam, Managerin von HOYER für den asiatisch-pazifischen Raum in die Kamera, denn sie schätzt Ihre Arbeit ebenso, wie den Umgang mit Menschen unterschiedlichster Herkunft.

„HOYER ist ein Spitzenarbeitgeber". Weiter präsentiert HOYER eine Informatikerin, eine Kranführerin, seine Chefin für Umwelt, Qualität, Gesundheit und Sicherheit und seine Frontfrau in Singapur: Wei Fong Kam verantwortet an diesem wichtigen Standort Finanzen und Personal. Alle Geschichten sind spannend erzählt und zeugen von den verschiedenen Erfahrungen der Frauen in der Berufswelt und im Umgang mit männlichen Kunden, Kollegen und Mitarbeitern. Auch unterschiedliche Ansichten zu einer Frauenquote haben hier Platz. Die Fotos bestechen durch ihre technische Qualität und bringen uns gleichzeitig die Frauen nahe.

Dem hohen inhaltlichen Niveau entspricht die Gestaltung. Es gibt moderne, kräftige Akzente wie der offensive Umgang mit der leuchtend roten Hausfarbe, aber auch Sinn für Details. Insgesamt entsteht eine schlicht-elegante und moderne Anmutung. Neben den Fotos der Gremien und den Frauenporträts werden gezielt Aufnahmen von Fahrzeugen und Anlagen eingesetzt, die ebenfalls durch hohe Qualität beeindrucken. Der Umschlag ist ganz in Rot gehalten. Effektvoll und mit Sinn für Understatement ist der Firmenname in der Mitte platziert. Im gleichen Farbton wie das matt gestrichene Papier tritt er allein durch den Einsatz einer Lackierung hervor. Auf den ebenfalls matt

Die dezent, im typischen HOYER-Rot gestalteten Grafiken fassen wichtige Daten wie die Entwicklung der Mitarbeiterzahl, den Umsatz nach Sparten oder die weltweiten Standorte auf einen Blick zusammen.

gestrichenen, rein weißen Innenseiten ist Rot die einzige Schmuckfarbe. Damit werden Überschriften, Zwischenzeilen und Grafiken gestaltet.

Das Layout prägt der einspaltige Flattersatz mit einer rund geschnittenen Antiqua-Type. Die schmale Schrift ist dank eines großen Zeilenabstands gut lesbar. Zahlreiche Absätze unterstützen nicht nur die Übersichtlichkeit, sondern passen insgesamt gut zu dem großzügigen Gesamtaufbau mit seinen breiten Seitenrändern. Nach oben und unten werden diese mit einer feinen grauen Linie betont. Unten ist Raum für die Paginierung. Im größeren oberen Bereich bietet sich Spielraum für gestalterische Elemente. So sind die Überschriften der Hauptkapitel stets in ein großes rotes Rechteck gesetzt, das die linke Seite eines neuen Kapitels dominiert. Bei den Mitarbeiterinnenporträts ist dies der Platz für Name und Funktion, während der übrige Text in einer hellgrauen Fläche läuft. Mit wenigen Mitteln entstehen so Seiten mit einer klaren Handschrift. Transparent und authentisch – so präsentiert sich ein modernes Familienunternehmen.

FINANZKENNZAHLEN

Stand: 31.12.2010
Rechnungslegung nach HGB

Umsatz: 990 Mio. Euro

EBIT: 34 Mio. Euro

Eigenkapital: 168 Mio. Euro

Mitarbeiter: 5.228 (weltweit)

Der nächste Geschäftsbericht erscheint im Mai 2012

INFORMATION

HOYER GmbH
Wendenstraße 414-424
20537 Hamburg
Sylvelin Reif
Corporate Center Marketing
Fon: 040 21044-0
Fax: 040 21044-455
hoyer@hoyer-group.com
www.hoyer-group.com

Agentur
CAT Consultants GmbH & Co., Hamburg
www.cat-consultants.de

Hubert Burda Media

Der Vorstand (v.l.n.r.):
Dr. Paul-Bernhard Kallen
(Vorsitzender), Holger Eckstein,
Philipp Welte

Die Digitalisierung ist wohl einer der größten Wachstums- und Innovationstreiber unserer Zeit und wird für fast alle Lebensbereiche immer bedeutsamer. In der Welt der Medien ist sie jedoch die conditio sine qua non und der Fixpunkt für alle zukünftigen Entwicklungen auf diesem Gebiet. Davon legt der aktuelle Geschäftsbericht von Hubert Burda Media in beispielloser Kreativität und visueller Brillanz Zeugnis ab. Schon der Schuber, der die in Kultur- und Konzernbilanz zweigeteilte Publikation umschließt, imponiert durch seine optische Aufmachung. Die großartigen Motive von Vorder- und Rückseite finden sich dann auch auf den jeweiligen Berichten wieder, von denen an dieser Stelle die Konzernbilanz im Fokus stehen soll.

Mit ihrem Cover, das ein komplexes Koordinatensystem von Vernetzungen und Knotenpunkten auf dunkelblauem Hintergrund abbildet, führt die rund 110 Seiten starke Publikation den Leser unmittelbar in die zu Beginn skizzierte Thematik ein, denn genauso funktionieren und verdichten sich die globalen, digitalisierten Informationsströme heute. Die Aussage ist unmissverständlich: Hubert Burda Media steht nicht nur für traditionelle Kompetenz im Printbereich, sondern in zunehmendem Maße auch für die zahlreichen internetbasierten Medienangebote und Dienstleistungen. Dieser Bericht nimmt den Leser – der wie im digitalen Leben immer mehr zum Betrachter und Akteur wird – von

der ersten Seite an mit auf eine faszinierende Reise in Richtung Zukunft der Medien.

Im Cockpit sitzt dabei der auf den Seiten 6 und 7 sehr entspannt porträtierte Vorstand unter der Leitung von Dr. Paul-Bernhard Kallen, der diese Funktion seit dem 1. Januar 2010 innehat. Seine Mission bringt er im Editorial, das den passenden Titel „Zurück auf dem Wachstumspfad" trägt, konzise und entschlossen auf den Punkt: „Wir sind besessen, die Qualität unserer Medienmarken und Produkte laufend zu verbessern. Wir konzentrieren uns dabei auf unsere Leser, unsere Nutzer und unsere Kunden und orientieren uns an deren Bedürfnissen." Dies klingt nicht nur selbstbewusst und glaub-

Die Dynamik der Doppelseite springt dem Leser förmlich ins Auge und verführt ihn dazu, sofort, direkt und ganz tief einzutauchen in die spannende Berichterstattung, die sich hier rund um Themen aus dem Bereich Burda Digital dreht.

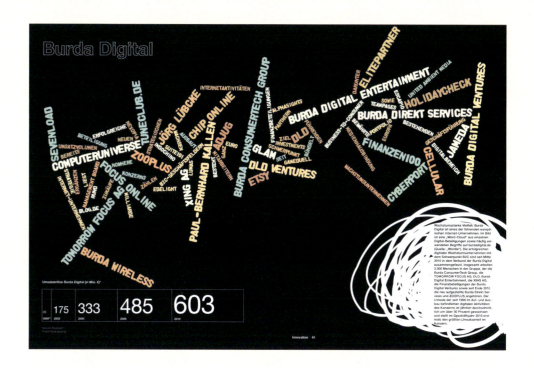

würdig, sondern deutet zudem schon das große Spektrum an Emotionen und Innovationen an, von dem sich der Leser auf den folgenden Seiten inspirieren lassen darf.

Und mit Emotionen beginnt es dann auch auf der Doppelseite 10/11, also mit der Kunst, Menschen zu begeistern, die ein dezidierter Bestandteil der Konzernkultur ist. Wie der Bericht diesen Impetus im weiteren Verlauf umsetzt, ist schlichtweg sensationell, ein visueller, von großem Gestaltungswillen geprägter Hochgenuss. So wird auf den Seiten 14 bis 17 die Faszination BAMBI in all ihrer Strahlkraft und ihrem Glamour wunderbar erfasst und unter dem Begriff Aufmerksamkeit subsumiert.

Daran schließt sich, explizit genannt, die Vielfalt an, ein zentraler Terminus für das Selbstverständnis des Münchner Medienhauses. Schließlich bilden in der inhaltlichen Bandbreite des Konzerns zwischen Print und Digital, Entertainment und Wissenschaft, publizistischen Wurzeln und unternehmerischer Internationalität der Medienpreis BAMBI und die Digitalkonferenz DLD die beiden scharf konturierten Pole. In diesem Kontext steht der Spirit der DLD – Digital Life Design – für den kräftigen Appetit auf die Zukunft, hat sich diese Veranstaltung doch binnen weniger Jahre als eine international führende Konferenz zum Thema etabliert. Das breite Spektrum an Innovatoren aus unterschiedlichsten

Diese intelligent und mit feinem Witz inszenierte Doppelseite spricht für sich: Ja, Burda braucht man – und auch viel öfter als gedacht!

Bereichen stellt für den Konzern eine sinnvolle Vernetzungs-Plattform dar und verweist damit wieder auf die Aussagekraft des Covers. Wie die „Family"-Doppelseite 32/33 dokumentiert, evoziert Hubert Burda Media Emotionen jedoch nicht nur für Kunden, sondern auch für die eigenen Mitarbeiter, die von der intern entwickelten Work-Life-Balance-Initiative profitieren.

Nach den Kapiteln „Mission" und „Emotionen" komplettiert die „Innovation", beginnend mit den Seiten 34/35, die inhaltliche Trias der Konzernbilanz und pointiert damit die erklärte Absicht des Konzerns, die Zukunft maßgeblich mitzugestalten. Das gilt sowohl für die digitalisierte Medienwelt als auch für die permanente Entwicklung neuer Formate und Produkte. Dass Hubert Burda Media durch seine Beteiligungen an wachstumsstarken Internet-Unternehmen und erfolgreichen E-Commerce-Anbietern längst in der digitalen Lebenswelt zu Hause und zugleich nah am Menschen ist, zeigt nichtzuletzt die ebenso informative wie witzige Doppelseite 38/39. Diese wird gefolgt von einer sehr kreativ gestalteten Bestandsaufnahme der Burda Digital. Die digitalen Aktivitäten stellen im Geschäftsjahr 2010 mit über 30 % erstmals den größten Umsatzanteil im Konzern. Diese bemerkenswerte Tatsache manifestiert sich auf den nächsten Seiten in ihrer ganzen Vielfalt, sei es

Ein Emoticon inmitten dynamischer Linien, treffendes Symbol für „Emotionen" und die eindrucksvoll in Szene gesetzten Zahlen haben eine eindeutige Aussage: Huber Burda Media steuert auf Erfolgskurs.

nun in der Präsentation des als Comic gestalteten Hotelbewertungsportals HolidayCheck oder bezüglich der nachhaltigen Investitionen in die innovative Aus- und Weiterbildung der Mitarbeiter. Internationalität, Kreativität und Mobilität sind hier zentrale Leitgedanken, die grafisch perfekt und aufmerksamkeitsstark inszeniert werden. Natürlich sollte dabei auch die um 27,1 % gestiegene Auflage des FOCUS nicht unerwähnt bleiben – ebenso wenig wie das im Mai 2011 gestartete „Burda TV", das einen spannenden und transparenten Einblick in die Welt des weiter wachsenden Unternehmens vermittelt.

Die kreativen Facetten der Hubert Burda Media-Konzernbilanz sind so schillernd und differenziert, dass man ihnen an dieser Stelle kaum gerecht werden kann. Sogar die Fakten am Ende zeigen genuinen Gestaltungswillen. Eine in puncto Design, Originalität und Aussagekraft in jeder Hinsicht absolut bestechende Publikation.

FINANZKENNZAHLEN

Stand: 31.12.2010
Rechnungslegung nach HGB

Umsatz: 1.720,6 Mio. Euro

Bilanzsumme: 1.136 Mio. Euro

Eigenkapital: 264,69 Mio. Euro

Mitarbeiter: 7.637 (weltweit)

Der nächste Geschäftsbericht erscheint im Juni 2012

INFORMATION

Hubert Burda Media
Arabellastraße 23
81925 München
Nikolaus von der Decken
Corporate Communications
Fon: 089 9250-2575
Fax: 089 9250-2745
presse@burda.com
www.hubert-burda-media.de
www.burda-news.de

Online-Bericht vorhanden

 siehe Sonderteil Seite 378

INDUS Holding AG

Der Vorstand (v.l.n.r.):
Dr. Wolfgang Höper,
Dr. Johannes Schmidt,
Helmut Ruwisch, Jürgen Abromeit

Der Mittelstand ist das Rückgrat der deutschen Wirtschaft. Ohne die Kraft aus der zweiten Reihe stünden die Großkonzerne und renommierten Weltmarken ziemlich schlecht da. Viele dieser Unternehmen begleitet ein unsichtbares Prädikat mit besonderer Ausstrahlung: „Hidden Champions". Sie sind in der breiten Öffentlichkeit weniger bekannt, dabei sind sie oft sogar Markt- oder Weltmarktführer in einer meist hoch spezialisierten Nische. Sie sorgen mit Innovationsgeist und Zuverlässigkeit für Bauteile, Werkzeuge oder andere Industrieprodukte, die die große Maschine der Gesamtwirtschaft am Laufen halten. Oft sind diese Unternehmen inhabergeführt und sie steuern ihre weltweiten Aktivitäten aus einer festen regionalen Verankerung heraus.

„Hidden Champions – Wachsen aus der Kraft der Nähe" lautet der Titel des Geschäftsberichts 2010 der INDUS Holding AG. Damit stellt das Unternehmen aus Bergisch Gladbach in den Mittelpunkt, was seine 40 Beteiligungen in ihren Märkten so erfolgreich macht: Sie sind ganz dicht an ihren Kunden – und sind für jene durch ihre Spezialisierung unverzichtbar.

Der Geschäftsansatz von INDUS besteht darin, sich langfristig an den Besten des Mittelstands mit Kapital und strategischer Führung zu beteiligen. Dieses Angebot trifft auf einen großen Markt, denn das Thema Nachfolgeregelung ist in Deutschland hochaktuell: In vielen Firmen mit persönlicher oder familiärer Führung fehlt es an Nachwuchs. INDUS übernimmt die Verantwortung, ohne die Stärken der Familienunternehmen zu beeinträchtigen. Mehr noch: Durch die Finanzkraft und das Know-how aus der Holding werden die Firmen zusätzlich gestärkt. Über die Börsennotierung gibt INDUS auch Aktionären die Möglichkeit, sich an dem Erfolgsmodell „Hidden Champions" zu beteiligen.

Schon die Titelseite setzt ästhetische Akzente: Ein weißer Fond, mit Silberfolie aufgetragene Lettern und ein akzentuiert eingesetztes Corporate-Rot eröffnen die klare Farbwelt des Berichts. Beim Aufschlagen präsentiert sich dem Leser ein Doppeldruckwerk, das durch

Wenn es um Hidden Champions geht, ist INDUS der richtige Partner, denn das Unternehmen investiert in mittelständische Unternehmen – langfristig und zielorientiert wie die folgenden Seiten zeigen.

Hidden Champions:
Wachsen aus der Kraft der Nähe

Kundennähe
Anspruch
Innovation
Fokussierung
Identifikation

einen gemeinsamen Umschlag miteinander verbunden ist: links ein 28-seitiger Imageteil, rechts der 112 Seiten umfassende Finanzbericht.

Der Titel „Ein starkes Portfolio" eröffnet den Imageteil. Zum Start erfährt der Leser in Kurzform, wer INDUS ist, in welchen Segmenten die Beteiligungen aktiv sind und was die Beteiligungen auszeichnet. Ein paar Finanzdaten zu den Segmenten liefern einen ersten Einblick in eine sehr erfolgreiche Jahresentwicklung: Satte Umsatzsteigerungen werden in allen Bereichen gemeldet, ob Baubranche oder Autozulieferer, ob Maschinen- und Anlagenbau, Medizintechnik oder Metallindustrie. In letzterer Sparte wurde beispielsweise ein Umsatz von 270 Mio. Euro erzielt und das EBIT von fast 40 Mio. Euro hat sich im Vergleich zum Vorjahr mehr als verdoppelt.

Wer die Hidden Champions von INDUS im Einzelnen sind, erfährt der Leser dann auf den Folgeseiten. Doch zunächst kommen zwei der vier Vorstände des Unternehmens zu Wort: Auf zwei Doppelseiten findet sich erst ein kurzes Essay des langjährigen Vorstandsvorsitzenden Helmut Ruwisch, der das Erfolgsrezept von INDUS beschreibt. Dem folgt ein spannendes Interview mit dem Vorstand Jürgen Abromeit, das strategische Aspekte der Portfoliobildung erläutert. Beide Doppelseiten sind mit

Seite an Seite – diesem Motto folgt INDUS und setzt damit seine Idee von Kundennähe so um, dass ein Unternehmen wie die hier porträtierte OFA Bamberg aus der Marktnische heraus ein Produkt erfolgreich etablieren kann: Kompressionsstrümpfe.

lebendigen Bildern der Vorstände illustriert. Der Überblick zu den Firmen der Gruppe beginnt mit fünf vertiefenden Unternehmensdarstellungen. An ihnen zeigt INDUS, durch welche Qualitäten sich Hidden Champions auszeichnen: Kundennähe, Anspruch, Innovation, Fokussierung und Identifikation. So steht der Kompressionsstrumpfhersteller OFA Bamberg für eine besonders große Kundennähe. Und der nordbadische Fahrzeugkomponentenhersteller AURORA glänzt im Markt durch seine besondere Leistungsfokussierung. Die anregend formulierten Ausführungen werden illustriert durch faszinierende Industriefotos aus der Produktion. Im Anschluss an die fünf Porträts werden unter dem Schlagwort „Eine Gruppe – viele Sieger" alle 40 Firmen noch einmal mit kurzen Steckbriefen vorgestellt. Die Auflistung liefert dem Leser spannende Einblicke in die Welt der deutschen Industrie.

Der Finanzteil begrüßt den Leser auf der inneren Umschlagseite mit der obligatorischen Kennzahlentabelle. Ein starkes Gesamtergebnis von 971 Mio. Euro ist dort verbucht. Und dass die über 6.000 Mitarbeiter im nächsten Jahr die Milliardengrenze knacken, scheint nach der Lektüre des vierseitigen Aktionärsbriefs so gut wie sicher. Die omnipräsente Botschaft lautet: Wir sind als Investor und

Das strategische Geschäftsmodell wird für den Leser auf eine einfache, klar nachvollziehbare Formel gebracht, die offensichtlich gut funktioniert, wie die Kursentwicklung der Aktie zeigt.

Planer langfristig an unseren Unternehmen interessiert und engagieren uns dementsprechend perspektivisch. Begleitet wird das Schreiben von einer dynamischen Fotografie der vier Unternehmenslenker, die gemeinsam durch eine Werkshalle schreiten. Eine Bildsprache, die von großer Energie und Entschlossenheit kündet.

Der Zahlenteil des Berichts wirkt durchdacht und geradlinig. Ein stringentes Design mit roten Tabellenköpfen und grauen Highlights hebt die wichtigen Daten hervor. Gut: eine sogar doppelte Rubrik. Eine grobe Übersicht am rechten Seitenrand und eine detaillierte Kapitelstruktur am Kopf der Seite sorgen für die perfekte Orientierung. Insgesamt präsentiert sich der Geschäftsbericht als Stellvertreter von selbstbewussten Siegern – und in der Tat braucht sich die INDUS-Gruppe nicht zu verstecken.

FINANZKENNZAHLEN

Stand: 31.12.2010
Rechnungslegung nach IFRS

Börsensegment: SDAX

WKN: 620010

Umsatz: 971,6 Mio. Euro

Ergebnis je Aktie: 2,59 Euro

Dividende: 18,2 Mio. Euro

EBIT: 101,4 Mio. Euro

Eigenkapital: 309,5 Mio. Euro

Marktkapitalisierung: 444,35 Mio. Euro

Mitarbeiter: 6.036 (weltweit)

Der nächste Geschäftsbericht erscheint im April 2012

INFORMATION

INDUS Holding AG
Kölner Straße 32
51429 Bergisch-Gladbach
Regina Wolter
Investor Relations
Fon: 02204 4000-70
Fax: 02204 4000-20
wolter@indus.de
www.indus.de

Agentur
Berichtsmanufaktur, Hamburg
www.berichtsmanufaktur.de

LANXESS AG

Dr. Axel C. Heitmann,
Vorsitzender des Vorstands

Es ist das einzige Lebensmittel der Welt, das durch nichts zu ersetzen ist. Es ist unverzichtbar und darum unschätzbar wertvoll. Und nur weil wir uns an unser Glück gewöhnt haben, es jederzeit im Überfluss haben zu können, sollten wir niemals vergessen, dass das nicht in allen Teilen unserer Welt selbstverständlich ist. Die Rede ist von Wasser.

„Die Vollversammlung der Vereinten Nationen erklärt das Recht auf sauberes Trinkwasser und sanitäre Grundversorgung zu einem Menschenrecht." Diesen wichtigen Satz vom 28. Juli 2010 stellt die LANXESS AG auf die Titelseite ihres Geschäftsberichts. Die Publikation kommt in diesem Jahr ganz im Zeichen des Wassers daher und ist treffenderweise mit „Klare Ziele" betitelt. So zeigt das Cover auch eine Detailaufnahme von Wasser, das über eine Metalloberfläche auf den Betrachter zufließt. Die Makro-Darstellung ist trotz ihrer Einfachheit faszinierend – und auch haptisch erlebbar. So ist eine größere Wasserfläche mit einer deutlich fühlbaren Kante hervorgehoben, auch lassen sich die einzelnen Tropfen im Vordergrund ertasten. Dank einer raffinierten Kombination aus Prägung und Spotlackierung haben die Macher des Druckwerks einen Titel mit Aha-Effekt kreiert.

Auch nach dem Aufschlagen der 156-seitigen Publikation bleibt Wasser das entscheidende Thema der Gestaltung. Auf der linken Seite ist ein freigestellter Wasserhahn in der Konzernfarbe Rot zu sehen, auch hier erhält das herauslaufende Wasser durch Spotlack die ihm zustehende kristallklare Optik. Dank innovativer Produkte zur Reinigung, Sicherung und Einsparung von Wasser kann der Leverkusener Chemiekonzern weltweit aktuelle und künftige Wasserprobleme lösen. Bevor hier weiter ins Detail gegangen wird, kommen die Kennzahlen zu ihrem Recht. Und die, so viel Wasser-Wortspielerei muss sein, haben sich gewaschen. In seinen drei Geschäftsfeldern Performance Polymers, Advanced Intermediates und Performance Chemicals hat LANXESS über 7,1 Mrd. Euro umgesetzt. Das bedeutet eine Steigerung von über 40 % im Vergleich zum Vorjahr. Alle an-

Sauberes Wasser – das wollen nicht nur Menschen trinken, sondern auch für den industriellen Gebrauch gelten höchste Reinheitsgebote, die LANXESS mit seinem Ionenaustauscher Lewatit® gewährleisten kann.

deren relevanten Kennzahlen haben sich sogar so sehr gesteigert, dass die Zuwächse nur noch mit „mehr als 100 Prozent" angegeben werden. Wer aber nachrechnen will, erkennt, dass etwa das Konzernergebnis von 40 auf 379 Mio. Euro angestiegen ist, was einer über 900-%igen Steigerung gleichkommt. Auch das Ergebnis je Aktie hat sich verneunfacht. Einer der wenigen Werte der – passend zum Gesamtmotto des Berichts – abgenommen hat, ist die Menge des insgesamt eingesetzten Wassers. Denn mit 811.000 m³ pro Tag haben die weltweiten Werke von LANXESS rund 9,2 % weniger H_2O verbraucht als noch im Vorjahr.

Blicken wir nun auf die erste Seite des Innenteils der in Schweizer Broschur gebundenen Publikation. Hier gibt es ein Inhaltsverzeichnis und eine kleine Vorschau auf die gestalterischen Highlights des Berichts in Form von großen Porträtfotos zum Thema Wasser, die jeweils ein neues Kapitel einleiten. Doch zuerst richtet in einem anschließenden vierseitigen Brief der Vorstandsvorsitzende Axel Heitmann das Wort an die Aktionäre. Von den neuen Höchstwerten in der Firmengeschichte ist natürlich die Rede, aber vielmehr noch von den Zukunftsplänen. LANXESS will natürlich weiter wachsen und sein Portfolio ausbauen. So stand 2010 auch im Zeichen von Akquisitionen, wie etwa

Effizienz steigern lautet das Schlagwort, mit dem der Bericht die Finanzinformationen einleitet, allerdings gilt dieses Motto auch für die innovativen Produkte von LANXESS, die helfen, den Wasserverbrauch bei industriellen Prozessen zu minimieren.

WASSEREINSPARUNG Leder ist ein Premium-Produkt, das in viele Lebensbereiche einen Hauch von Exklusivität bringt. Allerdings werden bei der herkömmlichen Herstellung eines einzigen Quadratmeters bis zu 230 Liter Wasser benötigt – eine Ineffizienz, die sich mit intelligenten Lösungen von LANXESS leicht beseitigen lässt. So ist schon ein großer Schritt in Richtung Ökologie getan, wenn das Prozesswasser beim wasserintensiven Gerbvorgang mehrfach verwendet wird. Möglich machen dies Produkte unserer Business Units Leather und Ion Exchange Resins: Sie belasten das Wasser nur minimal und sind später problemlos herauszufiltern.

die der niederländischen Firma DSM Elastomers, die mit 310 Mio. Euro die zweitgrößte der Firmengeschichte war. Bedeutende Meilensteine waren auch verschiedene Grundsteinlegungen wie etwa die für ein neues Butylkautschuk-Werk in Singapur oder die Inbetriebnahme von Anlagen in Indien. Nach einer Seite mit Vorstandsporträts findet der Leser die erste der erwarteten Kapiteltrennseiten, ebenfalls im Zeichen des Wassers. Begleitet von einem Foto einer Mitarbeiterin im Reinraum-Schutzanzug geht es um Reinstwasser. Dieses wird in der Elektronik- oder Photovoltaikindustrie für die Reinigung empfindlichster Bauteile eingesetzt und darf daher kein einziges Fremdmolekül enthalten. Patentierte Ionenaustauscher von LANXESS leisten hierfür einen außerordentlich wichtigen Beitrag. Die nächste Trennseite findet der Leser auf Seite 17, auf der ihn eine Inderin im traditionellen Gewand mit einem Wassergefäß auf dem Kopf anstrahlt. Im dazugehörigen Text liest man über die Business Unit Inorganic Pigments, die ein speziell entwickeltes Eisenoxid herstellt, mit dem mobile Wasserfiltersysteme Giftstoffe wie Arsen aus dem Trinkwasser filtern können. Und wenn auf Seite 29 das Kapitel zur Corporate Social Responsibility beginnt, zeigt das begleitende Foto ein afrikanisches Kind, das aus einem Wasserhahn trinkt. Mehr als 10.000 Kinder in Tansania

Die Pyramide zeigt die Geschäftsbereiche von LANXESS, die internationalen Projekte werden dem Leser anhand der originellen Weltkarte veranschaulicht und das erfolgreiche Geschäftsjahr lässt sich am Kursverlauf der Aktie ablesen.

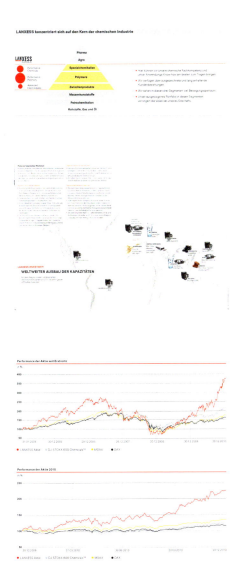

haben dank des Engagements von LANXESS Zugang zu sauberem Trinkwasser und modernen Sanitäranlagen. Viele weitere CR-Aktivitäten sind einige Seiten später beschrieben – und reichen von der Wasserversorgung bis zum dringend benötigten Schulbus für indische Kinder.

Der auf Seite 58 beginnende Finanzteil des Geschäftsberichts kommt ohne Wasser aus. Trocken ist das enthaltene Zahlenwerk dennoch nicht. Sauber designte Tabellen und Balkendiagramme illustrieren die relevanten Finanzinformationen, wichtige Highlights werden in Rot und teilweise auch in gelber Farbe hervorgehoben. So schlägt man zufrieden einen konsequent gestalteten und ansehnlichen Geschäftsbericht zu, auf dessen Rückseite einige weitere spotlackierte Wassertropfen glänzen – und bei dem auch sonst alles im Fluss ist.

FINANZKENNZAHLEN

Stand: 31.12.2010
Rechnungslegung nach IFRS

Börsensegment: MDAX

WKN: 547040

Umsatz: 7.120 Mio. Euro

Ergebnis je Aktie: 4,56 Euro

Dividende je Aktie: 0,70 Euro

EBIT: 607 Mio. Euro

Eigenkapital: 1.761 Mio. Euro

Mitarbeiter: 14.648 (weltweit)

INFORMATION

LANXESS AG
51369 Leverkusen
Marc-Oliver Voigt
Corporate Communication
Fon: 0214 30-31872
Fax: 0214 30-50691
marc-oliver.voigt@lanxess.com
www.lanxess.de

Online-Bericht vorhanden

Agentur
Kirchhoff Consult AG, Hamburg
www.kirchhoff.de

 siehe Sonderteil
Seite 379

LEONI AG

Dr. Klaus Probst,
Vorstandsvorsitzender

Vernetzung ist das Schlagwort des 21. Jahrhunderts. Das Internet ist eine der wichtigsten Innovationen, die das heutige Leben nachhaltig beeinflussen und in vielen weiteren Bereichen des Alltags spielt die Übertragung von Informationen, aber auch von Energie oder anderen Medien eine unverzichtbare Rolle – vom Auto über den Industrieroboter bis zur Solaranlage. Doch für alle diese Anwendungen braucht es etwas ganz grundsätzliches: Drähte, Kabel und Kabelsysteme. Allein in einem durchschnittlichen Lkw sind bis zu vier Kilometer davon im Bordnetz-System verbaut. Ganz zu schweigen von der hochkomplexen Funktionsinfrastruktur eines Gebäudes oder einer ganzen Stadt.

Weltumspannende Kabel und Leitungen sind das Thema der LEONI AG mit Sitz in Nürnberg – und schon das Cover ihres Geschäftsberichts lässt daran keinen Zweifel. Vier Weltkugeln rücken jeweils einen Kontinent in den Blick des Betrachters, allesamt umschlungen von einem Bündel gelber und orangefarbener Kabel. „The Quality Connection" ist der im Titel der 212-seitigen Publikation genannte Markenanspruch des Konzerns und er sagt schon aus, worauf es ankommt: Beste Verbindungen zu schaffen. Ein Vorhaben, das dem in 34 Ländern aktiven Unternehmen offenkundig sehr gut gelingt. Jedenfalls, wenn man sich nach dem Aufschlagen die Kennzahlentabelle auf der inneren Umschlagseite ansieht. Fast 3 Mrd. Euro setzte das Unternehmen im abgelaufenen Geschäftsjahr um, ein Anstieg um stolze 37 % im Vergleich zum Vorjahr. Seine mehr als 55.000 Mitarbeiter erwirtschafteten ein Konzern-EBIT von mehr als 130 Mio. Euro. Die Wirtschaftskrise ist mit diesen neuen Rekordwerten sicher überwunden. Der Hauptabnehmer von Drähten, optischen Fasern, Kabeln und Kabelsystemen ist die Automobilbranche, aber auch andere Industriezweige nutzen das Know-how aus Nürnberg. So gewinnen derzeit Produkte speziell für die Anwendung in umweltfreundlichen Technologien stark an Bedeutung. Dies alles erfährt man auch auf der Startseite des

Geschäftsbericht 2010

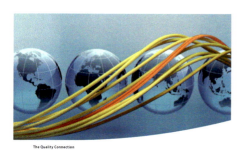

LEONI

Geschickt wird der Leser mit ansprechenden Aufmacherseiten durch den Geschäftsbericht geführt, der globale Trends identifiziert und den Beitrag von LEONI dazu zeigt, wie hier zum Thema Industrialisierung & Automatisierung.

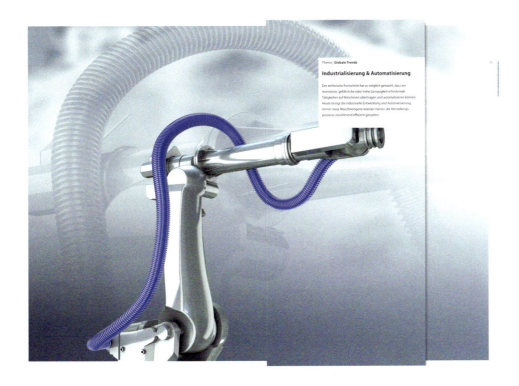

in Schweizer Broschur gebundenen Berichts, dessen durchgängig klare Gestaltung auf der Hausfarbe Blau in verschiedenen Abstufungen beruht.

Nach den obligatorischen Briefen von Vorstand und Aufsichtsrat ist es vor allem das Inhaltsverzeichnis auf Seite 4/5, das den Betrachter fesselt. Denn es wird mit einer ganzseitigen Ansicht eines Querschnitts durch ein modernes Kabel illustriert. Zuerst wirkt das Bild wie ein diffuses Ornament, doch dann verdeutlicht es eindrucksvoll, wie komplex verschiedene Stränge und Isolationsschichten in so einer Leitung aufgebaut sind. Spannende fotografische Produktbeispiele liefert der Geschäftsbericht dann auf den jeweiligen Trennerseiten zwischen den einzelnen Kapiteln, die dank Eingriffregister am rechten Seitenrand schnell gefunden sind. Den Anfang dieser „Kabel-Porträts" macht ein ebenso filigranes wie diffiziles Lichtwellenleiterkabel, das auf Seite 6 abgebildet ist. LEONI stellt jedes Jahr die beeindruckende Menge von 200.000 Kilometern davon her – die halbe Strecke von der Erde bis zum Mond. Jede Trennerseite wird mit solchen Hintergrundinformationen zum Produktportfolio vom Netzanschlusskabel bis zum Automobilkabel zusätzlich interessant gemacht.

Schlägt der Leser die Einlegerseite auf, so offenbart der Roboter sein Innerstes: Ein widerstandsfähiges und bewegliches Schlauchpaket, made bei LEONI, das den Roboter mit allen wichtigen Rohstoffen versorgt.

Doch das optische Highlight der Publikation folgt erst mit dem Imageteil ab Seite 14. Auf sechs Doppelseiten, die jeweils noch durch eine schmalere zwischengeschaltete Seite ergänzt werden, behandelt das Kapitel die aktuellen Megatrends von Globalisierung über Elektromobilität bis zum demografischen Wandel und zeigt, was LEONI dazu beitragen kann. Beispielsweise Hochvolt-Kabelsätze für Elektroautos. Denn diese brauchen schließlich zusätzlich zu ihrem normalen Bordnetz-System besondere Kabelverbindungen zwischen Motor, Batterie und Steuerungselektronik. Wiederum mit einer grandiosen Grafik illustriert, die ähnlich einem Röntgenbild in der Draufsicht das hoch komplexe Bordnetz-System eines Autos zeigt, wird hier das passende LEONI-Produkt vorgestellt. Eine Seite weiter geht es um das Thema Automatisierung, und der Leser lernt, dass LEONI auch Versorgungsleitungen für Industrieroboter fertigt, die neben Strom und Daten auch Wasser oder Gase transportieren. Sogar Schläuche, die den Roboter mit Kleinteilen wie Nieten oder Schrauben versorgen, sind gefragt. Auch wenn es um Themen wie Solaranlagen, Medizintechnik oder modernste Bürokommunikation geht, punktet LEONI mit durchdachten Lösungen – und der Geschäftsbericht glänzt mit ästhetischen Fotos von technischen Details, die mit doppelseitigen

Die in Blau und Grau gehaltenen Grafiken passen sich der Farbstimmung des Berichts bestens an und dienen dem Leser gleichzeitig der schnellen Erfassung wichtiger Daten wie Umsatz, Leistungsspektrum oder Mitarbeiterentwicklung.

Bildern etwa von Solaranlagen oder futuristischen Hochhauslandschaften kombiniert werden. Auch hier haben die Gestalter konsequent auf die Verwendung blauer Motive geachtet. Die Farbe findet sich auch in den zahlreichen Diagrammen, Karten und Tabellen des ab Seite 38 beginnenden obligatorischen Teils des Geschäftsberichts wieder. Hier werden im Konzernlagebericht alle strategischen Aspekte der beiden Unternehmensbereiche Wiring Systems und Wire & Cable Solutions ausführlich behandelt, bevor dann der komplett auf hellblauem Fond gehaltene Konzernabschluss folgt. Zum Abschluss kann der Leser in der aufgeklappten hinteren Umschlagseite noch einen Blick auf eine Welt- und eine Europakarte mit allen Standorten von LEONI werfen. Ein darunter befindliches Diagramm erläutert die Konzernstruktur des Unternehmens und zeigt, dass es für fast alle namhaften Automobilhersteller der Welt bei LEONI eine eigene Business Group oder Business Unit gibt. So ist die Botschaft dieses sehenswerten Geschäftsberichts eindeutig: Wenn es um Vernetzung geht, laufen alle Fäden an einem Ort zusammen. Und der heißt Nürnberg.

FINANZKENNZAHLEN

Stand: 31.12.2010
Rechnungslegung nach IFRS

Börsensegment: Prime Standard

WKN: 540888

Umsatz: 2.956 Mio. Euro

Ergebnis je Aktie: 2,26 Euro

Dividende: 20,79 Mio. Euro

EBIT: 130,7 Mio. Euro

Eigenkapital: 481,2 Mio. Euro

Marktkapitalisierung: 978,6 Mio. Euro

Mitarbeiter: 55.156 (weltweit)

Der nächste Geschäftsbericht erscheint im März 2012

INFORMATION

LEONI AG
Marienstraße 7
90402 Nürnberg
Dr. Bernd Buhmann
Corporate Communications
Fon: 0911 2023 323
Fax: 0911 2023 231
info@leoni.com
www.leoni.com

Online-Bericht vorhanden

Linde AG

Prof. Dr.-Ing. Wolfgang Reitzle, Vorsitzender des Vorstands

Nichts erfasst das Wesen der Olympischen Spiele wohl prägnanter als das sprichwörtliche Höher-Schneller-Weiter. Die Parallelen zur Welt der Wirtschaft sind offensichtlich, konzentriert sich doch auch sie auf Durchsetzungsvermögen, Erfolgsstreben und den Willen, unablässig an sich zu arbeiten. Diesen Zusammenhang sieht auch Prof. Dr. Wolfgang Reitzle, Vorsitzender des Vorstands der Linde AG, wenn er auf die „sportliche Leistungskultur der stetigen Verbesserung" verweist, die in der Linde Group herrscht. So ist es nur konsequent, dass auch der Titel des Linde-Geschäftsberichts 2010 „Stetig besser" lautet. Die Publikation besteht aus zwei Teilen: dem fast 230 Seiten starken Finanzbericht und dem schlankeren, 80-seitigen Annual. Beide sind in einem ästhetisch anmutenden Schuber zusammengefasst, dessen Vorderseite eine neunteilige Bildstrecke ziert, die sich auf dem Cover des Annuals wiederholt. Die Motive lenken den Blick des Betrachters unmittelbar auf einen essenziellen Erfolgsfaktor von Linde: die intelligente Symbiose von Mensch und Technik, wobei der Mensch immer das Maß der Dinge bleibt.

Schlägt man die Publikation auf, wird das Auge von einem satten Blau verwöhnt. Die beruhigende Unternehmensfarbe passt gut zu dessen stabiler, verlässlichen Performance. Schließlich hat die Linde Group als ein weltweit führendes Gase- und Engineeringunternehmen die Marktkrise 2008/2009

schnell hinter sich gelassen und im Geschäftsjahr 2010 mit rund 48.500 Mitarbeitern einen Umsatz von 12,868 Mrd. Euro erzielt. Das Umsatzplus von 14,8 % darf man in diesem Zusammenhang als beachtlich bezeichnen. In der vorderen Einbandklappe wird neben den herausragenden Zahlen auch die sogenannte Linde Welt anschaulich visualisiert. Wussten Sie, dass das in drei Divisionen aufgeteilte Unternehmen in über 100 Ländern der Erde vertreten ist? Diese beeindruckende Internationalität und globale Präsenz ist ebenso charakteristisch für Linde wie die klare Vision, die sich dem Leser gleich zu Beginn präsentiert: „Wir werden das weltweit führende Gase- und

Die beeindruckende Luftaufnahme der ecuadorianischen Hauptstadt Quito, wo unter anderem medinzinische Gase von Linde zum Einatz kommen.

Engineeringunternehmen sein, dessen Mitarbeiter höchste Wertschätzung genießen und das innovative Lösungen bietet, die die Welt verändern." Das ist selbstbewusst, überzeugend und gibt, ganz im Sinne von Wolfgang Reitzles Leitgedanken der sportlichen Leistungskultur, ein ambitioniertes Ziel vor: stetig besser zu werden.

Und exakt dieses Leitmotiv wird im weiteren Verlauf der Publikation anhand von fünf Fragen dekliniert, die sich unter einer übergeordneten Aufgabenstellung subsumieren lassen: Welchen Beitrag kann ein innovativer Technologiekonzern leisten, um die gesamtgesellschaftlichen Aufgaben zu meistern und dabei zugleich erfolgreich zu wirtschaften?

Das erste Kapitel widmet sich den Linde-Mitarbeiterinnen und –Mitarbeitern in aller Welt, aus deren Sicht die Frage formuliert ist: „Was treibt uns an, unser Bestes zu geben?" Dazu kommt unter anderem der auf Seite 7 großformatig porträtierte Moloy Banerjee zu Wort, der für Lindes Gasegeschäft in Indien zuständig ist. Zusammen mit Andrew Mole, Projektleiter bei Linde Engineering, wird er auf den Seiten 6 bis 11 eingehend zum Projekt in Jamshedpur interviewt, wo zurzeit die größte Luftzerlegungsanlage Indiens entsteht.

Linde-Mitarbeiter im Fokus: Wer beteiligt wird, kann auch Dinge verändern. Die Linde-Unternehmenskultur fördert dieses Engagement.

Mit Luft kennt sich Linde schließlich aus, und luftig ist wohl auch das passende Attribut für die stimmige Art und Weise, wie dieses Interview gestalterisch in Szene gesetzt wird. Kurze, konzise Textblöcke scheinen regelrecht auf den Seiten zu schweben, die von glänzend fotografierten Motiven dominiert werden. Die lebendigen Fotos der Linde-Mitarbeiter vermitteln, was echtes Teamwork bedeutet. Die Doppelseite 12/13 enthält ein Interview mit Frau Sapna Sood aus dem Bereich Konzernstrategie, die überzeugt ist: „Ich kann etwas verändern". Durch diese explizite Personalisierung wird das Unternehmen greifbar, gewinnt Kontur und ein menschliches Gesicht. Wer sich intensiver in das Thema einlesen möchte, wie entscheidend qualifizierte und motivierte Mitarbeiter für den nachhaltigen Erfolg eines Unternehmens sind, kann dies anhand des exzellent geschriebenen Essays auf den Seiten 14 bis 17 tun. Abgerundet wird diese differenzierte Beantwortung der Eingangsfrage durch den Komplex „Wissenswertes". Aussagekräftige, farbenfrohe Grafiken visualisieren hier Aspekte wie kulturelle Unterschiede bei Motivationsfaktoren im Arbeitsalltag und dokumentieren ein höchst innovatives Informationsdesign.

Die originellen Grafiken sind mit „Wissenswertes" betitelt und zeigen dem Leser relevante und interessante Aspekte aus den Bereichen Mitarbeiter, Technologie und Umwelt.

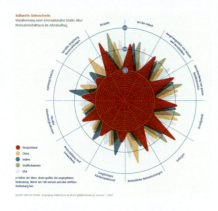

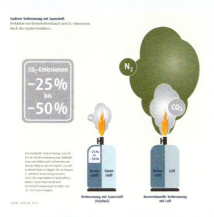

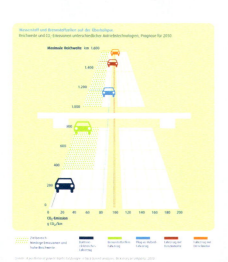

Genau diese Abfolge von motivstarkem Einstieg, Interviews, Essay und grafischer Veranschaulichung findet sich auch bei den Ausführungen zu den vier anderen Fragen wieder: „Wodurch wird ein Produkt wertvoll?", „Wie geht man behutsam mit Umwelt und Ressourcen um?", „Kann ein globales Unternehmen ein guter Nachbar sein?", „Ist Erfolg planbar?" So stellt sich das Linde-Annual 2010 stringent und thematisch geschlossen dar und fasziniert zugleich durch seine beeindruckenden, großformatigen Fotos. Motive wie das der unberührten Natur Ecuadors oder der atemberaubenden Skyline Shanghais unterstreichen dabei gezielt die Kernaussage des betreffenden Kapitels. Klar und informativ dagegen der Aufbau des seriös auftretenden, ganz in Blau und Weiß gehaltenen Finanzberichts. Insgesamt eine Publikation auf höchstem Niveau, die der ambitionierten Vorgabe des „Stetig besser" auf jeder Seite mehr als gerecht wird.

FINANZKENNZAHLEN

Stand: 31.12.2010
Rechnungslegung nach IFRS

Börsensegment: DAX

ISIN: DE0006483001

Umsatz: 12.868 Mio. Euro

Ergebnis je Aktie: 6,89 Euro

Dividende: 374,7 Mio. Euro

EBIT: 1.933 Mio. Euro

Eigenkapital: 11.362 Mio. Euro

Marktkapitalisierung: 19.337 Mio. Euro

Mitarbeiter: 48.430 (weltweit)

Der nächste Geschäftsbericht erscheint im März 2012

INFORMATION

Linde AG
Klosterhofstraße 1
80331 München
Uwe Wolfinger
Externe Kommunikation/
Corporate Communications
Fon: 089 35757-1320
Fax: 089 35757-1398
uwe.wolfinger@linde.com
www.linde.com

Online-Bericht vorhanden

Agentur
Peter Schmidt Group GmbH, Hamburg
www.peter-schmidt-group.de

 siehe Sonderteil
Seite 380

LPKF Laser & Electronics AG

Der Vorstand (v.l.n.r.):
Dr. Ingo Bretthauer (Vorsitzender),
Kai Bentz, Bernd Lange

Kaum eine Technologie steht so sehr für absolutes Zukunftshightech wie der Laser. Die „Lichtverstärkung durch stimulierte Emission von Strahlung", so die offizielle Bezeichnung, gehörte zum Standardrepertoire von Comics und Weltraumfilmen. Doch das ist lange her und statt in Lichtschwertern und Kanonen gibt es den Laser heute als innovative Technologie in der industriellen Elektronikproduktion. Dort setzt er sich als effektiveres, präziseres und schnelleres Verfahren in immer mehr Anwendungen gegen andere Methoden durch.

„Durchbruch" ist darum auch der Titel des Geschäftsberichts 2010 der LPKF AG. Das Unternehmen mit Sitz in Garbsen bei Hannover entwickelt und produziert seit 34 Jahren Systeme zur Materialbearbeitung. Aufgrund seiner Technologieführerschaft gehört es in einigen Bereichen der Mikromaterialbearbeitung mit dem Laser zu den weltweit führenden Lasertechnologieunternehmen. Die Ablösung etablierter Produktionsprozesse durch Lasertechnologie ist das erklärte Ziel – der Durchbruch in neue Märkte. Passend illustriert wird dieses Motiv auf dem Cover der 132-seitigen Publikation mit einem großen Ei, in das der Insasse schon ein Loch gepickt hat. Ein paar Schalenstücke liegen am Boden, das Schlüpfen des neuen Geschöpfs steht unmittelbar bevor. Unter dem erwähnten Titel steht die Unterzeile „LPKF auf Erfolgskurs" auf dem weißem Fond der Titelseite, die von einem schmalen silbernen Rand eingerahmt wird – ein unverkennbares Signet für ein Hightech-Unternehmen.

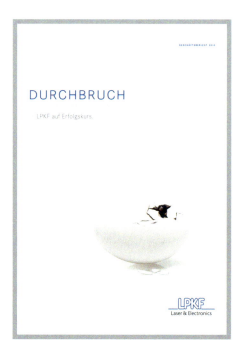

Nach dem Aufschlagen entpuppt sich das geschlüpfte Küken als wahrer Outperformer. Die Kennzahlentabelle auf der linken Seite lässt daran keinen Zweifel. So erzielte LPKF einen Umsatz von 81,2 Mio. Euro und steigerte sich damit um mehr als 30 Mio. Euro im Vergleich zum Vorjahr. Und das, obwohl das Jahr 2009 schon eine unternehmensinterne Höchstmarke gesetzt hatte. Ein EBIT von 17,3 Mio. Euro wurde von den 466 Mitarbeitern des Technologieunternehmens erwirtschaftet. Überproportionalen Anteil an den hervorragenden

Zwei Mädchen haben eine beeindruckende Sandburg gebaut, die einlädt, der Aufforderung „Shape It" nachzukommen und dreidimensionale Kunstwerke zu schaffen – was das wohl mit LPKF zu tun hat?

Zahlen des exportorientierten Unternehmens hat der asiatische Markt. Die Hälfte des Umsatzes wurde hier verzeichnet – und eine Verdopplung im Vergleich zum Vorjahr. Will man nun wissen, welche Märkte und Segmente LPKF auszeichnen, schlägt man die innere Umschlagklappe auf. Ebenfalls in Weiß und Silber, ergänzt um Highlights in der Hausfarbe Königsblau, warten hier verschiedene Diagramme und eine Weltkarte auf den Betrachter. Vor allem Schneid- und Strukturierungslaser machen den Löwenanteil des Geschäfts aus, doch auch Rapid Prototyping, sowie Füge- und Dünnschichttechnologien, die etwa in der Solarbranche angewandt werden, bietet LPKF an. Relevante Märkte sind vor allem der Elektroniksektor, aber auch Kunststoff-Technologie und eben die Photovoltaik. Die Produkte werden über ein weltumspannendes Netz von Vertretungen und Niederlassungen auf allen Kontinenten vertrieben.

Mit welchen Vorteilen die LPKF-Technologie in verschiedenen Branchen zum gewünschten Durchbruch kommt, macht ein eindrucksvoller Imageteil ab Seite 18 deutlich. Fünf doppelseitige Fotos verdeutlichen jeweils eine Laser-Anwendung, für die aber zunächst eine alltägliche Arbeit Pate steht. So etwa unter dem Motto „Cut it!". Hier ist eine Frau beim Gemüseschneiden zu sehen. Erst beim

Ganz einfach: Schlägt der Leser die Seite um, erwartet ihn das ausführliche Porträt eines Schneid- und Strukturierungslasers, mithilfe dessen z. B. innovative Antennen für mobile Geräte produziert werden.

Schneid- und Strukturierungslaser

LASER-DIREKT-STRUKTURIERUNG (LDS)
Mit dem LDS-Verfahren (Laser-Direkt-Strukturierung) hat LPKF in Kooperation mit der Fachhochschule Lippe eine Technologie entwickelt, die auf dem besten Weg ist, die Produktion von bestimmten elektronischen Geräten zu revolutionieren. Die Idee besteht darin, die Leiterplatte als Träger der Leiterbahnen und elektronischer Bauteile durch ein dreidimensionales Kunststoffteil zu ersetzen. Dieser dreidimensionale Schaltungsträger, auch MID (Molded Interconnect Device) genannt, basiert auf modifizierten, LDS-fähigen Kunststoffen, die zu einem dreidimensionalen Formkörper spritzgegossen werden. Anschließend »schreibt« der Laser die Leiterbahnen direkt auf das Kunststoffbauteil. Im dritten Schritt wird das MID in einem chemischen Bad metallisiert. Dabei lagert sich Kupfer auf den vom Laser vorgezeichneten Bahnen an.

Die Entwicklung des LDS-Verfahrens begann vor 15 Jahren, der Durchbruch in die Massenproduktion von Mobilfunkantennen gelang 2009. 2010 wurden bereits mehr als 150 Millionen Antennen mit dem LDS-Verfahren hergestellt. Obwohl das LDS-Verfahren 2009 und 2010 ein sehr starkes Umsatzwachstum verzeichnet hat, befindet sich diese hochinnovative Technologie noch immer in einer Expansionsphase. Das gesamte Spektrum der möglichen Anwendungsbereiche ist derzeit noch nicht absehbar. LPKF hat das LDS-Verfahren weltweit patentiert. Zu den Kunden der LDS-Lasersysteme gehören neben den klassischen Antennenherstellern auch Hersteller von elektronischen Baugruppen und Geräten.

Die Eroberung des Antennenmarkts für Produkte wie Handys, Notebooks und ähnliche elektronische Produkte ist noch lange nicht abgeschlossen. Darüber hinaus eröffnen sich Perspektiven in anderen Anwendungsbereichen, in denen LDS-Bauteile herkömmliche Schaltungsträger ersetzen können. Dazu zählt zum Beispiel die Automobilindustrie oder die Medizintechnik. In diesen Märkten gibt es bereits erste erfolgreiche Anwendungen, der Durchbruch steht allerdings noch aus. Wenn es gelingt, in weitere Marktnischen mit großen MID-Stückzahlen vorzudringen, ist das Wachstumspotenzial des LDS-Verfahrens als hoch einzustufen.

näheren Hinsehen wird deutlich, dass sich auf der rechten Bildseite eine ausklappbare Zweidrittelseite befindet, die in ihrem Inneren ein passendes Produktbeispiel beinhaltet. Hier ist es ein sogenannter PCB-Produktionslaser. Dieses Gerät ist in der Lage, hoch komplexe Leiterplatten aus Folien auszuschneiden – und das bei weitaus geringerer mechanischer oder thermischer Belastung als bei herkömmlichen Verfahren. Jeweils ein Foto des Geräts und des damit erzeugten Produkts machen dies dem Betrachter nicht nur erfolgreich sondern auch unterhaltsam klar. Auf der nächsten Seite geht es, unter dem Slogan „Shape it!" und eingeleitet von Sandburgen bauenden Kindern, um die Möglichkeit, per Laser-Direkt-Strukturierung (LDS) auch dreidimensionale Schaltungsträger zu erzeugen. Weitere Vorteile werden mit „Seal it!", „Catch it!" und „Speed it up!" ebenso griffig umschrieben. So bezeichnet etwa letzterer Ausruf den immensen Zeitvorteil von Rapid Prototyping, das in der Lage ist, einen Prozess der Leiterplattenstrukturierung von drei Tagen auf zwei Minuten zu verkürzen. Die technologischen Voraussetzungen für weitere Durchbrüche sind somit eindeutig gegeben – davon ist der Leser dieses Imageteils schnell überzeugt.

Über die erfolgreiche Umsatzsteigerung der letzten 10 Jahre, die weltweite Präsenz von LPKF oder die erfreuliche Aktienperformance wird der Leser gleich auf der ersten Innenklappe auf einen Blick informiert.

Die schon überzeugten Aktionäre des Unternehmens werden sich freuen. Der nächste Teil der Publikation widmet sich dem Wertpapier von LPKF, das im Berichtszeitraum eine Wertsteigerung von 142 % erfahren hat. Die positive Kursentwicklung zeigt eine begleitende Grafik, die auch klar macht, wie gemächlich sich die relevanten Indizes TecDAX und SDAX im Vergleich entwickelten. Im Anschluss folgen die weiteren obligatorischen Kapitel des Geschäftsberichts wie Konzernlagebericht und Konzernabschluss, jeweils eingeleitet von Kapiteltrennern auf komplett silbernem Fond. Eine dem Laserhersteller angemessene Präzision und Klarheit zeichnet auch das umfassende Tabellenwerk aus, das die Geschäftszahlen in allen gewünschten Aspekten darlegt. So bleibt nach der Lektüre dieser spannenden Publikation aus der Welt der starken Lichtstrahlen kein Zweifel – dem Laser gehört auch in der Industrie die Zukunft.

FINANZKENNZAHLEN

Stand: 31.12.2010
Rechnungslegung nach IFRS

Börsensegment: Prime Standard

WKN: 645000

Umsatz: 81,2 Mio. Euro

Ergebnis je Aktie: 1,10 Euro

Dividende je Aktie: 0,40 Euro

EBIT: 17,3 Mio. Euro

Eigenkapital: 51,4 Mio. Euro

Marktkapitalisierung: 133,4 Mio. Euro

Mitarbeiter: 466

Der nächste Geschäftsbericht erscheint am 27. März 2012

INFORMATION

LPKF Laser & Electronics AG
Osterriede 7
30827 Garbsen
Bettina Schäfer
Investor Relations
Fon: 05131 7095-1382
Fax: 05131 7095-90
bettina.schaefer@lpkf.com
www.lpkf.com

Agentur
CAT Consultants GmbH & Co., Hamburg
www.cat-consultants.de

Mainova AG

Der Vorstand (v.l.n.r.):
Lothar Herbst,
Dr. Marie-Luise Wolff,
Dr. Constantin H. Alsheimer,
Joachim Zientek

Ohne Energie könnten wir nicht existieren. Sie hält uns am Leben, hilft uns zu denken, uns zu bewegen, zu kommunizieren und zu produzieren. Sie ist überall wirksam, im kleinsten wie im größten – aber sehen können wir sie nicht. Wir sehen die Rohstoffe, aus denen sie gewonnen wird, unsere Nahrung oder das Benzin, das wir tanken. Und wir sehen ihr Wirken – als Bewegung und als Licht. Niemand weiß das besser als diejenigen, die uns mit der Energie versorgen, die wir für unser modernes Leben benötigen. Und damit sind wir direkt bei der Mainova AG und ihrem Geschäftsbericht 2010.

Die Mainova AG agiert als regionaler Energieversorger im Rhein-Main-Gebiet mit Hauptsitz in Frankfurt. Zu ihren Aufgabenfeldern zählt die Versorgung von Privat- und Geschäftskunden mit Strom, Gas, Wärme und Wasser. Ihr Versorgungsgebiet umfasst neben der Stadt Frankfurt am Main rund 30 Städte und Gemeinden in der Rhein-Main-Region, darüber hinaus beliefert das Unternehmen Strom- und Gasversorger in der Region sowie in Thüringen, Oberhessen und Unterfranken. Der Konzern, der seine Geschäfte über vier Tochtergesellschaften abwickelt, ist seit 1998 unter dem Namen Mainova AG börsennotiert und ging aus dem Zusammenschluss der Stadtwerke Frankfurt am Main GmbH und der Maingas AG hervor. Mitten in einer der größten Wachstumsregionen Deutschlands operiert das Unternehmen dicht am Puls der Zeit, und sein Geschäftsbericht 2010

vermittelt davon einen so lebendigen Eindruck, dass wir fast glauben könnten, sie sehen zu können, die Energie.

Licht und Bewegung bilden das Leitmotiv des rund 165 Seiten starken Berichts. Auf seinem Umschlag blicken wir vom Taunus aus über die gesamte Region hinweg auf Frankfurt bei Nacht – hell erleuchtet die City-Skyline. Vorne, vor schwarzen Fond, leuchten zwei farbige Lichtspuren wie die Kurven eines Strommessgeräts. Hell auf nachtblauem Grund finden wir auf der Innenseite des stabilen Umschlags eine Darstellung der Vertriebs- und Versorgungsgebiete der Mainova AG sowie ein kurzes

„innovativ" leuchtet es dem Leser entgegen, Energie wird hier sichtbar gemacht, farbig leuchtend, strahlend, positiv und dynamisch - die perfekt inszenierte Bildsprache überzeugt in jeder Hinsicht und macht Lust auf mehr.

Firmenprofil. Auch das Inhaltsverzeichnis präsentiert sich weiß auf blau auf einer Doppelseite – rechts klassisch mit Kapiteln und Seitenzahlen, während links vier weiße Symbole, ein Stern, ein Blatt, Geldmünzen und eine Hand die Themen für den Image-Teil vorgeben. Die Symbole stehen für die Unternehmenswerte „innovativ", umweltbewusst", „wirtschaftlich" und „engagiert". Sie tauchen auf den Seiten das Magazins am oberen Bildrand zur Orientierung wieder auf.

Die Publikation gliedert sich in drei Teile. Das Einleitungskapitel, mit „Profil" betitelt, enthält den Bericht des Aufsichtsrats, den Brief an die Aktionäre und, wie im Jahr zuvor, ein Interview mit den vier Mitgliedern des Vorstands, die das vergangene Geschäftsjahr bewerten und einen Blick in die Zukunft riskieren. Für den Energieversorger standen dabei besonders die Veränderungen innerhalb der Energiebranche im Fokus, die nach dem Atomunglück im japanischen Fukushima neue Brisanz gewonnen haben. Es wird erklärt, wie sich große politische Konzepte auf lokaler Ebene auswirken, und dass gerade die regionalen Energieversorgungsunternehmen Alternativen zur derzeitigen Energiepolitik bieten können. Die Mainova AG setzt auf ein gemischtes Portfolio aus konventionellen und regenerativen Energiequellen sowie Fernwärme, beteiligt sich an lokaler Energiegewinnung

Als „Wektsatt der Moderne" wird das Areal Riedberg bezeichnet, auf dem Forschung und moderne Architektur vereint sind – und Mainova liefert die notwendige und nachhaltig erzeugte Energie, die es zum Forschen und Leben braucht.

etwa durch Blockheizkraftwerke und bringt ihr Know-how auch im Bereich IT und Immobilien zum Einsatz, wo sie insbesondere in Energieeffizienz und Nachhaltigkeit investiert.

Im zweiten Teil des Geschäftsberichts, dem Magazin, stellt das Unternehmen, das sich vor allem der Nähe zum Kunden verpflichtet sieht, diese Strategie vom Kopf auf die Füße. Im Stil eines farbenfrohen Journals, reichlich bebildert und leicht lesbar durch seine blauen Überschriften und Zwischentexte, zeigt es verschiedene Aspekte der täglichen Arbeit. Jedem der vier Kapitel ist eines der Symbole aus dem Inhaltsverzeichnis zugeordnet. Sie berichten von innovativen Bauprojekten wie dem Areal Riedberg der Goethe-Universität oder dem neuen Umspannwerk unter der Frankfurter Hochstraße, von umweltbewussten Vorhaben wie dem intelligenten Stromnetz für die Elektromobilität, den wirtschaftlich ausgewogenen Angeboten, die die Mainova AG für ihre privaten und gewerblichen Kunden entwickelt und schließlich von engagierter Arbeit – zum Beispiel der Mitarbeiter, die lange vor Sonnenaufgang die Straßenlampen warten. Das Magazin bebildert den bürgernahen Ansatz des Unternehmens mit Gesichtern und Geschichten aus dem kommunalen Leben und macht mit leichter Hand sichtbar, was die Arbeit eines Energieversorgers für die Metro-

Die Welt der Mainova, also Vertriebs- und Versorgungsgebiet, wird dem Leser gleich auf der ersten Innenklappe präsentiert, weitere Grafiken wie das Modellbild der Biogasanlage sorgen im weiteren Berichtsverlauf für Aufklärung.

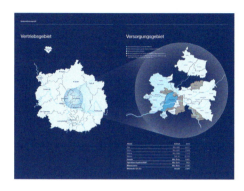

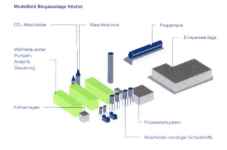

polregion tatsächlich bedeutet. Licht und Bewegung – vor jedem Abschnitt des Magazins wird dieses Thema erneut aufgegriffen; eine Person, von der auf den folgenden Seiten die Rede sein wird, hält vor der Kulisse des abendlichen Frankfurts das Symbol des Kapitels in der Hand, Stern, Blatt, Geld oder Hand, die eine zweifarbigen Lichtspur hinter sich herziehen, so als sei das Bild in Bewegung aufgenommen worden.

Dem Magazin folgt der Abschnitt „Zahlen", der dem bewegten Layout des Magazins optische Ruhe entgegensetzt. Die Dynamik liegt hier in den Zahlen selbst, die ruhige Gestaltung sorgt für die nötige Übersichtlichkeit. Nachtblau gesetzte Überschriften, Randbemerkungen und grafische Elemente tragen auch hier wesentlich zur Lesbarkeit bei. Den Abschluss bildet ein kleines Glossar, das die wichtigsten Begriffe der modernen Energieversorgung kurz erläutert und uns noch einmal in geraffter Form vor Augen führt, was die unsichtbare Dynamik unseres Alltags tatsächlich in Bewegung hält.

FINANZKENNZAHLEN

Stand: 31.12.2010
Rechnungslegung nach IFRS

Börsensegment: General Standard

WKN: 655340

Umsatz: 1.671 Mio. Euro

Ergebnis je Aktie: 27,59 Euro

Dividende: 9,48 Mio. Euro
(an außenstehende Aktionäre)

EBIT: 84,8 Mio. Euro

Eigenkapital: 943 Mio. Euro

Marktkapitalisierung: 20,8 Mio. Euro

Mitarbeiter: 2.884

Der nächste Geschäftsbericht erscheint im April 2012

INFORMATION

Mainova AG
Solmsstraße 38
60623 Frankfurt am Main
Tilo Maier
Konzernkommunikation
Fon: 069 213-83514
Fax: 069 213-29482
t.maier@mainova.de
www.mainova.de

Online-Bericht vorhanden

Agentur
mpm Corporate Communication Solutions GmbH, Mainz
www.digitalagentur-mpm.de

MediGene AG

Der Vorstand: Arnd Christ (links) und Dr. Frank Mathias (Vorsitzender)

Wirtschaftliches Handeln bedeutet, verantwortlich Risiken einzugehen, um Chancen zu nutzen. Während es naturgemäß leicht fällt, die daraus resultierenden Erfolge zu erzählen, bleibt es eine Herausforderung, ein schwierig verlaufenes Geschäftsjahr angemessen darzustellen. Die MediGene AG – Deutschlands erstes Biotech-Unternehmen mit Medikamenten auf dem Markt – hat bereits mit dem Titel ihres Geschäftsberichts für das Jahr 2010 den richtigen Ton gefunden. Er lautet „Neue Abschnitte". Darin steckt sowohl die Trennung von dem, was nicht zum Erfolg geführt hat, als auch der Aufbruch zu neuen Zielen.

Formal gehört dazu, sich optisch wie textlich auf das Wesentliche zu konzentrieren. Auf dem Umschlag ist die Titelzeile bis in den Anschnitt gesetzt und hebt sich mit den hellgrauen, lackierten Versalien dezent, aber gut lesbar vom mattweißen Untergrund ab. Das im Vergleich zum DIN A 4-Format etwas verkürzte Heft erhält dadurch eine mehr in die Breite gehende Wirkung, was den haptisch gewichtigen Eindruck unterstreicht. Den Gegenpol zum weißen Umschlag bildet ein farbiger Einstieg mittels einer vollflächig roten Seite, auf der in großen weißen Lettern zwei Sätze mit dem Mission Statement platziert sind. Das untere Seitendrittel enthält ein zweispaltiges Inhaltsverzeichnis. Das Titelthema wird auf den vier folgenden Doppelseiten farbenfroh und abschnittweise entwickelt. Die Einstiegsseite „Neue Abschnitte" nimmt das Rot der ersten Seite auf, das dem Rot des Logos entspricht. Ein knapper Text mit einem Dutzend Zeilen auf der linken Hälfte erläutert, warum das Jahr 2010 einen Wechsel in der Unternehmensgeschichte markiert. Ein diagonaler Schnitt über die rechte Seite legt drei weitere Abschnitte auf den Folgeseiten frei, die in Blau, Violett und Grün die Themen Vermarktung, Entwicklung sowie Finanzen und Strategie ansprechen. Da jede Seite in einem anderen Winkel angeschnitten ist, sind alle Titel mosaikartig zu sehen – neue Abschnitte eben. Die Texte, mit denen diese neuen Abschnitte in der Unternehmensstrategie erläutert

Neue Abschnitte – blau, grün, pink und rot leuchtet es dem Leser entgegen, wenn er den Bericht aufschlägt, der ihm die neue Strategie der MediGene AG anschaulich und grafisch plastisch in Szene gesetzt erläutert.

werden, sind präzise, auf den Punkt gebracht und klar formuliert. Diese Transparenz wird auch durch die weiße Schrift transportiert, die sich gut lesbar von den farbigen Seiten abhebt.

Und da jede Botschaft auch an ihrem Boten gemessen wird, steht das Vorstandsduo nach den einleitenden Seiten ausführlich Rede und Antwort. Auf direkte Fragen wie zur Veräußerung des Hauptumsatzträgers gibt es konkrete Antworten. Das wirkt authentisch, nachhaltig und vertrauenerweckend. Und diesem Eindruck persönlicher Verantwortung trägt auch die Gestaltung Rechnung. Auf der ersten Doppelseite gibt es ein gemeinsames schwarz-weißes Porträtfoto des Führungsduos. Es ist freigestellt und zeigt den Vorsitzenden Dr. Frank Mathias und den neuen Finanzvorstand Arnd Christ in lockerer, bodenständiger Haltung stehend, die Blicke fest auf den Leser gerichtet. Den persönlichen Eindruck verstärken zwei Kurzlebensläufe und Zitate, die sowohl auf dieser als auch auf der nächsten Doppelseite in großer Type hervorgehoben sind, genauso wie kleinere Fotografien aus der Interviewsituation. Auch der Titel „Neue Abschnitte" wird wieder aufgenommen. Die ersten Buchstaben laufen in den rechten Anschnitt der ersten Doppelseiten, der Rest folgt auf der zweiten Doppelseite und bildet so eine optische Klammer. Grafisch geben diese vier Seiten den Ton vor.

Der Vorstand steht mit seiner ganzen Person hinter den ambitionierten Zukunftsplänen und gibt im Interview bereitwillig und überzeugend Auskunft, warum es richtig ist, neue Wege zu gehen, um die Position von MediGene festigen.

Zwei breite Spalten dominieren das Seitenbild. Die serifenlose Type wirkt leicht. Mit roten und schwarzen Fettungen werden die Namen und die Fragen hervorgehoben, als weitere Auszeichnung kommen bei den Überschriften und Zitaten Graustufen hinzu. Das wirkt großzügig auf dem glatt gestrichenen, griffigen Papier.

Die Entwicklung und Vermarktung von Medikamenten ist eine komplexe Materie. Diesem Thema widmet sich der zweite Themenblock. Dabei setzt man auf eine Kombination aus Text und verschiedenen Infografiken und Zeichnungen. So ist der Einstieg ins Thema mit einem einspaltigen knappen Absatz in größeren blassgrauen Lettern gestaltet. Eine Infografik veranschaulicht leicht nachvollziehbar die Phasen von der Forschung bis zur Marktreife und bedient sich dabei einer Kombination aus Text, Piktogrammen und Zeitschiene.

Vier Medikamente und eine Impfstofftechnologie, die sich gegen Krebs und Autoimmunerkrankungen richten, werden so erläutert. Unter einer roten Überschrift mit dem Produktnamen steht ein hellgrauer Lead aus drei Spiegelstrichen. Es folgen unterschiedlich lange Texte, die jeweils mit einer schwarzen Zwischenzeile für einen Ausblick enden. Dazu gibt es in der rechten Spalte Zeichnungen

Der anspruchsvolle Bericht scheut sich nicht, in medias res zu gehen und dem Leser die einzelnen Schritte von der Entwicklung eines Medikaments bis zu seiner Marktreife anhand von Texten und Grafiken zu erläutern. und Grafiken, die den Text für Laien nachvollziehbar illustrieren. Komplexe Themen werden so inhaltlich und grafisch auf den Punkt gebracht. Ein detailliertes Inhaltsverzeichnis auf einer roten Vorschaltseite leitet in die Finanzinformationen über, die inklusive Anhang, Glossar und ausführlichem Abschnitt zur Corporate Governance über 75 % dieses Geschäftsberichts ausmachen. Damit liegt der Schwerpunkt klar auf dem Nutzwert für Geschäftspartner und Investoren. Der zweispaltige Satzspiegel wird hier auf seine Grundelemente reduziert. Anders als im Interview, wo die Textblöcke innerhalb der Spalten frei verteilt waren, sind sie hier am oberen Seitenrand ausgerichtet und variieren nur in der Länge. Zahlreiche Zwischenüberschriften führen durch die Texte. Tabellen und Balkengrafiken sind minimalistisch angelegt und kommen mit Grau und Rot zur Auszeichnung aus. Auch das unterstreicht: Bei MediGene hat der neue Abschnitt einen klaren Fokus.

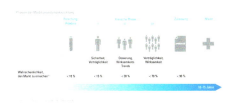

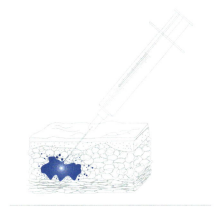

Eligard®-Verabreichung (Querschnitt Haut, Spritze)

Medikamenten-Pipeline

FINANZKENNZAHLEN

Stand: 31.12.2010
Rechnungslegung nach IFRS

Börsensegment: Prime Standard

WKN: 502090

Umsatz: 49,7 Mio. Euro

Ergebnis je Aktie: -0,49 Euro

EBITDA: -12,8 Mio. Euro

Eigenkapital: 40,8 Mio. Euro

Marktkapitalisierung: 103 Mio. Euro

Mitarbeiter: 92

Der nächste Geschäftsbericht erscheint im März 2012

INFORMATION

MediGene AG
Lochhamerstraße 11
82152 Martinsried
Julia Hofmann
Corporate Communications
Fon: 089 8565-290
Fax: 089 8565-2920
investor@medigene.com
www.medigene.com

Agentur
Kirchhoff Consult AG, Hamburg
www.kirchhoff.de

Messe Frankfurt GmbH

Wolfgang Marzin, Vorsitzender der Geschäftsführung

Messen veranstalten heißt mehr, als Menschen zusammenzubringen. Messen bündeln Neuigkeiten, Emotionen, Ideen, Gespräche und Geschäfte. Genau das macht auch der Geschäftsbericht 2010 der Messe Frankfurt – auf sehr elegante Weise. In Grau und Weiß gehalten, wirkt bereits das Cover der Publikation hochwertig und zurückhaltend edel. Gleichzeitig signalisiert die schlichte Gestaltung jedoch auch Offenheit, Aufbruch, Klarheit und das Hinterfragen von Dingen. „Wir finden Antworten" lautet der passende Titel, der dem Betrachter dank seiner roten Farbe gleich ins Auge sticht. Dabei beschäftigt sich der Jahresrückblick vor allem mit einer Frage: „Messen im ‚digitalen Zeitalter' – passt das noch?" Schon im Editorial kommt die Messe Frankfurt zu einem eindeutigen Ergebnis: „Das passt, und das passt besser denn je!" Schließlich vollzieht das Web 2.0 auf digitaler Ebene mit seinen Mitteln das, was Messen schon seit Hunderten von Jahren erfolgreich tun: Es vernetzt Angebot und Nachfrage aus aller Welt miteinander, Einkäufer und Anwender treffen auf Produzenten und Gestalter, Forscher und Entwickler.

Das Thema Vernetzung steht also im Mittelpunkt der Publikation, die auf 92 Seiten zeigt, dass die Messe Frankfurt das Web 2.0 und seine Weiterentwicklung nicht zu fürchten braucht. Im Gegenteil: Sie weiß geschickt, das Beste aus der analogen Welt mit den Vorteilen der digitalen Welt zu verbinden – was uns zurück zum Cover des Geschäftsberichts bringt. Als Sinnbild dieses Zusammenspiels sind hier neben dem Titel auch Menschen zu sehen, die – wie in der digitalen Welt üblich – ausschließlich aus grauen Punkten in verschiedener und in sich variabler Dicke bestehen.

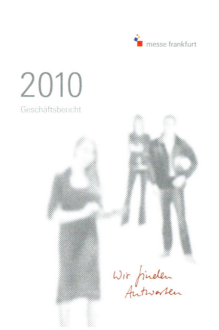

Das von namhaften Architekten geprägte Areal der Messe Frankfurt ist das zweitgrößte Messegelände der Welt. 2010 fanden hier 36 Messen in den Bereichen Konsumgüter, Textil, Architektur, Technik und Design sowie Automobiltechnik statt, mit über 42.300 Ausstellern und rund 1,47 Millionen Besuchern. Mit 448,3 Mio. Euro hat das Unternehmen im ver-

Alexamdra d'Archangelo erläutert den Lesern, wie man aus einer Woche Messe ein ganzes Jahr macht: Indem man sich digital vernetzt via Social Media und so Besucher und Aussteller stes mit den neuesten Trends versorgt.

Wie verlängern wir fünf Messetage auf ein ganzes Jahr?

Vernetzt | Digitale Interaktion
Für Alexandra d'Archangelo, Marketing Managerin der Texworld USA, stehen Dienstage ganz im Zeichen textiler Trends – via Social Media. Mit der Online-Kampagne #textile-tuesday tritt sie per Facebook und Twitter Neuigkeiten aus der Textilbranche mit – und vernetzt gezielt Aussteller und Besucher über den reinen Messebesuch in New York, Paris, Schanghai oder Frankfurt hinaus.

gangenen Jahr den bisher höchsten Umsatz seiner Geschichte erzielt. Schon nach dem ersten Umblättern erfährt der Leser einige dieser beeindruckenden Daten und Zahlen „auf einen Blick". Übersichtliche Tabellen zeigen die wichtigsten Konzernzahlen der letzten fünf Jahre, wobei das Jahr 2010 zusätzlich grau hinterlegt ist.

Im folgenden Inhaltsverzeichnis, das sich großzügig auf zwei Seiten erstreckt, wird das zentrale Thema der Vernetzung wieder aufgegriffen. Ausgehend von einem roten Knotenpunkt, der hier für den Geschäftsbericht 2010 steht, verlaufen gestrichelte Linien zu den einzelnen Kapiteln. Dieses gestalterische Element zieht sich wie ein roter Faden durch die gesamte Publikation und dient neben dem optischen Zusammenhalt der einzelnen Seiten häufig auch der stichwortartigen Zusammenfassung wichtiger Themen. Im weiteren Berichtsverlauf wird jedes Kapitel durch eine kreativ und emotional gestaltete Doppelseite eingeleitet. Großformatige Schwarz-Weiß-Fotos mit Mitarbeitern des Unternehmens sind das bestimmende Element. Passend zum Titel des Jahresrückblicks leitet statt einer Überschrift eine Frage das Thema des jeweiligen Abschnitts ein. Den Anfang macht die Geschäftsführung: „Wie gestalten wir die Zukunft der Messe Frankfurt" lautet die Frage, die im

Wenn es um Konsumgüter geht, spielen die Frankfurter mit Messen wie tendence oder ambiente ganz vorne mit – dem Leser gewährt der Bericht einen Einblick in das breite Angebot des hessischen Messeplatzes.

folgenden vierseitigen Interview von dem Führungstrio selbst beantwortet wird. Mit neuen Messen, innovativen Veranstaltungs- und Kommunikationsplattformen sowie einer nachhaltigen Unternehmensführung wolle man die führende Rolle in der weltweiten Messebranche weiter ausbauen, heißt es. Eine große Stärke sei dabei die Vielfalt der Talente und Qualifikationen unter den Mitarbeitern. Schließlich entstehen Messen erst durch das Zusammenwirken eines internationalen Netzwerks von Menschen, die ihr Expertenwissen und ihr Branchen-Know-how einbringen.

Blättert der Leser weiter, erhält er einen Überblick über das digitale Angebot der Messe Frankfurt, das von Smartphone-Apps über Social-Media-Kommunikation bis hin zur branchen- und veranstaltungsübergreifenden Sourcing-Plattform „productpilot.com" reicht. So wird schnell klar, wie es das Unternehmen schafft, fünf Messetage auf ein ganzes Jahr zu verlängern. Die Frage „Wie bringen wir Menschen, Produkte und Ideen zusammen?" wird mit einem globalen Streifzug beantwortet, auf dem der Leser die von der Messe Frankfurt rund um den Erdball ausgerichteten Messen und Veranstaltungen kennenlernt. Sei es die Beautyworld in Dubai, die Automechanika in Südafrika oder die Prolight + Sound in Shanghai, die Messe Frankfurt stellt in ihrem Geschäftsbericht ein-

Zahlen und Fakten wie Umsatz oder Organigramm der Messegesellschaft werden für den Leser anhand verschiedener Grafiken im Finanzteil des Berichts visualisiert.

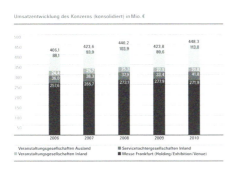

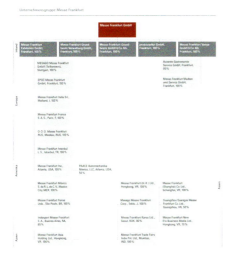

drucksvoll zur Schau, wie sie ihre „Produkte" dank der weltweiten Vernetzung zu Exportschlagern entwickelt.

Daran an schließt sich das Kapitel „Gesamtaktivitäten der Messe Frankfurt 2010". Es fungiert als Bindeglied zwischen dem emotionalen und symbolträchtigen Imageteil und dem Zahlenwerk. Dieses bildet auf knapp über 40 Seiten den Abschluss des Geschäftsberichts und hebt sich optisch klar vom Rest der Publikation ab: Hier wird komplett auf Fotos und Illustrationen verzichtet; zudem ist der gesamte Zahlenteil oben und am äußeren Rand von einem grauen Rahmen umgeben. Der einzige Farbtupfer ist ein dunkles Rot, das zur Auszeichnung von Überschriften und teilweise auch in den anschaulichen Grafiken, Tabellen und Diagrammen vorkommt. Am Ende hat der Geschäftsbericht Wort gehalten: Er liefert nicht nur die Antwort auf die Frage nach der Relevanz von Messen, sondern zeigt eindrucksvoll, dass die Messe Frankfurt für die digitale Zukunft gut gerüstet ist.

FINANZKENNZAHLEN

Stand: 31.12.2010
Rechnungslegung nach HGB

Umsatz: 448 Mio. Euro

Mitarbeiter: 1.629

Der nächste Geschäftsbericht erscheint im Juni 2012

INFORMATION

Messe Frankfurt GmbH
Ludwig-Erhard-Anlage 1
60327 Frankfurt
Kai Hattendorf
Unternehmenskommunikation
& Marketing
Fon: 069 7575-5652
www.messefrankfurt.com

Agentur
Edenspiekermann AG, Berlin
www.edenspiekermann.com

METRO GROUP

Eckhard Cordes,
Vorstandsvorsitzender

Die METRO GROUP befindet sich im Wandel. Mit seinem auf vier Jahre angelegten Programm Shape 2012 hat der Konzern, der zu den führenden internationalen Handelsunternehmen zählt, die Weichen für mehr Wachstum und mehr Ertrag gestellt. Das Effizienz- und Wertsteigerungsprogramm bewegt und beschleunigt die METRO GROUP. Fünf strategische Werttreiber sind dabei wesentlich für den langfristigen Erfolg: Kundenorientierung, Internationalisierung, Effizienz, Innovation und Nachhaltigkeit. Sie haben genauso wie Shape 2012 dazu beigetragen, dass die METRO GROUP im Jahr 2010 einen Meilenstein erreicht hat und das beste Ergebnis in ihrer Unternehmensgeschichte erzielen konnte. Mit seinen Vertriebslinien und Gesellschaften Metro Cash & Carry, Real, Media Markt und Saturn, Galeria Kaufhof sowie der heutigen METRO PROPERTIES erwirtschaftete der Konzern 67,3 Mrd. Euro Umsatz. Das Herzstück der METRO GROUP aber sind die rund 280.000 Mitarbeiter, die sich in 33 Ländern für ihr Unternehmen und für die Kunden stark machen. Sie tun dies mit Leidenschaft und Know-how und sie können stolz sein auf den erzielten Erfolg: Das betont der Vorstandsvorsitzende, Dr. Eckhard Cordes, in seinem Vorwort.

Die für die einleitenden Seiten des Berichts eingesetzte Kartonage fühlt sich gut an. Sie ist weich, matt, strukturiert und von hoher Grammatur. Sie steht in ihrer natürlichen und ungebleichten Anmutung als Symbol für die ökologische und soziale Verantwortung, der sich die METRO GROUP verschreibt.

Diese Kartonage liegt fest und geschmeidig zugleich in der Hand. Das Papier wird damit zu einem herausragenden Stilelement: Es ändert sich mit den Seiten in Aussehen und Haptik. Dieser Effekt beschleunigt den Bericht, unterstützt den Spannungsbogen von der Titelseite an. Sind die Seiten zu Beginn als Kartonage eingearbeitet, so werden sie leichter und beweglicher. Im Rechenschaftsteil erscheinen sie als Blätter, spiegeln den Erfolg in Zahlen, die keiner weiteren Unterfütterung bedürfen als jener Daten und Fakten des Erfolgsjahrs. Und wenn Dr. Cordes in seinem Vorwort konstatiert: „Wir haben

Metropole Shanghai am Morgen: Julia, eine von 275 Mitarbeiterinnen und Mitarbeitern im ersten Media Markt in China, genießt ihren Morgentee, bevor sie sich mit Engagement und Leidenschaft ihrer Arbeit als Fachberaterin widmet – sie und ihre Kollegen geben alles für ihre Kunden.

wahr gemacht, was wir versprochen haben", dann liefert dieser Geschäftsbericht den fühl- und sichtbaren Beweis.

Mit ihrem aktuellen Geschäftsbericht greift die METRO GROUP die Erfolgsgeschichte rund um Shape 2012 auf, die sie bereits im Vorjahresbericht begonnen hat. Die vorliegenden 261 Seiten sind so überzeugend wie das Effizienz- und Wertsteigerungsprogramm selbst – eine Einladung, in die Welt der METRO GROUP einzutauchen. Der Titel zeigt die exklusiven Eigenmarken der einzelnen Vertriebslinien. Das Unternehmen will ihren Umsatzanteil ausbauen. Es präsentiert sie als neue Vielfalt, überklebt mit einer weißen, lackierten Fläche mit der Aufschrift „Beschleunigen! Hier bewegt Shape 2012".

Und damit ist von Anfang an klar: In jeder Seite, in jedem Text, in jedem Bild zeigt sich die Strategie der METRO GROUP. Sie wird auf jeder Seite aufgefächert. Der Geschäftsbericht 2010 lässt dafür viel Raum und nutzt ihn kreativ und informativ zugleich. Die Stilelemente sind dabei ebenso differenziert wie die Strategie selbst. Layoutbögen zu den Verpackungen der auf dem Titel dargestellten Eigenmarken finden sich auf den ersten Seiten wieder. Sie deuten das große Potenzial dieser Produkte

Shanghai am Mittag: In den Garküchen herrscht Hochbetrieb. Garkoch Song weiß, was seinen Kunden schmeckt. Und alles, was er dafür braucht, findet er bei METRO for HORECA, dem speziellen Format für Hotels, Restaurants und Caterer von Metro Cash & Carry.

an. Stempel ersetzen Bildunterschriften. Ein Lesezeichen wiederum unterstützt die umfangreiche Jahreslektüre. Jedes Kapitel wird eingeleitet mit Aufmachern in den Corporate-Farben Gelb und Blau. Dazwischen werfen Fotos und Kurztexte Schlaglichter auf die Ereignisse des Jahres.

Das Glanzstück der Publikation ist jedoch losgelöst vom eigentlichen Bericht. Es liegt eingebettet in einem Schuber im Inneren der Titelseite. Es ist klein im Format und eindrucksvoll in der Wirkung. Es ist das Magazin der METRO GROUP, das den Fokus auf einen Teil der Welt richtet, in dem der Konzern großes Wachstumspotenzial sieht: China. In Shanghai hat das Unternehmen 2010 den ersten Media Markt Asiens eröffnet, um am rasanten Aufschwung und der zunehmenden Konsumfreude im Land teilzuhaben. Auf rund 5,5 Mrd. Euro jährlich schätzen Experten das Umsatzpotenzial für den Elektrofachhandel. Media Markt ist vor Ort dabei. Diese Internationalisierung auf den Märkten der Zukunft entspricht der Strategie der METRO GROUP. Das Magazin erzählt davon in bester Tradition des Storytellings:

Julia, die sympathische, chinesische Mitarbeiterin im Media Markt, gewährt Einblicke in ihren Alltag. Sie lädt den Leser ein, sie zu begleiten. Es ist ihr 27. Geburtstag, ein besonderer Tag, der um 7.45 Uhr

Grafiken veranschaulichen wichtige Informationen: die fünf Werttreiber, die die Basis für nachhaltiges Wachstum sind, Kennzahlen zur Internationalisierung des Konzerns und die Ergebnisverbesserung durch Shape 2012.

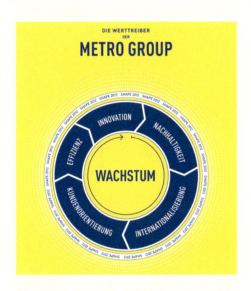

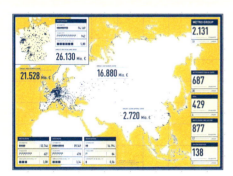

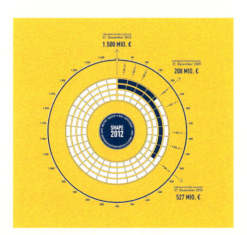

mit dem Weg zur Arbeit beginnt und am Abend in eine Karaoke-Party mündet. Mit dieser Geschichte von Julia, ihrem Arbeitsalltag, ihrer Freizeit, von Menschen und Produkten unterstreicht die METRO GROUP ihre internationale Ausrichtung, ihre Wertschätzung für die Mitarbeiter, ihre vertrauensvollen Kundenbeziehungen. Über Bilder macht das Unternehmen die Strategie lebendig. Und damit gelingt es gleichsam, Emotionen zu wecken, Nähe herzustellen und zu beweisen, dass Handel ein Lebensgefühl hervorruft. Das Magazin leuchtet durch Fotos, durch Momentaufnahmen der Protagonistin Julia in Shanghai. Diese Bilder sind bunt, lebensfroh, einprägsam. Sie stehen für die Markenbotschaft der METRO GROUP: „Zum Handeln geschaffen". Und sie sind ein Dank an die Mitarbeiter des Konzerns für ihren Einsatz im Jahr 2010, dem besten der Unternehmensgeschichte.

FINANZKENNZAHLEN

Stand: 31.12.2010
Rechnungslegung nach IFRS

Börsensegment: DAX

WKN: 725750

Umsatz: 67.258 Mio. Euro

Ergebnis je Aktie: 2,60 Euro

Dividende je Stammaktie: 1,35 Euro

EBIT: 2.415 Mio. Euro (vor Sonderfaktoren)

Eigenkapital: 6.460 Mio. Euro

Marktkapitalisierung: 17,6 Mrd. Euro

Mitarbeiter: 283.280 (weltweit)

Der nächste Geschäftsbericht erscheint im März 2012

INFORMATION

METRO GROUP
Schlüterstraße 1
40235 Düsseldorf
Katharina Meisel
Konzern-PR & Marketing
Fon: 0211 6886-2548
Fax: 0211 6886-2056
katharina.meisel@metro.de
www.metrogroup.de

Online-Bericht vorhanden

Agentur
Design: Strichpunkt GmbH, Stuttgart
www.strichpunkt-design.de
Redaktionelle Begleitung:
Ketchum Pleon GmbH, Düsseldorf
www.ketchumpleon.com

MVV Energie AG

Dr. Georg Müller,
Vorsitzender des Vorstands

Am Anfang war das Feuer. Vor mehr als einer Million Jahren begannen die Menschen diese Energiequelle zu ihren Zwecken zu nutzen. Heute verwenden wir viele verschiedene Energiequellen. Wir erzeugen und verteilen Strom und Wärme mit differenzierten Systemen. Die Ansprüche an diese Systeme sind hoch: Der Klima- und Umweltschutz sowie der verantwortliche Umgang mit den Ressourcen dieser Welt wird immer dringlicher, denn diese sind nur begrenzt verfügbar. Durch zukunftsorientiertes Denken und Handeln sowie mit innovativen Energiekonzepten können die natürlichen Ressourcen und die Lebensqualität von heute auch für nachfolgende Generationen erhalten werden. MVV Energie stellt sich den Herausforderungen. Sie ist überzeugt von ihrer Wirtschaftskraft, ihrer Leistungsfähigkeit und ihrer strategischen Ausrichtung und bestätigt dies mit der klaren Aussage: „Wir können Energie".

Der Slogan ist die Essenz der strategischen Entscheidungen von MVV Energie. Nachhaltigkeit, Regionalität und Effizienz sind die Kernelemente der Unternehmensstrategie. Die Vernetzung und Integration von lokal und regional tätigen Beteiligungen – u.a. an den Standorten Mannheim, Kiel, Offenbach, Ingolstadt, Solingen und in der Tschechischen Republik – sowie das ausgewogene Geschäftsportfolio sind besondere Merkmale des Unternehmens. Als moderner Energiedienstleister deckt MVV Energie das Strom-, Wärme-, Gas- und Wassergeschäft ebenso ab wie die thermische Abfallverwertung und das

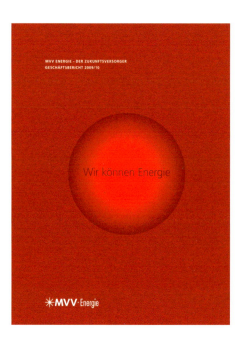

Energiedienstleistungsgeschäft. In einem verschärften Wettbewerb mit immer neuen energie- und klimapolitischen Anforderungen stellt MVV Energie mit ihrem Strategieprojekt MVV 2020 frühzeitig die Weichen auf Wachstum. Ziel ist es, durch Investitions-, Optimierungs- und Modernisierungsmaßnahmen im Bestandsgeschäft und durch Wachstumsinvestitionen in zukunftsfähigen Märkten auch im Jahr 2020 und darüber hinaus zu den führenden Energieunternehmen in Deutschland zu gehören. Dafür arbeiteten im Geschäftsjahr 2009/10 insgesamt 6.068 Mitarbeiter; gemeinsam erwirtschafteten sie einen Umsatz von 3,4 Mrd Euro.

Ja, die können Energie: Wenn es um die Ökologisierung der Energiewirtschaft geht, spielt die MVV Energie vorne mit. Bernd Spannowsky, Manager für Mergers & Acquisitions, sorgte für den erfolgreichen Kauf des Windparks Plauerhagen.

MVV Energie sieht sich als „Der Zukunftsversorger". Das ist keine Vision – das ist bereits heute Realität und somit Inhalt des Geschäftsberichts 2009/10, der auf 184 Seiten ein erfolgreich verlaufenes Geschäftsjahr porträtiert.

Der Bericht ist rot – rot wie Feuer. Er strahlt Energie aus und spiegelt in seiner konsequenten farblichen Gestaltung die Impulse wider, die die MVV Energie Gruppe am Energiemarkt setzt. Umhüllt ist er von einer stabilen Klappkartonage, die sich angenehm anfühlt. Das Papier ist matt, dezent und dennoch kraftvoll strukturiert und gibt den Rotnuancen des Titels Dichte und Brillanz. Das rote Farbenspiel weitet sich flächig über die Titelseite aus – in der Mitte fügt es sich zu einem strahlenden Kreis zusammen, der mit einer dreidimensionalen Anmutung auch haptisch fühlbar ist. Die Assoziation vom Planeten Erde entsteht. Energie berührt die Menschen dieser Welt. Die Entdeckung des Feuers als Energiequelle war ein Meilenstein in der Entwicklungsgeschichte. Für eine nachhaltige Energie der Zukunft müssen heute weitere Anstrengungen unternommen werden, denn es braucht neue, intelligente Lösungen.

„Wir befinden uns auf dem Weg in ein neues Energiezeitalter", schreibt Dr. Georg Müller, der Vorsitzende des Vorstands von MVV Energie, in seinem Brief an die Aktionäre. Und was das bedeutet,

Dr. Folke Wolff ist als Chemieingenieurin und Projektleiterin bei der MVV Energie Expertin für die Nutzung von Abfällen als wertvolle Energielieferanten und sorgt dafür, dass die MVV Energie zu den deutschen Technologieführern in diesem Bereich zählt.

blättert der Geschäftsbericht auf. Sechs wichtige Projekte des Zukunftsversorgers werden am Beginn des Berichts vorgestellt. Diese Projektseiten wirken dynamisch und energiegeladen und erzeugen gleichzeitig Nähe zwischen Leser und Konzern. Die jeweils verantwortlichen Projektmitarbeiter begegnen dem Leser im Großformat. Sie drehen sich ihm zu, als wollten sie über ihre Aufgaben bei MVV Energie referieren. Die Mitarbeiter lassen spüren, dass sie sich mit ihren Projekten identifizieren und sie mit Sachverstand und Herz verwirklichen. Und hinter ihnen erscheint dieses Projekt bildlich, als wäre es mit einem Beamer auf die Seite geworfen. Mit dieser Verschmelzung von Motiv und Person erhält das Projekt ein Gesicht und eine Geschichte, die den Leser erreicht.

Widmet man sich der gegenüberliegenden Textseite, dann wird der Spannungsbogen sichtbar, denn hier werden die Bilder mit konkreten Worten und Taten gefüllt: Für den Leser wird nachvollziehbar, was das ursprüngliche Feuer und die Projekte der MVV Energie miteinander zu tun haben, er versteht, warum sich MVV Energie „Der Zukunftsversorger" nennt.

Die Mitarbeiter erzählen auf diesen Seiten von der Leistung in diesen Kerngeschäftsfeldern der MVV Energie Gruppe, z. B. von erneuerbarer Energie durch Wind: Acht Anlagen des Windparks Plauer-

In der vorderen Innenklappe kann sich der Leser auf einen Blick über die Ergebnisse in den einzelnen Geschäftsbereichen der MVV Energie ins Bild setzen, die Entwicklung der Aktie kann der Leser anhand des Kursverlaufs nachvollziehen.

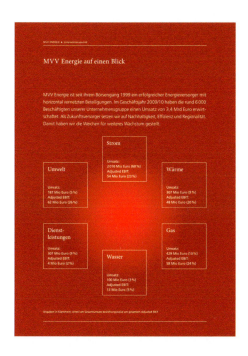

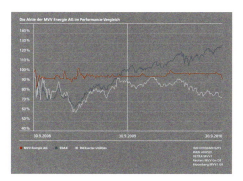

hagen versorgen 10.000 Haushalte mit umweltfreundlichem Strom. Selbst Abfälle werden als wertvolle Rohstoffquelle genutzt: Das Heizkraftwerk Mannheim erhält im Berichtsjahr einen neuen Kessel 6 und verwertet dort bis zu 230.000 Tonnen Abfall jährlich. Auf die politischen Klimaschutzvorgaben wird mit Contracting geantwortet: Das Universitätsklinikum Tübingen wird zukünftig mit dem regenerativen Brennstoff Holz geheizt, so werden künftig bis zu 20.000 Tonnen CO_2-Emissionen pro Jahr vermieden. Diese und andere Beispiele zeigen: MVV Energie ist längst in der Zukunft angekommen. Im Geschäftsbericht der MVV Energie Gruppe wird die Energie des Konzerns spürbar. Durch gestalterische Konsequenz, durch haptische Wärme und durch den selbstbewussten Slogan: „Wir können Energie."

FINANZKENNZAHLEN

Stand: 31.12.2010
Rechnungslegung nach IFRS

Börsensegment: SDAX

WKN: A0H52F

Umsatz: 3.359 Mio. Euro

Ergebnis je Aktie: 1,44 Euro

Dividende: 59,3 Mio. Euro

EBIT: 239 Mio. Euro

Eigenkapital: 1.233 Mio. Euro

Marktkapitalisierung: 1.911 Mio. Euro

Mitarbeiter: 6.068

Der nächste Geschäftsbericht erscheint am 15. Dezember 2011

INFORMATION

MVV Energie AG
68142 Mannheim
Bettina von Rebenstock
Investor Relations
Fon: 0621 290-3614
Fax: 0621 290-3075
b.rebenstock@mvv.de
www.mvv-energie.de

Online-Bericht vorhanden

Agentur
Scheufele Hesse Eigler Kommunikationsagentur GmbH, Frankfurt am Main
www.scheufele-online.de

mwb fairtrade AG

Der Vorstand (v.r.n.l.): Detlef Lübbe,
Franz Christian Kalischer,
Herbert Schuster, Thomas Posovatz

Ein weißes, an den Ecken abgerundetes Passepartout rahmt das saftige Grün eines als Fotoausschnitt überdimensional vergrößerten Blatts. Auf der Fotovergrößerung wirkt das Laubblatt mit seinen Verästelungen und den einzelnen Kapillaren wie ein mit detaillierter Präzision gezeichnetes Kunstwerk. Nur das weiße Firmenlogo und der Titel „Geschäftsbericht 2010" sind minimalistisch eingefügt. Die einrahmende Passepartout-Optik zieht sich konsequent durch das gesamte Werk und trägt dazu bei, dies wie ein Kunstobjekt wirken zu lassen. Es handelt sich um den Geschäftsbericht der mwb fairtrade Wertpapierhandelsbank AG, dessen Bildsprache die zentralen Werte des Finanzdienstleisters perfekt spiegelt: Stabil bleiben, Risikoverteilung, Werte pflegen, Zusammenspiel.

Die Hochwertigkeit des Berichts wird durch einen wie ein Buchschutzumschlag wirkenden Einband verstärkt. Auf dem eigentlichen Cover wiederholt sich das so schöne wie ästhetische Blattmotiv. Der aufklappbare Umschlag hat die praktische Funktion eines nützlichen Lesezeichens, das die für das Unternehmen prägnante Überschrift „Fest verwurzelt" trägt. Darunter sind, ebenfalls wie bei einer Buchhülle, die Kernaussagen der Firmenphilosophie zusammengefasst. Im oberen Seitenabschnitt finden sich zwei fingerbreite Farbstreifen in Dunkelgrün und Petrolblau. Diese dem Auge wohltuende Farbkombination zieht sich als stringentes Konzept durch den gesamten Bericht und wird als farbliche Untermalung von Überschriften, Tabellen und Infografiken wiederholt.

Die Innenseite der Hülle zeigt neben dem Blattfoto „Auf einen Blick" in einer Tabelle übersichtlich und transparent die konkreten Firmenresultate. Auch wenn es laut ehrlicher Ansprache des Vorstands nicht gelungen ist, die „Bäume für unsere Gesellschaft in den Himmel wachsen zu lassen", konnte dennoch das Jahresergebnis um 1,5 Mio. Euro im Gegensatz zum Vorjahr verbessert werden. Gleichzeitig ist es gelungen, rd. 7 % Kosten im Vergleich zu 2009 einzusparen, eine nicht unerhebliche Größe, wenn es um Substanz und Standfestigkeit geht. Dieses Rückgrat symbo-

Der Blick in den grün beblätterten Wipfel des Baums löst Assoziationen von Wachstum, Stabilität und Zuversichtlichkeit aus – ein wohl gewähltes Symbol, das als einführende Doppelseite den Auftakt zum Geschäftsbericht der mwb fairtrade bildet.

lisiert die auf der ersten Doppelseite abgebildete Aufnahme eines Baumstamms, dessen Lebensringe sich vom warm leuchtenden Holz auf der einen über das Inhaltsverzeichnis auf der anderen Seite vervollständigen. Auf den folgenden Seiten ergreift der Vorstand mit seinem Brief an die Aktionäre das Wort und skizziert das abgelaufene Geschäftsjahr klar und transparent

Im anschließenden Imageteil wird die Bildsprache des Covers und der einleitenden Seite wieder aufgegriffen: Vier doppelseitige, gerahmte Natur-Großfotografien stehen Pate für die Firmenprinzipien und -philosophie. In diesem Abschnitt sind wie von Hand gezeichnete, kleine Piktogramme auf waldgrünem Fond eingefügt, die das Fotomotiv grafisch wiederholen und die Werte des Finanzdienstleisters nennen. Das erste Foto zeigt einen dicken, kraftvollen Baumstamm mit prachtvoll beblätterter Krone. Durch das durchscheinende Licht wirken die dichten Blätter mit ihrem satten Grün wie ein beschützendes Dach. Die Froschperspektive verstärkt die enorme Höhe und solide Festigkeit des Baumriesen, der für die Stabilität des Unternehmens steht. Das tannengrüne Piktogramm greift das Fotomotiv der Blätterkrone auf und ist mit der ersten der vier Kernaussagen des Konzerns „Stabil bleiben" betitelt. Als nächstes folgt die Aufnahme des imposanten Wurzelgeflechts

Ein weit verzweigtes und stabiles Wurzelwerk ist Fundament und Halt für weiteres Wachstum – mit dieser klar nachvollziehbaren Bildsprache zeigt mwb fairtarde ihren Lesern, dass sie über weit verzweigte Fähigkeiten verfügt, die den eigenen Standort sichern.

eines Baums, das fest in dem gesunden Waldboden verankert ist. Das entsprechende Piktogramm hat den Titel „Risikoverteilung" und der Text erklärt das umfangreiche komplexe Netzwerk vom fairen Handel. Der Fokus des dritten Bildes zeigt eine Hand in Nahaufnahme, die einen kleinen Pflanzenspross hält. Die sichtbaren Fingerabdrücke erinnern wieder an die Lebensringe des Baums von der ersten Aufmacherseite. Der Fotohintergrund verschwimmt grün. Hier besteht das Piktogramm aus einer gezeichneten Handfläche, in der ein junges Bäumchen gedeiht. „Werte pflegen" lautet hier das Leitmotiv. Bild und Text spiegeln die Sorgfalt und die Verantwortung wider, mit der mwb fairtrade kleinen und mittelständischen Unternehmen hilft, sich weiterzuentwickeln. Durch die Expertise der mwb fairtrade erhalten sie Zugang zum Kapitalmarkt und dadurch die Möglichkeit zur Expansion. Seit fast zwei Jahrzehnten hält mwb fairtrade übrigens erfolgreich am Ideal des ehrbaren Kaufmanns fest, dessen Ethik durch solides Wirtschaften, Transparenz und die Verlässlichkeit bei Absprachen, das sogenannte „Handschlag-Prinzip" bestimmt wird. Das Abschlussfoto zeigt die in allen Grüntönen schillernde exotische Blättervielfalt des Regenwalds. Das Piktogramm „Zusammenspiel" erklärt die Vermittlerfunktion als Skontroführer, denn mwb fairtrade fungiert im Börsenhandel

Im Imageteil sind es an Metaphern gemahnende Grafiken und Naturfotografien, die den Leser ins rechte Bild setzen, im Finanzteil sorgen aussagekräftige Diagramme für den notwendigen Überblick.

als Bindeglied zwischen Käufer und Verkäufer und ist somit ein wichtiger Teil der großen Finanzwelt.

In der zweiten Hälfte der Publikation, dem Finanzteil nimmt der Lagebericht den größten Raum ein. Im gleichen Stil gehalten und durch Infografiken aufgelockert, ist auch er sehr anschaulich und wegen der weißen Fondfarbe ausgesprochen lesefreundlich. Und ein Gütesiegel auf der Rückseite bescheinigt, dass der gesamte Inhalt auf Papier aus nachhaltigen Quellen gedruckt ist. Auch dies ein Zeichen für die verantwortungsvolle Grundeinstellung der mwb fairtrade Wertpapierhandelsbank AG. Und so schließt der Leser seine ästhetisch genussvolle Lektüre in der Gewissheit, dass die mwb fairtrade auf einem soliden Fundament nachhaltig und verantwortungsvoll die Geschicke im Wertpapierhandel mitbestimmt – heute und in Zukunft.

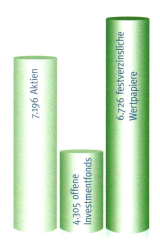

Zahl der von mwb fairtrade betreuten Wertpapiere in der Skontroführung (2010)

FINANZKENNZAHLEN

Stand: 31.12.2010
Rechnungslegung nach HGB

Börsensegment: Freiverkehr

WKN: 665610

Provisionsüberschuss und Handelsergebnis: 14,9 Mio. Euro

Ergebnis je Aktie: 0,01 Euro

EBIT: -0,4 Mio. Euro

Eigenkapital: 17,9 Mio. Euro

Marktkapitalisierung: 11,8 Mio. Euro

Mitarbeiter: 62

Der nächste Geschäftsbericht erscheint im Mai 2012

INFORMATION

mwb fairtrade Wertpapierhandelsbank AG
Rottenburger Straße 28
82166 Gräfeling
Bettina Schmidt
Investor Relations
Fon: 089 85852-305
Fax: 089 85852-505
investor-relations@mwbfairtrade.com
www.mwbfairtrade.com

Agentur
Blösch & Partner Werbeagentur GmbH, München
www.bloesch-partner.de

NanoFocus AG

Der Vorstand (v.l.n.r.):
Jürgen Valentin (Sprecher),
Joachim Sorg, Marcus Grigat

Das optoelektronische Hightech-Unternehmen NanoFocus setzt Maßstäbe. Als Technologieführer im Bereich optischer 3D-Oberflächenmessung und -analyse bewegt sich die NanoFocus AG mit der Entwicklung, Produktion und Vermarktung ihrer industriellen Messtechnik in einem zukunftsorientierten Markt. Mit Erfolg, denn seit der Gründung im Jahr 1996 sind die Geschäftsbeziehungen der NanoFocus AG in den Industriebereichen Medizintechnik, Automobil, Druck und Forensik zu stabilen Partnerschaften gewachsen. Seit 2010 bietet NanoFocus darüber hinaus Systeme zur Qualitätssicherung und Effizienzsteigerung von Solarzellen und Halbleitern an und weitet im Energie- und Halbleiterbereich seine Akquise auf den asiatischen Raum aus. Der Umsatz stieg im Geschäftsjahr 2010 auf 6,5 Mio. Euro. Das ist ein gutes Ergebnis vor dem Hintergrund des vorangegangenen Krisenjahres und mit dem Wissen, dass die Investitionsbereitschaft der Auftraggeber nach der Wirtschaftskrise zunächst verhalten war. Der Vorstand der NanoFocus AG ist zufrieden, und er motiviert seine Mitarbeiter für die Zukunft.

Diesen Optimismus strahlt der Geschäftsbericht 2010 aus. Er setzt außergewöhnliche Maßstäbe in Format, Gestaltung, Inhalt und Sprache. Mit einer Größe von 220 x 220 mm und Hardcovereinband hat der Bericht die Anmutung eines Unternehmensbuchs. Die Farbgestaltung der Titelseite erinnert in Silbergrau und mit der Optik gebürsteten Aluminiums an das Hightech-Umfeld der NanoFocus AG. Unterstrichen wird diese Assoziation durch das Unternehmensdesign in Cyan und Weiß. Mit dem Umschlagen des Hardcovers entsteht ein Moment der Irritation. Das großformatige Gesicht eines Mannes blickt dem Leser entgegen, seine Augen schillern vielfarbig und in dreidimensionaler Tiefe. Diese kreativ-künstlerische Adaption der „Faszination Technik" greift die Optik einer Oberflächenmessung in Mikrometerperspektive auf. Das Foto teilt sich in zwei Hälften und damit in zwei Hefte: „Kompetenzen und Leistungen" sowie „Unternehmensentwicklung 2010".

Eine zufrieden in die Kamera lächelnde Kundin – dank NanoFocus, dem langjährigen Entwicklungspartner ihres Unternehmens, der mit seinen innovativen Messsystemen dafür sorgt, dass u. a. die Solarindustrie die Kontrolle in der Hand behält.

Partnerschaften

Mit diesen Headlines verspricht das Unternehmen Spannung und Information und beide Aspekte werden erfüllt. Die farbliche Akzentuierung der Augenwirkung durchzieht die Seiten und erscheint immer dann, wenn die NanoFocus AG ihre Innovationen im Bereich der hochauflösenden optischen 3D-Messsystemen beschreibt, wenn sie konkrete Beispiele für ihre Leistungen in der Produktionskontrolle und Produktentwicklung visualisiert.

Über dieses Stilelement hinaus baut das Unternehmen auf Nähe, auf die persönliche Ansprache. Gestalterisch löst man diesen Anspruch durch die Abbildung von Kunden im Seitenformat und durch Testimonials. Sie erzählen von der Kompetenz, der Qualitätssicherung, der Partnerschaft, dem Service und der Leistung von NanoFocus. Hinter diesen Highlight-Seiten, die auch als Kapiteltrenner dienen, werden die Aussagen der Zitate durch sachlichen, informativen Text und durch Fotografien belegt und vertieft.

Das erste Heft „Kompetenzen und Leistungen" bietet eine gelungene Mischung aus Produktpräsentationen und Argumenten für eine Zusammenarbeit mit der NanoFocus AG. Der Leser erhält eine Ahnung von den hohen Messanforderungen bei verschiedensten Materialen und Oberflächen.

Auch er schätzt sich glücklich, mit NanoFocus zusammenzuarbeiten, denn deren 3D-Messsysteme sorgen für präzise Ergebnisse bei hoher Flexibilität und überzeugendem Preis-Leistungsverhältnis.

Preis & Leistung

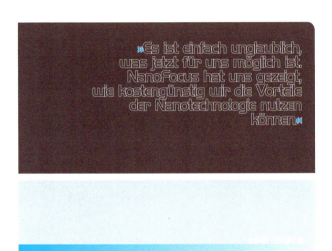

NanoFocus stellt verschiedene Messsysteme vor, zum Beispiel die robusten mobilen Geräte der auch so benannten mobile-Reihe, die mit ihren kompakten Abmessungen selbst auf kleinstem Raum einsetzbar sind. Oder den schnellsten Konfokalsensor der Welt – den µsprint sensor. Er eignet sich für eine Vielzahl von Applikationen – von der Inspektion von Waferbumps und Stents bis hin zur Vermessung von Schweißnähten oder Laserschweißpunkten.

Mit einem Blick auf den Technologievorsprung und die Produktentwicklung von 15 Jahren Unternehmensgeschichte lenkt die NanoFocus AG die Aufmerksamkeit auf das Geschäftsjahr 2010. Das Heft „Unternehmensentwicklung 2010" ist fest mit dem Hardcover verbunden, es bildet das Kernstück dieses außergewöhnlichen Berichts.

In ihm eröffnet der Vorstand den Spannungsbogen durch das Wort. Die Interviews mit dem Vorstandssprecher Jürgen Valentin und seinen Vorstandskollegen Joachim Sorg und Marcus Grigat wirken authentisch und lesen sich wie ein Gespräch, unredigiert und ehrlich. Der Aktionärsbrief und die Interviews geben Aufschluss über die Entwicklungen und Erfolge der NanoFocus AG in 2010 und scheuen sich auch nicht, offen auf zurückliegende Schwierigkeiten einzugehen. Vor allem

Der Finanzbericht besticht nicht nur durch seine Klarheit und Transparenz, sondern auch durch die umsichtig platzierten Grafiken, die dem Leser eine visuelle Hilfe beim Verständnis wichtiger Zusammenhänge sind.

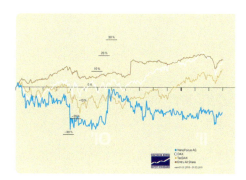

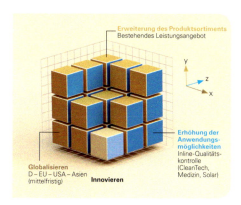

aber spiegeln sie die Strategie des Unternehmens, nämlich die Kundenkommunikation vor dem Hintergrund einer Technologieplattform zu gestalten, die sich nach den Wünschen und Bedürfnissen der Kunden ausrichtet.

Als letztes folgt die Rechenschaft zum Geschäftsjahr – klar strukturiert, lediglich unterbrochen durch die Fotos der 3D-Oberflächenvermessungen. Die Wirkung dieser Bilder beeindruckt, lässt staunen und gibt dem Bericht eine ganz eigene Ästhetik. Dann vergisst der Leser für einen Moment die Spitzentechnologie und ihre Funktion, dann betrachtet er nur diese „gemessene Kunst in 3D" – ganz so, wie Jürgen Valentin in seinem Vorwort schreibt: „Wenn ein Kunde ein Messsystem von NanoFocus nutzt, dann interessiert ihn nicht unbedingt, wie es im Detail funktioniert und wie viel Entwicklungsarbeit darin steckt." Aber das Ergebnis, die Wirkung, die Visualisierung im Geschäftsbericht 2010, das interessiert ihn sehr wohl. Und so wird der Slogan von NanoFocus zur Einladung zur Lektüre: nanofocus. see more.

FINANZKENNZAHLEN

Stand: 31.12.2010
Rechnungslegung nach HGB

Börsensegment: Open Market

WKN: 540066

Umsatz: 6,47 Mio. Euro

Ergebnis je Aktie: -0,02 Euro

EBIT: 0,072 Mio. Euro

Eigenkapital: 9,16 Mio

Marktkapitalisierung: 7,28 Mio. Euro

Mitarbeiter: 47

Der nächste Geschäftsbericht erscheint im Juni 2012

INFORMATION

NanoFocus AG
Lindnerstraße 98
46149 Oberhausen
Joachim Sorg
Investor Relations
Fon: 0208 62000-54
Fax: 0208 62000-99
ir@nanofocus.de
www.nanofocus.de

Online-Bericht vorhanden

Agentur
nicolaygrafik, Frankfurt am Main
www.nicolaygrafik.de

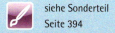
siehe Sonderteil
Seite 394

Nemetschek AG

Ernst Homolka,
Vorstandsvorsitzender

„Das Bauen ist eine Kunst, die sich aus einer Vielzahl von Disziplinen nährt.", sagte der römische Architekt Vitruv in der Einleitung zu seinen Zehn Büchern über die Architektur. In diesem ersten überlieferten Standardwerk über die Baukunst beschrieb er die technischen und gestalterischen Aspekte des Bauens, die ineinander greifen müssen, damit ein Bauwerk harmonisch und nützlich wird. Der Baumeister hätte den Geschäftsbericht 2010 der Nemetschek AG sicher mit Interesse gelesen, der seine Ideale rund 2.000 Jahre später in eine neue Dimension hebt.

Auf 125 Seiten präsentiert Nemetschek die – ausgesprochen positive – Jahresbilanz für 2010, mit viel Liebe zum Detail. Getreu der klassischen Form gliedert sich der Bericht in ein einleitendes und vier zentrale Kapitel, jeweils durch eine fotografisch gestaltete Doppelseite getrennt. Zu den zentralen Kapiteln zählen die einführenden Stellungnahmen für die Aktionäre, der Konzernlagebericht, das Zahlenwerk des Konzernabschlusses sowie ganz kurz gefasst der Jahresabschluss der Nemetschek AG. Dezent, gut lesbar und angenehm in der Haptik werden die Informationen auf mattiertem weißen und grauen Papier präsentiert: schwarz auf weiß die ersten drei Kapitel, schwarz auf grau Konzern- und Jahresabschluss. Als Orientierungshilfe läuft ein aus parallelen Linien zusammengesetzter Streifen am oberen Seitenrand von der ersten bis zur letzten Seite durch, auf den weißen Seiten weiß auf

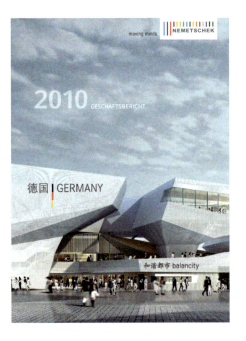

grauem Grund, auf den grauen Seiten in umgekehrter Weise. Oberhalb davon werden die Namen der Kapitel aufgeführt, voneinander getrennt jeweils durch drei etwas längere Linien – eine Referenz an das Nemetschek Logo, das sich in gleicher Weise aus vielfarbigen Linien zusammensetzt. In allen Kapiteln bilden Text und Grafiken ein sachliches, dichtes und übersichtliches Ganzes. Am Anfang des Berichts steht das „Nemetschek Spezial". Und unter diesem Titel präsentiert Nemetschek seine Zukunftsstrategie, die pragmatisch und visionär zugleich eine Zukunftsvision für das Bauwesen ist.

Dem Universalingenieur Vitruv genügten noch zehn schmale Kapitel, um die wichtigen Säu-

Die imposante Aufnahme des Gotthardt-Basistunnels gibt den Auftakt zu einem Geschäftsbericht, der geschickt layoutet davon erzählt, wie die Vernetzung aller Beteiligten zum Erfolg führt und wie Nemetschek dafür sorgt, diesen Gedanken Wirklichkeit werden zu lassen.

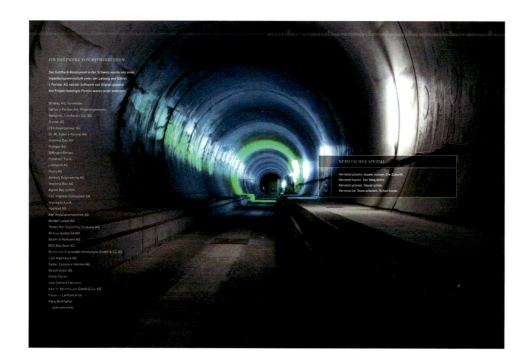

len der Baukunst zu erläutern. Heute hat das Bauen so viele verschiedene Aspekte – von der Energieeffizienz über die ökologische Verträglichkeit, der Klimatisierung und technischen Ausstattung bis hin zur Vielfalt der Baumaterialien und Bauelemente – dass es die Zusammenarbeit vieler Spezialisten braucht: Tragwerksplaner, Architekten, Gebäudetechniker und verschiedene Fachfirmen. Nemetschek brachte 1980 eine damals einzigartige Software für computer-aided engineering auf den Markt, heute zählt das Unternehmen mit den Geschäftsbereichen Planen, Bauen, Nutzen und Multimedia weltweit zu den führenden Anbietern von Softwarelösungen und Dienstleistungen für Architekten, Ingenieure und die Bauindustrie. Zu den bekanntesten Software-Lösungen von Nemetschek zählen im Bereich Architektur Allplan, Archicad und Vectorworks. Die seit 1999 als Aktiengesellschaft agierende Firma beschäftigt weltweit über 1.000 Mitarbeiter und setzte 2010 rund 150 Mio. Euro um.

Nemetschek prägte die Entwicklung der computergestützten Planung auch durch Teilnahme an internationalen Forschungsprojekten und Gremien und leistete einen wichtigen Beitrag zur Entwicklung des „Building Information Modeling". Und hier setzt auch die Zukunftsstrategie von

Hier steht wieder eine architektonische Meisterleistung, realisiert mit Software von Nemetschek, Pate für das erfolgreiche Zusammenwirken aller Beteiligten, wie man es der Aufzählung der Firmen links entnehmen kann – ein perfektes Netzwerk.

Nemetschek an: beim offenen Datenaustausch und „der Cloud", die über eine gemeinsame Plattform im Internet jede Bauplanung zu einem wohl organisierten Zusammenspiel aller beteiligten Firmen macht. In Zukunft können so in jeder Phase der Planung und des Bauens Daten zentral zugänglich gemacht und auf dem neuesten Stand gehalten werden, und sie stehen über die Bauzeit hinaus der Instandhaltung des Gebäudes zur Verfügung – eine neuzeitliche Antwort auf Vitruvs Idee vom harmonischen Bauen.

Und dass der Ansatz des Unternehmens tatsächlich greift, zeigen die doppelseitigen Architekturfotos, die vor jedem Kapitel stehen; sie präsentieren jeweils ein Gebäude, das mit Hilfe von Nemetschek-Software geplant und gebaut wurde. Die Bandbreite ist weit – vom Basistunnel St. Gotthard über den finnischen Pavillon für die EXPO 2011 in Shanghai bis hin zu zwei Hochhäusern im brasilianischen São Paulo, deren hell beleuchtete Spitzen als Simulation in eine abendliche Stadtansicht eingefügt wurden. Das jeweilige Bauvorhaben wird kurz erläutert, gefolgt von einer Liste mit an Planung und Bau beteiligten Firmen. Eindrucksvoll dokumentieren diese Bilder die Komplexität und hohe Nutzerkompetenz, die mit Software von Nemetschek erreicht werden kann. Ein weiteres hochkarätiges

Die Grafiken visualisieren die Strategie der Vernetzung: Vernetzt planen, bauen, nutzen. „Die Zukunft" (oben), „Vernetzt bauen. Der Weg dahin" (Mitte), „Vernetzt im Team arbeiten. Heute schon" (unten)

Beispiel solcher Zusammenarbeit ist eine Simulation für den deutschen Pavillon auf der EXPO 2010 in Shanghai. Auch hier stützten sich die Planer auf Software von Nemetschek. Auf den Umschlag-Innenseiten werden die Aktivitäten von Nemetschek zeitlich verankert: Die vordere Innenseite ist dem Jahresrückblick gewidmet, sie zeigt auf einer Zeitschiene die Höhepunkte des Geschäftsjahrs 2010 – finanzielle Erfolge und der erfolgreiche Launch von neuen Programm-Versionen der verschiedenen Nemetschek-Marken. Auf der hinteren Doppelseite sind auf der Zeitschiene die Termine für das Geschäftsjahr 2011 abzulesen. Auf beiden Seiten dient als Hintergrund die Fotografie eines leicht bewölkten Himmels – eine Wolkenkulisse, die sich gleichermaßen in die Zukunft wie die Vergangenheit erstreckt und den Hintergrund bildet für das Streben nach baulicher Harmonie.

FINANZKENNZAHLEN

Stand: 31.12.2010
Rechnungslegung nach IFRS

Börsensegment: Prime Standard

WKN: 645290

Umsatz: 149,7 Mio. Euro

Ergebnis je Aktie: 1,97 Euro

Dividende: 9,6 Mio. Euro

EBIT: 27,5 Mio. Euro

Eigenkapital: 93,5 Mio. Euro

Marktkapitalisierung: 244,48 Mio. Euro

Mitarbeiter: 1.076 (weltweit)

Der nächste Geschäftsbericht erscheint im März 2012

INFORMATION

Nemetschek AG
Konrad-Zuse-Platz 1
81829 München
Regine Petzsch
Leiterin Konzernkommunikation
Fon: 089 92793-1219
Fax: 089 92793-4219
rpetzsch@nemetschek.com
www.nemetschek.com

Agentur
double com GmbH, München
www.double-com.de

Oldenburgische Landesbank AG

Der Vorstand (v.l.n.r.):
Dr. Peter Schinzing,
Dr. Achim Kassow (Sprecher),
Jörg Höhling, Dr. Stefan Friedmann

Dass der Weg vom Monolog zum Dialog oft ein steiniger ist, wussten schon die Sophisten im antiken Griechenland. Aber auch heute noch steht der Monolog hoch im Kurs. Es ist ja auch viel bequemer, nur über sich zu reden, nicht zuzuhören und sein Gegenüber in die passive Rolle zu drängen. Dieser überkommenen Geisteshaltung hat die Oldenburgische Landesbank AG, kurz OLB, ebenso entschlossen wie intelligent den Kampf angesagt. Sie hat ihren Geschäftsbericht 2010 konsequent auf den Dialog mit den Kunden ausgerichtet. Dass es ihr damit ernst ist, erschließt sich dem Betrachter gleich auf den ersten Blick, prangt auf dem hochwertigen, in sattem Dunkelgrün gehaltenen, Schuber doch silbern der Titel „Im Dialog". Veranschaulicht wird diese Unternehmensphilosophie durch eine originelle Grafik. Sie zeigt die OLB als Zentrum eines kommunikativen Netzes, das stabile Verbindungen zu einer Vielzahl unterschiedlicher Kunden knüpft. Die planetarische Anmutung dieser visuellen Umsetzung verdient unter gestalterischen Gesichtspunkten höchstes Lob und macht neugierig auf den Inhalt.

Und der hat es, um es gleich zu sagen, in sich, stellt er sich dem Leser doch in Form einer dreiteiligen Publikation dar. Neben den Klassikern Finanzbericht, stolze 152 Seiten stark und Jahresbericht, konzise 76 Seiten schlank, punktet die OLB zusätzlich mit ihrer innovativen Beilage „Hier zu Hause".

Diese 23 Seiten sind jedoch nicht nur ein exzellenter Service am Kunden, der sich damit schnell und gut über die mehr als 170 Standorte der größten privaten Regionalbank Deutschlands informieren kann. Sie sind darüber hinaus ein explizites Bekenntnis zum Nordwesten Deutschlands – einer wirtschaftlich immer stärker prosperierenden Region – und natürlich zum Dialog mit dem Kunden. Denn engagierte Gespräche, Beratung und Betreuung im Sinne der OLB setzen Erreichbarkeit und Präsenz voraus.

Im Fokus der vorliegenden Betrachtung soll aber der Jahresbericht stehen, dessen weißmattiertes Cover, in glänzenden Lettern, das

Im Nordwesten Deutschlands ist die OLB fest verankert und auch im sozialen Bereich außergewöhnlich stark engagiert.

Oldenburgische Landesbank

Leitmotiv „Ihre Kundenbank 2010 im Dialog" ziert. Im Mission Statement ganz zu Beginn wird diese Maxime nochmals markant in den Vordergrund gerückt: „Wir investieren Tag für Tag nachhaltig in die Beziehung zu unseren Kunden." Für Dienstleistungswüsten haben die Oldenburger definitiv keinen Platz in ihrem Selbstverständnis, das auf der Rückseite des ersten Einlegers als stimmige Symbiose aus konservativ und grundsolide einerseits sowie modern, professionell und flexibel andererseits pointiert wird.

Diesen Eindruck unterstreicht das gelungene Porträt des Vorstands auf der Doppelseite 4/5. Die vier Herren strahlen an dieser Stelle genau die entspannte Mischung aus Kompetenz, Vertrauenswürdigkeit und Aufgeschlossenheit aus, die im Finanzsektor heute so dringend benötigt wird. Im Vorwort wird deshalb auch ausdrücklich akzentuiert, dass im gegenwärtigen Marktumfeld Werte wieder an Bedeutung gewinnen und die traditionelle Hausbankbeziehung eine Renaissance erlebt. Dies spielt den charakteristischen Stärken der OLB, die unbeirrt auf vertrauensvolle Partnerschaften mit Menschen und Unternehmen in der Region setzt, mit Recht in die Hände: Menschen und Unternehmen, die in ihrer erfolgreichen Zusammenarbeit mit der OLB im Verlauf des Jahresberichts vorgestellt werden.

Die Oldenburger stellen ihre Kunden in den Mittelpunkt ihres Berichts und das ist auch gut so, denn sie legen beredt Zeugnis ab von der so vertrauensvollen wie produktiven Zusammenarbeit.

Am Anfang dieses kundenorientierten roten Fadens steht das sympathische Konterfei von Volker Schröder auf Seite 14, der sich mit seinen beiden Brüdern die Geschäftsleitung der Firmengruppe Schröder teilt. Seit über 80 Jahren betreut die OLB äußerst fruchtbar die finanziellen Angelegenheiten des Landmaschinenbauers, der sich mittlerweile zu einem innovativen Hersteller von Hightech-Geräten entwickelt hat. Anhand eines in freundlichen Grüntönen gestalteten Einlegers, der mit sparsamen, aber wirkungsvoll platzierten Bildstrecken arbeitet, erscheinen hier sowohl das Familienunternehmen als auch die Rolle der OLB sehr transparent. Kernbegriffe wie „Zusammengehörigkeit", „gemeinschaftlicher Erfolg" oder „partnerschaftlich verbunden" werden dabei im Fließtext in weißer Schrift hervorgehoben. Gleichzeitig dient dieser gelungene Auftakt als Einstieg in das Geschäftsfeld Private Banking, das die OLB derzeit an 31 Standorten ausbaut.

Mittels dieses durchdachten Konzepts werden im Folgenden nun auch die anderen Referenzkunden porträtiert und verleihen der Publikation so eine große formale Stringenz und inhaltliche Geschlossenheit. Es macht einfach Spaß, mehr über die unterschiedlichen Kunden der OLB zu erfahren. Zu diesem breiten Spektrum zählt ebenfalls der auf den Seiten 18ff. gekonnt ins Bild gerückte Land-

Wo die OLB zu Hause ist, zeigt die Landkarte, und dass man sein Zuhause gut zu bewirtschaften weiß, machen die Grafiken zur Bilanzsumme oder der Aktie deutlich.

schaftsarchitekt Udo Hollemann. Er steht für die Kompetenz der Oldenburger, auch für Kreative und Freiberufler der richtige Bankpartner zu sein - Menschen berühren, Klarheit ausstrahlen, in der OLB zu Hause sein sind hier die Kernbegriffe, die sofort auffallen. Im Verlauf des Kapitels erfährt der Leser zudem, dass die OLB im Sommer 2009, ergänzend zu ihrem traditionellen Regionalbankgeschäft, das zukunftsträchtige Segment Allianz Bank etabliert hat. Die Attribute modern und flexibel als Teil der Identität passen in diesem Kontext perfekt zur OLB, die, auf einem soliden Fundament aus Verantwortung und Nachhaltigkeit, ihren Kunden neue Perspektiven eröffnet. Den Anspruch der gelebten Dialogkultur löst der vorliegende Geschäftsbericht auf jeder seiner spannend und informativ zu lesenden Seiten ein. Er besticht durch Glaubwürdigkeit, hohes Niveau und haptische Qualitäten, welche dieser Bank gut zu Gesicht stehen.

FINANZKENNZAHLEN

Stand: 31.12.2010
Rechnungslegung nach IFRS

Börsensegment: NISAX20

WKN: 808600

Umsatz: 13.351 Mio. Euro (Bilanzsumme)

Ergebnis je Aktie: 2,25 Euro

Dividende je Aktie: 1,00 Euro

Eigenkapital: 595,7 Mio. Euro

Marktkapitalisierung: 895,4 Mio. Euro

Mitarbeiter: 2.952

Der nächste Geschäftsbericht erscheint am 31. März 2012

INFORMATION

Oldenburgische Landesbank AG
Stau 15/17
26122 Oldenburg
Britta Silchmüller
Unternehmenskommunikation
Fon: 0441 221-1413
Fax: 0441 221-2425
unternehmenskommunikation@olb.de
www.olb.de

Online-Bericht vorhanden

Agentur
FIRST RABBIT GmbH, Köln
www.first-rabbit.de

siehe Sonderteil
Seite 396

P&I AG

Vasilios Tradis,
Vorstandsvorsitzender

Je größer ein Unternehmen, umso wichtiger ist gute Organisation. Das gilt vor allem für das größte Kapital eines jeden Betriebs: seine Mitarbeiter. Vom Staatstheater über die Airline bis zur Kassenärztlichen Vereinigung haben die Beschäftigten wohl die unterschiedlichsten Aufgaben zu erfüllen – doch die Arbeit im Bereich der Human Resources unterliegt oftmals ähnlichen Anforderungen. Bei allen müssen Einsätze geplant, Arbeitszeiten erfasst, Lohnabrechnungen erstellt oder Recruiting-Prozesse gesteuert werden – und das alles individuell auf das Unternehmen zugeschnitten und gleichzeitig präzise, zuverlässig und komfortabel.

Dabei helfen Lösungen von P&I. Die Personal & Informatik AG mit Hauptsitz in Wiesbaden ist nicht einfach ein Entwickler von Human-Ressources-Software, sondern viel mehr. P&I definiert mit seinen Softwareprodukten Personalarbeit neu und geht in Forschung und Entwicklung auch ungewöhnliche Wege. So kann beispielsweise die Software P&I LOGA nicht nur unterschiedlichste Honorar- und Lohnarten erfassen und abrechnen, sondern liefert auch An- und Abwesenheitsstatistiken oder Steuerunterlagen. Dies ist nur ein Beispiel der umfangreichen Features von P&I-Software, vorgestellt im Magazinteil des 134-seitigen Geschäftsberichts.

Aber von Anfang an: „Perspektiven" ist der Titel der Publikation, die in einer komfortabel zu blätternden Ringbindung daherkommt. Selbstbewusst, groß und schlicht steht dieses Schlagwort in blassgrün auf tannengrünem Fond des Druckwerks. Mehr nicht – in diesem Bericht sollen Fakten

sprechen. Die findet der Leser dann direkt nach dem Aufschlagen in Form der Kennzahlentabelle auf der linken Innenseite. Getreu dem Firmengrundsatz, als innovatives Unternehmen keine Grenzen nach oben zu kennen, verzeichnet P&I erneut ein starkes organisches Wachstum. Seine 365 Mitarbeiter erwirtschafteten mit einem Umsatz von 69 Mio. Euro einen Zuwachs um mehr als 9 % im Vergleich zum Vorjahr. Das EBIT betrug 15,4 Mio. Euro. Weitere beeindruckende Zahlen bietet dann die in großformatiger Typographie gestaltete Doppelseite 6/7. Zu lesen steht hier, dass 4,5 Mio.

Die von P&I entwicklete und konzipierte personalwirtschaftliche Software wird aufgrund ihres hohen Entwicklungsniveaus international eingesetzt, wie es der Leser dem höchst informativen Bericht entnehmen kann.

Payslips, also Lohnabrechnungen, mit P&I erstellt wurden und dass man 3.000 Direktkunden und 15.000 Endkunden betreut – und zwar von insgesamt 13 Standorten aus. Eine aus groben Punkten gerasterte Europakarte zeigt die einzelnen Niederlassungen von Amsterdam bis Zilina in der Slowakei.

Blättert der neugierig gewordene Leser weiter, entdeckt er dann den vielleicht abwechslungsreichsten Teil dieses Geschäftsberichts: Ein sechsseitiges Magazin, in dem kleine Fallbeispiele, kurze Produktnews und andere Unternehmensnachrichten in Text und Bild präsentiert werden. So erfährt der Leser hier auch vom absoluten Höhepunkt des Geschäftsjahres: dem Gewinn eines Auftrags für ein kombiniertes IT-System für das Personalmanagement der Landesverwaltungen von Hamburg und Schleswig-Holstein sowie der Kommunalverwaltung des letzteren Bundeslandes – ein Volumen von über 300.000 Beschäftigten wird hier betreut. Hier konnten sich die Wiesbadener gegen die große Konkurrenz durchsetzen, auch dank „leidenschaftlichem Engagement und großer Motivation der Mitarbeiter, die stets im Sinne des Kunden denken" heißt es seitens P&I. Aber auch für kleinere Klienten verfügt der IT-Experte über ebenso moderne wie auf den jeweiligen Fall spezialisierte

Ob zu Lande in Hamburg und Schleswig-Holstein, zu Luft bei easyJet oder im Büro der Verwaltung der Messe Stuttgart – stets sind es Lösungen von P&I, deren Einsatz Professionalität, Zielorientiertheit und Zukunftssicherheit garantiert.

Systeme. Etwa für einen Getränkefachgroßhändler, der mit einem P&I-System seine Zeitwirtschaft steuert. Enthalten ist hier neben der Arbeitszeiterfassung auch die Tankdatenerfassung für die rund 200 Fahrzeuge des Betriebs oder die Zutrittskontrolle und Torsteuerung auf dem Firmengelände. Vielfältige weitere Erfolgsmeldungen, wie der Gewinn der Stuttgarter Landesmesse oder der Fluggesellschaft easy Jet als Neukunden werden ergänzt durch die Vorstellung innovativer Produkte, wie etwa einer Software für das Bewerbermanagement von Ausschreibung bis Einstellung oder einer Zeitmanagement-App für Smartphones. Alle Meldungen werden mit Fotos illustriert, die den abwechslungsreich gestalteten Seiten einen echten Magazincharakter verleihen.

Diesem informativen und angenehm gestalteten Ausflug in die Welt des computerisierten Personalmanagements folgt ein Vorwort des Vorstandsvorsitzenden Vasilios Triadis, der hier die Vision der Firmenführung definiert. Die P&I soll zum am besten geführten und arbeitenden Unternehmen der HR-Branche werden. Dafür soll eine bewusste Strategie der täglichen unspektakulären kleinen Verbesserungen sorgen. Klare Worte eines Firmenlenkers, der sein Schiff ohnehin auf dem richtigen Kurs weiß. Unterstützt wird diese Eindeutigkeit auch durch die Gestaltung nicht nur dieses Kapitels.

Diese beeindruckenden Zahlen bilden den Auftakt zum Geschäftsbericht von P&I, die Kursentwicklung der Aktie ist so eindeutig wie bemerkenswert.

4,5 Mio.
15.000
3.000
69,1 Mio.

Das Layout überzeugt durch Präzision ohne Schnörkel. Weißer Fond, schwarze Schrift, tannengrüne Kapiteltrennseiten, die jeweils kurze Inhaltsangaben des folgenden Teils beinhalten. Das gilt auch für den ausführlichen Finanzteil des Berichts, in dem die Tabellen von großzügigem Weißraum begleitet und durch bewusst gesetzte Highlights in blassgrün akzentuiert werden. Eine Rubrizierung am oberen Seitenrand sowie ein Eingriffregister rechts machen die Navigation unkompliziert und schnell.

So bleibt nach der Lektüre dieses ebenso pragmatisch wie ästhetisch erstellten Berichts der klare Eindruck von selbstverständlicher Souveränität. Diesem Unternehmen traut man es zu, sich auf den wichtigsten Wert seiner Klienten zu fokussieren und ihn pflichtgetreu und gleichzeitig mit innovativen Ideen zu hüten: den Produktionsfaktor Personal.

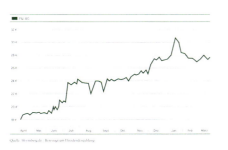

FINANZKENNZAHLEN

Stand: 31.12.2010
Rechnungslegung nach IFRS

Börsensegment: Prime Standard

WKN: 691340

Umsatz: 69,1 Mio. Euro

Ergebnis je Aktie: 1,44 Euro

Dividende je Aktie: 1,10 Euro

EBIT: 15,4 Mio. Euro

Eigenkapital: 35,053 Mio. Euro

Marktkapitalisierung: 213,1 Mio. Euro

Mitarbeiter: 333

Der nächste Geschäftsbericht erscheint im Juni 2012

INFORMATION

P&I Personal & Informatik AG
Kreuzberger Ring 56
65205 Wiesbaden
Claudia Vietze
Marketing
Fon: 0611 7147-217
Fax: 0611 7147-4217
cvietze@pi-ag.com
www.pi-ag.com

Online-Bericht vorhanden

Porsche Automobil Holding SE

Prof. Dr. Martin Winterkorn,
Vorsitzender des Vorstands

Die Farbe Weiß suggeriert positive Attribute wie Makellosigkeit, Seriosität und die Konzentration auf das Wesentliche. Qualitäten also, die man einer Premium-Marke wie Porsche sofort zuschreibt, die doch wie keine andere für einen unverwässerten Markenkern und die Essenz sportlichen Fahrens steht. Weiß ist deshalb auch der Einband des mit 236 Seiten sehr mächtigen Geschäftsberichts 2010. Und in eben dieser Farbe ist zudem das Porsche-Flaggschiff 911 Carrera GTS gehalten, dessen perfekte Silhouette u.a. Cover und Rückseite der vorliegenden Publikation ziert.

Dass der Geschäftsbericht der Porsche Automobil Holding SE dieses Mal nur ein Rumpfgeschäftsjahr umfasst, das vom 1. August bis 31. Dezember 2010 reicht, wird dem Leser auf Seite 3 in pointierter Manier erläutert. Grund dafür ist ein entsprechender Beschluss der Hauptversammlung der Porsche SE, der im Hinblick auf die Schaffung des integrierten Automobilkonzerns mit Volkswagen gefasst wurde. Der integrierte Automobilkonzern ist denn auch das inhaltliche Leitmotiv, das diesen Bericht dominiert und dem der Vorstandsvorsitzende Prof. Dr. Martin Winterkorn in seinem Brief an die Aktionäre gleichfalls angemessen Tribut zollt. Er konstatiert auf den Seiten 8 und 9, auf dem Weg zur Bildung des integrierten Automobilkonzerns ein gutes Stück vorangekommen zu sein. In diesem Kontext ist die Kapitalerhöhung ein wichtiger Meilenstein des Geschäftsjahres 2011.

Der Emissionserlös von rund 5 Mrd. Euro ist zugleich auch der entscheidende Faktor für die weitgehende Entschuldung der Gesellschaft.

Dass das Unternehmen wieder einen klaren Erfolgskurs steuert, ist übrigens das Verdienst beider Beteiligungen. Der Volkswagen-Konzern überzeugt dabei vor allem durch seine intelligente Mehrmarkenstrategie, während Porsche, mehr denn je, die Herzen der Automobilfreunde durch faszinierende Fahrzeuge höher schlagen lässt. Fahrzeuge wie eben der Carrera GTS, dessen Seitenansicht die Doppelseite 6/7 so formschön dominiert. Alles ist hier auf den Punkt gebracht: Performance, Inno-

Rasant ist die Eröffnung des Geschäftsberichts: Eine große 1 prangt über der doppelseitigen Aufnahme des Carrera GTS – Porsche weiß, wie man seine Aktionäre anspricht: sportlich-elegant und einzigartig.

vation, unverwechselbares Design und Beschleunigung. Einen solchen Anblick noch optimieren zu wollen, ist fast schon vermessen, aber die kreativen Köpfe hinter diesem Geschäftsbericht haben es geschafft. Sie geben dem Carrera mit der petrolfarbenen Einfassung, die fotografisch auf das Hauptmotiv fokussiert, einen stimmigen Rahmen. Er unterstreicht, verbunden mit der markanten Eins, die sicher nicht nur das erste Kapitel versinnbildlicht, die sportliche Ambitioniertheit der Traditionsmarke Porsche, die im neuen, starken Konzernverbund ihr großes Potenzial erst wirklich wird entfalten können.

Das Gestaltungsmoment von Zahl und Einfassung zieht sich auch durch die weitere Publikation und liefert einen ebenso sparsamen wie wirkungsvollen Kontrast zu den sehr luftigen Seiten, die, der Anmutung des gesamten Berichts entsprechend, insbesondere durch ihren großzügigen Weißraum glänzen. Hier ist der Leser jeder klaustrophobischen Anwandlung enthoben und kann sein Interesse entspannt auf den informativen Fließtext richten, ohne durch Nebensächlichkeiten abgelenkt zu werden. Auch die sehr dosierten Fotostrecken stellen sich in den Dienst eines visuell angenehm aufgelockerten Leseerlebnisses, das immer den Blick auf das Wesentliche richtet. Wer

Der luxuriöse Innenraum der Sportlimousine ist die passende Einleitung zur Berichterstattung über das Unternehmen, das als Marke einen legendären Ruf genießt und dessen Erfolg ungebrochen ist.

solche Autos baut wie Porsche, lässt nun einmal auch in Bezug auf das Niveau seiner Unternehmens- und Finanzkommunikation keine Kompromisse zu.

Das zweite Kapitel – Das Unternehmen – offeriert dem Betrachter auf den Seiten 36/37 die klare, funktional aufgeräumte Innenansicht eines Porsche-Cockpits. Im weiteren Verlauf werden nun wesentliche Ereignisse des Berichtszeitraums resümiert, optisch abgerundet durch Bildausschnitte eines grün-metallic-farbenen Porsche Cayman R. Der Leser kann sich anhand kurzer, prägnanter Textblöcke darüber in Kenntnis setzen, dass z. B. der Aufsichtsrat einen Teil seiner erfolgsabhängigen Vergütung nicht in Anspruch genommen hat oder ein neues Modell im Segment der sportlichen Geländewagen geplant ist.

In der Folge fällt immer wieder die dezente Präsentation der diversen Porsche-Modelle im Verlauf der Seitengestaltung ins Auge, sei es nun die kompakte Anmutung des Panamera auf Seite 57 oder die beeindruckende Dynamik des Cayenne auf Seite 61. Das Motto des Weniger ist mehr kommt hier hervorragend zum Tragen.

Die Detailaufnahmen sind dem Text wie kleine Appetithäppchen zur Seite gestellt, auf Grafiken verzichtet der Bericht zugunsten ausführlicher Tabellen im Konzernabschluss.

In diesem Zusammenhang stellt die Seite 75, die inhaltlich in den thematischen Abschnitt über die Mitarbeiter einführt, eine ausdrückliche Zäsur dar. Denn ab hier kommen nun, ganz im Sinne des Leitmotivs vom integrierten Automobilkonzern, andere Modelle von Volkswagen zur Ansicht. Den Anfang macht deshalb – programmatisch – auf Seite 75 der Golf, gefolgt von weiteren Vertretern der VW-Modellpalette oder, wie auf Seite 98, dem Audi R8.

Auf der Zielgeraden – Stichwort „Großer Erfolg in schwierigem Marktumfeld" – kommt dann ab Seite 118 ff. Porsche als Motiv noch einmal kräftig nach vorne und legt Zeugnis ab von der ungebrochenen Anziehungskraft des „Made in Zuffenhausen". Passender könnte da die Doppelseite 124/125 mit der seitlich versetzten Rückansicht des Carrera GTS, die den Konzernabschluss einläutet, wohl nicht gewählt sein. Porsche ist der diametrale Gegenentwurf zu Stillstand. Dieser beschleunigte Impetus durchdringt auch den vorliegenden Geschäftsbericht, der die Entwicklung hin zum integrierten Automobilkonzern modernster Prägung in seiner Machart exzellent reproduziert.

FINANZKENNZAHLEN

Stand: 31.12.2010
Rechnungslegung nach IFRS

Börsensegment: General Standard

WKN: PAH003

Dividende: 77 Mio. Euro

EBIT: 639 Mio. Euro

Eigenkapital: 17.214 Mio. Euro

Mitarbeiter: 36

Der nächste Geschäftsbericht erscheint im Frühjahr 2012

INFORMATION

Porsche Automobil Holding SE
Porscheplatz 1
70435 Stuttgart
Frank Gaube
Investor Relations und Finanzpresse
Fon: 0711 911-11046
Fax: 0711 911-11819
frank.gaube@porsche-se.com
www.porsche-se.com

Online-Bericht vorhanden

Progress-Werk Oberkirch AG

Der Vorstand (v.l.n.r.):
Bernd Bartmann,
Karl M. Schmidhuber (Vorsitzender),
Dr. Winfried Blümel

Moderne Automobile sind nicht nur hochkomplexe Maschinen, die reibungslos funktionieren müssen. Sie sind auch das Objekt einer der wirtschaftsstärksten, innovativsten und prägendsten Industrien Deutschlands – und der ganzen Welt. Hinter jeder Marke steht ein weitverzweigtes Netz aus Zulieferern, die ihrerseits mit fortschrittlichster Technologie hinter den Kulissen dafür sorgen, dass die Produkte sicherer, komfortabler, intelligenter und damit immer besser werden. Oft sind es gerade diese Unternehmen, die die Innovationen in der Automobilwelt vorantreiben.

Sie sind mittelständische Hidden Champions wie die Progress-Werk Oberkirch AG, kurz: PWO, ein echter Spezialist im Werkzeugbau sowie der Umform- und Verbindungstechnologie von Stahl, Edelstahl und Aluminium. Dieses Metier sieht man dem Geschäftsbericht 2010 des badischen Unternehmens direkt an, denn die Titelseite zeichnet sich durch einen matt-silbern metallisch anmutenden Look aus und ist in einem präzisen Muster aus 31 Kreisen ausgestanzt. Darunter leuchtet in sattem Orange die Hausfarbe des Unternehmens hervor. Die Botschaft: Wenn es mit Metall und höchster Präzision zu tun hat, dann stecken wir dahinter – und bringen es voran. „Vorausdenken" ist der bezeichnende Titel der 152-seitigen, ringgebundenen Publikation.

Nach dem Aufschlagen findet der Leser als erstes ganz klassisch die Kennzahlen in einer Fünf-Jahres-Übersicht auf der linken Seite. Dieser längere Vergleichszeitraum ist ideal gewählt, um zu zeigen, wie gut PWO die Wirtschaftskrise überwunden hat. In 2010 erreichte das Unternehmen nicht nur

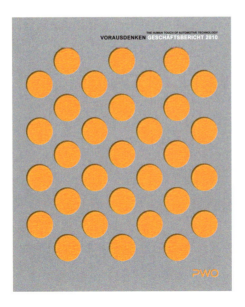

Werte wie vor der Krise, sondern sogar darüber hinaus: Mit einem Umsatz von 264 Mio. Euro wurde ein neuer Rekord eingefahren. Die über 2.000 Mitarbeiter erwirtschafteten ein EBIT, das mit 16 Mio. Euro deutlich über allen Prognosen lag. In seinem Brief an die Aktionäre begründet der dreiköpfige Vorstand dies mit einem klugen Krisenmanagement und den durchstrukturierten Prozessen in der Produktion. Vorher sieht der Leser noch ein Musterbeispiel dessen, was produziert wird. Auf der Doppelseite 4/5 findet er das Inhaltsverzeichnis des Berichts, aber viel mehr ins Auge fällt ein

Im Hintergrund sieht man Metallkomponenten und einen für den Laien erstaunlich bunt daherkommenden Schaltplan, der die Kundenanforderungen auf den Punkt bringt und deshalb für Entwicklungsleiter Stephan Kasper Ansporn zum Handeln ist.

überdimensionales Foto: Auf weißem Hintergrund ist ein Aluminium-Bauteil zu sehen, das mit einer komplexen Geometrie und fein strukturierter Oberfläche wie ein Kunstwerk daherkommt. Dass es tatsächlich eine akustisch wirksame Wärmeabschirmung am Fahrzeugboden ist, erklärt eine Bildunterschrift. Dieses Bauteil ist ein Musterbeispiel für viele weitere PWO-Produkte: Unsichtbar und im Hintergrund sorgen sie dafür, dass das große Ganze leichter oder leiser, sicherer oder stärker wird. Dafür arbeiten im Unternehmen PWO vielfältige Spezialisten an verschiedenen Standorten. Zwölf von ihnen werden im Geschäftsbericht exemplarisch vorgestellt – womit wir beim optischen Highlight der Publikation wären. In loser Folge wird sie unterteilt von doppelseitigen Fotos, die den jeweiligen Mitarbeiter an einem typischen Ort oder mit einem typischen Accessoire darstellen. Besonders reizvoll werden die Bildkompositionen durch eine aufwendige Nachbearbeitung der Bilder, die allesamt mit schwarzen Schatten belegt werden. Nur ausgewählte Bildbereiche, wie etwa die Gesichter der Menschen oder besondere Highlights im Hintergrund sind betont. So ergibt sich eine ungewöhnliche und vielleicht gerade deshalb sehr attraktive Ästhetik. Von jedem Mitarbeiter, vom Projektleiter aus der Entwicklungsabteilung bis zum Facharbeiter aus der Produktion im tschechischen Werk, wird dazu ein Zitat abgedruckt, das treffend den Geist der PWO-Welt wiedergibt. So sagt der

Der tschechische PWO-Facharbeiter Miroslav Poncik weiß, wovon er spricht, wenn es um Metall geht – da muss seine Restaurantbegleitung auch schon mal lernen, wie viele Umformstufen die Gabel, die sie in den Händen hält, durchlaufen hat.

Tscheche beispielsweise „Wenn Sie anfangen, im Restaurant das Besteck nach der Anzahl der Umformstufen zu bewerten, dann haben Sie Metall im Blut." Treffender geht es kaum.

Ein weiteres wiederkehrendes Gestaltungselement, das sich durch den gesamten Bericht zieht, sind freigestellte Produktfotos. Darunter sind Elektromotorengehäuse für Sitzversteller, die Lenkung oder Motorkühlung, aber auch eine Lenksäulenverstellung, die das Schwingungsverhalten optimiert, oder komplette Cockpit-Modulträger, die später Lenksäule, Instrumententafel und Mittelkonsole sicher mit der Karosserie verbinden. Diese Bilder haben nicht nur einen ausdrucksstarken ornamentalen Charakter, sondern belegen auch die große Bandbreite von PWO. Zusätzlich ergänzt wird die Bildsprache von konventionellen aber nicht minder ästhetischen Industriefotos aus dem Alltag der PWO, die auf den Marginalspalten des Berichts untergebracht sind und jeweils neue Inhaltsabschnitte anzeigen.

Ähnlich durchdacht wie die fotografische Aufbereitung des Geschäftsberichts sind vielfältige Informationsgrafiken, die eine große Bandbreite von Stilformen wie Balken- und Kreisdiagramm, Kursverlauf oder Weltkarte abdecken. So werden beispielsweise die internationalen Standorte von PWO auf einer ganzseitigen Karte dargestellt. Mexiko, Kanada, Tschechien und China werden orange als

Die großzügigen Grafiken geben Aufschluss über die Aktienkursentwicklung, die internationle Präsenz der Oberkircher oder den erfreulichen Wiederanstieg der Umsatzzahlen.

Produktionsstandorte gekennzeichnet, sieben weitere Länder in grau stellen Kooperationspartner dar. Als letzte wichtige Farbe kommt beim Zahlenteil des Jahresabschlusses auch noch ein Sand-Farbton ins Spiel, der dem Betrachter beim Durchblättern klar macht, das hier nun hauptsächlich Tabellen und Zahlen zu finden sind. Klar geordnet und mit weißen Highlights versehen, verleihen sie diesem ebenso lesens- wie sehenswerten Geschäftsbericht zu einer fundierten Basis. Damit fällt Vorausdenken für die kommenden automobilen Innovationszyklen natürlich doppelt leicht.

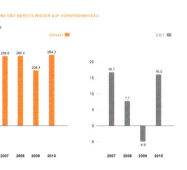

FINANZKENNZAHLEN

Stand: 31.12.2010
Rechnungslegung nach IFRS

Börsensegment: Prime Standard

WKN: 696800

Umsatz: 264,2 Mio. Euro

Ergebnis je Aktie: 2,58 Euro

Dividende je Aktie: 1,00 Euro

EBIT: 16 Mio. Euro

Eigenkapital: 68,9 Mio. Euro

Mitarbeiter: 2.079

Der nächste Geschäftsbericht erscheint im April 2012

INFORMATION

Progress-Werk Oberkirch AG
Industriestraße 8
77704 Oberkirch
Fon: 07802 84-0
Fax: 07802 84-356
info@progress-werk.de
www.progress-werk.de

Online-Bericht vorhanden

Agentur
Bransch & Partner Werbeagentur GmbH, Stuttgart
www.branschundpartner.de

PSI AG

Dr. Harald Schimpff (links)
und Armin Stein

Die Kompetenz des PSI-Konzerns lässt sich zusammenfassen mit jenem Satz, der das Mission Statement einleitet: „PSI entwickelt und integriert Softwarelösungen und komplette Systeme für die Prozesssteuerung bei Energieversorgern, in energieintensiven Industrien und bei Infrastrukturbetreibern überall auf der Welt." Und darüber hinaus lässt sich diese Kompetenz erklären auf 92 Seiten, auf seidenmattem, hochwertigem Papier im Geschäftsbericht 2010. Er ist bemerkenswert anders. Er zeichnet das erfolgreichste Jahr in der Konzerngeschichte nach – im wahrsten Sinne des Wortes. Und diese Zeichnungen rücken die Welt zusammen, umspannen sie mit einem Netz von Linien, die eine Ahnung vermitteln von der Komplexität der internationalen Energiemärkte und den Kernfeldern der PSI.

Der Konzern ist mit seinen Erfahrungen im deutschen Raum längst zum Gradmesser für jede weitere Entwicklung auf dem Weltmarkt geworden und dieses Know-how begründet seit vielen Jahren das Alleinstellungsmerkmal von PSI, nämlich mit hoher Zuverlässigkeit softwarebasierte Lösungen zu bieten, die eines vermögen: die Effizienz zu steigern und die Ressourcen zu schonen. Mit den Konzern-Standorten in Asien, Amerika, Zentral- und Osteuropa treibt die PSI ihre Internationalisierung voran und leistet in den Segmenten Energiemanagement, Produktionsmanagement und Infrastrukturmanagement ihren Beitrag zum ganzheitlichen Ansatz für eine Welt, in der rund sieben Milliarden Menschen wohnen und in der die Ressourcen endlich sind. Diese Tatsache verlangt intelligente Energielösungen. PSI liefert sei. Seit mehr als 40 Jahren agiert der Konzern als Experte für innovative Produktentwicklung auf dem Energieweltmarkt und nie war die Nachfrage größer als im Berichtsjahr 2010. Nie zuvor waren die Umsätze höher, war die Performance der Aktie eindrucksvoller: Der Konzernumsatz steigt um 8 % auf 158,7 Mio. Euro und die Aktie verdoppelt ihren Wert auf 17,85 Euro. Die Vorstände des PSI-Konzerns, Dr. Harald Schrimpf und Armin Stein,

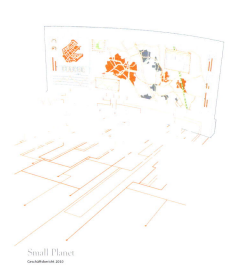

Im Bild die an eine Computersimulation erinnernde grafische Darstellung einer Metropole – hier sorgt PSI für zukunftsfähige Lösungen, wenn es um die Verteilung von Energie in komplexen Netzen geht.

nennen in ihrem Brief im Geschäftsbericht 2010 die Gründe für den Erfolg und in der Summe ergeben sie eines: PSI erkennt seinen Stellenwert im Nischenmarkt und die Investoren und Kunden erkennen ihn ebenso. „Wir haben für 177 Millionen Euro neue Aufträge gewonnen", so lautet ein Ergebnis, das die Vorstandsvorsitzenden veröffentlichen. Die PSI wird auf diese Herausforderung reagieren mit dem geballten Know-how ihrer 1.422 Mitarbeiter und mit Ideen, die weltumspannend sind.

Der Geschäftsbericht 2010 fächert auf, was PSI darunter versteht, und übertitelt ihn mit dem Slogan „Small World". Von dieser Titelseite an beginnt der Spannungsbogen des Berichts, der seinen Höhepunkt findet in den beiden kreativen Kapiteln zur PSI-Aktie und zu den Segmenten Energiemanagement, Produktionsmanagement und Infrastrukturmanagement. Die klappbare Kartonage des Umschlags eröffnet eine gezeichnete, planbare Welt, in der PSI zu Hause ist. Der Leser tritt ein in das Office von PSI, sieht sich einer mit Linien und Netzen verbundenen Welt gegenüber, wird eingestimmt auf Transport- und Verteilernetze, von Prognose- und Optimierungsalgorithmen, auf die Kernfelder der PSI, gezeichnet in den Farben Grau, Grün, Rot, angepasst an das Format des

Auch hier bleibt das Layout der modernen Bildsprache treu und sorgt dafür, den Leser von der Innovationsfähigkeit der Softwarelösungen von PSI zu überzeugen: Effiziente Prozesse für nachhaltiges Wachstum.

Geschäftsberichts 2010. Und bis sich diese Zeichnung auflöst in Worte, wird der Leser navigiert durch die Kennzahlen des Erfolgsjahrs, durch Vorstandsbrief und Rechenschaft des Aufsichtsrats. Signalgelbe Seiten markieren die Informationen und diese Farbe steht zugleich für Energie, Zukunft, für Kreativität und Erfolg. Es bedarf keines weiteren Signals und so bleibt dieses Gelb die Leitfarbe im Bericht, dient ebenso als Eyecatcher zum Einstieg in die Kreativkapitel über Aktie und Kernsegmente.

Diese Kapitel zeigen, was der Konzern unter intelligenten Lösungen versteht, die die Effizienz industrieller Prozesse und Infrastrukturen erhöhen, die die Ressourcen schonen. Das Blättern durch die Seiten mutet an wie ein Gang durch eine Galerie von Zeichnungen, wie das Aufschlüsseln einzelner Exponate, wie das Eintauchen in einen Text, der erzählt von den Herausforderungen der Zeit. Die Headlines der Seiten werfen ein Schlaglicht auf die Leistung der PSI, der Text gibt Antworten auf die Fragen nach dem Wandel auf den Energiemärkten, nach einem nachhaltigen Wachstum und nach Verkehrssystemen, die diese Welt miteinander verbinden und sie zu einem Small Planet werden lassen. Die Zeichnungen symbolisieren die Kernkompetenzen der PSI, beschreiben ihre Märkte

Gleich in der vorderen Einbandklappe kann sich der Leser auf einen Blick über die relevanten Daten und Fakten des aktuellen Geschäftsjahrs informieren.

MITARBEITERSTRUKTUR

Produktionsmanagement 591
Infrastrukturmanagement 316
Energiemanagement 515

PSI-STANDORTE WELTWEIT

PSI-UMSATZ WÄCHST IN ALLEN SEGMENTEN (IN MIO. EURO)

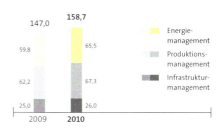

2009: 147,0 (59,8 / 62,2 / 25,0)
2010: 158,7 (65,5 / 67,3 / 26,0)

Energiemanagement
Produktionsmanagement
Infrastrukturmanagement

und Bezugsgruppen und die Texte schlüsseln die komplexen Themen auf.

Und am Ende steht das Gefühl: Ja, sie wird enger, unsere Welt. Und das birgt Chancen, wenn intelligente Lösungen die Zukunft weisen und die Balance halten zwischen Natur und Wirtschaft, zwischen den Bedürfnissen der Menschen weltweit. Mit dem Geschäftsbericht 2010 wählt der PSI-Konzern eine außergewöhnliche Form der Visualisierung seiner Leistung und seiner Verantwortung und setzt damit den Maßstab hoch, für jeden seiner folgenden Berichte. Die Zeichnungen wirken maßgeschneidert für die Ansprüche am globalen Energiemarkt. Die Texte machen Tempo. Und beides zusammen spricht eine Sprache, die die Internationalität des PSI-Konzerns unterstreicht und eines deutlich macht: Das rasante Wachstum der Welt ist eine globale Herausforderung – und wirft Fragen auf. PSI arbeitet an den Lösungen, netzumspannend und Ressourcen schonend.

FINANZKENNZAHLEN

Stand: 31.12.2010
Rechnungslegung nach IFRS

Börsensegment: TecDAX

WKN: A0Z1JH

Umsatz: 158,7 Mio. Euro

Ergebnis je Aktie: 0,45 Euro

Dividende je Aktie: 0,23 Euro

EBIT: 9,5 Mio. Euro

Eigenkapital: 68,1 Mio. Euro

Marktkapitalisierung: 280,2 Mio. Euro

Mitarbeiter: 1.422 (weltweit)

Der nächste Geschäftsbericht erscheint im April 2012

INFORMATION

PSI Aktiengesellschaft
Dircksenstraße 42–44
10178 Berlin
Karsten Pierschke
Investor Relations und
Konzernkommunikation
Fon: 030 2801-2727
Fax. 030 2801-1000
ir@psi.de
www.psi.de

Agentur
HGB Hamburger Geschäftsberichte
GmbH & Co. KG, Hamburg
www.hgb.de

PVA TePla AG

Der Vorstand:
Dr. Arno Knebelkamp, Vorsitzender (links) und Arnd Bohle

Wir schreiben den 15. Oktober 2010 und befinden uns in der Erde, in einer Röhre tief unter dem Gotthardmassiv in den Alpen. Unter lautem Grollen und Knirschen durchbricht ein neun Meter großer, gigantischer Bohrkopf die Tunnelwand – und vollendet einen Meilenstein in einem Ingenieurbauprojekt der Superlative. Mit nur wenigen Zentimetern Versatz treffen sich nach vier Jahren Bauzeit die beiden Teilstücke der Oströhre des Gotthard-Basistunnels, des längsten Eisenbahntunnels der Welt. Zwei gewaltige Vortriebsmaschinen, jewels 60 Meter lang, frästen dazu rund 24 Mio. Tonnen Gestein aus dem Berg. Dafür braucht es nicht nur Hightech-Geräte, sondern auch Hightech-Materialien, gerade bei den unter extremer Beanspruchung stehenden Bohrköpfen aus speziellem Hartmetall.

Das ist das Stichwort für PVA TePla. Wann immer es um Material für besondere Anforderungen geht, ist das Unternehmen aus dem hessischen Wettenberg gefragt. Als Vakuum-Spezialist für Hochtemperatur- und Plasmaprozesse ist PVA TePla einer der führenden Hersteller bei Hartmetall-Sinteranlagen, Kristallzuchtanlagen sowie Anlagen zur Oberflächenaktivierung und Feinstreinigung im Plasma. So kompliziert wie das klingt, sehen die Anlagen auch aus: Druckkammern, Tanks, Leitungen, Monitore, Regler und viele weitere Bauteile fügen sich zu einer für den Laien undurchschaubaren Struktur zusammen. So auch auf dem Cover des diesjährigen Geschäftsberichts des Anlagenbauers. Unter dem Titel „Be equipped for tomorrow's materials" wird hier eine der Anlagen gezeigt und gleich die Bildsprache für den gesamten, aus zwei Teilen bestehenden Bericht etabliert. Denn überall finden sich die im gleichen Stil fotografierten Anlagenporträts, die durch die konsequente Inszenierung eine ganz eigene Ästhetik bekommen – Industriefotografie at its best.

Schlagen wir den Einband der Publikation auf, haben wir die Wahl, entweder den links eingebundenen 24-seitigen Imageteil aufzuschlagen oder auf der rechten Seite den in Schweizer

Überdimensional, kraftvoll – die Gripper-Tunnelbohrmaschine, die nahezu Unglaubliches leistete, als sie sich durch die Erde für die Röhre des Gotthardt-Tunnels gewühlt hat und dank PVA TePla stets wirkungsvoll arbeiten konnte.

Broschur ausgeführten Finanzteil, der seinerseits 116 Seiten beinhaltet. Wir entscheiden uns für den Imageteil, den ebenso wie sein Pendant auf der Gegenseite ein Anlagenbild ziert. Die umgebende Farbwelt ist in Weiß und Grau gehalten, die Fotos selbst zeichnen sich darüber hinaus durch einzelne Akzente in kräftigem Blau oder Gelb aus. Nach dem Aufschlagen des Imageteils fällt der Blick zuerst auf ein spannend gestaltetes Inhaltsverzeichnis. Orientiert an einem mittig verlaufenden Farbbalken, der zu einer Art Zeitstrahl des Leseerlebnisses wird, werden kleine Thumbnails der einzelnen Seiten abgebildet. Anhand der unterschiedlichen Größen dieser Miniaturabbildungen lässt sich sogar eine Gewichtung vornehmen. Blättert der Leser weiter, entdeckt er als erstes ein beeindruckendes Foto: wie Miniaturen wirkende Menschen vor einer der imposanten Tunnelvortriebsmaschinen in einer Werkshalle. Wie deren extrem widerstandsfähige Bohrköpfe hergestellt werden, erklärt im Folgenden ein vierseitiger Artikel, der von den noch extremeren Herstellungsbedingungen erzählt. So bedarf es eines Vakuums und Temperaturen von zwischen 1.350 und 1.600° Celsius, bei denen derartige Hartmetalle aus pulverförmigen Ausgangsmaterialien „gebacken" werden. PVA TePla ist hierfür ein gefragter Partner. Ein Partner der, um einmal auf die Kennzahlentabelle auf

Der im Vergleich dazu winzig wirkende Bohrkopf mit Wendeschneidplatten, die auf einer Anlage von PVA TePla gefertigt wurden, ist ein ausgesprochen verschleißfestes Hartmetallprodukt.

der inneren Umschlagseite des Finanzteils vorzugreifen, im abgelaufenen Geschäftsjahr einen Umsatz von über 120 Mio. Euro zu verzeichnen hatte. Seine 488 Mitarbeiter erwirtschafteten daraus ein Betriebsergebnis von 12 Mio. Euro. Damit hat das Unternehmen eine EBIT-Marge von 10 % erzielt und seine für das Nach-Krisenjahr gesetzten Ziele erreicht. Der Vorstand berichtet zudem auf der nächsten Seite von einem mehr als deutlich gestiegenen Auftragseingang.

Aber noch einmal zurück zum Imageteil, der eine facettenreiche Auswahl von Artikeln und Fotostrecken bietet. Etwa eine Fotodoppelseite von Lötteilen, betitelt mit „Kleine Meisterwerke mit großem Potenzial". Und tatsächlich: Durch die Qualität der bildlichen Inszenierung als freigestellte, filigrane dreidimensionale Körper auf weißem Hintergrund bekommen die Werkstücke eine fast sakrale Anmutung. Auf diese Seite folgt ein Kundenporträt – ein Besuch bei der österreichischen Firma Ceratizit, die seit langen Jahren schon mit Vakuum- und Drucksinteranlagen von PVA TePla arbeitet. In einem dazugehörigen Interview lobt ein Werksleiter des Kunden die große Flexibilität, die die Hessen besonders unter Beweis stellten, als bei einem Brand bei Ceratizit zahlreiche Anlagen zerstört wurden. In kürzester Zeit konnte PVA TePla daraufhin rund 20 neue Anlagen mit neuester

Im Geschäftsbericht selbst veranschaulichen die übersichtlich und gut lesbar gesetzten Grafiken wichtige Entwicklungen des Geschäftsjahrs wie z. B. Kursverlauf der Aktie oder Umsatzverteilung.

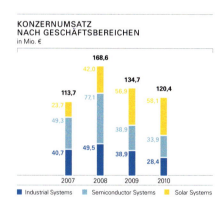

Technik beim Kunden installieren und intakt gebliebene überarbeiten, sodass der Betrieb nahtlos weitergehen konnte.

Nach diesem Ausflug in die Welt von Vakuum und Plasma wartet nun noch das Universum der Finanzen auf den Leser. Der zweite Teil des Druckwerks besticht durch seine klare und transparente Struktur: Weißer Fond, angenehmer Weißraum sowohl am oberen wie unteren Seitenrand und selbstbewusst gesetzte große Überschriften. Des Weiteren überzeugt auch hier das Prinzip der inhaltlichen Gliederung zu Beginn eines jeden Kapitels durch einen mittigen Farbbalken, an dem der Ablauf der Themen als präzise geordneter Strang gezeigt wird. Zusätzlich finden sich als Kapiteltrenner weitere faszinierende Industriefotos aus dem Anlagenportfolio – und runden so einen intelligent konzipierten, attraktiv designten und mit der Geradlinigkeit einer Tunnelbohrmaschine umgesetzten Geschäftsbericht ab.

FINANZKENNZAHLEN

Stand: 31.12.2010
Rechnungslegung nach IFRS

Börsensegment: Prime Standard

WKN: 746100

Umsatz: 120 Mio. Euro

Ergebnis je Aktie: 0,35 Euro

Dividende: 3,3 Mio. Euro

EBIT: 12 Mio. Euro

Eigenkapital: 54,5 Mio. Euro

Marktkapitalisierung: 80 Mio. Euro

Mitarbeiter: 500

Der nächste Geschäftsbericht erscheint am 31. März 2012

INFORMATION

PVA TePla AG
Im Westpark 10–12
35435 Wettenberg
Dr. Gert Fisahn
Fon: 0641 68690-400
Fax: 0641 68690-800
gert.fisahn@pvatepla.com
www.pvatepla.com

Agentur
Whitepark, Hamburg
www.whitepark.de

R. STAHL Aktiengesellschaft

Martin Schomaker,
Vorstandsvorsitzender

R. STAHL ist weltweit führender Anbieter von Produkten, Systemen und Dienstleistungen für den Explosionsschutz. Überall dort, wo brennbare Gase, Dämpfe, Nebel oder Stäube auftreten können, verhindern die Produkte von R. STAHL Explosionen. Dazu gehören die Öl- und Gasindustrie, die chemische Industrie und Pharmazie – aber auch der Schiffbau, die Nahrungsmittelbranche oder die Biokraftstoff-Industrie müssen explosionsgeschützte Produkte einsetzen. Das Produktprogramm reicht von einfachen explosionsgeschützten Schaltgeräten, Signalgeräten und Leuchten über moderne Automatisierungstechnik sowie Bedien- und Beobachtungslösungen bis hin zu komplexen Systemen. R. STAHL hat sich in den letzten Jahren zum Marktführer für Systemlösungen im elektrischen Explosionsschutz entwickelt. Basis für kundenspezifische Systemlösungen ist neben dem umfangreichen Produktspektrum die Kompetenz, verschiedene Komponenten zu einer Lösung zu integrieren. Mit Tochtergesellschaften in mehr als 20 Ländern und über 60 Vertretungen rund um den Globus ist R. STAHL hervorragend aufgestellt. So wird ein flächendeckender Vertrieb, Kundenservice vor Ort und die Abwicklung internationaler Projekte garantiert. Der Geschäftsbericht 2010 gewährt einen Einblick in die Kompetenz von R. STAHL und zeigt diese gekonnt und anschaulich auf.

Dazu wählt der Konzern das Stilmittel der Industriefotografie, zeigt Bilder seines Produktprogramms – von den einfachen Geräten, über Steuerungen bis hin zu den komplexen Systemen. Mit den Kreativseiten des Berichts schärft das Unternehmen sein Image als technologischer Marktführer, Partner seiner Kunden und Anbieter von Lösungen. Diese Seiten veranschaulichen die fundierten Kenntnisse des Unternehmens und seiner Ingenieure beim Schalten, Verteilen, Regeln und Beleuchten in explosionsgefährdeter Umgebung. Sie setzen das Mission Statement von R. STAHL großformatig über den Raum doppelter Seiten hinweg in Szene. Sie geben dem Bericht jene dynamische Spannung, die das Thema des elektrischen Explosionsschutzes erwarten lässt, und ziehen den Leser hinein in die Unternehmenswelt von R. STAHL.

Sicherheit, hier treffend durch die signalroten Schutzanzüge der beiden Männer symbolisiert, garantieren die Systeme und Produkte von R. STAHL, die für den elektrischen Explosionsschutz entwickelt wurden und in verschiedenen Industriezweigen eingesetzt werden.

Das Titelbild des Geschäftsberichts 2010 eröffnet diese Fotoimpressionen mit dem Hinweis auf die Leitlinie des Jahres: safety, systems, integration. Es ist ein erfolgreiches Berichtsjahr; das umsatzstärkste seit der Entscheidung, den Fokus auf den Bereich Explosionsschutz zu richten. R. STAHL erzielt einen Umsatz von 222,6 Mio. Euro und dieser positive Trend wird sich fortsetzen. Davon ist der Vorsitzende des Vorstands, Martin Schomaker, überzeugt, wenn er sein Ziel für die nächsten zwei Jahre formuliert und ankündigt, den unternehmerischen Innovationsprozess fortzusetzen und ein zweistelliges Wachstum anzustreben.

Diese Zuversicht prägen die Highlightseiten des Berichts. Sie greifen die Begriffe der Titelseite auf und geben den Schlagworten einen Inhalt. Der Mix aus Bild und Wort, aus Grafiken und flächigen Pointierungen verschmelzt sich zu einem gelungenen Corporate Publishing, zu einem Mehrwert für den Leser, weil er neben den Kernthemen von R. STAHL viel von den explosionsgeschützten Produkten und Systemen erfährt. Viereckige Flächen bündeln die Aufmerksamkeit des Lesers und betonen, wofür R. STAHL mit seinem Namen und seiner Leistung steht: nämlich für Sicherheit, Kundenmehrwert und -bindung, für sein umfassendes Know-how, für sein breites Portfolio, für das

Bohrinseln sind extremen Bedingungen ausgesetzt und erfordern spezielle Technologien, wenn es um Lösungen rund um den Explosionsschutz geht – R. STAHL zeigt dem Leser, über welche Kompetenzen das Unternehmen auf diesem Gebiet verfügt.

Vertrauen in einen Systempartner, wenn es um technische und wirtschaftliche Lösungen geht. Die Fotos dieser Seiten zeigen Mitarbeiter in Aktion, stellen gemäß des Unternehmensauftrags Menschen, Umwelt und Sicherheit in den Mittelpunkt. Sie erzählen von Extremsituationen und Extremherausforderungen. Sie erinnern an die verschiedenen Ebenen in der Prozessoptimierung, an die individuelle Entwicklung von der Idee bis zum ausgereiften Produkt. Mit Piktogrammen, Erläuterungen, Modellzeichnungen und Grafiken versteht R. STAHL es, mit dem 136 Seiten starken Bericht, ein Gefühl für das Leistungsspektrum des Unternehmens sowie für die Themen des Jahres 2010 zu geben und Staunen zu erzeugen. Wenn R. STAHL zum Beispiel eine Beleuchtung entwirft, um den Schildkröten-Jungtieren vor der australischen Küste den schnellsten Weg ins Meer ungestört zu ermöglichen oder wenn das Unternehmen seine Position bei explosionsgeschützten Displays weiter ausbaut, dann verdeutlichen diese und weitere Prozesse die Technologieführerschaft von R. STAHL. So bekommen die Bilder auf den Fotoseiten mit ihren Teasertexten eine besondere Dimension.

Der schnelle Rhythmus des Geschäftsberichts endet mit dem Konzernlagebericht und dem Konzernabschluss. Seitenregister navigieren durch den Rechenschaftsteil. Die Sprache wird sachlich

Die silbern unterlegten Grafiken passen sich perfekt in das Layout des Berichts ein und fassen wichtige Informationen wie zum Geschäftsmodell, Umsatz im Systemgeschäft oder Kursentwicklung der Aktie zusammen.

und drosselt das Tempo. Das Layout ist klar durch den Wechsel aus zweispaltigem Text und Zahlentabellen strukturiert. Hier geht es um die Daten und Fakten im erfolgreichen Unternehmensjahr 2010 und vor allem um die inhaltliche Darstellung der Leitlinie safety, systems, integration. Mit dieser Konzentration auf die Kernkompetenzen konnte R. STAHL in der Krise der vergangenen zwei Jahre Marktanteile gewinnen und mit ihr wird R. STAHL weiter wachsen. Davon sind der gesamte Vorstand und die 1.492 Mitarbeiter weltweit überzeugt.

FINANZKENNZAHLEN

Stand: 31.12.2010
Rechnungslegung nach IFRS

Börsensegment: Prime Standard

WKN: 725772

Umsatz: 222,6 Mio. Euro

Ergebnis je Aktie: 1,77 Euro

Dividende: 4,1 Mio. Euro

EBIT: 19,3 Mio. Euro

Eigenkapital: 84,1 Mio. Euro

Marktkapitalisierung: 173,9 Mio. Euro

Mitarbeiter: 1.492

Der nächste Geschäftsbericht erscheint im April 2012

INFORMATION

R. STAHL AG
Am Bahnhof 30
74638 Waldenburg
Investor Relations
Fon: 07942 943-1217
Fax: 07942 943-401217
investornews@stahl.de
www.stahl.de

Online-Bericht vorhanden

Agentur
Impacct Communication GmbH,
Hamburg
www.impacct.de

REALTECH AG

Der Vorstand (v.l.n.r.):
Dr. Rudolf Caspary,
Nicola Glowinski (Vorsitzender),
Thomas Mayerbacher

Tatsache: Es gibt Dinge in unserem Alltag, von denen wir einfach erwarten, dass sie funktionieren, ohne jedes Detail ihres Innenlebens selbst zu verstehen – Computer zum Beispiel. Tatsache: Unternehmen geht es bei dieser Frage nicht anders. Insbesondere, wenn es um die Überwachung oder die Implementierung neuer Software-Systeme geht, brauchen sie deshalb einen externen Partner, dem sie vertrauen können.

Seit 1994 ist die REALTECH AG hier der richtige Partner, denn sie hat sich darauf spezialisiert, die Ausfallsicherheit in IT-Systemen zu erhöhen und den Wertbeitrag durch den Einsatz von IT zu steigern. Über 2.000 Kunden unterschiedlicher Größe und Branchen setzen auf das Know-how in den beiden Geschäftsbereichen: der strategischen IT-Beratung, die sich durch ihre Detailkenntnisse von SAP-Systemen auszeichnet, und Software-Produkte von REALTECH für das Business-Service-Management. In seinem Brief an die Aktionäre beschreibt der dreiköpfige Vorstand das Berichtsjahr als ein erfolgreiches, aber auch schwieriges, das besonders zu Beginn noch von den Auswirkungen der Krise gekennzeichnet war. Beim Umsatz erzielte man unter diesen Bedingungen eine Steigerung von acht % auf 52,5 Mio. Euro. Der EBIT erreichte 4,5 Mio. Euro – eine Zunahme um 74 %.

Die starke Teamorientierung von REALTECH unterstreichen die Fotografien von Vorstand und Aufsichtsrat, die jeweils als Dreier-Gruppe abgebildet sind und ein hohes Maß an Engagement ausstrahlen. Dazu trägt sicherlich auch die ungewöhnliche Konstellation bei, dass die Herren des Aufsichtsrats als Unternehmensgründer nach wie vor mit nahezu 45 % der Aktien am Unternehmen beteiligt sind. Während an dieser Stelle also die Persönlichkeiten aufgrund ihrer Verantwortung klar zu erkennen sind, hat man bei der optischen Darstellung der Aktivitäten einen ganz anderen Weg gewählt.

Die Titelseite des Jahresberichts zeigt einen Schattenriss eines Mitarbeiters mit weißem Hemd und Manschetten und orangefarbener

Morgens am Frühstückstisch sollten Kaffee, Zeitung und im Winter was zur Stärkung der Immunabwehr nicht fehlen: Das originelle Bildkonzept zeigt dem Leser, wo überall REALTECH im Hintergrund für den reibungslsoen IT-Ablauf sorgt.

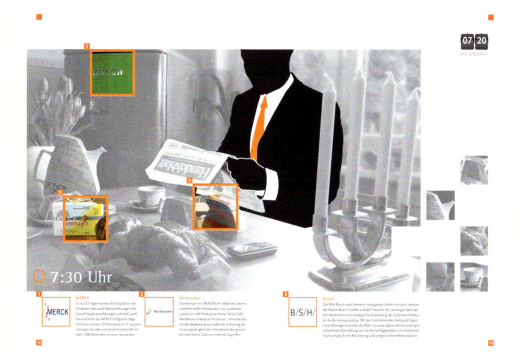

Krawatte. Diese Figur steht vor einem sehr weichgezeichneten Foto in Graustufen, das die Unternehmenszentrale abbildet. In einem orangenfarbenen Rechteck steht in weißen Ziffern die Jahreszahl 2010. Der leuchtende Farbton ist die Komplementärfarbe zum Grün des REALTECH-Logos und wird als Schmuckfarbe prägend eingesetzt. Dabei scheut man keine starken Effekte: Das Mission Statement ist ebenfalls in Weiß auf einem fast die gesamte Seite abdeckenden Feld in Orange abgedruckt. Das ist ein optisch so starkes wie positives Signal.

Hierbei fällt auch der überlegte Umgang mit der Typografie ins Auge. Für Hauptüberschriften und das Mission Statement bedient man sich einer ungewöhnlich geschnittenen Serifen-Type, die eine wohl dosierte Wärme ausstrahlt, während der übrige Text in einer nüchternen Antiquaschrift läuft, die auf dem mattweißen Papier gestochen scharf hervortritt.

Um diese grafischen Details zu vertiefen: Die äußeren Seitenecken tragen kleine Quadrate – wieder in der Schmuckfarbe – die am unteren Seitenrand für die Paginierung genutzt werden. Ein in Orange leuchtendes, zwei Finger breites Rechteck prägt alle linken Seiten vom Seitenanschnitt her. Beginnt ein Kapitel, dient es als Unterlage für die Kapitelüberschrift und läuft weit in die linke Spalte des

Auch in der nachmittäglichen Telefonkonferenz mischt REALTECH mit, denn ohne die Dienstleistungen des IT-Spezialisten könnten zahlreiche Kunden ihre Systembetriebe nicht so sicher und zuverlässig laufen lassen.

zweispaltigen Satzspiegels hinein. Ansonsten markiert es nur leicht den Seitenrand, hebt im Anschnitt aber insgesamt den ersten Berichtsteil hervor. Diese Funktion übernimmt im Konzern-Anhang ein grauer Rand, sodass beide Teile schon von außen erkennbar von einander abgehoben werden. Orange sind auch die zahlreichen, informativen Zwischenzeilen. Darüber hinaus wird das Auge des eiligen Lesers im Lagebericht durch gefettete Schlagwörter unterstützt. Viele Absätze sorgen für ein lebendiges Seitenbild ohne Bleiwüste. Diese Klarheit zeichnet auch die Infografiken und Tabellen aus, die überwiegend mit Grau- und Orangestufen auskommen. Lediglich im Lagebericht wird der Text durch Balkengrafiken ergänzt, die das Farbspektrum funktional überzeugend erweitern.

Das trotz der Farbigkeit eher strenge Layout wird an zwei Stellen sehr sinnfällig aufgebrochen. Einmal ist es mehr ein Gimmick: Der Verlauf des Aktienkurses ist auf jeder rechten Seite in der oberen Ecke in Form eines 70er-Jahre Klapp-Ziffernblattes dokumentiert. Das Auf und Ab des Kurses lässt sich damit auch als Daumenkino ansehen.

Einen layouterisch ganz eigenen und überzeugenden Weg hat man gefunden, um die nüchterne textliche Berichterstattung abwechslungsreich durch Bilder und Grafik zu unterstützen. Dazu wird

Und dass die Equity-Story im Jahr 2010 von ganz besonderem Erfolg geprägt ist, wissen die Grafiken dem Leser anschaulich zu vermitteln.

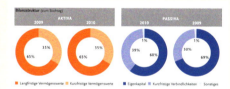

auf den doppelseitigen Vorschaltseiten der imaginäre Tagesablauf der Schattenfigur dokumentiert. Um 7.30 Uhr zeigt ihn beispielsweise ein graustufiges Foto am Frühstückstisch. Drei nummerierte Quadrate in Orange heben Details aus dem Foto hervor. Darin ist z.B. ein Zuckertopf vierfarbig zu sehen. Dazu gibt es am unteren Seitenrand eine Legende. Dort steht im Quadrat das Logo eines REALTECH-Kunden. In diesem Fall ist es die Firma Nordzucker, die mit Unterstützung von REALTECH die Software für ihr Landwirte-Portal umgestellt hat. In dieser Manier wird eine Vielzahl von kleinen Geschichten erzählt, die en passant erläutern, was REALTECH tut. Und die dabei von der hohen Wertschätzung zeugen, die die Kunden dem Unternehmen entgegenbringen, indem sie sich so prominent zitieren lassen. Und noch ein Clou am Ende des Berichts: Auf der Rückseite des Umschlags sieht man die Silhouette des Mitarbeiters von hinten, der seine Krawatte zum Feierabend in der Hand trägt. Man ist nach der Vielzahl der Kunden-Testimonials sicher, dass er mit einem guten Gefühl nach Hause geht.

FINANZKENNZAHLEN

Stand: 31.12.2010
Rechnungslegung nach IFRS

Börsensegment: Prime Standard

WKN: 700890

Umsatz: 52,5 Mio. Euro

Ergebnis je Aktie: –0,27 Euro

EBIT: 4,4 Mio. Euro

Eigenkapital: 25,3 Mio. Euro

Marktkapitalisierung: 48 Mio. Euro

Mitarbeiter: 500 (weltweit)

Der nächste Geschäftsbericht erscheint am 29. März 2012

INFORMATION

REALTECH AG
Industriestraße 39c
60190 Walldorf
Volker Hensel
Investor Relations
Fon: 06227 837-500
Fax: 06227 837-292
investors@realtech.de
www.realtech.de

Agentur
Das Syndikat, Heidelberg
www.dassyndikat.com

Online-Bericht vorhanden

RWTH Aachen University

Prof. Dr.-Ing. Ernst Schmachtenberg, Rektor

Im Erfinder- und Unternehmerland Deutschland sind Ideen, Wissen und Bildung das größte Kapital. Gerade wenn es um Natur- oder Ingenieurwissenschaften geht, gibt es dafür eine wahre Schatztruhe, weithin bekannt unter vier großen Buchstaben: RWTH. Die Rheinisch-Westfälische Technische Hochschule in Aachen ist nicht nur eine der deutschen Elite-Universitäten. Sie ist auch eine international renommierte Forschungseinrichtung, die zudem als Institution höchst erfolgreich Mittel akquiriert. Zur Publikation eines Geschäftsberichts ist die RWTH nicht verpflichtet, doch der vorliegende Jahresbericht wurde als Instrument genutzt, bietet er doch die Möglichkeit, die faszinierende Welt der Forschung und Lehre an einer Vorzeigeuniversität einer breiten und internationalen Öffentlichkeit vorzustellen.

Schon der Einstieg in die 154 Seiten starke Publikation macht Lust auf Forschung und Technik. Auf dem Cover sieht man ein Foto zweier Studierender, die sich in einer Virtual Reality-Umgebung befinden. Mit Touchpad und Spezialbrillen ausgestattet, beobachten sie gebannt ein virtuelles Flugzeugmodell, das am computergenerierten Himmel seine Kreise zieht. Junge Menschen lernen hier, mit modernster Technik umzugehen – ein Eindruck von großer Selbstverständlichkeit und gleichzeitig produktiver wie entspannter Arbeit entsteht durch das Bild. Die ästhetische Wissenschaftsfotografie setzt sich auch beim Aufklappen der Publikation fort: Hier ist es ein Foto aus einem Windkanal, in dem zwei Studenten ein Hubschraubermodell positionieren. Doch klappt man die innere Umschlagseite auf, entsteht ein gewollter Bruch in der Bildwelt. Denn nun entdeckt man ein doppelseitiges Bild aus der Aachener Innenstadt. Historische Hausfassaden und sonnenbeschienene Straßencafés voller Menschen sind hier abgebildet. Die beschauliche Szenerie setzt einen bewussten Kontrapunkt zur Hightech-Welt der Forschungsinstitute. Bedenkt man, dass die vorliegende Publikation auch zur Akquise von Wissenschaftlern und Studierenden genutzt

Ein prüfender Blick durch die Strahlenschutzbrille im Speziallabor – die RWTH zählt mit ihren Exzellenzclustern, der Graduiertenschule sowie diversen Sonderforschungsbereichen und Forschergruppen zu den führenden Forschungsstätten Europas.

werden könnte, ist das eine sinnvolle Entscheidung. „Aachen ist lebenswert" lautet die Botschaft, die hier ganz ohne Worte transportiert wird.

Schon beim Betrachten der ersten Seite, dem Inhaltsverzeichnis, fällt auf, dass der gesamte Bericht konsequent zweisprachig in Deutsch und Englisch verfasst ist. Auch dadurch wird klar, wer die angesprochene Zielgruppe der Publikation ist: Exzellente Wissenschaftler und helle Köpfe aus der ganzen Welt sollen in die Technologieregion Aachen gelockt werden. Auf Seite 8 wendet sich dann der Rektor Prof. Dr.-Ing. Ernst Schmachtenberg an die Leser des Berichts. Seine Hochschule steht vor der nächsten Runde des Exzellenz-Prozesses und hat dafür schon wichtige Punkte gesammelt. So ist die RWTH erneut drittmittelstärkste Universität Deutschlands geworden, hat also am meisten Gelder von Regierung, Forschungsgesellschaften, Stiftungen und aus der Wirtschaft akquirieren können. Fast 260 Mio. Euro sind es in 2010 gewesen, über 30 Mio. Euro mehr als im Vorjahr. Gerade aus der Industrie wurden mit über 60 Mio. Euro deutlich mehr Mittel für Forschungsprojekte gewonnen. Darüber hinaus liegt die RWTH im Bundesvergleich in der Gruppe von Unis mit den meisten Juniorprofessoren, erhielt bei forschungsorientierten Gleichstellungsstandards die höchste Einstufung

Der Hörsaal im Heizkraftwerk – in der Lehre ist die RWTH stets eine der Ersten, wenn es darum geht, innovative Wege zu beschreiten, kein Wunder, dass die Absolventen auf dem Arbeitsmarkt heiß begehrt sind.

Das ehemalige Heizkraftwerk (links) bietet jetzt als Hörsaalgebäude Raum für die Lehre. Das SuperC (rechts) ist zentrale Anlaufstelle für organisatorische Studienbelange.

In its new guise as a lecture theatre, the former co-generation power station (left) now provides teaching space. The SuperC (right) is the central contact point for organisational study-related matters.

Innovative Lehre

Innovative teaching

der DFG und verzeichnete außerdem die höchste Zahl an Fachanfängern ihrer Entwicklung. Diesen strategischen Vorteilen steht auch ein hoher Anspruch gegenüber, der Rektor selbst zählt die RWTH zu den „Playern der Champions League in Wissenschaft und Forschung".

Den hohen Erwartungen begegnet die Hochschule mit der „Strategie RWTH 2020", die auf den folgenden Seiten erörtert wird. Die Uni will noch internationaler und interdisziplinärer werden, größere Bedeutung auf Naturwissenschaft sowie Gender- und Diversity-Aspekte legen. Besonders für ihr Gleichstellungskonzept wurde die RWTH in 2010 von der Deutschen Forschungsgemeinschaft ausgezeichnet. Diese Themen werden mit meist großformatigen Bildern illustriert, die junge Forscher und Studierende in diversen Laboren, Werkstätten und anderen Forschungsräumlichkeiten zeigen. Besonders spannend wird der Bericht dann ab Seite 26, wo der 48-seitige Teil „Forschen an der RWTH" beginnt. Hier gibt der Bericht einen Überblick über eine Vielzahl aktueller Forschungsvorhaben, die von der Gewinnung maßgeschneiderter Kraftstoffe aus Biomasse über die Konstruktion kosteneffektiver Kleinflugzeuge bis zur Entwicklung des optimalen Knorpelersatzgewebes für den medizinischen Einsatz reichen. Damit neben Forschung und Lehre der körperliche Ausgleich nicht zu kurz

Exzellenz als Herausforderung heißt das Schaubild zur Zukunftsstrategie. Die Grafik zur Entwicklung der RWTH zeigt das Gründungsjahr der Fakultäten und die Anzahl der Studierenden. Das Tortendiagramm schlüsselt diese Daten noch einmal nach Wissenschaftsbereichen auf.

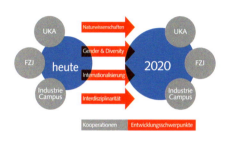

kommt, räumt man dem Hochschulsport viel Platz ein. Auf ganzen zehn Seiten werden Veranstaltungen und Angebote beschrieben, die wöchentlich von 14.000 Studierenden genutzt werden – in insgesamt 70 Sportarten von Handball über Tauchen bis Kung Fu.

Weitere Kapitel dieses umfassenden Reports beinhalten die Baumaßnahmen zum wachsenden Campus der RWTH oder ein 12-seitiges Kalendarium, anhand dessen das vergangene Jahr mit seinen zahlreichen Highlights Revue passiert. Ein 30 Seiten starker Zahlenteil rundet die Publikation ab. Darin sind vielfältige Informationen von Studierenden- bis Professorenzahlen und der Finanzentwicklung in Tabellen und Diagrammen übersichtlich und großformatig dargestellt. Schließt man dann nach der Lektüre diese umfassende Publikation, weiß man alles über die RWTH. Und Wissen – das hat der Leser gelernt – ist schließlich der Weg in die Zukunft.

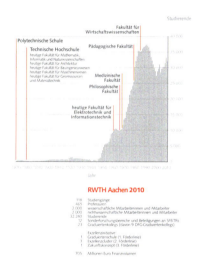

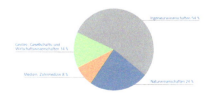

KENNZAHLEN

Stand: Wintersemester 2010/11

Studierende: 32.240

Neueinschreibungen: 6.213

Absolventen: 3.547 (WS09/10 und SoSe 10)

Promotionen: 702 (WS09/10 und SoSe 10)

Habilitationen: 30 (WS09/10 und SoSe 10)

Drittmittel: 258,3 Mio. Euro

Mitarbeiter: 6.682
(Jahresvollzeitäquivalente)

Der nächste Geschäftsbericht erscheint im April 2012

INFORMATION

RWTH Aachen University
Templergraben 55
52056 Aachen
Toni Wimmer M.A.
Presse, Öffentlichkeitsarbeit
und Marketing
Fon: 0241 80-94323
Fon: 0241 80-92324
toni.wimmer@zhv.rwth-aachen.de
www.rwth-aachen.de

Online-Bericht vorhanden

Salzgitter AG

Der Vorstand

Mit einem Wort: Weltumspannend. Wer die Standorte der Salzgitter AG von Ost nach West besuchen möchte, kann einfach der Sonne hinterher fliegen und einen internationalen Konzern erleben, der niemals schläft. Rund um den Globus finden sich wichtige Produktionsstandorte – von Beijing und Wuxi in China ins indische Ahmedabad, von dort nach Deutschland und dann nach São Paulo und ins texanische Houston sowie El Salto in Mexiko. Eine echte Weltreise, quer über Kontinente, Zeit- und Klimazonen.

Den Titel des Geschäftsberichts 2010 der Salzgitter AG ziert eine Weltkarte, in silbernem Spotlack auf einem matt silbern glänzenden Fond – Reminiszenz des Konzerns an seinen angestammten Werkstoff. Auf dieser Weltkarte sind die erwähnten Standorte markiert, entsprechende Uhren zeigen die jeweils lokale Zeit an, von fünf Uhr morgens in Mexiko bis sieben Uhr abends in Wuxi. Eine schöne Idee, die gar keiner weiteren Erläuterung bedarf. Darum verzichtet die 272 Seiten umfassende Publikation auch auf einen Titel. Das Motto „24 Stunden Salzgitter" wird erst im Vorwort des Vorstands erwähnt – verstanden wird es jedoch von Anfang an. Schlägt man das in Schweizer Broschur gebundene Druckwerk nun auf, herrscht im Innenteil elegante Nüchternheit. Auf der linken Seite findet sich eine kurze Beschreibung des Konzerns, der sich mit seinen rund 25.000 Mitarbeitern zu

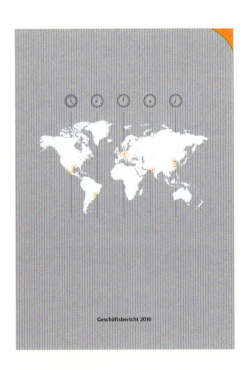

einem der führenden Stahl- und Technologiekonzerne Europas entwickelt hat. Er produzierte im abgelaufenen Geschäftsjahr rund 8 Mio. Tonnen Rohstahl, erzielte einen Außenumsatz von über 8 Mrd Euro und kehrte nach dem Krisenjahr 2009 wieder in die Gewinnzone zurück. Detailliertere Zahlen erfährt der Leser, klappt er die innere Umschlagseite auf. Dort erwartet ihn die ausführliche Kennzahlentabelle, die den Umsatz auch auf die einzelnen Unternehmensbereiche Stahl, Handel, Röhren sowie Dienstleistungen und Technologie von Salzgitter umlegt. Den eigentlichen Geschäftsbericht leitet dann eine Doppelseite ein, die das Jahr 2010 in seinen wichtigsten

24 Stunden mit Salzgitter rund um den Globus unterwegs, um 16 Uhr werden die in Mülheim gefertigten EUROPIPE-Röhren auf den Boden der Ostsee gelassen – eine spannende, von beeindruckenden Bildern untermalte Reportage!

Schlagzeilen Revue passieren lässt. Es beginnt mit einem Paukenschlag: So erhielt das Salzgitter-Beteiligungsunternehmen EUROPIPE den Auftrag für die Herstellung von 65 % der Großrohre für den zweiten Strang der Ostsee-Gaspipeline Nord Stream – ein Großauftrag, mit dem die EUROPIPE-Produktionskapazitäten bis weit ins nächste Jahr ausgelastet sind. Nach dieser Zusammenfassung erwartet den Leser der obligatorische Brief des Vorstands, der unter anderem noch einmal den globalen Charakter des Unternehmens betont, das sich rasant entwickelte. Im Jahr 1998 hatte die Salzgitter AG nur 125 Mitarbeiter außerhalb Deutschlands, heute sind es mehr als 3.400. Als Basis dieses Wachstums wird explizit auf die Wahrung der Traditionen und Werte eines deutschen Qualitätsunternehmens hingewiesen, die man heute in allen Teilen der Welt begutachten kann. Und nach einem herzlichen „Glückauf" des Vorstands, der Verabschiedung mit dem traditionellen Gruß der Eisenhüttenleute, kann der Leser genau das tun.

Denn der Geschäftsbericht wird durchzogen von einer Reise durch die Salzgitter-Welt, die sich auf jeweils zwei Doppelseiten als Trenner gleichsam einem Register zwischen den sieben Kapiteln der Publikation befindet. Dank Eingriffregister am Seitenrand kann der neugierige Leser auch direkt

Und so lebendig geht es auf den nächsten Seiten weiter. Das grafische Konzept spiegelt die Gleichzeitigkeit der internationalen Aktivitäten geschickt wider und nimmt den Leser mit auf eine „Arbeitsreise" rund um den Erdball.

zu den einzelnen, durchweg spannend gestalteten, Stationen springen. Um 2.00 Uhr nachts MEZ geht es los. Während in Salzgitter die Nachtschicht im Werk ist, schlägt es im Hafen von Houston 19.00 Uhr. Ein Schiff mit Röhren wird entladen, ein Frachtinspektor kontrolliert die Ware auf Transportschäden. Das doppelseitige Foto wird auf der nächsten Seite ergänzt durch viele kleine Bilder, die jeweils einem von drei Standorten zugeordnet die dortigen Geschehnisse aufzeigen. So bekommt die Seite einen echten Tagebuchcharakter, der Leser kann sofort vergleichen: „Was passiert in Houston, während in Salzgitter oder Wuxi jenes passiert?" Eine enorme Lebendigkeit der Seiten ist die Folge, was großen Spaß macht.

Dass die verwendeten Fotografien mitunter spektakulär sind, hilft natürlich auch. So gibt es etwa auf der Doppelseite 128/129 ein Bild von Bord eines Verlegeschiffs für die erwähnte Ostsee-Pipeline zu sehen. Die mit Beton ummantelten Stahlrohre werden an Bord verschweißt und an einem Stück abgelassen. Damit es zu keinen Unfällen im Schiffsverkehr kommt, markiert ein Wachschiff die Stelle, wo die Pipeline schräg gen Meeresboden absinkt. Auch die Herstellung der Röhren in Mülheim und ihre weitere Bearbeitung werden auf der Folgeseite dargestellt. So finden sich in

Die Geschäftstätigkeiten von Salzgitter werden passenderweise von einer Weltkugel unterlegt und die globale Präsenz anhand der Karte dargestellt, während der Aktienkurs im klassischen Kurvendiagramm visualisiert wird.

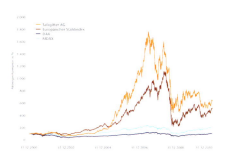

den sieben Teilen dieser Zeit- und Weltreise Einblicke in einen Konzern, der vom Stahlwerk bis zur Getränkeflaschenabfüllung eine faszinierende Bandbreite aufweist. Übrigens ist der gesamte Bericht auch das große Verdienst der Agentur BUTTER, die seit Jahren dafür sorgt, originelle Ideen salzgitterkonform in die Tat umzusetzen.

Natürlich sollen aber die Register nicht über Gebühr von den Inhalten der Kapitel ablenken. Denn dort findet sich gut aufbereitetes Zahlen- und Textwerk, das mit Diagrammen und Tabellen in silberner Farbe und mit orange markierten Highlights versehen wird. Das Ergebnis ist eine willkommene Atempause für den Reisenden. Schließlich durfte der in nur kurzer Zeit die Kontinente und noch mehr Länder und Orte besuchen, auf einer ebenso spannenden wie gut erdachten Reise – an einem einzigen Tag um die ganze Welt von Salzgitter.

FINANZKENNZAHLEN

Stand: 31.12.2010
Rechnungslegung nach IAS

Börsensegment: MDAX

WKN: 620200

Umsatz: 8.305 Mio. Euro

Ergebnis je Aktie: 0,55 Euro

Dividende je Aktie: 0,32 Euro

EBIT: 160 Mio. Euro

Eigenkapital: 3.846 Mio. Euro

Marktkapitalisierung: 3.124,6 Mio. Euro

Mitarbeiter: 25.124 (weltweit)

Der nächste Geschäftsbericht erscheint im März 2012

INFORMATION

Salzgitter AG
Eisenhüttenstraße 99
38239 Salzgitter
Bernd Gersdorff
Konzernkommunikation
Fon: 05341 21-2300
Fax: 05341 21-2302
gersdorff.b@salzgitter-ag.de
www.salzgitter-ag.de

Online-Bericht vorhanden

Agentur
BUTTER GmbH, Düsseldorf
www.butter.de

Santander Consumer Bank AG

Ulrich Leuschner,
Vorstandsvorsitzender

Neue Chancen zu erkennen und ihnen offensiv zu begegnen, das ist charakteristisch für die Philosophie der Santander Consumer Bank in Deutschland. Sie ist Teil der Santander-Gruppe, die 2010 vom weltweit führenden Markenberatungsunternehmen Interbrand als eine der 100 bedeutendsten Marken gelistet wird. Das unterstreicht den Wert der Marke. Das zeigt, wie solide die Bank arbeitet, wie prominent sie wahrgenommen wird in der Branche, bei Partnern und Kunden. Die Santander Consumer Bank leistet dazu einen entscheidenden Beitrag: Seit mehr als fünf Jahrzehnten etabliert sie sich erfolgreich auf dem Wachstumsmarkt Deutschland mit ihren Geschäftsfeldern Privatkunden-, Auto- und Warengeschäft.

Im Geschäftsjahr 2010 zeigt sie den Mut, neue Wege zu beschreiten, Nischen zu verlassen und sich zu beweisen als eine Full-Service-Retail-Bank. Die Zeit ist reif für diese strategische Entscheidung, für die Integration des deutschen Privatkundengeschäfts der Skandinavia Enskilda Bank, der SEB. Die Wirtschaftskrise ist überwunden, der Finanzsektor gestärkt und das Geschäftsjahr 2010 war für die Santander Consumer Bank ein erfolgreiches: Das Jahresergebnis wächst um 6 % auf 432,8 Mio. Euro. Die Bilanzsumme erhöht sich auf 31,543 Mrd. Euro. Darin erkennt der Vorstandsvorsitzende, Ulrich Leuschner, den Beweis, dass die Fokussierung auf das Privatkunden-, Autofinanzierungs- und Warengeschäft richtig bleibt. Mehr noch.

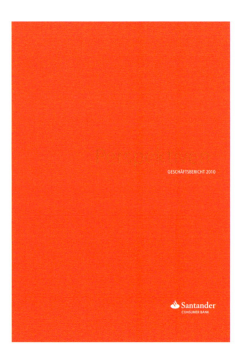

Er beschreibt den Weg der Integration des deutschen Retailgeschäfts der SEB, die einhergeht mit einer erweiterten Produktpalette. Erweitert um das Hypotheken und Wertpapiergeschäft. Mit ihr gemeinsam steigert die Santander Consumer Bank ihre Präsenz in Deutschland auf rund 350 Filialen und 5.000 Mitarbeiter. Und diese Präsenz leuchtet in Rot, im Santander-Design.

Das Rot erinnert an Ferrari, deren Formel-1-Team die Santander Consumer Bank medien- und öffentlichkeitswirksam unterstützt. Auch das Cover des Geschäftsberichts 2010 setzt dieses rote Signal, dicht und großflächig im

Der modern und großzügig gestaltete Schalterraum einer Filiale der Santander Consumer Bank steht prototypisch für die vielen Finanzdienstleistungen, die die AG ihren über 7 Millionen Privatkunden aus einer Hand bietet.

DIN-A4-Format und diese Farbenwirkung wird überzeichnet mit einem einzigen Wort, welches all jene Chancen und Herausforderungen des Jahres bündelt. Es prägt in dezenter UV-Lackierung die Mitte des Titels: Perspektiven. Sie rücken in den Blickpunkt des 79 Seiten umfassenden Berichts, spiegeln mit jeder Seite das Selbstverständnis der Santander Consumer Bank, sich als Marke zu verstehen, als traditionsreicher und innovativer Finanzpartner ihrer Kunden. Mit dem Umklappen der Titelkartonage sieht sich der Leser der Fassade des Geschäftssitzes in Mönchengladbach gegenüber. Glas und Stahl erstrecken sich über die Doppelseite. Der markante Schriftzug in Rot leuchtet auf: Santander Consumer Bank. Das ist die Einladung zum Eintreten, Lesen und Verstehen des Geschäftsmodells der gemessen an der Zahl der privaten Kunden viertgrößten Bank in Deutschland.

Der Vorstandsvorsitzende, Ulrich Leuschner, spricht persönlich über das Jahr 2010, über die Herausforderungen, Chancen, Risiken. Über die Perspektiven, die sich mit der Integration der SEB eröffnen, über den internen Optimierungsprozess, den diese Entwicklung fordert. Der Geschäftsbericht informiert darüber mit klarer Struktur, mit einer Bildsprache im Markenstil und mit Texten, die mehr bieten als das Beschreiben der Kernkompetenzen: Sie vermitteln die Dimension der Herausforderung

Da es die Santander Consumer Bank rd. 25.000 Einzelhändlern ermöglicht, ihren Kunden eine Absatzfinanzierung anzubieten, können diese sich entspannt zurücklehnen und den Feierabend genießen, z. B. mit der neu erworbenen Musikanlage.

2010. Nach dem Motto „Eine Bank, alle Leistungen" schlägt die Santander Consumer Bank ihren Spannungsbogen mit der Vorstellung ihrer Kernbereiche, beginnend mit dem Privatkundengeschäft. Über sieben Millionen Privatkunden nutzen heute die gesamte Produktpalette, schätzen die Vielfalt an Anlage- und Finanzierungslösungen. Jeder Bereich wird zum fotografischen Eyecatcher und das Spiel mit Worten auf diesen Kapitelauftaktseiten wirkt erfrischend und kreativ. Jedes Umblättern erhöht den Informationsgehalt durch Grafiken, Tabellen, durch Pointierungen auf der Marginalspalte, durch Zitate der verantwortlichen Vorstandsmitglieder. Diese abwechslungsreichen Stilelemente schwingen als Beweis für den hohen Stellenwert des Services durch die Seiten, lassen den Geschäftsbericht 2010 leserfreundlich erscheinen und geben ihm eine transparente, authentische Note. Sie setzen die Schlaglichter auf die Erfolge, auf die Highlights des Jahres.

Es folgen die weiteren Geschäftsbereiche. Sie alle gemeinsam erzählen von der Leistungsstärke der Bank, setzen die Perspektiven visuell und textlich um. Mit diesen Kapiteln benennt die Santander Consumer Bank konkret ihre Lösungen: ihre Autoflat für Neufahrzeuge, ihr Programm für Gebrauchtfahrzeuge im Bereich Autofinanzierung. Sie spricht über Warenfinanzierung in Zusammenarbeit

Die am unteren Textrand platzierten Grafiken passen sich gut in das Layout ein und veranschaulichen interessante Erfolgsdaten wie den Nettogewinn nach Regionen, die Entwicklung der Einlagevolumen oder die Zahl der Kundenkonten.

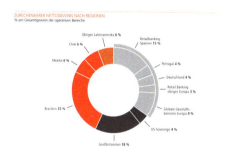

mit 24.800 Einzelhändlern in Deutschland. Sie zeigt, was sie als vorbildlicher Arbeitgeber versteht unter Entwicklungschancen und erzählt vom sozialen Engagement im Bereich der Bildung in Kooperation mit namhaften Hochschulen in Deutschland. Und bevor die Daten und Fakten 2010 das Jahr in Zahlen beschreiben, blendet die Santander Consumer Bank am Ende ihrer temporeichen Kreativseiten eine Tafel ein. Sie ist weiß, auf grauem Hintergrund. Sie strahlt Ruhe aus, richtet die Aufmerksamkeit des Lesers noch einmal auf ein Zitat des Vorstandsvorsitzenden, Ulrich Leuschner: „Wir sind stolz auf unsere Historie in Deutschland und streben keinen Umbruch an, sondern eine stetige Weiterentwicklung." Das versteht die Santander Consumer Bank unter Perspektiven, dem Titel des Geschäftsberichts 2010.

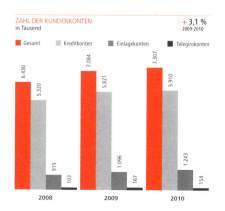

FINANZKENNZAHLEN

Stand: 31.12.2010
Rechnungslegung nach HGB

Forderungen an Kunden: 20.029 Mio. Euro

Eigenkapital: 1.491 Mio. Euro

Mitarbeiter: 1.802

Der nächste Geschäftsbericht erscheint im Mai 2012

INFORMATION

Santander Consumer Bank AG
Santander Platz 1
41061 Mönchengladbach
Anke Wolff
Bereich Communications
Fon: 02161 690-9040
Fax. 02161 690-9044
anke.wolff@santander.de
www.santander.de

Online-Bericht vorhanden

Agentur
Force Communications & Media GmbH,
Düsseldorf
www.force-cm.com

SCHOTT AG

Der Vorstand

Die Anziehungskraft, die Glas auf den Menschen ausübt, ist ein Kontinuum unserer Kulturgeschichte. Seine Transparenz und die Fähigkeit, mit Licht zu interagieren, machen Glas nicht nur zu einem sehr ästhetischen, sondern auch zu einem sehr vielfältigen Material.

Mit diesem faszinierenden Spektrum an Möglichkeiten spielt das Cover des SCHOTT-Geschäftsberichts 2009/2010 äußerst gekonnt. Schließlich lautet der Claim des Unternehmens „glass made of ideas" – in Anbetracht der Tatsache, dass Otto Schott vor 125 Jahren das Glas zum zweiten Mal erfunden hat, sicher ein mehr als legitimer Anspruch. Das Cover-Motiv zeigt in wunderbar klarer, luzider Manier Produkte der Geschäftseinheit Pharmaceutical Systems und bezieht sich damit auf eines der Kerngeschäfte der Mainzer: SCHOTT ist einer der weltweit führenden Hersteller von Spezialglasröhren und pharmazeutischen Primärverpackungen aus Glas und Polymer. Diese Kompetenz manifestiert sich besonders in der vor genau 100 Jahren eingeführten Marke Fiolax®. So gelingt es diesem Geschäftsbericht schon zu Beginn, den Leser in seinen Bann zu ziehen und dabei im gleichen Atemzug die Essenz des Unternehmens auf den Punkt zu bringen: die überaus produktive und erfolgreiche Symbiose aus erfahrungsgesättigter Tradition und dynamischem Innovationsstreben.

Und wie innovativ die SCHOTT AG, deren alleinige Aktionärin die Carl-Zeiss-Stiftung ist, auch auf dem Gebiet der Unternehmenskommunikation verfährt, wird ersichtlich, wenn man die 130 Seiten

starke Publikation aufklappt. Gut platziert zwischen den positiven Kennzahlen links und dem Mission Statement rechts befindet sich nämlich eine Video-in-Print-Applikation inklusive USB-Anschluss, die den Leser in einen Zuschauer verwandelt. Mittels eines einfachen Knopfdrucks ist er so in der Lage, drei Trailer zu starten, die auf dem kleinen, aber feinen Display visualisiert werden. Ganz oben auf der Agenda steht ein kurzes Porträt des Technologiekonzerns SCHOTT mit seinen hochwertigen Produkten, intelligenten Lösungen und diversifizierten Märkten, welche die Branchen Hausgeräteindustrie, Solarenergie, Pharmazie,

Fiolax® heißt die Erfindung, mit der SCHOTT seit 100 Jahren den Standard bei Spezialglasröhren für Pharmaverpackungen setzt – grafisch gekonnt inszeniert und mit interessanten Texten für den Leser nachvollziehbar gemacht.

Elektronik, Optik, Automotive und Architektur umfassen. Hochinteressant ist der Imagefilm zur EXPO 2010 in Shanghai, der eine Reihe von SCHOTT-Produkten im Deutschen Pavillon Revue passieren lässt. Sie erhellen auf brillante Art und Weise, wie SCHOTT das Thema balancity – die Stadt im Gleichgewicht – zukunftsweisend umgesetzt hat. Auf den Seiten 50 bis 53 des Geschäftsberichts wird dieser faszinierende Ansatz weiter vertieft und sei als Lektüre zum Thema Urbanität von morgen nachhaltig empfohlen. Der dritte Trailer hat die Solar-Lösungen von SCHOTT zum Inhalt, die im Kontext der Unternehmensstrategie eine immer wichtigere Rolle einnehmen. In wenigen Minuten Film wird hier klar, was SCHOTT aus dem Zusammenwirken von Sonnenlicht und Glas zu leisten vermag. Solarmodule gehören dazu ebenso wie Dünnschichtmodule für Fassaden oder Receiver für Parabolrinnenkraftwerke. Besonders visionär wirkt hier das Projekt Desertec, also die Idee von Solarkraftwerken in Nordafrika. Auch dazu wird SCHOTT ganz sicher seinen Beitrag leisten, schließlich sind höchste Qualität und beste Performance für extreme klimatische Bedingungen wie geschaffen.

Die exzellente, innovative Idee, einen Geschäftsbericht multimedial aufzuladen und so die Konvergenz zwischen Text und Bewegtbild voranzutreiben, verdient höchstes Lob, aber die Publikation

Auf der EXPO 2010 in Shanghai sorgte SCHOTT mit seiner Lichtinszenierung aus LightPoints und Farbeffektglas für Aufsehen und trug damit nachhaltig zur Vision von einer Stadt im Gleichgewicht – „balancity" – bei.

selber steht dem natürlich in nichts nach. Hervorragend kommt zum Beispiel die lebendige, unverkrampfte Art und Weise daher, mit der auf den Seiten 7 bis 9 der Auszeichnung mit dem Deutschen Innovationspreis Rechnung getragen wird. Dieser wurde dem Technologiekonzern für seine Neuerungen im Bereich Produktentwicklung, Herstellung und Marketing der Marke SCHOTT CERAN® verliehen. Auf den drei Seiten wird anhand stimmiger Fotostrecken zudem deutlich, dass SCHOTT-Produkte nicht im luftleeren Raum agieren, sondern zu einem wichtigen Bestandteil im Leben eines jeden Menschen geworden sind.

Dies gilt in gleichem Maß auch für den Bereich, der die menschliche Gesundheit betrifft, also Medizin und hier vor allem Pharmazie. Der Vorstellung dieses essenziellen SCHOTT-Segments räumt die vorliegende Publikation die Seiten 14 bis 25 ein und tut dies auf einem bestechenden inhaltlichen Niveau – detailliert, intelligent und dabei immer um Verständlichkeit bemüht. So ist der essayistisch geschriebene Text „Der Pharmamarkt der Zukunft: Die globale Dosis Information" eine ideale Einführung in das Thema und macht zugleich die größeren Zusammenhänge klar. Das darauffolgende Interview mit Dr. Georg Roessling von der Parenteral Drug Association zielt ebenfalls in diese Richtung,

Mit Produktionsstätten für Pharmarohr und -verpackungen ist SCHOTT weltweit präsent. Der Technologiekonzern konnte seinen Umsatz in allen Regionen im Vergleich zum Vorjahr deutlich steigern.

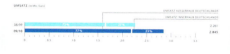

betont jedoch mit der wachsenden Bedeutung von Verpackungen und Applikationssystemen für die Patientenakzeptanz einen relevanten Einzelaspekt. Der Text „Höchste Qualität für die Pharmazie" geht dann konkret auf das pharmazeutische Kerngeschäft von SCHOTT ein und reproduziert dabei von der Motivik her die Anmutung des Covers. Die Doppelseite 24/25 schließlich dokumentiert mit der grafischen Gestaltung von Produktionsstandorten, Begriffserklärungen und einem Info-Block zur 100-jährigen Geschichte der Fiolax® Pharmaröhren bestes Informationsdesign.

SCHOTT ist ein hochinnovativer Konzern, der Forschung und Entwicklung einen großen Stellenwert einräumt. Von diesem Impetus wird auch der herausragende aktuelle Geschäftsbericht getragen, der mit seiner Video-in-Print-Idee das Genre neu definiert.

FINANZKENNZAHLEN

Stand: 30.09.2010
Rechnungslegung nach IFRS

Umsatz: 2.845 Mio. Euro

EBIT: 263 Mio. Euro

Eigenkapital: 769 Mio. Euro

Mitarbeiter: 17.468 (weltweit)

Der nächste Geschäftsbericht erscheint im Februar 2012

INFORMATION

SCHOTT AG
Hattenbergstraße 10
55122 Mainz
Jürgen Breier
Corporate Public Relations
Fon: 06131 66-4099
Fax: 03641 2888-9140
juergen.breier@schott.com
www.schott.com

Online-Bericht vorhanden

Agentur
3st kommunikation GmbH, Mainz
www.3st.de

siehe Sonderteil
Seite 398

SEVEN PRINCIPLES AG

Jens Harig, Vorstandsvorsitzender

Es gibt kaum ein stärkeres Symbol für unser Leben in der Medienwelt des 21. Jahrhunderts – und gleichzeitig kaum ein einfacheres: Ein kleines, spitzwinkliges Dreieck, mit der Spitze nach rechts weisend, umrandet von einem Kreis. Jeder kennt dieses kleine Dreieck, das früher schon auf den Tasten von Kassettenrekordern und CD-Playern zu sehen war, und das den Sprung ins Internetzeitalter geschafft hat. Sein Name ist „Play" und seine Verheißung riesig. Drück mich, und es geht los! Auf dem Titel des Geschäftsberichts der Seven Principles AG schwebt so ein Play-Button im luftleeren Raum, verheißungsvoll platziert in Sichtweite des Porträts eines jungen Geschäftsmanns. Unter dem Button steht zu lesen „Create New Business Opportunities" und seine Hand hat der Mann schon gehoben. Drücken wir mit ihm auf den Knopf – und schauen, was die vorliegende Publikation für uns, die Leser, wohl abspielt.

Dass das Unternehmen, das sich in Kurzform 7P nennt, mit digitaler Technologie zu tun hat, wird beim Aufschlagen schon durch die verwendete Farbwelt klar. Kühl kalkulierendes Design-Grau trifft ausdrucksstarkes Orange. In diesen Farben ist auch die Innenseite des Umschlags gehalten, die in Kurzform die Philosophie der international agierenden IT-Unternehmensberatung mit Sitz in Köln vorstellt. Das Leitmotiv heißt „Connect to Convergence" und was damit gemeint ist, wird direkt mit einfachen aber effektiven Mitteln illustriert.

Von der Play-Taste auf der Titelseite leiten zwei orangefarbene dünne Linien auf die Innenseite des Geschäftsberichts. Dort führen sie zu zwei mobilen Endgeräten – einem Smartphone und einem Tablet-PC – und von dort weiter zu einem stilisierten Netzwerk. Jeweils mit dem 7P-Logo bestückt, ist die Aussage der Grafik klar: Wir verbinden Inhalte und vernetzen Informationen. Auch auf dieser Seite finden sich die namensgebenden sieben Prinzipien des Unternehmens. „7P meistert neueste Technologien" zum Beispiel. Wie genau die Leistungsvielfalt von 7P aussieht, erfährt der Leser, wenn er die innere Umschlagseite aufklappt. Denn

Das Zusammenwachsen von Technologie und Inhalt ist das Thema des Berichts, geschickt umgesetzt mit der stets wiederkehrenden Grafik und individualisiert durch großformatige Porträts: Hier geht es um den Wandel in der Energiebranche.

SEVEN PRINCIPLES

dort findet sich nicht nur die Kennzahlentabelle des Unternehmens, die erneut ein weiteres Rekordjahr für 7P aufzeigt, sondern auch eine Übersicht über die drei Geschäftsbereiche Consulting, Technology und Mobile. Die fast 600 Mitarbeiter beraten ihre Kunden beim IT-Management, entwickeln individuelle und kundenspezifische Lösungen etwa für das Business-Process-Management oder bieten umfangreiches Know-how auf dem Markt für mobile Kommunikation. So entwickelt 7P auch eigene Apps oder übernimmt Content Management. Damit setzten die IT-Experten im abgelaufenen Geschäftsjahr einen Umsatz von über 79 Mio. Euro um, eine Steigerung zum Vorjahr von mehr als 20 %. Unter anderem die Gewinnung namhafter Neukunden wie Lufthansa, Samsung oder Otto hatte an diesem Plus maßgeblichen Anteil.

So viel erfährt der Leser der 97-seitigen Publikation allein aus dem Umschlag, noch bevor er das eigentliche Druckwerk aufgeschlagen hat. Dessen Innenseiten überzeugen ebenso. Die verschiedenen Kapitel des Berichts werden durch jeweils zwei gestaltete Doppelseiten gegliedert, die das Titelmotiv fortführen. Großformatige Porträts zeigen Menschen, denen man ein junges, aufstrebendes Unternehmertum glaubhaft abnimmt, und die allesamt kurz davor sind, den ebenfalls ins Bild gesetzten

Auch hier steht eine Mitarbeiter Pate für die Kompetenzn des Unternehmens, sich auf die Herausforderung neuer Lösungen einzulassen und entsprechende Modelle zu entwickeln, die zukunftsträchtig sind – Connect to Convergence.

Play-Button zu drücken. Jeweils bieten diese Seiten dann knappe Leistungsbeispiele aus dem 7P-Portfolio, die dann auf den beiden Folgeseiten detailliert ausgeführt werden. So beginnt der Geschäftsbericht mit dem Schlagwort „New Spirit for Mobile Applications". Unterwegs E-Mails bearbeiten, Reisen organisieren, via Social Media kommunizieren oder einfach nachschauen, wie das Wetter wird – solche mobilen Applikationen haben in kürzester Zeit unser Leben verändert. 7P verfügt über umfassendes Know-how und eigens entwickelte Technologien, um für seine Kunden die zugrunde liegenden Prozesse zu optimieren.

Im Bericht folgt nun der obligatorische Brief des Vorstandsvorsitzenden Jens Harig an die Aktionäre, dem eine Doppelseite mit ausführlichen Steckbriefen der beiden Vorstandsmitglieder folgt. Eine sympathische Idee, die den Leser mit der Unternehmensleitung vertraut macht, und die auf den nächsten Seiten auch mit dem Aufsichtsrat wiederholt wird. Dann folgt eine erneute Trennerseite, die das Thema 7P in der Energiebranche aufgreift. „New Dimensions für Energy Solutions" ist die Seite betitelt und beschreibt, wie gerade die Energieversorgung von morgen auf konvergente Lösungen auch in der Informationstechnologie angewiesen ist. Schließlich sollen in Zukunft die

Das Organigramm klärt den Leser auf einen Blick über die Struktur des Konzerns auf, die Grafiken zu Umsatz und Aktie versprechen gute Aussichten.

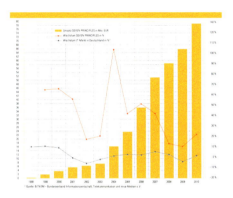

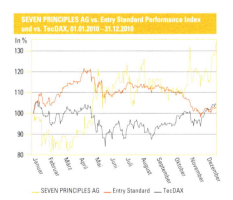

Stromnetze intelligent werden – das wiederum geht nur mit intelligenten Lösungen etwa im Messdatenmanagement oder der Verbrauchsabrechnung, die mit Hilfe von 7P entwickelt und realisiert werden können.

Auch der Zahlenteil des Druckwerks besticht durch ein konsequentes Design, das ganz dem orange-grauen Farbkonzept treu bleibt. Insbesondere die Tabellen kommen mit viel entspannendem Freiraum fürs Auge daher und verwenden Schattierungen von Orange als Highlights. Orientierung bietet eine Rubrizierung am Seitenkopf. Und so schließt der Bericht mit einem kurzen Finanzkalender auf der hinteren inneren Umschlagseite und interessanterweise einem Hinweis auf den Vorstandsvorsitzenden als Ansprechpartner. Eine nette Geste, die die Nähe zu den Stakeholdern von 7P illustriert. Da bleiben am Ende keine Wünsche offen – außer vielleicht nach einem Rewind-Button für alle, die diesen lesenswerten Geschäftsbericht noch einmal von vorne ansehen möchten.

FINANZKENNZAHLEN

Stand: 31.12.2010
Rechnungslegung nach IFRS

Umsatz: 79,2 Mio. Euro

Ergebnis je Aktie: 0,60 Euro

EBIT: 3,463 Mio. Euro

Eigenkapital: 19,4 Mio. Euro

Mitarbeiter: 589 (weltweit)

Der nächste Geschäftsbericht erscheint am 16. April 2012

INFORMATION

SEVEN PRINCIPLES AG
Im Mediapark 8
50670 Köln
Jens Harig
Investor Relations
Fon: 0221 92007-0
Fax: 0221 92007-77
ir@7p-group.com
www.7p-group.com

Agentur
SpiessConsult GmbH & Co. KG,
Düsseldorf
www.spiessconsult.de

Siemens AG

Der Vorstand der Siemens AG mit Peter Löscher (3.v.r.), Vorstandsvorsitzender

Ein Luftbild: Das Meer ist in gleißendes Sonnenlicht getaucht. Es brandet an eine steinige Küste. Direkt am Ufer führt eine Straße entlang, schlängelt sich zwischen Felsen hindurch, bis sie am Horizont verschwindet. Die Fotografie vermittelt eine Stimmung: Aufbruch. Der Weg führt nach vorne, in die Zukunft. Und dabei liegt er stets nah an der Natur.

„Unser Weg zur nachhaltigen Wertsteigerung" – so lautet der Titel des Siemens-Geschäftsberichts 2011. Er gibt die programmatische Richtung vor: die Einführung des neuen strategischen Zielsystems One Siemens im Geschäftsjahr. In Ergänzung zum ausdrucksstarken Titelmotiv zieht sich ein feines Raster aus dreieckigen Elementen über die Titelseite und setzt sich beim Aufklappen des Druckwerks fort. Es begleitet den Leser durch die gesamte Publikation, die aus drei Teilen besteht: dem Unternehmensbericht, dem Finanzbericht und einem 24-seitigen Beileger „Siemens auf einen Blick". Seine volle Entfaltung findet das Dreieck schließlich in der ausdrucksstarken One-Siemens-Infografik, die die strategischen und finanziellen Ziele des Unternehmens illustrativ verdichtet und in ein strategisches Rahmenwerk setzt. Was durch den Titel bereits angeklungen ist, wird hier in einen unmissverständlichen Anspruch gegossen: Siemens, so lautet die zentrale Botschaft, will sich kontinuierlich gegenüber Markt und Wettbewerbern verbessern und seinen Unternehmenswert nachhaltig steigern.

Die Unternehmensstrategie und das neue Zielsystem One Siemens stehen denn auch im Zentrum des 65-seitigen Unternehmensberichts. Auf einer im Altarfalz klappbaren Doppelseite erhält der Leser dazu zunächst eine textliche und grafische Herleitung: Auch sie basiert auf dem omnipräsenten Dreieck, das in drei Schritten zu einer Pyramide aufgebaut wird. Als Ergebnis symbolisiert diese das Zusammenwirken in einem Dreiklang: ein belastbares Fundament, eine starke Aufstellung und eine zukunftsweisende Strategie – das Ergebnis ist Siemens, klar hergeleitet und einleuchtend demonstriert.

Drei Reportagen nehmen den Leser mit auf eine spannende Reise durch die Siemens-Welt, hier erleben wir das chinesische Krankenhaus Jiang County People's Hospital, das den Computertomographen SOMATOM Spirit installiert hat.

Die Strategie ist es schließlich auch, die dem Unternehmensbericht – bei Siemens weit mehr als ein reiner Imageteil – seine Struktur gibt. Entlang der drei strategischen Richtungen – Fokus auf innovationsgetriebene Wachstumsmärkte, starker Partner der Kunden vor Ort, die Kraft von Siemens nutzen – erhält der Leser umfangreiche Informationen darüber, wie Siemens das Potenzial des integrierten Technologiekonzerns voll ausschöpfen will. Mit Leben erfüllt werden die strategischen Eckpfeiler des Unternehmens anhand dreier groß angelegter Reportagen, die sich jeweils einer Richtung zuwenden.

Die erste Reportage konzentriert sich auf den Anspruch, sich auf innovationsgetriebene Wachstumsmärkte auszurichten, und konkretisiert dies am Beispiel einer mit Siemens-Technologie ausgestatteten Solarthermieanlage im spanischen Lebrija. Das Solarthermiekraftwerk wird dort schon bald bis zu 50.000 Haushalte mit Strom versorgen. Die zweite Reportage beschäftigt sich mit der Produktion sowie dem regionalen Vertrieb des Computertomographen SOMATOM Spirit. Als Einsteigerprodukt ist dieses Highlight der Medizintechnik nicht nur auf dem chinesischen Markt höchst erfolgreich, sondern er zeigt auch, was Siemens konkret darunter versteht, wenn es postuliert, ein

Auf den Folgeseiten erlaubt die lebendige Bildstrecke dem
Leser einen Einblick in die tägliche Arbeit der radiologischen
Abteilung, wo man den SOMATOM Spirit aufgrund seiner
Zuverlässigkeit und seines hohen Scan-Tempos zu schätzen weiß.

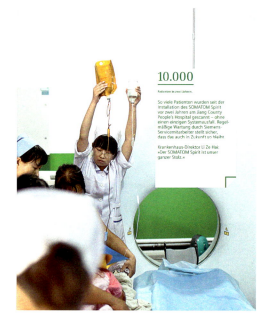

Das Jiang County People's Hospital war vor zwei Jahren das
erste Krankenhaus in der Region, das sich für den SOMATOM
Spirit entschieden hat.

Dr. Zheng Jie Hua, Chef der Radiologie: »Früher hat ein Kopf-
scan noch zehn Minuten gedauert. Mit dem SOMATOM Spirit
hingegen nimmt der ganze Prozess – inklusive Patienten-
positionierung und -entlassung – nicht mehr als fünf Minuten
in Anspruch.«

starker Partner seiner Kunden vor Ort sein zu wollen. Den Abschluss bildet unter dem Titel „Die Kraft von Siemens nutzen" die dritte Reportage; ihr Thema ist die Elektromobilität. Konzernweit arbeiten Siemens-Ingenieure und Wissenschaftler gemeinsam mit externen Partnern an Konzepten für eine realistische Mobilität mithilfe elektrischer Energie. Im Mittelpunkt stehen zum einen eine effiziente Antriebstechnologie, zum anderen das kostengünstige Speichern von Strom zu dem Zweck, Elektroautos in intelligente Stromnetze, sogenannte Smart Grids, einzubinden. Die drei Zukunftsthemen sind beeindruckende Beispiele für den Erfindungsreichtum und die Zukunftsaus-richtung des deutschen Traditionsunternehmens Siemens.

Der Bericht spricht auch jene Leser an, die sich rasch über das Unternehmen informieren wollen, und hält für sie die Kurzbroschüre „Siemens auf einen Blick" bereit. Hier gibt es einen knapp gehaltenen Einblick in die Geschäfte des Weltkonzerns. Bei ihrer Gestaltung dominiert – wie in den anderen Teilen des Berichts – die Farbe Grün, die den optischen Eindruck der Tabellen und Dia-gramme bestimmt und die Highlights im Fließtext hervorhebt. Gleich zu Beginn erfährt der Leser die wichtigsten Kennzahlen des Konzerns: Aus einem Umsatz von 76 Mrd. Euro erwirtschafteten

Die sich entfaltende Pyramide ist Symbol der auf Nachhaltigkeit ausgerichteten Siemens-Unternehmensstrategie mit den Entwicklungsstationen: Fundament, Aufstellung, Stoßrichtungen, Vision.

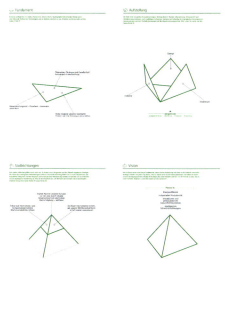

die weltweit über 405.000 Beschäftigten einen Gewinn nach Steuern von 4,1 Mrd. Euro. Rund ein Drittel des Umsatzes stammt dabei aus dem Umweltportfolio, mit dem Siemens seine Kunden in die Lage versetzt, jährlich rund 267 Mio. Tonnen CO_2 einzusparen, verglichen mit dem Beginn des Geschäftsjahrs 2002. Informationen zum Aktienverlauf, zur weltweiten Aufstellung, zur Forschung und Entwicklung und zu den einzelnen Sektoren vervollständigen das Bild des Unternehmens. Gleiches gilt für den ausführlichen Finanzbericht 2010. Auch er besticht durch Gestaltungselemente in angenehmem Grün und ein Eingriffregister in Dreiecksform. Für zusätzliche Orientierung sorgt eine Rubrizierung am Seitenfuß, die jeweils auch kleine Segments-Inhaltsverzeichnisse beinhaltet. Und auch hier taucht die Zahl Drei, die den gesamten Geschäftsbericht beherrscht, noch einmal auf: Der Finanzteil besteht aus 303 Seiten – ein weiterer Beleg für die durchdachte Konzeption und die konsequente Umsetzung dieser lesens- und erlebenswerten Publikation.

FINANZKENNZAHLEN

Stand: 30.09.2010
Rechnungslegung nach IFRS

Börsensegment: DAX

Auftragseingang: 81.163 Mio. Euro

Umsatz: 75.978 Mio. Euro

Ergebnis je Aktie: 4,54 Euro

Dividende je Aktie: 2,70 Euro

EBITDA (angepasst): 10.034 Mio. Euro

Eigenkapital: 29.096 Mio. Euro

Börsenkapitalisierung: 67.351 Mio. Euro

Mitarbeiter: 405.000 (weltweit)

Der Geschäftsbericht 2011 erscheint im Januar 2012

INFORMATION

Siemens AG
Wittelsbacherplatz 2
80333 München
Dr. Johannes von Karczewski
Corporate Reports
Fon: 089 636-83864
Fax: 089 636-31533
johannes.karczewski@siemens.com
www.siemens.com
www.siemens.com/geschaeftsbericht

Online-Bericht vorhanden

Agentur
häfelinger + wagner design GmbH, München
www.hwdesign.de

 siehe Sonderteil Seite 381

SMS group

Dr.-Ing. E. h. Heinrich Weiss,
Vorsitzender der Geschäftsführung

Geschäftsberichte haben zu Recht sehr hohen Ansprüchen an Informationsgehalt, Transparenz und Seriosität zu genügen. Für den interessierten Leser ist es deshalb eine Wohltat, zu einer Publikation greifen zu können, die das, was ein Unternehmen in seiner Gesamtheit ausmacht, prägnant und übersichtlich auf den Punkt bringt. Ein Geschäftsbericht, der diese Qualitäten in herausragender Art und Weise verkörpert, ist der aktuelle der SMS group. Diese besteht unter dem Dach der SMS Holding GmbH aus einer Gruppe international tätiger Unternehmen des Anlagen- und Maschinenbaus für die Verarbeitung von Stahl und NE-Metallen. Sie gliedert sich in die SMS Siemag und SMS Meer, wobei beide Unternehmensbereiche als selbstständige Teilkonzerne geführt werden, die eng miteinander kooperieren.

Schon der in weiß gehaltene Einband der 108 Seiten umfassenden Publikation signalisiert eine klare, unprätentiöse Form der Selbstdarstellung, die sich der Philosophie des Weniger ist mehr verpflichtet sieht. Diese Herangehensweise wird im weiteren Verlauf konsequent durchgehalten und stellt sich so in den Dienst sachlicher, hochverdichteter und pointiert aufgearbeiteter Information.

Eingeleitet wird der Geschäftsbericht 2010 durch einen vierseitigen Überblick zur Lage der Weltwirtschaft allgemein sowie speziell des Stahl- und Aluminiummarktes, um dann konkret auf die Situation des Unternehmens zu fokussieren. Die vierköpfige Geschäftsführung wird dabei angenehm zurückgenommen in Szene gesetzt. So wird der Leser nicht mit fragmentarischen Versatzstücken konfrontiert, sondern hat von Anfang an einen Kontext, in den er das Wirken der inhabergeführten Unternehmensgruppe einordnen kann. Es wird jedenfalls auf den ersten Blick ersichtlich, dass sich die konjunkturelle Belebung des Jahres 2010 positiv auf die zentralen Aspekte der SMS group ausgewirkt hat. So stieg der Auftragseingang um kräftige 25,2 % auf 2,931 Mrd. Euro, und auch der Umsatz lag, nach dem Rekordjahr 2009, mit 3,036 Mrd. Euro leicht über dem Niveau der

Die lebendigen, sympathisch zurückgenommenen Porträts der vierköpfigen Geschäftsführung mit Dr.-Ing. E.h. Heinrich Weiss als Vorsitzendem begleiten den Leser, während er die aktuelle Einschätzung der Lage liest.

Jahre 2006 und 2007. Erfreulich ist in diesem Zusammenhang zudem der Anstieg der Mitarbeiterzahlen um 208 auf 9.209. Da die strategische Schwerpunkte in dem kontinuierlichen Ausbau der Bereiche Service, Elektrik und Automation, Energie- und Umwelttechnik sowie dem Ausbau und der Modernisierung der Fertigungsstätten liegt, dürfte dies – als Prognose formuliert – einen weiteren moderaten Anstieg der Mitarbeiterzahl zur Folge haben.

Die Doppelseite 8/9 macht den Leser dann in vorbildlicher Manier mit der Struktur der SMS group vertraut. Beide Unternehmensbereiche werden hier klar und deutlich mit ihren jeweiligen Geschäftsbereichen transparent gemacht. Für die SMS Siemag sind dies die drei Bereiche Stahlwerke/Stranggießtechnik für Flachprodukte, Warmwalzwerke/Kaltwalzwerke und Bandanlagen/Thermische Prozesstechnik, während die SMS Meer in die Segmente Stahlwalzwerke/Stranggießtechnik für Langprodukte, Rohranlagen, Profilwalzwerke, Schmiedetechnik, NE-Anlagen und Wärmetechnik gegliedert ist. An dieser Stelle erschließt sich eindrucksvoll das ausdifferenzierte Spektrum an Produkten und Lösungen einschließlich von Elektrik, Automation und Service, das die Gruppe ihren Kunden anzubieten in der Lage ist.

Der Geschäftsbereich Rohranlagen wird dem Leser mit einem gut durchdachten Foto-Text-Konzept vorgestellt, sodass auch der Laie in die Lage versetzt wird, sich ein angemessenes Bild von der Bedeutsamkeit dieser Technologien zu machen.

Die bestechende Idee bei der Konzeption dieses Berichts besteht in der systematischen und in ihrer Übersichtlichkeit beispielhaften Präsentation der einzelnen Geschäftsbereiche. Alles ist an seinem Platz, leicht zu finden und wird in einer anspruchsvollen, aber zugänglichen, Form vertieft. Exemplarisch sei dabei die Stahl- und Stranggießtechnik für Flachprodukte auf den Seiten 12 bis 19 genannt. Viel Weißraum und eine großzügige Seitenkomposition machen die Lektüre des kompakten Fließtextes hier zu einem wirklichen Vergnügen, wobei das aufmerksamkeitsstarke Hauptmotiv aus dem Stahlwerk eine große visuelle Wirkung erzielt. Sehr gut ist auch der gedankliche Ansatz, wichtige Ereignisse und Informationen eingerahmt und in roter Farbe zu akzentuieren – hier die Entwicklung der Gleichstromtechnik als Meilenstein in der Ferrochrom-Herstellung. Am Ende des Kapitels werden dann auf einen Blick die wesentlichen Aufträge und Inbetriebnahmen resümiert sowie ein besonders gewichtiger Auftrag, die Lieferung eines 35-Tonnen-Elektrolichtbogenofens für die russische Firma Forpost, explizit herausgestellt.

Bei den Ausführungen zur SMS Meer ab der Seite 52 ff. wird bezüglich der Gestaltung ebenso stringent verfahren, nur dass die Farbe Blau zur Markierung im Text Verwendung findet. Exzellent kommt

Die schematischen Darstellungen der Warmwalz- bzw. der Tandem-Kaltwalzstraße dienen dem besseren Verständnis, so wie die Karte für den notwendigen Überblick über die weltweiten Servicestandorte sorgt.

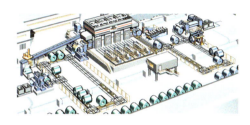

auch hier die Seitenkomposition daher, ersichtlich z. B. auf der Doppelseite 58/59, die SMS Meer als führenden Komplettanbieter für Rohranlagen-Technologien charakterisiert: ein aussagekräftiges zentrales Motiv, zwei kleinere Fotos rechter Hand und ein eigenes Informationsfeld zum steigenden Bedarf an fossilen Energieträgern.

Nachdem die diversen Geschäftsbereiche entsprechend ausgelotet worden sind, kommen auf den Seiten 90 bis 93 die SMS-Mitarbeiter ausführlich zu ihrem Recht. Die überdurchschnittliche Ausbildungsquote und internationale Ausrichtung beeindrucken als Schlusspunkt ebenso wie die intensive Förderung des Nachwuchses. Mit der SMS-Akademie hat das Unternehmen zudem eine ganz besondere Möglichkeit entwickelt, die eigenen Mitarbeiter kontinuierlich zu fördern und deren qualifizierte Weiterbildung voranzutreiben.

Der aktuelle Geschäftsbericht der SMS group liest und präsentiert sich wie aus einem Guss und überzeugt durch seine Klarheit, Kohärenz und inhaltliche Sorgfalt. Wer sich darüber hinaus noch eingehender über das Zahlenwerk der Düsseldorfer informieren möchte, dem sei der separate 46-seitige Jahresabschluss wärmstens empfohlen.

FINANZKENNZAHLEN

Stand: 31.12.2010
Rechnungslegung nach IFRS

Umsatz: 3.036 Mio. Euro

Eigenkapital: 740 Mio. Euro

Auftragsbestand: 4.460

Mitarbeiter: 9.209 (weltweit)

Der nächste Geschäftsbericht erscheint im Juni 2012

INFORMATION

SMS group
Eduard-Schloemann-Straße 4
40237 Düsseldorf
Dr. Thomas Isajiw
Leiter Zentralbereich
Unternehmenskommunikation
Fon: 0211 881-4127
Fax: 0211 881-774127
thomas.isajiw@sms-group.com
www.sms-group.com

Online-Bericht vorhanden

Stadtwerke Hannover AG

Der Vorstand (v.l.n.r.): Michael Feist (Vorsitzender), Jochen Westerholz, Harald Noske

Der Slogan „enercity – „positive energie" ist Markenzeichen der Stadtwerke Hannover AG. Und die Leistungen in den Kernfeldern Strom, Erdgas, Fernwärme und Trinkwasser und darüber hinaus im Bereich der energienahen Dienstleistungen bestätigen enercity als einen der größten kommunalen Energieversorger in Deutschland. 650.000 Menschen nutzen die Standard- und Innovativprodukte, vertrauen ihrem Energiepartner vor Ort, wenn es um die Kompetenz von Energieerzeugung und -speicherung und um nachhaltigen Klimaschutz geht. Aus gutem Grund. Denn der Service stimmt: 132.248 Beratungen finden 2010 in den Kundencentern statt und 419.643 telefonische Anfragen beantworten die Mitarbeiter der Fachbereiche. Das sind beindruckende Zahlen. Sie belegen den Stellenwert von Dialog und Dienstleistung. Sie sprechen für die Nähe der enercity zu ihren Kunden und sie geben dem Markenwert eine Größe: „enercity – positive energie".

Dahinter steht eine Strategie. Die Strategie K2020 „Vorwärts nach weit!". Sie setzt den Erfolgskurs der enercity fort, definiert die Meilensteine der Zukunft. Der Vorstandsvorsitzende, Michael G. Feist, beschreibt sie ausführlich im Geschäftsbericht 2010. In diesem Berichtsjahr werden die Weichen gestellt für die Umsetzung der Ziele, die einen Ausbau der regenerativen Erzeugungskapazitäten ebenso vorsehen wie die Modernisierung und Leistungssteigerung der Gas- und Dampfturbinen-

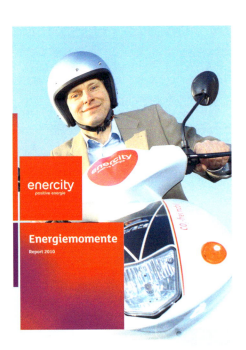

Anlage im Heizkraftwerk Linden. Das sind große Projekte. Das sind substanzielle Beiträge der enercity zum unternehmerischen Wachstum und zum Klimaschutzprogramm Hannovers. Dieses Engagement bleibt nicht ohne Wirkung: Michael G. Feist verweist mit Stolz auf die bundesweite Prämierung der „Klima-Allianz Hannover 2020". Eine weitere Auszeichnung schmückt das Geschäftsjahr: Die Hertie-Stiftung verleiht enercity das europaweit gültige Zertifikat „Beruf und Familie", weil das Unternehmen beispielhaft zur Work-Life-Balance der Mitarbeiter beiträgt.

Das sind die weichen Faktoren des Erfolgs. Sie würdigen das Engagement der enercity um

Wenn es darum geht, sich dafür zu entscheiden, welches Bild ihre Marke enercity abgeben soll, sind die Mitarbeiter der Stadtwerke mit Spaß, Konzentration und Engagement dabei – ein schönes Bild für die gelebte Unternehmenskultur.

die Menschen und um ihre Bedürfnisse und sie bestätigen das Image der Marke, sich zu sehen als festverankertes Unternehmen in der Region. enercity nimmt teil am Alltag der Mitarbeiter und Kunden, gestaltet ihn mit und freut sich an vielen schönen, energiereichen Momenten. Diese Momente leuchten immer dann auf, wenn Herz und Verstand im Einklang sind. Dann ist der Erfolg greifbar, dann sprüht Energie, dann entsteht jener kleine Augenblick, der doch so bedeutsam ist, weil er Menschen über sich hinauswachsen und ein Projekt erfolgreich werden lässt. Auch davon erzählt der Geschäftsbericht 2010 – gestaltet im neuen Design: Typografie und grafischer Aufbau ändern sich, aber der Slogan „enercity – positive energie" bleibt. Der Bericht erscheint im Hardcover und sein Titel „Energiemomente" vermittelt eine Ahnung, dass dieses 114 Seiten umfassende Energiebuch ein Kommunikationsmittel darstellt, dem es gelingt, positive Lesemomente zu kreieren. Der Bericht lässt den Daten und Fakten viel Raum, um die Geschäftsfelder zu beschreiben, um die Investitionen zu begründen. Er nennt die beeindruckenden Kennzahlen im Berichtsjahr, den Umsatz von 2,48 Mrd. Euro. Und er lobt den Einsatz der 2.642 Mitarbeiter. Darüber hinaus gelingt es den Stadtwerken Hannover, der Marke enercity Leben einzuhauchen. Mit fotografischen Momentaufnahmen

Hier sind Profis am Werk, die dafür sorgen, dass sämtliche Netze vor Ort geprüft und instand gehalten werden, ganz gleich, ob Strom, Erdgas, Biomethan, Fernwärme oder Trinkwasser hindurchfließt.

Netze

Hannover, 28. November 2010, 8.03 Uhr: Alles in Ordnung? In der Fernwärme-Druckerhöhungsstation unter der Vahrenwalder Straße kontrolliert Tobias Lerch den Leitungsdruck.

Seit vier Jahren ist die enercity Netzgesellschaft mbH (eNG) für das Strom- und Gasversorgungsnetz in Hannover verantwortlich. Die Entgelte für die Netzvermietung schreibt die Bundesnetzagentur vor. In diesem Rahmen ist das Netz zu betreiben, zu erhalten und auch zu erneuern. Außerdem hat enercity den Fernwärme- und Wassernetzbetrieb in diese kompetente Hand übertragen.

Die größten Herausforderungen 2010: Eine wachsende Zahl von Strom- und Gaslieferanten, deren Lieferungen es zu koordinieren und zu verrechnen galt. Ein anhaltender Boom der erneuerbaren Energien mit vielen neuen Fotovoltaikanlagen und Mini-BHKWs. Dieser dezentral erzeugte Strom muss vor Ort ins Netz eingespeist werden. Auch dafür ertüchtigt die enercity Netzgesellschaft mbH ihr Netz.

und mit lebendigen Texten. Nicht in großer Pose, nicht in Hochglanz. Sondern in kleinen Augenblicken reihen sie positiven Gefühle aneinander – es entstehen Energiemomente. Die Fotos sind Begegnungen mit den Mitarbeitern von enercity, mit den Menschen vor Ort und ihre Sprache versteht es, die Intention des neuen Corporate Designs zu spiegln mit den Attributen, die enercity in ihre rot-lila Flächen schreibt: aktiv, persönlich, kompetent. Wie ein Leitmotiv führen diese Farbflächen durch den Bericht und sie markieren die Kreativ-Kapitel und somit die Erfolgsmomente des Unternehmens. Überschrieben mit den roten Schlagworten Management, Markt, Mensch und Umwelt erzählen diese Seiten von den Themen des Jahres 2010: von der neuen Turbine im Siemens-Werk in Görlitz, vom kulturellen Projekt zum Theater der Nachwuchsschauspieler, von der Aktion E-Roller in Hannover, von dem Energiekonzept zur Dezentralisierung und Rekommunalisierung, vom politischen Druck auf die Netzbetriebe.

Dazu wählt enercity ein besonderes Stilelement, nämlich das Storytelling. Hier tickern die Angaben zu Ort, Zeit und Anlass und geben dem Moment einen konkreten Rahmen. Kaum eine Visualisierung vermag mehr Nähe herzustellen, mehr Tempo aufzubauen als dieser Mix aus Foto und Text. Mit

Überzeugende Zahlen zum Konzern, aufschlussreiche Zeichnungen zu neuen Städtebaukonzepten oder eine Standortekarte innovativer Energieanlagen – die Grafiken zeigen deutlich, dass die Stadtwerke strategisch gut aufgestellt sind.

132.248
Kundenberatungen fanden 2010 im KundenCenter in der City statt. Am häufigsten gab es Fragen zu Abrechnungen und Kurzberatungen. Die deutlich zunehmenden Energieberatungswünsche machen rund zehn Prozent der Termine aus.

320.063
E-Mails, Telefaxe und Briefe gingen im Bereich „Kundenservice und -abrechnung" ein.

31.909
Mal nutzten Kunden die enercity-Kundenportale im Internet. Registriert haben sich 23.405.

419.643
Telefonische Anfragen hat das KundenService-Team im Jahr 2010 bearbeitet – durchschnittlich 1.640 pro Tag. Rund 80 Prozent der Fragen werden sofort beantwortet, die restlichen gehen an die Fachbereiche.

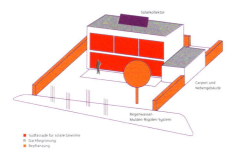

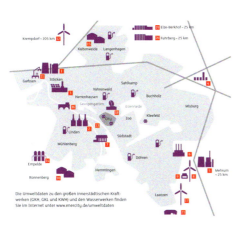

Die Umweltdaten zu den großen innerstädtischen Kraftwerken (GKH, GKL und KWH) und den Wasserwerken finden Sie im Internet unter www.enercity.de/umweltdaten

jeder Kapitelseite zeigt enercity ihre Antwort auf die brennenden Energiefragen der Zeit, wenn es um die Laufzeiten der Kernkraftwerke geht, um die Speisung dezentral erzeugten Stroms ins Netz vor Ort. Oder um erneuerbare Energien. Nach der enercity-Strategie sollen bis 2020 die CO_2-Emissionen um 700.000 Tonnen auf der Angebotsseite reduziert werden. Die Stadtwerke Hannover investieren viel im Bereich der erneuerbaren Energien und versprechen, bis 2020 die Privatkunden vollständig mit grünem Strom zu versorgen. Diese und weitere Informationen rund um die Energie bietet der Geschäftsbericht der enercity 2010 und lässt durch Themenvielfalt und kreative, kraftvolle Gestaltung eine Erlebniswelt entstehen, lässt Energiemomente aufleuchten im neuen Design.

FINANZKENNZAHLEN

Stand: 31.12.2010
Rechnungslegung nach HGB

Börsensegment: Genussscheine

WKN: 725535

Umsatz: 2.482 Mio. Euro

EBIT: 176, 24 Mio. Euro

Eigenkapital: 399, 23 Mio. Euro

Mitarbeiter: 2.642

Der nächste Geschäftsbericht erscheint im April 2012

INFORMATION

Stadtwerke Hannover AG
Ihmeplatz 2
30449 Hannover
Carlo Kallen
Unternehmenskommunikation
Fon: 0511 430-2161
Fax: 0511 430-2024
carlo.kallen@enercity.de
www.enercity.de

Agentur
mann + maus GmbH & Co. KG, Hannover
www.mannundmaus.de

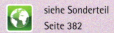
siehe Sonderteil
Seite 382

Stadtwerke Köln GmbH

Die Geschäftsführung (v.l.n.r.):
Jürgens Fenske,
Dr. Dieter Steinkamp (Sprecher),
Horst Leonhardt

Unternehmenskommunikation bestimmt die Außenwirkung von Firmen und Konzernen wohl so stark wie nie zuvor. Anspruchsvolle Kunden und eine zunehmend kritische Öffentlichkeit verlangen immer deutlicher nach seriösen, gut aufbereiteten und transparenten Informationen.

Die Stadtwerke Köln GmbH, die als Holding mit ihren Tochtergesellschaften die Grundversorgung der Menschen in Köln und der Region sichert, setzt mit ihren Geschäftsberichten 2010 in diesem Kontext Maßstäbe. Maßstäbe in Bezug auf das eindrucksvolle Erscheinungsbild der Publikation, die von einem stabilen Schutzkarton eingefasst wird. Im Inneren befindet sich ein zweiter Schuber, der sich hervorragend als Aufsteller für die sechs Bände eignet. Deren rund 420 Seiten unterstreichen mit Nachdruck, was die Stadtwerke Köln unter der sorgfältigen und detaillierten Dokumentation ihres Geschäftsjahrs verstehen. Neben den haptischen Qualitäten punktet dieser Schuber durch zwei weitere, Mehrwert generierende, Attribute. Da ist der als Einschieber nutzbare Konzernspiegel, der auf einen Blick alle wesentlichen Kennzahlen verrät. Und dann gibt es die Option, sich mittels eines scannbaren QR-Codes eine Applikation der Online-Geschäftsberichte herunterzuladen, eine sehr gute Idee auf der Höhe der Zeit.

Das Herzstück der vorliegenden Publikationen ist der Geschäftsbericht der Stadtwerke Köln GmbH,

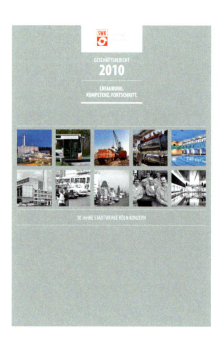

der, wie alle weiteren Teilbände, den Titel „Erfahrung. Kompetenz. Fortschritt" trägt. Diese thematische Trias ist natürlich nicht zufällig gewählt, sondern bezieht sich auf das Jubiläum „50 Jahre Stadtwerke Köln Konzern", das sich als Untertitel ebenfalls auf dem Cover wiederfindet. Auch die Motivgestaltung trägt dem produktiven Spannungsbogen zwischen Vergangenheit und Gegenwart gelungen Rechnung. Dabei verweist die obere, kolorierte Fotostrecke auf die fünf operativ tätigen Gesellschaften des SWK-Konzerns in ihrer heutigen Erscheinungsform, während die untere Bildstrecke den Blick monochrom auf die jeweilige historische Entsprechung richtet. So

Die Aufnahme zeigt das Heizkraftwerk in Niehl II von innen: Hier ist die nachhaltige Produktion von Strom und Wärme, die durch den Einsatz modernster Technologien erzeugt werden, oberstes Gebot.

Stadtwerke Köln GmbH

entfaltet sich vor dem Auge des Betrachters ein spannendes Panorama, das die GEW Köln AG (GEW), die Kölner Verkehrs-Betriebe AG (KVB), die AWB Abfallwirtschaftsbetriebe Köln GmbH & Co. KG (AWB), die Häfen und Güterverkehr Köln AG (HGK) sowie die KölnBäder GmbH umfasst. Der Wortlaut zu Beginn des Geschäftsberichts der SWK GmbH lässt denn auch keinen Zweifel daran aufkommen, dass die hier genannten Gesellschaften ihren Beitrag zum Erfolg des Konzerns geleistet haben.

Um diese Tatsache zu visualisieren, werden auf den folgenden fünf Doppelseiten alle Gesellschaften anhand eindrucksvoller Motive vorgestellt, ergänzt durch einen kompakten Info-Block, der Tätigkeit und Marktposition umreißt sowie drei signifikante Meilensteine aus der Historie akzentuiert. Es startet auf den Seiten 2 und 3 mit der Präsentation der HGK, die zu den größten Eisenbahngüterverkehrsgesellschaften Deutschlands zählt und zudem der zweitgrößte deutsche Binnenhafen ist. Das Motiv der signalroten Lok symbolisiert an dieser Stelle die Kraft und Dynamik dieses Geschäftsfelds, dessen Ergebnis 2010 die Erwartungen deutlich übertroffen hat. Die Seiten 4 und 5 legen den Fokus dann visuell gelungen auf den Aspekt der Nachhaltigkeit, der für alle Gesellschaften des

Die neue Haltestelle am Zoo ist nicht nur ein architektonisches Highlight, sondern auch Ausdruck der Mobilitätssicherung durch die Kölner Verkehrs-Betriebe, die damit für mehr Lebensqualität in Köln sorgen.

SWK-Konzerns seit langem oberste Priorität hat, sich hier aber ausdrücklich auf die GEW Köln AG bzw. ihre Tochter mit operativem Geschäft, die RheinEnergie AG, bezieht. Die Doppelseite 6/7 bringt die ökologisch vorbildlichen Lösungen der AWB auf den Punkt, die 2009 das Gütesiegel „Ausgezeichnete Stadtreinigung" erhielt, während sich die nachfolgenden beiden Seiten den attraktiven Angeboten der KölnBäder widmen, deren innovatives Konzept immer mehr Besucher anlockt. Sehr stark kommt die Gestaltung der Doppelseite 10/11 daher. Sie zeigt, großartig fotografiert, in kühner Perspektive den besonderen Reiz der Haltestelle Zoo/Flora und pointiert so, wie die Mobilitätskompetenz der KVB Beweglichkeit und Lebensqualität der Kölner garantiert. Dass die KVB 2010 mit mehr als 272 Mio. Fahrgästen einen neuen Rekord aufgestellt hat, spricht für sich. Das Vorwort der Geschäftsführung referiert die Jahresergebnisse des Geschäftsjahrs 2010, dem Jahr des 50. Jubiläums des Stadtwerke Köln Konzerns, das sich im Zitat des Vorstandssprechers Dr. Dieter Steinkamp niederschlägt: „Der Jahresüberschuss zeigt abermals, dass sich Wirtschaftlichkeit und Dienst am Gemeinwohl nicht widersprechen müssen". Der ausdrückliche Dank an die über 11.000 Mitarbeiter auf Seite 13 unten wirkt als Abschluss aufrichtig und glaubwürdig.

Das ausführliche Organigramm schlüsselt die Beteiligungsstruktur des Stadtwerke Köln Konzerns auf, weitere Grafiken wie z. B. zum Umsatz stehen dem Text als anschauliche Balkendiagramme zur Seite.

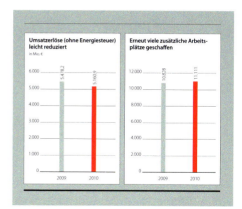

Den gesamten Bericht durchzieht ein gleichbleibend hohes Niveau des Informationsdesigns, das die Datenvielfalt angenehm lesbar und verständlich macht. Als grafisch besonders stimmig wirkt hier der Kontrast zwischen dem großzügigen Weißraum der Seiten und den am Rand rot hervorgehobenen Kennzahlen.

Die exzellente, klare Form der Gestaltung und der auf Transparenz und seriöse Information angelegte Fließtext finden sich auch in den fünf weiteren Bänden dieses Kompendiums wieder. Zudem sind die einzelnen Geschäftsberichte in Aufbau und Struktur identisch, wobei vor allem immer wieder die visuelle Qualität der Doppelseiten zu Beginn gefällt. Die intelligente Geschlossenheit des Konzepts und die beispiellosen inhaltlichen Gewichte dieser Geschäftsberichte sind ein würdiger Beitrag zum 50. Jubiläum des Stadtwerke Köln Konzerns.

FINANZKENNZAHLEN
(STADTWERKE KÖLN KONZERN)

Stand: 31.12.2010
Rechnungslegung nach HGB

Umsatzerlöse ohne Energiesteuer:
5.160,9 Mio. Euro

Eigenkapital: 1.300 Mio. Euro

Mitarbeiter: 11.111

Der nächste Geschäftsbericht erscheint im Juni/Juli 2012

INFORMATION

Stadtwerke Köln GmbH
Parkgürtel 24
50823 Köln
Elke Justus
SWK42-Unternehmenskommunikation
Fon: 0221 178-2812
Fax: 0221 178-2308
e.justus@stadtwerkekoeln.de
www.stadtwerkekoeln.de

Online-Bericht vorhanden

Agentur
Konzeption + Design, Köln
www.kdkoeln.de

Stadtwerke Münster

Die Geschäftsführung:
Dr. Andreas Hoffknecht (links) und
Dr. Henning Müller-Tengelmann

„Zukunft gestalten" lautet der Titel des Geschäftsberichts 2010 der Stadtwerke Münster. Dieser Titel ist Programm für den kommunalen Versorger, der seine Kunden seit über 100 Jahren mit Strom, Erdgas, Fernwärme sowie Trinkwasser beliefert und den öffentlichen Personennahverkehr bestreitet. Ziel des Unternehmens ist es, das Kerngeschäft mit modernen Ideen immer weiter zu verbessern und gleichzeitig zukunftsweisende Geschäftsfelder aufzubauen. Dabei richtet es sein Augenmerk auf den Ausbau erneuerbarer Energien, den Umweltschutz, und die Schonung der natürlichen Ressourcen.

Ökologisch, zukunftsorientiert, kundennah– so präsentiert sich nicht nur das Unternehmen selbst, sondern auch der diesjährige Jahresrückblick: Bereits auf der Titelseite wird deutlich, wie ernst die Stadtwerke Münster ihre Verantwortung für die Umwelt und die junge Generation nehmen: Auf dem ganzseitigen Foto ist ein kleines Mädchen auf einer Wiese zu sehen. In der Hand hält das Kind ein leuchtend pinkfarbenes Windrad, in das es hineinbläst. Doch es ist kein Windrad, wie wir es aus Kindertagen kennen, sondern eine schematisch dargestellte Windkraftanlage. Diese plakativen Illustrationen kombiniert mit signalstarken Farben ziehen sich wie ein roter Faden durch die gesamte Publikation und schaffen für den Leser immer wieder neue, ungewöhnliche Augenblicke.

Am oberen Rand des Covers steht in großen weißen Buchstaben der Titel der Publikation. Wie genau die Stadtwerke Münster die Zukunft der Stadt und damit auch die ihrer Kunden gestalten, erfährt man nach dem ersten Umblättern: Im Jahr 2010 hat das Unternehmen die größte Fotovoltaikanlage Münsters installiert und in Detmold zwei Windkraftanlagen in Betrieb genommen. Außerdem unterhält es inzwischen sieben Elektromobile und fünf Stromtankstellen. Dass dieses Geschäftsmodell nicht nur ökologisch, sondern auch ökonomisch wertvoll ist, erfährt der Leser auf der vorderen inneren Umschlagseite „auf einen Blick". Eine übersichtliche Tabelle zeigt die

Da ziehen alle an einem Strang, wenn es gilt, mit verjüngter Führungsriege und modernisierter Organisationsstruktur für nachhaltige Energiekonzepte zu sorgen, die auf Zukunft ausgerichtet sind.

wichtigsten Konzernzahlen der letzten fünf Jahre und Balkendiagramme verdeutlichen, wie sich die verschiedenen Abgabewerte sowie die Fahrgastzahlen im Vergleich zu 2009 entwickelt haben. Außerdem erhält der Betrachter einen kurzen Überblick über die fünf Geschäftsfelder des Unternehmens.

Im Folgenden wird jedes Kapitel durch ein doppelseitiges Foto eingeleitet, auf dem sich neben Mitarbeitern der Stadtwerke Münster auch die farbenfrohen Abbildungen vom Cover wiederfinden. Den Anfang machen Dr. Henning Müller-Tengelmann und Dr. Andreas Hofknecht. Die beiden Geschäftsführer stehen bis zur Hüfte im Gras und halten eine stilisierte Solarzelle in signalstarkem Rosa sowie eine grasgrüne Windkraftanlage in die Luft. Dabei blicken sie sich gegenseitig freundlich an. Das folgende Vorwort des Aufsichtsrats sowie der Geschäftsleitung ist wie die übrigen Kapitel einspaltig geschrieben und verfügt zum jeweils inneren Seitenrand über eine Marginalspalte. Diese wird gelegentlich für Zusatzinformationen genutzt. Nach unten werden nahezu alle Seiten, die durch großzügigen Weißraum geprägt sind, von einer schematisch gezeichneten Wiese abgeschlossen – unterschiedliche Perspektiven und Pflanzen sorgen für Abwechslung und Lebendigkeit.

Gut gelaunt wirft die Mitarbeiterin der Stadtwerke Münster dem Betrachter einige Tropfen kristallklaren Wassers entgegen – das farbenfrohe Bild leitet den Bericht zum Energie- und Wasservertrieb ein.

Die Nähe zum Leser entsteht in dem Geschäftsbericht durch die freundliche Sprache, gepaart mit dem sympathisch-lebensnahen Stil der Fotografien, die den Text auf ansprechende Art und Weise untermalen. So ist beispielsweise neben dem Kapitel zur „Strategie 2020", die die Stadtwerke Münster als zukunftsorientiertes Unternehmen entwickelt haben, eine Mitarbeiterin zu sehen, die voller Optimismus in ein stilisiertes, strahlend blaues Fernglas guckt. Um den 2010 durchgeführten Generationenwechsel in der Chefetage zu visualisieren, zeigt ein ganzseitiges Foto die neue Führungsmannschaft, wie sie buchstäblich an einem – gezeichneten – Strang ziehen. Alle Aufnahmen entstanden im Freien. Dank der ungezwungenen Körperhaltung und dem offenen Lächeln der Personen wirken die Porträts sehr dynamisch und vermitteln Interesse und Freude an der Arbeit.

Als Pforte zum Lagebericht dient ein doppelseitiges Foto von einem Steg am See, auf dem ein Mitarbeiter mit einer Zeitung sitzt. Diese ist wie die übrigen Abbildungen im Comicstil gehalten und dient als Hintergrund für das Inhaltsverzeichnis. Auch der Lagebericht, der sich erstmals an den fünf Geschäftsfeldern der Stadtwerke Münster orientiert, wird durch ganzseitige Fotos aufgelockert und veranschaulicht. Zur ergänzenden Visualisierung dienen spaltenbreite Tabellen und Balken-

Die originellen Grafiken passen sich perfekt in das fröhlich-freundliche Layout ein und zeigen dem Leser, dass man allen Grund hat, Zuversicht und Zufriedenheit auszustrahlen.

14 %
Anstieg unserer Abonnentenzahlen im Verkehrsbereich.

Lokale Wertschöpfung der Stadtwerke Münster 2010 in Mio. Euro

grafiken. Im Jahr 2010 erzielte das Unternehmen einen Umsatz von 451,6 Mio. Euro. Mit einem Jahresüberschuss von 11,8 Mio. Euro konnte das Vorjahresergebnis um 16 % übertroffen werden. Weitere erfreuliche Signale erkennt der Leser im folgenden Jahresabschluss, bestehend aus Bilanz, Gewinn- und Verlustrechnung sowie Anhang. Durch farbliche Akzente, konsequent in verschiedenen Blautönen, wird hier das Auge des Lesers über die wichtigsten Spalten, Zeilen und Kennziffern geführt.

Hier ist ein Jahresrückblick entstanden, der von Anfang an gute Laune macht: Das liegt an den bunten Farben, an den guten Konzernzahlen und an den kreativen Ideen, die seine Macher haben einfließen lassen. Vor allem aber vermittelt er dem Leser mit jeder Seite glaubwürdig, dass es sich bei den Stadtwerken Münster um ein Unternehmen handelt, das sich mit Herz und Seele seiner Aufgabe widmet – die Zukunft der Stadt und seiner Kunden zu gestalten.

FINANZKENNZAHLEN

Stand: 31.12.2010
Rechnungslegung nach HGB

Umsatz: 451,6 Mio. Euro

EBIT: 31,2 Mio. Euro

Mitarbeiter: 919
(in Vollzeitstellen umgerechnete Werte)

Der nächste Geschäftsbericht erscheint im Juni 2012

INFORMATION

Stadtwerke Münster
Hafenplatz 1
48155 Münszter
Daniela van der Pütten
K51 – Unternehmenskommunikation
Fon: 0251 694-2014
Fax: 0251 694-3003
d.vanderpuetten@stadtwerke-muenster.de
www.stadtwerke-muenster.de

Online-Bericht vorhanden

Agentur
Kaiserberg Kommunikation GmbH,
Duisburg
www.kaiserberg.de

Stadtwerke Tübingen GmbH

Die Geschäftsführung (v.l.n.r.):
Ortwin Wiebecke,
Wilfried Kannenberg,
Dr. Achim Kötzle

WYSIWYG – Das englische Akronym steht in der Computerwelt für das Versprechen, dass man als Kunde das bekommt, was man auf dem Bildschirm sieht. What you see is what you get: Genau darum geht es beim Geschäftsbericht der Stadtwerke Tübingen. Inhalt und Form des Jahresberichts sind der Spiegel eines ökologisch verantwortlich wirtschaftenden Unternehmens. Folgerichtig lautet der Titel „Unser Plus. – Für Mensch. Region. Natur". Damit ist der Blickwinkel über die reine Pflichtberichterstattung hinaus gerichtet auf die Arbeit eines kommunalen Unternehmens, dessen Daseinsberechtigung die Gewährleistung der sogenannten Daseinsvorsorge für die Bürgerschaft ist. Dazu zählen die Versorgung der Universitätsstadt Tübingen und ihrer Nachbarschaft mit Strom, Erdgas, Wärme und Trinkwasser, Verkehrsdienstleistungen, der Ausbau des Breitbandnetzes und der Betrieb von drei Schwimmbädern.

Nicht jedes Wirken der Stadtwerke, die sich auch sozial und kulturell engagieren, ist offensichtlich. Transparenz lautet also das Versprechen, das in der Einleitung gemacht – und auch konsequent gehalten wird. Man tritt den Tübingern jenseits aller parteipolitischen Präferenzen nicht zu nahe, wenn man ihre Stadt als ein grünes Herzstück der Republik bezeichnet. Dem fühlen sich auch die Stadtwerke verpflichtet, die ein sattes Waldgrün in ihrem Logo führen. Es wird großzügig als

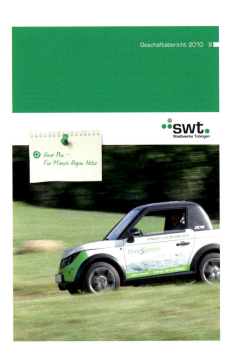

gestaltendes Element des Geschäftsberichts eingesetzt. Mit dem Umschlag wird der Takt vorgegeben. Das obere Viertel ist in der Hausfarbe gehalten und trägt in weißen Lettern den Hinweis auf den Inhalt: Geschäftsbericht 2010. Das großformatige Titelbild ist von dieser Fläche durch ein weißes Band getrennt, das Platz für das Logo bietet. Das Foto gibt inhaltlich und formal die Richtung vor. Ein E-Mobil der Stadtwerke flitzt förmlich durch eine grüne Landschaft. Auf der Rückseite ist dasselbe Auto in gemächlichem Tempo zwischen den altehrwürdigen Häusern der Innenstadt zu sehen. In der Kombination sind die Bilder eine Visualisierung des bereits genann-

Bei den Stadtwerken ist immer Tag der offenen Tür, denn die sympathischen Mitarbeiter stehen den Kunden an den Infoständen – wie hier im Bild – oder in den Beratungsbüros und am Servicetelefon für ein persönliches Gespräch zur Verfügung.

ten Titels. Der ist übrigens auf einem Zettelchen mit grüner Handschrift sehr plastisch auf das Foto gepinnt – ein gestalterisches Motiv, das im Innern öfter wieder auftauchen wird. In der Tat zeichnet sich dieser Geschäftsbericht durch ein gut ausbalanciertes Verhältnis aus wiederkehrenden Motiven, ihren Variationen und Formatwechseln aus.

Zu den Essentials eines Geschäftsberichts gehören Beiträge von Aufsichtsrat und Geschäftsführung. In dieser Publikation gibt es eine wohltuende Abwechslung, denn der Oberbürgermeister richtet sein Grußwort an die Leser, und die dreiköpfige Geschäftsführung äußert sich in Interview-Form – lebendig und authentisch. Dann kehrt die große grüne Fläche als Trägerin für Kapitelüberschriften wieder. Sie bietet außerdem Raum für kurze Einführungen, so etwa beim Interview mit der Geschäftsführung über den Verlauf des Geschäftsjahrs. Der großzügige Gesamteindruck in der Seitengestaltung wird geprägt von viel Weißraum und einem originellen Wechsel zwischen ein- und zweispaltigem Satzspiegel. In der breiten rechten Marginalspalte wird knapp oberhalb der Seitenmitte ein kleines Inhaltsverzeichnis hinzugefügt, bei dem der aktuelle Bereich jeweils grün hervorgehoben ist. So leicht kann Orientierung sein.

Diese Riemenrohrturbine wird in das neue Flusskraftwerk in Horb am Neckar eingebaut – schlagkräftiger Beweis, dass die Stadtwerke Tübingen ihre Strategie der Nachhaltigkeit konsequent in die Tat umsetzen, indem sie in den Ausbau regenerativer Energien investieren.

Gute Bilder in Geschäftsberichten sind immer mehr als dekorativ, sie sind Teil der Information. Die Stadtwerke setzen diesen Anspruch durchweg um. Ähnlich wie beim Titel gibt es doppelseitige Vorschaltbilder, die durch Emotionalität ihre Botschaft transportieren. So sind die Seiten mit dem Thema Unternehmensprofil mit „Kompetenz vor Ort" überschrieben. Dafür werden zwei Mitarbeiter bei ihrem Einsatz an einem Infostand auf dem Weihnachtsmarkt in Szene gesetzt. Den Kontrast zu diesem Wohlfühlbild bildet das Aufmacherfoto zum Kapitel Statistik und Kennzahlen. Hier wird nochmals die ökologische Verantwortung thematisiert. Ein technisches Detail liefert dazu das überzeugende Dokument. Es handelt sich um den Einbau einer Turbine in ein Flusswasserkraftwerk, wie die Bildzeile wissen lässt.

In den verschiedenen Berichtsteilen werden darüber hinaus zahlreiche Fotos als Informationsträger integriert. Ihre Platzierung unterstreicht die Schwerpunkte des Layouts, in dem sie z. B. als Verlängerung des grünen Balkens auf der Nachbarseite stehen. Ein schmaler grüner Streifen am unteren Seitenanschnitt wird für die Seitenzahlen, den Slogan „Energie, die uns bewegt" als auch für Bildunterschriften genutzt. Er dient als Untergrund von kleinformatigen Fotos, die den Text illustrieren.

Im Kapitel zum Thema Strom kann der Leser nachvollziehen, wie die Stadtwerke diese Energie nachhaltig managen, so z. B. mit dem Ökostromtarif, den jährlich mehr Kunden in Anspruch nehmen.

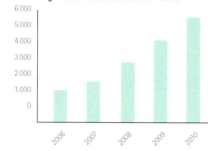

Eine weitere Form der Visualisierung sind die zahlreichen Tabellen und Grafiken, die in der Darstellung der Geschäftstätigkeit Zahlen leicht fassbar werden lassen. Optisch lockern sie in ihren Grünabstufungen das Seitenbild ebenso auf wie die häufigen grünen Zwischenzeilen. Zur guten Lesbarkeit trägt auch die elegante und schmal geschnittene Antiqua-Type bei, die mit großem Zeilenabstand gesetzt ist.

Einen informativen Schlusspunkt setzen zwei Doppelseiten mit Kennzahlen im Fünfjahresrückblick. Dort ist nicht nur zu lesen wie viel Strom verkauft und wie viele Gäste die Bäder hatten. Die Bürger erfahren auch, dass ihre Stadtwerke neben einem Jahresüberschuss von 5,6 Mio. Euro außerdem nahezu die dreifache Summe als Gesamtbeitrag zum städtischen Haushalt geleistet haben. Nicht nur der Einsatz eines 100-%igen Recyclingpapiers für diesen Geschäftsbericht war also nachhaltig.

FINANZKENNZAHLEN

Stand: 31.12.2010
Rechnungslegung nach HGB

Umsatz: 169,1 Mio. Euro

EBIT: 10,67 Mio. Euro

Mitarbeiter: 340

Der nächste Geschäftsbericht erscheint im Juli 2012

INFORMATION

Stadtwerke Tübingen GmbH
Eisenhutstraße 6
72072 Tübingen
Johannes Fritsche
Kommunikation und Marketing
Fon: 07071 157-2469
Fax: 07071 157-102
johannes.fritsche@swtue.de
www.swtue.de

Agentur
Goetzinger + Komplizen Werbeagentur GmbH, Ettlingen
www.goetzinger-komplizen.de

STIHL Holding AG & Co. KG

Dr.-Ing. Bertram Kandziora,
Vorstandsvorsitzender

Eine der Fragen des 21. Jahrhunderts ist die des Antriebs. Was bewegt die Welt von morgen, welche Energie nutzen wir – aber auch: Was treibt uns Menschen an, was lässt unsere Unternehmen florieren? Dabei ist das Thema gar nicht auf die Fahrzeugindustrie begrenzt, ganz im Gegenteil: Mit Benzin oder Strom bewegen sich auch viel kleinere, aber ebenso moderne Hochleistungsmotoren. Zum Beispiel die von Motorsägen.

Auf dem Titel des diesjährigen Geschäftsberichts von STIHL findet sich ein solches Werkzeug in einer edlen Inszenierung. Auf dem mattschwarzen Titelbild leuchtet das Gerät mit seiner charakteristischen Orange-/Graufärbung dem Betrachter entgegen. Die Säge ist freigestellt und spiegelt sich dezent auf dem Boden. Eine hochwertige Spotlackierung sorgt für noch mehr Eleganz. „Innovationen im Fokus" ist der Untertitel der Publikation, zu lesen neben der übergroßen Ziffer 10. Und schon wenn man die innere Umschlagseite einmal nach außen klappt, wird dem Betrachter klar, dass es auch bei STIHL um Antriebe geht. Verdeutlicht von drei schlichten Icons in Form von Zündkerze, Stecker und Akku wird deren Bandbreite dargestellt. Ob Benzingemisch, Kabel oder Akku, jeder Kunde bekommt die Lösung, die er braucht.

Schlagen wir das mit 48 Seiten Umfang geradezu erstaunlich schlanke Druckwerk nun einmal auf. Von

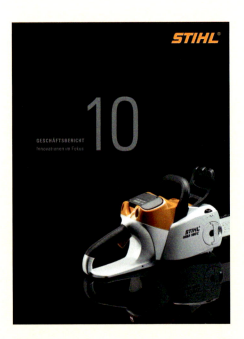

der ersten Seite an wird die auf dem Cover vorgegebene Linie weitergeführt: hochwertig, klar und in einer Farbwelt aus Schwarz, Silbergrau und immer wieder mit Akzenten in der Firmenfarbe Orange. Auf den beiden inneren Umschlagseiten finden sich die Klassiker: Kennzahlentabelle und Zusammenfassung des Unternehmens nebst Weltkarte. Hier präsentiert sich STIHL standesgemäß. Schließlich ist man seit 1971 unangefochtener Weltmarktführer auf dem Motorsägenmarkt und hat – noch viel interessanter – doch gerade die beste Umsatzmarke der Firmengeschichte hingelegt. Gestärkt aus der Wirtschaftskrise hervorgegangen, erwirtschafteten die 11.310 Mitarbeiter

Ja, da glänzt sie, die Motorsäge von STIHL; der potente Klassiker schlechthin, den auch Sergey Kuzdrov zu schätzen weiß, denn Russlands Vegetation und Klima stellen härteste Herausforderungen an Mensch und Maschine.

der STIHL-Gruppe einen Umsatz von mehr als 2,3 Mrd. Euro – das entspricht einer Steigerung von über 16 %. Weltweit vertreten, verkauft STIHL seine Produkte von der Motorsäge bis zum Rasenmäher heute in mehr als 160 Ländern. Das Produktportfolio für die Forst- und Landwirtschaft, die Landschaftspflege oder die Bauwirtschaft wird kontinuierlich um umfangreiche Innovationen ergänzt. Eine der wichtigsten Erfindungen der letzten Jahre zeigt die nächste Doppelseite. Eigentlich findet sich hier das Inhaltsverzeichnis, viel mehr beeindruckt aber die darüber befindliche Grafik. Sie zeigt einen Querschnitt der STIHL-Produkte als einfache und sehr reduzierte Strichzeichnungen, darüber ein von STIHL entwickeltes Akku-Modul. Der Clou: Eine Kette aus gestrichelten Linien verbindet die einzelnen Geräte und zeigt dem Betrachter mittels eingezeichneter Kreise, an welchen Stellen das Akku-Modul in jedem der fünf Geräte eingesetzt werden kann. Eine genormte Stromversorgung, von der Säge bis zur Motorsense – das erleichtert das Management der Stromversorgung ausgesprochen.

Blättern wir nun weiter, entdecken wir eine Doppelseite, die sich dem 25. Jubiläum der Eva Mayr-Stihl Stiftung widmet. Sie wurde 1986 mit dem Startkapital einer halben Mio. D-Mark gegründet

Gründlich: Diese deutsche Tugend ist auch in Kalifornien gefragt, denn hier muss nicht nur effektiv, genau und kraftvoll, sondern auch besonders umweltschonend gearbeitet werden – ganz so, wie es Produkte von STIHL beherrschen.

und wird nach einer für 2011 geplanten Aufstockung nunmehr 100 Mio. Euro betragen. Aus dem Stiftungsvermögen wird der höchstdotierte Forstwissenschaftspreis Deutschlands unterstützt, aber auch eine Stiftungsprofessur zur Wald- und Forstgeschichte finanziert. Auch die Heimatstadt der Familie Stihl, Waiblingen, profitiert von der Stiftung, die etwa dem kulturellen Zentrum der Stadt eine Skulptur des weltbekannten Künstlers Olafur Eliason schenkte. Auf den weiteren Seiten folgen nun ein Gruppenbild des Vorstands sowie der obligatorische Brief an die Aktionäre. Hier wird mit angemessenem Stolz auf die Erfolge von STIHL hingewiesen, aber auch auf den Unternehmensschwerpunkt Neuentwicklungen, gerade im Elektronikbereich. So wurden im abgelaufenen Geschäftsjahr vor allem Akku-Geräte neu eingeführt: Zwei Freischneider, ein Blasgerät, zwei Rasenmäher der Tochtermarke VIKING sowie die erste akkubetriebene STIHL-Motorsäge. Mehr zu diesen Neuentwicklungen findet der Leser später auf einer eigenen Doppelseite.

Vor allem erwähnenswert im vorliegenden Geschäftsbericht sind fünf Doppelseiten, auf denen jeweils eine Person aus der STIHL-Gruppe porträtiert wird. Immer aus einem anderen Land kommend, präsentieren sie die unterschiedlichen Produktbereiche. So steht ein Vertragshändler aus

Die Aufstellung des international erfolgreichen Konzerns ist umso mehr Ansporn, sich im eigenen Land gesellschaftlich und sozial zu engagieren: die Grafiken zeigen es auf einen Blick.

St. Petersburg für das Segment Motorsägen, das gerade im wilden und waldreichen Russland die passenden Modelle für jeden Zweck beinhaltet. Nur sechs Seiten weiter findet sich ein Händler aus Kalifornien, der auf die strengen Abgasvorschriften seines Heimatstaats abhebt, die die Laubgebläse von STIHL natürlich einhalten. Weitere Statements aus Japan, Österreich und Australien folgen. Stilistisch folgen sie dem Look der Titelseite des Berichts: Freigestellte Produkte und Menschen auf mattschwarzem Hintergrund, wobei die teilweise filigranen Strukturen der STIHL-Geräte präzise spotlackiert sind. Der eigentliche Zahlenteil dieses Geschäftsberichts beschränkt sich auf eine sechsseitige Kurzfassung, die Bilanztabelle passt auf eine Doppelseite. Mehr braucht es nicht, um vom fortgesetzten Erfolg des Traditionsunternehmens in Zahlen zu erzählen. So erklärt sich die Kürze der Publikation, die man beim Zuschlagen fast ein wenig bedauert: Gerne hätte man diesen so angenehm und hochwertig erstellten Geschäftsbericht noch länger genossen.

FINANZKENNZAHLEN

Stand: 31.12.2010
Rechnungslegung nach HGB

Umsatz: 2.363 Mio. Euro

Eigenkapitalquote: 66,7 %

Investitionen: 122,7 Mio. Euro

Mitarbeiter: 11.310 (weltweit)

Der nächste Geschäftsbericht erscheint im April 2012

INFORMATION

ANDREAS STIHL AG & CO. KG
Badstraße 115
71336 Waiblingen
Katharina Edlinger
Unternehmenskommunikation
& Öffentlichkeitsarbeit
Fon: 07151 26-1603
Fax: 07151 26-81603
katharina.edlinger@stihl.de
www.stihl.de

Online-Bericht vorhanden

Agentur
3st kommunikation GmbH, Mainz
www.3st.de

Sunways AG

Der Vorstand (v.l.n.r.):
Jörg von Strom, Michael Wilhclm (Vorsitzender), Roland Burkhardt, Jürgen Frei

Der Wirtschaftsstandort Deutschland ist gerade dabei, sich neu zu erfinden. In diesem Transformationsprozess gerät, neben klassischen Segmenten wie z.B. dem Maschinenbau, immer stärker der Bereich der alternativen Energien in den Fokus. Die Solarenergie nimmt dabei eine besonders exponierte Stellung ein.

Nimmt der Leser den Geschäftsbericht 2010 der Sunways AG zur Hand, vermittelt sich dessen hohes Niveau gleich auf den ersten Blick. Schon das Cover der 158 Seiten umfassenden Publikation ist sehr eindrucksvoll gestaltet. Die in edel-silbernem Reliefdruck geprägte Frontansicht des Frankfurter WestendGates verjüngt sich hier gen Himmel ins Unendliche und symbolisiert trefflich Zukunftsfähigkeit und Anspruch des Unternehmens. Dass die Konstanzer ihrem Bericht den Titel „Ansprüche verbinden" gegeben haben, fügt sich stimmig in diesen Kontext ein.

Wer ist und was macht Sunways? Sunways entwickelt, produziert und vertreibt technologisch führende, hocheffiziente Komponenten für Photovoltaik-Anlagen. Kunden werden passgenaue, komplette Systeme angeboten, um optimale Lösungen dafür zu finden, Strom aus Sonne zu erzeugen. Neben höchster Qualität zeichnen sich die Komponenten und Systeme der Konstanzer auch durch ihr unverwechselbares Design aus. Ein Akzent liegt dabei auf dem Ziel, Photovoltaik in moderne

Architektur einzubinden, d. h. die innovativen Potenziale dieser Technologie für Energiegewinnung und Gestaltung ästhetisch anspruchsvoll zu nutzen. Sunways hat sich auf diesem Terrain als Vorreiter etabliert.

Für diese Kompetenz steht der auf den Seiten 8 und 9 sehr entspannt porträtierte, vierköpfige Vorstand unter dem Vorsitz von Michael Wilhelm. Er umreißt in seinem konzisen Vorwort auf den folgenden beiden Seiten die erfolgreiche Positionierung des 344 Mitarbeiter zählenden Unternehmens im Berichtszeitraum. So konnte das Umsatzvolumen um mehr als 25 % auf 222,7 Mio. Euro gesteigert werden, und auch das EBIT wendete sich mit 15 Mio.

Projektplanung am Marriott Hotel im Frankfurter Westend – das nach der Erneuerung als Green Building realisierte Gebäude ist mit Photovoltaik-Komponenten und Systemen von Sunways ausgestattet – innovativ und nachhaltig.

sunways
Photovoltaic Technology

DAS PROJEKT BEINHALTET SEHR VIELE HERAUS-FORDERUNGEN DER ZUKUNFT. DIE INTEGRATION VON PHOTOVOLTAIK SOLLTE NICHT ALS NOT-WENDIGES ÜBEL, SONDERN VIELMEHR ALS WEITERE MÖGLICHKEIT UND AUFGABENSTELLUNG DES BAUENS UND PLANENS BETRACHTET WERDEN.

Euro deutlich ins Positive. Zwei Absätze weiter geht er dann vertiefend auf die Idee und Struktur des vorliegenden Geschäftsberichts ein. Die Ansprüche von Sunways, Spitzentechnologie in der Photovoltaik und zukunftsorientierte Lösungen, sind zugleich auch die Anforderungen, die der Markt permanent an das Unternehmen stellt. Und genau deshalb lautet das Motto eben „Ansprüche verbinden". Dabei spiegelt sich dieses Leitmotiv jedoch nicht nur in der technologischen Exzellenz wider, sondern auch im partnerschaftlichen Umgang und engen Austausch mit Kunden, Lieferanten, Aktionären und Mitarbeitern. Auf Qualitäten wie Kommunikation und Transparenz legt Sunways mit Nachdruck Wert, was sich sowohl in einem eigens entwickelten Unternehmensleitbild als auch in diesem Bericht manifestiert, dessen Offenheit und Dialogfreudigkeit sich spontan vermitteln. Dieser Pluspunkt zeigt sich immer wieder anhand der äußerst gelungenen Doppelseiten, die die jeweiligen Kapitel einläuten. Exemplarisch sind in diesem Zusammenhang gleich zu Beginn die Seiten 4 bis 7. Seite 4 setzt dabei konsequent auf Personalisierung, zeigt drei Experten, die für das Projekt WestendGate bzw. Marriott Hotel in Frankfurt verantwortlich sind, bei der Arbeit und im Gespräch. Seite 5 nimmt dann in stilisierter, modellhafter Anmutung das Motiv des Covers wieder auf, in

Photovoltaik ist nicht nur zukunftssicher, sondern auch architektonisch eine Herausforderung, die zu neuen Ideen und Konzepten führt, die sich in jeder Hinsicht sehen lassen können, wie es der Architekt Pascal Gontier mit dem Maison Gaïta zeigt.

roten Versalien aufmerksamkeitsstark akzentuiert durch ein Zitat des Architekten Till Burgeff: „Das Projekt beinhaltet sehr viele Herausforderungen der Zukunft. Die Integration von Photovoltaik sollte nicht als notwendiges Übel, sondern vielmehr als weitere Möglichkeit und Aufgabenstellung des Bauens und Planens betrachtet werden." Damit wird an dieser Stelle der Leitgedanke, der das unternehmerische Selbstverständnis von Sunways ausmacht, sofort und klar ersichtlich auf den Punkt gebracht. Die Doppelseite 6 und 7 vertieft diesen Ansatz durch das tatsächliche Erscheinungsbild des Gebäudes, das für die Realisierung eines Green-Buildings im Bestand paradigmatischen Charakter hat.

Auch im weiteren Verlauf der Publikation werden Referenzprojekte, bei denen Sunways Kunden oder andere Involvierte zu Wort kommen, in diesem einprägsamen, visuell überzeugenden Stil präsentiert. Doch damit hat sich die Kreativität der Konstanzer noch nicht erschöpft. Zwischen den Seiten 24 und 26 ist man nämlich auf die großartige Idee verfallen, das neue Magazin der Sunways AG, The SunWays, das künftig halbjährig über die aktuellsten Vorgänge im Unternehmen informiert, als Einleger beizufügen. Damit wird nicht nur die formale Strenge des Geschäftsberichts zum Wohle

Über den Umsatz im Geschäftsjahr kann sich der Leser gleich beim Aufschlagen des Berichts ins Bild setzen, weitere Grafiken wie z. B. zu Aktienkursverlauf oder Konzernstruktur sorgen im Berichtsverlauf für den notwendigen Überblick.

des Lesers aufgebrochen, es ergibt sich auch inhaltlich ein expliziter Mehrwert bezüglich der Themen Meilensteine 2010, zukunftsweisende Gebäudelösungen, Forschung & Entwicklung sowie Nachhaltigkeit. Cover und Gesamtgestaltung kommen sehr klar und modern daher und machen neugierig auf die weiteren Ausgaben, die natürlich auch in englischer Sprache erscheinen werden. Der besondere Clou besteht aber nichtzuletzt darin, dass sich die Referenzprojekte und Testimonials, die im Geschäftsbericht vorgestellt werden, in diesem Einleger komprimiert und in Magazinformat ein Stelldichein geben. Das ist wirklich originell und unterstreicht zudem nochmals den kommunikativen, auf Information bedachten Impetus des Unternehmens.

Sunways ist es mit dieser frischen Publikation glaubwürdig gelungen, sich dem Leser als innovatives und zugleich seriöses Unternehmen darzustellen, das für die Zukunft bestens gerüstet ist.

FINANZKENNZAHLEN

Stand: 31.12.2010
Rechnungslegung nach IFRS

Börsensegment: Prime Standard

WKN: 733220

Umsatz: 222,7 Mio. Euro

Ergebnis je Aktie: 0,80 Euro

EBIT: 15 Mio. Euro

Eigenkapital: 68,2 Mio. Euro

Marktkapitalisierung: 46 Mio. Euro

Mitarbeiter: 344 (weltweit)

Der nächste Geschäftsbericht erscheint im Mai 2012

INFORMATION

Sunways AG
Macairestraße 3-5
78467 Konstanz
Dr. Harald F. Schäfer
Leiter Unternehmenskommunikation
Fon: 07531 99677-415
Fax: 07531 99677-10
communications@sunways.de
www.sunways.eu/de

Online-Bericht vorhanden

Agentur
Red Cell Werbeagentur GmbH, Düsseldorf
www.redcell.de

technotrans AG

Henry Brickenkamp,
Vorstandsvorsitzender

Es ist die wichtigste Buchstaben- und Zahlenkombination der Welt: H_2O. Sie beschreibt das Ergebnis der Verbindung von zwei Wasserstoffatomen mit einem Sauerstoffatom, kurz gesagt: Wasser. Es ist der Ursprung allen Lebens auf unserem Planeten, ein wesentlicher Bestandteil aller Organismen von Pflanzen und Tieren bis zum Menschen selbst. Als Naturphänomen macht es unser Wetter, und als Lebensmittel ist es durch nichts zu ersetzen. Doch es ist auch Werkstoff und Mittel für unzählige Zwecke in der modernen Industrie – kaum eine Technologie auf dieser Welt funktioniert ohne Wasser.

Ein Unternehmen, das diese Erkenntnis verinnerlicht hat, ist die technotrans AG. Das wird beim Betrachten ihres Geschäftsberichts 2010 deutlich. Das Cover der 168 Seiten umfassenden Publikation ist geprägt von einer grau-petrolfarbenden Fläche, die Bezug nimmt zu der Tiefe des Elements Wasser. Daraus ausgestanzt ist eine große Tropfenform, die den Blick frei gibt auf eine 3D-generierte, fotorealistische Abbildung von Wasserblasen, die sich in einem geradezu poetisch anmutenden Schwebezustand befinden. Diese faszinierende Optik wird den gesamten Geschäftsbericht bildlich prägen. Wieso das Motiv Wasser so gut zum Unternehmen passt, erfährt der Leser direkt nach dem Aufklappen des in Schweizer Broschur gebundenen Druckwerks. „Wir sind in unserem Element" steht auf der ersten linken Seite, gefolgt von einer kurzen firmenphilosophischen Erläuterung.

Stärke, ständige Erneuerung und die Fähigkeit, immer neue Wege zu finden – diese Attribute haben das Unternehmen und das Wasser gemein.

Was genau die Kompetenz von technotrans ausmacht, wird dem Leser verdeutlicht, nachdem er erst noch die Unternehmenskennzahlen auf der ersten Druckseite begutachten konnte. Mit grau-petrolfarbenen Highlights versehene Zahlen zeichnen ein vorsichtig optimistisches Bild. Zum ersten Mal seit der Wirtschaftskrise verzeichnet das Unternehmen wieder Anstiege: Mit fast 86 Mio. Euro Umsatz wurden rund 3,7 Mio. Euro mehr als im Vorjahr erwirtschaftet. EBIT, EBITDA und Jahresergebnis sind wieder

Till stellt die enstcheidende Frage, auf die der Leser zwar nicht gekommen wäre, deren professionelle Beantwortung durch technotrans er aber ausgesprochen wissbegierig verfolgt.

positiv. Keine Selbstverständlichkeit, ist doch technotrans als Zulieferer der Druckindustrie mit einer der am schwersten von der Wirtschaftskrise getroffenen Branchen verbunden. An 19 Standorten entwickeln und produzieren rund 650 Mitarbeiter Systeme aus dem Bereich der Flüssigkeiten-Technologie. Die Produkte zum Temperieren, Dosieren, Messen oder Filtrieren werden vornehmlich von den weltweit führenden Druckmaschinenherstellern eingesetzt. Gerade deren mächtige Hightech-Investitionsgüter wurden in den letzten Jahren deutlich weniger bestellt. Wachstumsmärkte liegen derzeit jedoch in Asien und Südamerika, auch im Service bestehender Systeme liegt noch Marktpotenzial. Neben der Konzentration auf das Kerngeschäft legt technotrans daher einen starken Fokus auf das Erschließen neuer Geschäftsfelder. Bereits 2009 wurde das Ziel formuliert, dass binnen drei bis fünf Jahren 30 % des Umsatzes aus anderen Märkten kommen soll. Dieser Schritt wurde durch die Einrichtung von neuen Business Units und unter anderem den Erwerb der Termotek AG, ein Hersteller für Kühlsysteme für Laseranlagen, im abgelaufenen Geschäftsjahr tatkräftig angegangen.

Doch zurück zum Geschäftsbericht und zum Thema Wasser. Blättert man durch die konsequent geradlinige Publikation, fällt die Reduzierung der Bilder auf acht große Doppelseiten auf. Sogar das

Auch hier wieder ist es die Verblüffung über die Intelligenz der kindlich-naiven Frage und deren gekonnte Beantwortung, die den Leser für das Konzept des Berichts einnimmt.

sonst obligatorische Vorstandfoto gibt es nicht. Die Imageseiten aber haben es in sich. Jeweils steht dort ein Porträt eines Kindes im Vordergrund, das immer im Bezug zum Element Wasser steht. So etwa auf Seite 6/7. Der fünfjährige Till steht dort inmitten der schwerelos schwebenden, übergroßen Wassertropfen, einen davon scheint er mit großer Wucht zu werfen. Schillernde Lichtreflexe verstärken die kunstvolle Fotomontage zu einem Bild voller Energie und vollkommener Reinheit. Neben den Bildern steht auf allen Seiten eine Kinderfrage. „Wie oft kann man Wasser recyceln, bis es kaputtgeht?" fragt der Junge hier. Die Antwort gibt technotrans direkt und schließt gleich einen eleganten Bogen zur eigenen Technologie. Vom unendlichen Wasserkreislauf der Natur zum Reinigungskreislauf der Prozessflüssigkeiten in der Druckindustrie, der dank technotrans die Lebenszeit der Maschinen deutlich verlängert. Eine andere Frage lautet „Wohin verschwindet das Wasser bei Ebbe?" – und auch hier wird eine Parallele zur Arbeit des Sassenberger Unternehmens gefunden. Denn ebenso zuverlässig wie die Gezeiten das Meerwasser verteilen, sorgen etwa die technotrans-Pumpen für den perfekt getimten Transport von Feuchtmitteln in Druckmaschinen oder Kühlmitteln in Lasertechnik und Werkzeugindustrie.

Die verschieden gestalteten Grafiken fassen an den entsprechenden Textpassagen relevante Zahlen und Entwicklungen auf einen Blick zusammen.

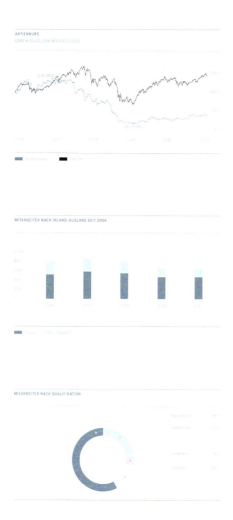

Insgesamt besticht der Geschäftsbericht durch seine Klarheit, die auch die wirtschaftlich realistische Selbsteinschätzung des Unternehmens widerspiegelt. Das Layout ist stringent und auf angenehme Weise puristisch, die vorherrschende Farbe Grau-Petrol wird nur in den bewusst eingesetzten Balken- und Kreisdiagrammen des auf Seite 33 beginnenden Zahlenteils durch verschiedene Pastelltöne ergänzt. Eine kleine Besonderheit findet sich im Impressum des Druckwerks. Denn hier werden nicht nur die üblichen Verdächtigen wie Gestalter, Fotograf und Druckerei genannt, sondern ganz selbstverständlich auch die Komponenten aus dem Hause technotrans, die in der betreffenden Druckmaschine zum Einsatz kamen, damit diese selbstbewusste und ästhetisch hochwertige Publikation den Weg zu ihren Lesern finden konnte – so klar und unbeirrbar wie das Wasser.

FINANZKENNZAHLEN

Stand: 31.12.2010
Rechnungslegung nach IFRS

Börsensegment: Prime Standard

WKN: A0XYGA7

Umsatz: 85,9 Mio. Euro

Ergebnis je Aktie: 0,24 Euro

EBIT: 3 Mio. Euro

Eigenkapital: 33,9 Mio. Euro

Marktkapitalisierung: 46,1 Mio. Euro

Mitarbeiter: 623

Der nächste Geschäftsbericht erscheint am 13. März 2012

INFORMATION

technotrans AG
Robert-Linnemann-Straße 17
48336 Sassenberg
Frau Thessa Roderig
Corporate Communications/
Investor Relations
Fon: 02583 301-1890
Fax: 02583 301-1054
thessa.roderig@technotrans.de
www.technotrans.de

Agentur
cyclos design GmbH, Münster
www.cyclos-design.de

ThyssenKrupp AG

Der Vorstand

Zukunft braucht nicht nur Herkunft, wie der deutsche Philosoph Odo Marquardt behauptet, sie braucht auch einen konkreten Ort, um sich zu manifestieren. Ansonsten bliebe sie bloße Utopie. Utopien sind ganz sicher nicht die Sache von ThyssenKrupp, die Gestaltung der unternehmerischen und gesellschaftlichen Zukunft dafür jedoch umso mehr. Davon legt der aktuelle Geschäftsbericht der Essener in beeindruckender Manier Zeugnis ab. Seine Gestaltung und inhaltliche Ausrichtung stehen ganz im Zeichen eben jener Orte, an denen das Unternehmen die Weichen für den Erfolg von morgen stellt. Entsprechend lautet der Titel der 294 Seiten starken, in Buchform realisierten Publikation: „Einblicke. Unsere neuen Zukunftsorte. Für Menschen, Ideen, Lösungen."

Das ist anspruchsvoll und macht neugierig. Tatkräftig unterstützt wird diese Botschaft durch das exzellent gestaltete Hardcover, dessen stabile, edel-metallische Anmutung sehr viel von dem vermittelt, was man mit ThyssenKrupp assoziiert. Originell ist auch das gewählte Motiv. Es zeigt die drei Zukunftsorte Essen, Calvert und Santa Cruz in ihrer geografischen Verortung mit Längen- und Breitengraden. Zwischen diesen drei Kristallisationspunkten der unternehmerischen Vision werden, mittels Reliefdruck dezent hervorgehoben, die Verbindungen untereinander durch Pfeile in wechselseitigen Richtungen angedeutet. Die Botschaft ist klar: Zwischen den ThyssenKrupp Standorten in Deutschland, den USA und Brasilien findet das statt, was für moderne, global agierende Konzerne essenziell ist – Kommunikation, Interaktion und Vernetzung.

Schlägt der Leser den Geschäftsbericht auf, kann er sich von dessen haptischen Qualitäten überzeugen. Ein handliches „ThyssenKrupp im Überblick" ist als Einstecker für Eilige ebenso sinnfällig wie die erste aufklappbare Seite, die das Motiv des Covers modifiziert aufnimmt und kurz erläutert, was es mit den drei Zukunftsorten auf sich hat: In Essen ist auf historischem Grund das neue ThyssenKrupp Quartier als Herzstück des Konzerns entstanden, in Santa Cruz eines der umweltschonendsten und mo-

Die neue Hauptverwaltung, das Quartier in Essen, sorgt für Offenheit und Transparenz – ein architektonisches Konzept, das die Unternehmenswerte widerspiegelt und von Katharina Thörner maßgeblich mit umgesetzt wurde.

dernsten Stahlwerke der Welt und in Calvert/Alabama eine technologisch hochmoderne Verarbeitungsanlage für anspruchsvollen Qualitätsflachstahl und Edelstahlflachprodukte.

Geschickt in den Blick gerückt ist die prominente Platzierung des Briefs an die Aktionäre im Innenteil der ersten Umschlagseite. Hier pointiert der Vorstandsvorsitzende Dr. Ekkehard D. Schulz glaubwürdig und in klarer Diktion die Zukunftsfähigkeit des Unternehmens. Dass der Auftragseingang mit 41,3 Mrd. Euro gegenüber dem Vorjahr um 15 % und der Umsatz mit 42,6 Mrd. Euro um 5 % zugelegt haben, spricht ebenso für sich wie die signifikanten Kostensenkungen.

Im Magazinteil, der sich in Bezug auf Farbe, Papierart und Seitengröße stimmig vom Rest der Publikation abhebt und gestalterisch auf höchstem Niveau operiert, wird zuerst der Standort Essen ausgeleuchtet, an dem die neue Hauptverwaltung Unternehmenskultur baulich umsetzt. Eine wunderbare Idee ist auf Seite 4 die reduzierte Ikonografie der Deutschlandflagge, die sich auch auf Seite 14 bei der brasilianischen und auf Seite 24 bei der US-amerikanischen Flagge wiederfindet. Die Doppelseite 6/7 wird hingegen von dem sympathischen Porträt der ThyssenKrupp Architektin Katharina Thörner dominiert.

Nachhaltigkeit ist für ThyssenKrupp eine Selbstverständlichkeit, wovon sich der Leser anhand der interessanten Erläuterungen zum baulichen Konzept des Quartiers überzeugen kann.

Sie akzentuiert das Anliegen, dass transparente Architektur Dialog und Austausch sowie das Entwickeln innovativer Ideen fördert. Dies gilt ebenfalls für das umseitige Doppelmotiv der neuen Gebäude, die mit ihrer klaren und luziden Ausstrahlung zu Orten der Begegnung und Inspiration prädestiniert sind. Das Konzept der Alleen der Welt, in dem sich die gelebte Internationalität des Konzerns niederschlägt, passt genauso in diesen Kontext wie die Aussage auf Seite 13: Das Quartier ist nicht nur nach innen offen, sondern auch nach außen, in die Region hinein.

Auf den Seiten 14 bis 23 wird dann der Zukunftsort Santa Cruz in Szene gesetzt. Dass es wirtschaftlicher ist, Stahl dort zu produzieren, wo die Rohstoffe sind, also in der Nähe der großen Eisenerzvorkommen im Minas Gerais, erschließt sich mittels aussagekräftiger Bildstrecken und kompakter Textblöcke auf den ersten Blick. Informationen und Fakten kommen hochverdichtet, aber immer spannend und ambitioniert gestaltet daher. Und stets befinden sich Menschen im Zentrum des Geschehens, wie auf Seite 23 zu sehen ist. Hier vermittelt sich auch das Selbstverständnis von ThyssenKrupp als Corporate Citizen, der der Region Wohlstand und nachhaltiges Wirtschaftswachstum bringt und so einen expliziten Nutzen für die Gesellschaft generiert.

Deutschland, Brasilien, USA – Essen, Santa Cruz und Calvert – so heißen die drei Standorte, die, hier grafisch geschickt aufbereitet, den Leser in das Thema des Berichts einführen: Die neuen Zukunftsorte.

Dieser Aspekt spielt auch bei der Vorstellung des dritten Hotspots Calvert eine gewichtige Rolle, hatte doch bereits die Errichtung des Werks einen positiven Einfluss auf die Region, in der sich das Unternehmen als guter Nachbar auch direkt in Gemeinden und Kommunen engagiert. Ansonsten beeindruckt auf den Seiten 24 bis 33 vor allem die Modernität der neuen Anlagen, die die Marktposition des Essener Konzerns im aufstrebenden NAFTA-Raum weiter stärken werden.

Auf den ausklappbaren Seiten 34 bis 36 wächst dann zusammen, was zusammengehört: Die Visualisierung dreier Zukunftsorte, deren volle Bedeutung erst in der Interaktion zum Tragen kommt, also dem weltweiten Austausch von Know-how und Kunden-Feedback sowie in der Optimierung von Arbeitsteilung und Ressourcennutzung zum Wohle aller. Menschen, Ideen, Lösungen – für die Zukunft. ThyssenKrupp setzt mit diesem herausragenden Geschäftsbericht Maßstäbe für die Unternehmenskommunikation.

FINANZKENNZAHLEN

Stand: 30.09.2010
Rechnungslegung nach IFRS

Börsensegment: DAX

WKN: 750000

Umsatz: 42.621 Mio. Euro

Ergebnis je Aktie: 1,77 Euro

Dividende: 209 Mio. Euro

EBIT: 1.787 Mio. Euro

Eigenkapital: 10.388 Mio. Euro

Marktkapitalisierung: 12.306 Mio. Euro

Mitarbeiter: 177.346 (weltweit)

Der nächste Geschäftsbericht erscheint im Dezember 2011

INFORMATION

ThyssenKrupp AG
ThyssenKrupp Allee 1
45143 Essen
Corporate Center
Corporate Communications
Fon: 0201 844-536043
Fax: 0201 844-536041
press@thyssenkrupp.com
www.thyssenkrupp.com

Online-Bericht vorhanden

Agentur
häfelinger + wagner design gmbh, München
www.hwdesign.de

 siehe Sonderteil
Seite 400

TLG IMMOBILIEN GmbH

Niclas Karoff (links) und
Jochen-Konrad Fromme,
Geschäftsführung

20 Jahre Vorsprung. Dieses Motto überstrahlt den Geschäftsbericht 2010 der TLG IMMOBILIEN. Wie ein roter Faden durchzieht es jede der 96 Seiten und markiert jenes Know-how, das die TLG IMMOBILIEN seit 1991 auszeichnet, nämlich Menschen, Markt und Regionen in Ostdeutschland zu schätzen, den Wert zu kennen. Mit einem diversifizierten Portfolio, mit einem starken Angebot in den Segmenten Büro, Einzelhandel, Gewerbe, Wohnen und Dienstleistungen und mit 1.200 Objekten im eigenen Bestand ist die TLG IMMOBILIEN die Nummer 1 in Ostdeutschland. Aus gutem Grund. Denn ihr Geschäftsmodell ist auf Wertschöpfung ausgerichtet. Und ihre regionale Kompetenz bezieht sich auf das Wissen um Marktentwicklung und um die Bedürfnisse der Menschen vor Ort. Beides zusammen begründet diese Spitzenposition, die einhergeht mit Werten wie Nachhaltigkeit, Verlässlichkeit und Seriosität.

Der Geschäftsbericht spiegelt diese Unternehmensphilosophie mit einer klaren Struktur in Layout und Stilwahl. Er beleuchtet die Höhepunkte der Unternehmensentwicklung, setzt seine Schlaglichter auf die herausragenden Objekte mit beeindruckender Architekturfotografie. Diese Bilder visualisieren die Leistungs- und Innovationskraft der TLG IMMOBILIEN, sie geben dem Bericht eine starke Dynamik. Und sie zeigen: Ostdeutschland ist ein Wachstumsmarkt. Davon profitiert die TLG IMMOBILIEN: Der Mietmarkt im Osten ist robust, weist insgesamt steigende Preise auf, die Kaufkraft der Menschen wächst und durch diesen Aufschwung gewinnen die Städte und die Regionen entlang der Ostseeküste zusehends an Attraktivität. Die Chancen stehen gut für weitere Impulse auf dem ostdeutschen Markt und die TLG IMMOBILIEN nutzt sie – mit einem Vorsprung in Wissen und Investition von 20 Jahren.

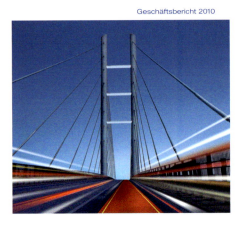

Im Geschäftsjahr 2010 summiert sich der Wert des Portfolios auf 1,7 Mrd. Euro und das Ergebnis vor Steuern beläuft sich auf 21,5 Mio. Euro. Mit diesen Zahlen geht die TLG IMMOBILIEN gestärkt aus der Finanzkrise her-

Das Gildehaus am Fischmarkt Erfurt, erreichbar über den roten TLG Teppich, der seit Jahren die Bildsprache der Geschäftsberichte bestimmt und so einladend wie zuverlässig für die Kunden (und Leser) ausgelegt wird.

 STARK IM OSTEN

vor, und sie bekräftigt damit ihre Konzentration auf die Kerngebiete – auf die Metropolregion Berlin, den Großraum Dresden/Leipzig, auf Jena und Erfurt, auf die Städte der Ostseeküste. Diesen Regionen bestätigt das ifo-Institut beste Wachstumsprognosen und die TLG IMMOBILIEN ist vor Ort, prägt die Bilder der Städte mit und setzt neue Maßstäbe auf dem Immobilienmarkt durch innovative Projekte wie das Bauen und Bewirtschaften von Mehr-Generationen-Häusern oder dem com@care-Konzept. Beides ist zukunftsweisend. Denn neben allen wirtschaftlichen Entwicklungsaspekten gilt es auch, die Wünsche der Menschen zu kennen und vorherzusehen. Sie ändern sich mit dem demografischen Wandel. Dieser Wandel erfordert neue Denkmodelle und weitsichtiges Handeln. Dazu gehört Mut und Erfahrung. Und die Summe aus diesen verschiedenen Ansätzen rechtfertig einmal mehr den Slogan der TLG IMMOBILIEN. der auch im Geschäftsjahr 2010 den Titel des Berichts prägt: Stark im Osten.

Stark in einem Markt, der Dynamik und Tempo ausstrahlt. 20 Jahre nach der Wiedervereinigung begegnen sich Ost- und Westdeutschland auf Augenhöhe. Im Länderranking 2010 der Wirtschaftswoche und der Initiative für Neue Soziale Marktwirtschaft nehmen die sechs ostdeutschen Länder

Über die Berliner Schlossbrücke führt die Fahrt, selbstverständlich auf rot eingefärbter Spur, wenn es in der Berichterstattung um das Segment Büroimmobilien und den zu vermeldenden Aufschwung geht.

gar die Spitzenplätze ein. Die TLG IMMOBILIEN würdigt diesen Erfolg mit einer Fotostrecke quer über die Innenseite der klappbaren Titelkartonage. Diese Fotos zeigen Sehenswürdigkeiten Ostdeutschlands: die Rügen-Brücke in Stralsund, den Fischmarkt in Erfurt, die Schlossbrücke in Berlin, die Semperoper in Dresden, den Flughafen in Leipzig, das Nauener Tor in Potsdam. Lichtlinien strahlen über den Fotos, suggerieren Geschwindigkeit, und der rote Teppich, das Wertesymbol der TLG IMMOBILIEN, weist hin auf die Spuren, die das Unternehmen in den Städten und Regionen hinterlässt. Und mit dieser bildlichen Metapher blättert die TLG IMMOBILIEN ihr Geschäftsjahr 2010 auf. Dabei richtet sie ihren Blick auf die wirtschaftlichen Rahmenbedingungen Deutschlands, auf die Entwicklung im Jahr der Wiedervereinigung, auf das Potenzial der ostdeutschen Länder und somit auf das Geschäftsmodell der TLG IMMOBILIEN : konsequente Portfoliodiversifizierung in den Segmenten.

Die dynamischen Fotos der ersten Bildstrecke wachsen nun auf Großformat. Sie führen schwungvoll ein in die Beschreibung der Segmente. Wieder richtet das Unternehmen zunächst den Fokus auf die gesamtdeutsche Entwicklung und dann auf seinen eigenen Erfolg. Auf diese Weise entsteht eine ganzheitliche Geschichte des Immobilienmarkts von 20 Jahren. Die TLG IMMOBILIEN leistet

Die, wie es sich für einen Immobiliendienstleister gehört, räumlich anmutenden Grafiken klären gleich zu Beginn der Berichterstattung auf einen Blick über wichtige Entwicklungen und Daten auf.

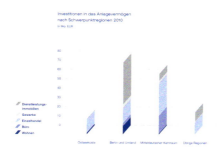

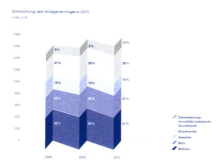

dazu ihren Beitrag, begründet ihn mit Text, Tabellen und Grafiken und immer wieder mit fotografischen Eindrücken zu den eigenen Objekten. Diese Fotos vermitteln Stimmungen. Und ein Gefühl für die Stärke der TLG IMMOBILIEN. Hinter dieser Stärke stehen 301 Mitarbeiter. Ihnen dankt die Geschäftsführung, Niclas Karoff und Jochen-Konrad Fromme, ausdrücklich. Ihnen gibt sie das Wort, wenn es darum geht, die Highlights des Jahres zu beschreiben: das Hotel- und Gewerbeprojekt „Welle. Mitte" am Alexanderplatz in Berlin, das „Quartier 17" in Stralsund mit seinen 24 Einzelhäusern, eingefügt in das historische Flair der Altstadt oder das Zwinger-Forum am Dresdner Postplatz. Der Geschäftsbericht erzählt von diesen Projekten und von vielen mehr und beweist mit jeder Seite den Vorsprung der TLG IMMOBILIEN und den inhaltlichen Gehalt des Mottos: Stark im Osten.

FINANZKENNZAHLEN

Stand: 31.12.2010
Rechnungslegung nach HGB

Umsatz: 234,5 Mio. Euro

EBIT: 50,5 Mio. Euro

Eigenkapital: 1.018 Mio. Euro

Mitarbeiter: 301

Der nächste Geschäftsbericht erscheint im Juni 2012

INFORMATION

TLG IMMOBILIEN GmbH
Hausvogteiplatz 12
10117 Berlin
Elke Schicktanz
Unternehmenskommunikation/Marketing
Fon: 030 2470-6074
Fax: 030 2470-6085
elke.schicktanz@tlg.de
www.tlg.de

Agentur
AM I Communications, Berlin
www.am-com.com

TUI AG

Dr. Michael Frenzel,
Vorstandsvorsitzender

Wer TUI hört, der denkt an Ferien. Und wer das Logo sieht, den roten, fröhlich lächelnden Smiley, der weiß: Das ist das Versprechen des Marktführers, die kostbaren Wochen im Jahr zu den schönsten zu machen. Der Konzern teilt diesen Anspruch in drei Sparten: in das Touristikunternehmen TUI Travel, in TUI Hotels & Resorts und in den Bereich Kreuzfahrten mit Hapag-Lloyd und TUI Cruises. Über die Entwicklung dieser Bereiche, über Ziele und Perspektiven im Geschäftsjahr 2009/10 erzählt der Geschäftsbericht auf 246 Seiten. Auf Papier, das nachhaltig bewirtschafteten Wäldern entstammt, in kontrollierter Qualität verarbeitet ist sowie weiß gestrichen und seidig-glatt daherkommt, berichtet der Konzern von den Herausforderungen und besonders von einem Naturereignis, das die gesamte Branche über Wochen in Atem hielt.

Die Weltwirtschaftskrise war überwunden, die Nachfrage nach entspannten Ferienwochen stieg kräftig an im Frühjahr 2010 und die Sommersaison versprach einen Aufschwung in den Buchungseingängen. Da geschah das Unvorhersehbare: Der isländische Vulkan Eyjafjallajökull brach aus und seine Aschewolke schwebte über Europa. Die Sperrung des Luftraums war die Folge und beeinträchtigte die Abwicklung des touristischen Geschäfts und die Reiseplanungen der Kunden. Die TUI reagierte. Schnell und im Interesse der Kunden. 180.000 TUI-Gäste erfuhren maximale Unterstützung und erlebten, was sich hinter der Konzern-Philosophie verbirgt, nämlich in jeder Situation im Sinne der Gäste zu handeln, den Blick zu richten auf ein nachhaltiges und kundenorientiertes Handeln. Verlängerung der Aufenthalte, alternative Rückreisemöglichkeiten oder kostenlose Umbuchungen bot die TUI an und nahm Erlösausfälle von 127 Mio. Euro in Kauf. Der Vorstandsvorsitzende der TU AG, Dr. Michael Frenzel, betont: „Gleichwohl werden wir in vergleichbaren Situationen wieder im Sinne unserer Gäste handeln." Und damit markiert er einmal mehr die Marktführerschaft als Qualitätsanbieter und die auf Nachhaltigkeit angelegte Strategie.

GESCHÄFTSBERICHT 2009/10
1. Oktober 2009 – 30. September 2010

Türkisfarbenes Wasser, klarer blauer Sternenhimmel, Liegen am Pool – das Bild hält, was es verspricht: Sternstunden erleben in den Sternehotels der TUI – geführt von so bekannten Marken wie Robinson, Iberotel oder Magic Life, die für Urlaub pur sorgen.

Das Geschäftsjahr 2009/10 zeigt nichtzuletzt aufgrund dieses Ereignisses eine bemerkenswerte Entwicklung: Das bereinigte Ergebnis der Touristik steigert sich um 76 Mio. Euro auf 640 Mio. Euro. So blickt Dr. Michael Frenzel optimistisch in die Zukunft und sein Foto strahlt diese Zuversicht aus. Er formuliert seinen Brief an die Aktionäre in klarer Sprache. Und die ausführliche Rechenschaft über das Geschäftsjahr führt diese transparente Kommunikation fort. Doch bevor die Daten und Fakten aller Geschäftsbereiche die Jahresentwicklung erläutern, bevor die Konzernlage dargestellt und die Kennzahlen begründet werden, wirft die TUI ihre Schlaglichter auf die drei Sparten der Touristik und auf die Perspektiven, die sich eröffnen in diesem Markt. Und was könnte wirksamer sein, als Ergebnisse und Ziele, als Leistungen und Know-how verschmelzen zu lassen zu Impressionen, die Urlaubswünsche auf die Seiten projezieren?

Der Geschäftsbericht setzt sie in Szene. Fotografisch kunstvoll und textlich informativ. Er nimmt sich für diese Kreativität den Raum von sechs Seiten und führt ein in diese Bilderreihe mit dem Titelmotiv. Wolken durchziehen den blauen Himmel auf der flexiblen Kartonage und mit dem Ausklappen erfährt der Leser, dass TUI Travel in 180 Ländern präsent ist und 30 Millionen Kunden aus

Nachhaltige Fußspuren im Sand – die TUI geht neue Wege,
um das Klima zu schützen und z. B. die CO_2-Emissionen durch
die Erneuerung der Flotte deutlich zu verringern.

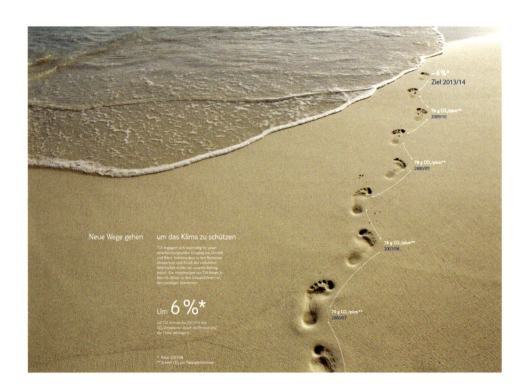

über 27 Quellmärkten jährlich betreut, dass TUI Hotels & Resorts mit 261 Hotels eine Vielzahl von Hotelkonzepten bietet, dass die TUI Kreuzfahrten ein ganzes Spektrum von Erlebnis- und Luxusfahrten auf den Meeren im Programm haben. Das ist der Auftakt für die Kreativseiten, für die großformatigen Fotos mit bestechender Schärfe und Farbdichte. Sie klären darüber auf, was die TUI AG unter Urlaub versteht, welcher Anspruch an Erlebnis, Entspannung, Erholung sich hinter diesen drei Sparten verbirgt. Die Bilder spiegeln Leichtigkeit. Der Text spricht von Leistung. Und beides zusammen ergibt die Harmonie eines gelungenen Corporate Publishings. Die Seiten spielen mit der Semantik des Wortes Ferien. Sie laden ein zum Träumen von Strand, Sonnenaufgang und Sternenhimmel. Und sie blättern die Leistung auf, die die TUI erbringt, damit diese Gedanken leicht und genussvoll schweben können. Und sie setzen auf Symbolik. „Spielerisch um die Welt und neue Quellmärkte öffnen", heißt die Headline und drei Glücksfiguren stehen für die Wachstumschancen in den Zukunftsmärkten der TUI: Für China lacht die Glückskatze, für Indien der Elefantengott Ganesha und für Russland die Matrjoschka-Puppe. Die Symbole wirken. Der Text erklärt. Mit diesem Stilmittel wird Neugierde geweckt auf ferne Kulturen. Und dann folgt die letzte Kreativseite. Sie weist hin auf den

Der Sonnenschirm wird zum Globus und zeigt die Länderanteile der insgesamt 180 Destinationen, die Aktie hat sich im Geschäftsjahr gut entwickelt und das Organigramm zeigt die Konzernstruktur – man sieht, der Leser wird bestens informiert.

Zukunftsmarkt der Touristik: Schon heute werden 33 Prozent aller Urlaubsreisen in Europa online gebucht. Die Tendenz ist steigend und der Konzern folgt diesem Trend, verspricht Buchungskomfort für seine Kunden auf höchstem technischem Niveau. Die Welt wächst zusammen, auch im Urlaub. Die TUI AG spricht davon im Daten-und-Fakten-Teil. Die Informationen sind dicht und inhaltsreich und das herausklappbare Inhaltsverzeichnis bietet eine hilfreiche Navigation durch den Bericht. Dieses kleine Extra an Service betont das Leitmotiv des Konzerns, nämlich sich kundenorientiert darzustellen und darüber hinaus das nachhaltige Wachstum und die Verantwortung für Umwelt- und Klimaschutz in den Mittelpunkt der Konzernstrategie zu stellen. Und mit dem Umblättern der letzten Seite ziehen wieder die Wolken und das TUI-Versprechen erobert erneut die Gedanken des Lesers: Schöne Ferien.

FINANZKENNZAHLEN

Stand: 30.09.2010
Rechnungslegung nach IFRS

Börsensegment: MDAX

WKN: TUAG00

Umsatz: 16.350 Mio. Euro

Ergebnis je Aktie: 0,30 Euro

Bereinigtes EBITA: 589,2 Mio. Euro

Eigenkapital: 2.434,2 Mio. Euro

Marktkapitalisierung: 2.258,9 Mio. Euro

Mitarbeiter: 71.398 (weltweit)

Der nächste Geschäftsbericht erscheint am 14. Dezember 2011

INFORMATION

TUI AG
Karl-Wiechert-Allee 4
30625 Hannover
Guido Kessener
Konzern-Reporting
Fon: 0511 566-2310
Fax: 0511 566-4586
guido.kessener@tui.com
www.tui-group.com

Online-Bericht vorhanden

Agenturen
Kirchhoff Consult AG, Hamburg
www.kirchhoff.de
Irlenkäuser Communication GmbH, Düsseldorf
www.irlenkaeuser.de

USU Software AG

Bernhardt Oberschmidt,
Sprecher der Vorstands

Was macht einen echten Blockbuster aus? So viel ist sicher: Packende Action, große Gefühle und glamouröse Stars sind in jedem Fall für ein perfektes Kinoereignis nötig, das tatsächlich die Straßen leerfegt. Im Idealfall funktioniert das sogar international, in allen Sprachen. Doch noch viele weitere Faktoren gehören dazu, um am Ende Applaus und finanziellen Erfolg verbuchen zu können. So ist das in der Welt des großen Entertainments.

Dass es auch in der Welt der Software so ist, zeigt der Geschäftsbericht der USU Software AG, der sich nämlich dieser ungewöhnlichen Kino-Metapher bedient. Schon der unkonventionelle Titel macht das deutlich. Nur ein schmaler Bildstreifen, eingebettet in einen schwarzen Hintergrund, ist zu sehen – ein Kinoleinwandformat. Schwarze Silhouetten von Köpfen ragen unten in das Bild hinein und machen den Betrachter damit subtil zu einem der ihren: Ein Zuschauer, der sich entspannt zurücklehnen kann, um auf den folgenden 132 Seiten unterhalten zu werden. Auf der Leinwand beginnt die Darbietung mit einem großen Knall. „Hier beginnt die Zukunft" dröhnt eine wuchtige goldene Schrift, wie im 3D-Kino fliegen dem Betrachter massige Felsbrocken entgegen. An Special Effects wird hier bestimmt nicht gespart – das ist dem Leser sofort klar. Unten auf der Seite wird noch eine offene, leere Filmdose gezeigt. „Dreh-Buch 2020" steht darauf geschrieben. Somit ist

klar, dass das zu konsumierende Genre eine filmische Zukunftsvision sein wird.

Schlagen wir nun den fest gebundenen, glänzenden Umschlag einmal auf. Als erstes erwartet den Leser eine Art Vorspann: „USU presents" steht auf der hier fortgesetzten doppelseitigen Leinwand geschrieben, darunter ein Inhaltsverzeichnis. Oben rechts stimmt ein knappes Intro auf die Story aus dem Jahr 2020 ein, das Jahr, in dem die letzten Computer physisch verschwinden und in Gegenständen wie Schreibtisch, Kühlschrank oder Auto integriert werden. „Computerleistung ist überall. Computer sind nirgendwo. Alles versteckt." heißt es. Passende Software ist eine unabdingbare Voraussetzung,

Und (Science-Fiction) Film ab: Wir schreiben das Jahr 2020, alles ist vernetzt und die Investitionskosten in IT um das Dreifache gestiegen – im Jahr 2010 vertrauen Aktionäre auf USU Software, denn man ist allen Widerständen zum Trotz bestens positioniert.

und schon heute braucht es dafür das erfolgreiche Unternehmen aus dem schwäbischen Möglingen. Wie erfolgreich USU schon heute ist, sieht man sofort in der auf dieser Seite abgebildeten Kennzahlentabelle. Ein Umsatz von rund 38 Mio. Euro stellt einen neuen Rekord in der Firmenhistorie dar und bedeutet eine Steigerung um 12 % im Vergleich zum Vorjahr. Ein EBIT von 2,5 Mio. Euro und einen stolzen Jahresüberschuss von 2,3 Mio. Euro erwirtschafteten die rund 300 Mitarbeiter.

Auch auf den nächsten zehn Seiten bleibt die Kino-Ästhetik in der Gestaltung bestehen. Jeweils eine Zukunftsvision wird am oberen rechten Rand kurz angerissen und mit Aspekten aus dem tatsächlichen Geschäftsverlauf der USU im Fließtext kontrastiert oder ergänzt. So wird beispielsweise ein Anstieg der weltweiten Ausgaben für IT und Telekommunikation auf 10 Billionen Dollar jährlich vorhergesagt, dreimal mehr als in 2010. Die USU-Gruppe – so erfährt der Leser dazu – ist für Wachstum gewappnet und verstärkt sich regelmäßig mit Akquisitionen. So wurde im abgelaufenen Geschäftsjahr das Aachener Softwarehaus Aspera in die Gruppe integriert, ein erfahrener Spezialist im IT-Lizenzmanagement. Damit besteht die Gruppe heute aus vier Stars – um im Leinwandjargon zu bleiben – mit jeweils einem Spezialgebiet. Neben der seit 1977 bestehenden USU selbst, sind das

Action – nach dem Schreck ist vor der nächsten Herausforderung, die im Jahr 2020 aus der Individualisierung der Produktion besteht und die im Jahr 2010 proaktiv von USU Software angenommen wird.

auch noch das Mittelstands-Softwarehaus OMEGA, das seit 2005 zur Gruppe gehört sowie die Firma LeuTek, die sich mit dem Management von großen Rechenzentren befasst. Eine weitere Vision aus dem Jahr 2020: Alle börsennotierten Unternehmen spenden von ihrem Gewinn 3 % an die Armen dieser Welt. Verteilt wird das Geld über Social Networks. So steht es auf einer weiteren Doppelseite geschrieben, bei der das Schlagwort „Heroes" auf der Leinwand zu lesen ist. Bis diese Vision Wirklichkeit wird, beschäftigt sich die USU Software AG mit konventionellen Benefiz-Aktionen, wie etwa ganz realen Spenden für die Erdbebenopfer in Haiti, die Kinderkrebshilfe oder die Deutsche Sporthilfe. So deckt der Geschäftsbericht mit einer eleganten Einbettung in das Blockbuster-Gesamtthema auch den Bereich der Corporate Responsibility ab.

Nach diesen eindrucksvollen Doppelseiten folgt ein Kapitel mit sieben Seiten zu Case Studies aus der Welt der USU, die dem Leser vermitteln, welchen Aufgaben sich die Programmierer und Berater tagtäglich stellen. Sie reichen von der Überwachung und dem Alarm- und Powermanagement von Rechenzentren bis zur Komplettsoftware für einen Schweizer Automobilclub, der damit sein technisches Help Desk betreibt und mit dem die Pannenhelfer auch vor Ort unterstützt werden

Den Auftakt zum Happy-End bildet der Finanzbericht, denn wie die Grafiken zeigen, ist man auf der richtigen Spur und hat das Vertrauen der Aktionäre gerechtfertigt.

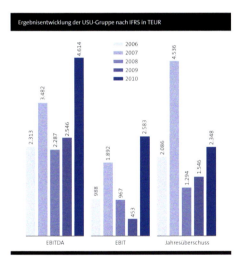

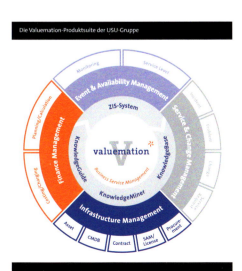

können. Auch hier bleibt die Gestaltung konsequent beim Thema Film. Beispielsweise läuft der Schattenriss des Publikums als Banderole am unteren Seitenrand durch, auch das Motiv der Filmdose wird weiterhin verwendet. So wird jedes Fallbeispiel durch eine Filmdose mit dem Logo des betreffenden Kunden geschmückt. Ab Seite 42 beginnt mit dem Konzernlagebericht der obligatorische Teil der Publikation, der ohne Kino-Accessoires, aber weiterhin in einer konsequenten Gestaltung daherkommt. Auch die Grafiken sind mit der Andeutung eines stilisierten Leinwandformats versehen, das sich durch schwarze Balken am oberen und unteren Rand auszeichnet. Und sogar das Impressum bleibt stilecht: Wie bei einem Abspann werden die Verantwortlichen mittig durchlaufend aufgelistet. Eben ein echter Blockbuster – nur aus Möglingen und nicht aus Hollywood.

FINANZKENNZAHLEN

Stand: 31.12.2010
Rechnungslegung nach IFRS

Börsensegment: Prime Standard

WKN: A0BVU2

Umsatz: 38 Mio. Euro

Ergebnis je Aktie: 0,23 Euro

Dividende je Aktie: 0,20 Euro

EBIT: 2,6 Mio. Euro

Eigenkapital: 48,5 Mio. Euro

Marktkapitalisierung: 50 Mio. Euro

Mitarbeiter: 306

Der nächste Geschäftsbericht erscheint im März 2012

INFORMATION

USU Software AG
Spitalhof
71696 Möglingen
Falk Sorge
Investor Relations
Fon: 07141 4867-351
Fax: 07141 4867-8108
investor@usu-software.de
www.usu-software.de

Online-Bericht vorhanden

Agentur
Raimund Vollmer & Freework
Grafik-Design GmbH, Reutlingen & Asperg
www.freework-design.de

Uzin Utz AG

Dr. H. Werner Utz,
Vorstandsvorsitzender

„Auf dem Boden geblieben" – so nennt man jemanden, der trotz seines großen Erfolgs seinen Werten verhaftet bleibt. Der weiterhin solide und zuverlässig ist, sich selbst und seinem Umfeld treu, berechenbar und beständig. Wenn dieser jemand ein Unternehmen ist und dann noch ein schon 100 Jahre altes, das gerade das beste Ergebnis seiner Firmengeschichte verzeichnet hat, dann ist das ein gewiss eindrücklicher Fall von Bodenhaftung.

Und doch gibt es ihn: Die Uzin Utz AG aus Ulm feiert mit dem vorliegenden Geschäftsbericht ein volles Jahrhundert ihrer Existenz und gleichzeitig das erfolgreichste Jahr am Markt. So bekommt der Titel „Eine Jahrhundertbilanz" gleich eine doppelte Berechtigung. Er ziert den Einband einer insgesamt 144 Seiten starken Publikation, die ein quadratisches Sonderformat von 23 x 23 Zentimetern aufweist und sich in ihrem Inneren in zwei separat gebundene Teile gliedert. Außen ist ein Naturfoto aus der Region zu sehen, das an der Brenzquelle in Königsbronn entstanden ist. In einer glatten Wasseroberfläche spiegelt sich eine dahinter liegende Felswand, im Vordergrund schimmern grünliche Felsen auf dem Teichgrund. Ein Bild von großer Ruhe und Besinnlichkeit, das der Fotokünstler Sven Erik Klein für den Bericht komponierte. Der Fotograf zeichnet auch für alle weiteren Naturbilder im Imageteil verantwortlich – das ist Teil eines neuen künstlerischen Konzepts, wie der Leser auf der Rückseite des Druckwerks erfährt. Beginnend mit der vorliegenden Ausgabe, soll nun immer ein anerkannter Fotokünstler für die komplette Visualisierung eines Berichts und damit stets

für ein einmaliges ästhetisches Erlebnis sorgen. Die meisten Arbeiten der diesjährigen Publikation sind in der Region um Ulm entstanden, schließlich schließe ein globales Handeln eine regionale Verankerung nicht aus, so das starke Statement der AG für die Donauregion.

Womit wir wieder beim Thema Bodenhaftung wären. Dafür ist die Uzin Utz AG aber auch Spezialist. Vom regionalen Klebstoffhersteller im Jahr 1911 wuchs das Familienunterneh-

100 Jahre Uzin Utz – der Zeitstrahl setzt die Unternehmensgeschichte in Bezug zum aktuellen Zeitgeschehen und die großflächige Fotografie macht neugierig auf die Welt, die sich dahinter verbirgt.

Uzin Utz AG

men zu einem der weltweit führenden Produzenten von Produktsystemen und Maschinen für den Boden heran. Von Parkett bis Keramikfliesen, von Kunstharz bis Naturstein reicht die Bandbreite an Lösungen. All das erfährt man bei der Lektüre des Imageteils des Geschäftsberichts, der unter dem Titel „Erfolgsbasis" als einzelne, 24 Seiten starke Publikation in die innere Umschlagklappe eingeheftet ist. Ihm gegenüber findet der Leser den „Erfolgsbilanz" betitelten Zahlenteil, der in Schweizer Broschur ausgeführt ist. Aber vor der Lektüre beider fordern noch die Kennzahlen auf der Umschlagseite die gebührende Aufmerksamkeit. Die 841 Mitarbeiter erwirtschafteten einen Umsatz von 184 Mio. Euro, das sind 7 % mehr als im Vorjahr. Der Ertrag fiel mit 14,4 Mio. Euro sogar um mehr als 30 % höher aus. Das freut die Aktionäre – und das freut auch den Vorstandsvorsitzenden Dr. H. Werner Utz, der das Familienunternehmen in dritter Generation leitet. Auf Seite 4 des Imageteils richtet dieser dann auch das Wort an die Share- und Stakeholder der Uzin Utz AG. Besonders stolz macht ihn der geringe Einfluss der Wirtschaftskrise auf sein Unternehmen, das gestärkt aus der Krise hervorging. Ausgenommen sympathisch wirkt dazu das begleitende Porträtfoto des Vorstandsvorsitzenden, der augenscheinlich an einem windigen und kalten Tag auf dem Firmengelände fotografiert wurde. Mit Wind im Haar und umgeschlagenem Mantelkragen blickt Dr. H. Werner Utz mit Ruhe und Zuversicht in die Kamera – auch das eine starke Botschaft voller Bodenständigkeit.

Der Blautopf in Blaubeuren – die Poesie des Bildes generiert sich aus dem fast magischen Farbenspiel und der Klarheit der Quelle – Symbol genug für jene Transparenz, die die Kultur des Familienunternehmens seit Gründung prägt.

Der gesamte Imageteil wird von einem Zeitstrahl am unteren Seitenrand begleitet, in dem die wichtigsten Firmenereignisse und Geschehnisse der Weltgeschichte verzeichnet sind. So entsteht eine weitere, spannende Leseebene, die dabei hilft, die Historie der Familie Utz zu verorten. Auf Seite 12 folgt dann ein weiteres Highlight: Eine ausklappbare rechte Seite lässt einen eindrucksvollen Dreiseiter entstehen, auf dem das Portfolio der acht Konzernmarken dargestellt ist. Von der Werkzeugmarke Wolff über die Kernmarke Uzin bis zum Lackhersteller Jordan Lacke und der spezialisierten Beratermarke UFLOOR Systems, die vom Architekten bis zum Bauherrn umfassende Lösungskompetenz anbietet, steht hier eine starke Gruppe versammelt, die wirklich jede Frage zum Thema Bodenbelag beantworten kann. Mit weiteren ausklappbaren Extraseiten beginnt dann der Aufsehen erregende Imageteil, ebenfalls mit Fotografien von Sven Erik Klein. Eingebettet in ein Design mit weißem Fond und vielen silbernen Flächen und ebenso silbernen Text-Highlights, werden Themen wie „Standorttreue" oder „Synergie" mit jeweils anderthalbseitigen Bildern illustriert. Naturfotos wie etwa ein lichtdurchspieltes Waldstück bei Heidenheim oder ein Pflanzendetail vom Donauufer in der Nähe von Elchingen begleiten die Inhalte auf insgesamt fünf dieser Seiten – und strahlen trotz ihrer Verschiedenartigkeit stets eine große Ruhe und Gelassenheit aus.

Wer nun finanzielle Details aus dem Geschäftsleben des Jahrhundert-Jubilars erfahren will, wird im gegenüberliegenden Zahlenteil gut bedient. Auf 120 Seiten warten ausführliche Informationen

Gleich auf der ersten Seite der Innenklappe wird der Leser anhand der übersichtlichen Grafiken über die Aktienkursentwicklung im Berichtsjahr sowie die Aktionärsstruktur ins Bild gesetzt.

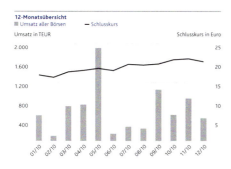

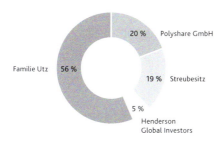

auf den Leser, eingebettet in ein pragmatisches Gestaltungskonzept mit angenehmen weißen Freiflächen und sauber arrangierten Tabellen. Hier bleibt keine Frage offen – und hier endet ein beeindruckender, verdientermaßen selbstbewusster Geschäftsbericht eines Unternehmens, das Zeit seiner 100 Jahre beim und auf dem Boden geblieben ist.

FINANZKENNZAHLEN

Stand: 31.12.2010
Rechnungslegung nach IFRS

Börsensegment: General Standard

WKN: 755150

Umsatz: 184,2 Mio. Euro

Ergebnis je Aktie: 2,27 Euro

Dividende je Aktie: 1,00 Euro

EBIT: 15,8 Mio. Euro

Eigenkapital: 77,1 Mio. Euro

Marktkapitalisierung: 100 Mio. Euro

Mitarbeiter: rd. 900 (weltweit)

Der nächste Geschäftsbericht erscheint im April 2012

INFORMATION

Uzin Utz AG
Dieselstraße 3
89079 Ulm
Tanja Semle
Investor Relations
Fon: 0731 4097-390
Fax: 0731 4097-169
ir@uzin-utz.com
www.uzin-utz.de

Online-Bericht vorhanden

Agentur
Konzept & Gestaltung: Büro Ballweg, Ulm, www.ballweg-ulm.com
Gestaltung: BHP design, München, www.bhp-design.de

 siehe Sonderteil Seite 383

VERBIO Vereinigte BioEnergie AG

Claus Sauter,
Vorstandsvorsitzender

Ist es wirklich klug, einen Geschäftsbericht mit solchen Inhalten zu füllen? Eine negative Bilanz? Nach unten zeigende Kurven, für Verlust verantwortliche Produkte und Slogans wie „Wir sind gegen Wachstum"? Betrachtet man den Geschäftsbericht der VERBIO AG kann die Antwort nur lauten: Unbedingt. Denn das Leipziger Unternehmen produziert Biokraftstoffe, mit dem erklärten Ziel, den CO_2-Ausstoß zu reduzieren. Die negative Kohlendioxid-Bilanz ist es, die zum Hauptmotiv der Publikation gemacht wurde – und das auf eine ebenso provokante wie informative Art und Weise. Es beginnt mit der Verpackung der Publikation, die dem Leser in einem einfarbig grünen Schuber aus festem, lackierten Karton überreicht wird. Die Aufschrift lautet „Bilanz ziehen" – und das ist auch als Aufforderung gemeint, sich jetzt bitte für eines der beiden enthaltenen Druckwerke zu entscheiden. Wählt der Leser die nüchtern weiße, 145 Seiten umfassende Publikation mit der schwarzen Aufschrift „Positive Bilanz", hat er den Finanzteil vor sich. Interessanter noch wirkt der andere, mit 32 Seiten schmaler daherkommende Imageteil. Er ist mit schwarzem Fond und weißer Schrift das Negativ der Schwesterpublikation, und genau das steht auch drauf: „Negative Bilanz". Das macht neugierig und lässt uns diesen Teil aufschlagen.

„Wir freuen uns, zu einer negativen Bilanz beigetragen zu haben", begrüßt da der Vorstandsvorsitzende der VERBIO AG, Claus Sauter, die Leser. In der Einleitung erklärt er, dass natürlich eine negative Bilanz ein gutes Ergebnis sein kann, nämlich wenn es um unser Klima geht. Das Unternehmen beschäftigt sich mit der Produktion von Biodiesel, Bioethanol und Biogas sowie der dazugehörigen Technologie – und hat sich im Geschäftsjahr tatkräftig dafür eingesetzt, dass die CO_2-Emissionen in Deutschland nicht weiter steigen. „Wir sind gegen Wachstum" steht darum auf der nächsten Doppelseite, die mit einer sinkenden Graphenlinie illustriert ist. In riesigen Lettern ist über die gesamte Breite die Zahl 806.415.080 zu lesen. Das ist der im Jahr 2009 offiziell von der EU veröffentlichte

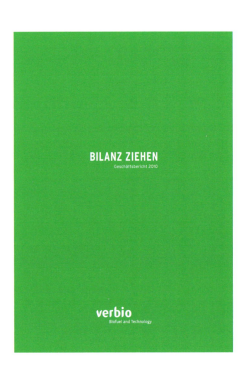

Klares Bekenntnis: „Wir sind gegen Wachstum" – was zunächst irritiert, stellt sich als glasklare, nachhaltige und wachstumsfördernde Botschaft heraus: Die klimaschädlichen CO_2-Emissionen sind es, deren weiterer Anstieg verhindert werden soll.

Stand des jährlichen CO_2-Ausstoßes in Deutschland in Tonnen. Durch die gesamte Publikation zieht sich das unterhaltsame Spiel mit den negativen Schlagzeilen „Ich bin eine Sau" ist etwa auf einer Seite zu lesen, neben einem großen Foto einer Kuh, deren Augen wie zum Schutz ihrer Persönlichkeitsrechte mit einem schwarzen Balken verdeckt werden. Hier geht es natürlich um den Methanausstoß der Wiederkäuer, die damit ein noch stärkeres Klimagas produzieren. Sehr schön ist auch eine Doppelseite, auf der von Pilotprojekten in München und Augsburg berichtet wird, wo die jeweiligen Stadtwerke begonnen haben, Biogas von VERBIO an ihren Tankstellen anzubieten. Die dazugehörigen Headline: „Bayern steigt ab".

Solch markige Headlines in übergroßer Typografie sind ein wesentlicher Teil der Publikation, auch in gestalterischer Hinsicht. Stimmig ergänzt wird das Design durch großformatige Fotos, in denen meist Akzente in der Hausfarbe Grün gesetzt werden, etwa bei einer schwarz-weißen Nachtaufnahme einer modernen Tankstelle, an der nur ein Gebäude im Hintergrund grün leuchtet. Auch die Bildauswahl ist unkonventionell und zeugt von großem Selbstbewusstsein. Wohl noch nie zierte einen deutschen Geschäftsbericht ein anderthalbseitiges Bild eines Kuhfladens auf Stoppelacker.

Es ist zwar kein Wiesn-Bier, das hier durch die Zapfsäulen läuft, aber mit Natur hat es ebenso viel zu tun wie Hopfen, Gerste, Malz und Wasser: Das Biogas von VERBIO entspricht dem Reinheitsgebot klimaschonender Energiealternativen.

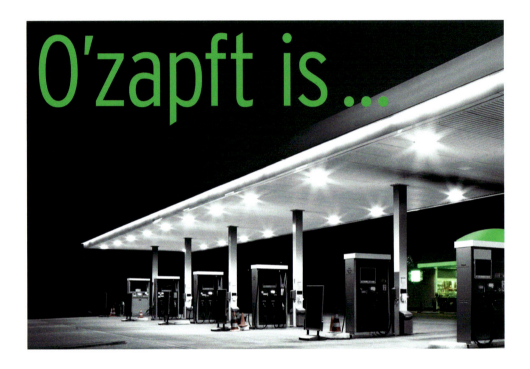

„Stinkt es Ihnen?" wird der Leser auf der Folgeseite von einem grünen Duftbaum gefragt. Dann, so die Forderung des Geschäftsberichts, solle man von nun an weniger reden und mehr handeln – für grüne Mobilität und eine „saubere" Klimabilanz.

Diese nicht gerade leisen Töne kommen mit dem Brustton der Überzeugung daher, der auf einem sicheren Fundament ruhen muss. Und wie solide dies tatsächlich ist, erfährt der Leser im Finanzteil. Hier sind die obligatorischen Kapitel des Geschäftsberichts zusammengefasst, natürlich beginnend mit den Kennzahlen in der inneren Umschlagseite. Übersichtliche Zahlenkolonnen und Balkendiagramme mit Highlights in Grün zeigen, dass der Titel „Positive Bilanz" zu Recht gewählt wurde. Die 743 Mitarbeiter von VERBIO generierten einen Umsatz von 520 Mio. Euro und daraus ein EBITDA von fast 22 Mio. Euro, weit mehr als doppelt so viel wie im Vorjahr und annähernd so viel wie vor der Wirtschaftskrise. Die Produktionszahlen erreichten sogar ein Rekordniveau. Mehr als 584.000 Tonnen biologischer Energieträger wurden im Jahr produziert, fast 50 Mio. Euro in Sachanlagen investiert. Dazu zählt unter anderem die einzigartige VERBIO-Bioraffinerie. In dieser arbeiten Bioethanol-, Biogas- und Biodüngemittelproduktion in einer optimalen Verwertungskette miteinander:

Die originellen Grafiken führen dem Leser eindeutig vor Augen, wie weit man mit 10 Euro kommen kann und mit wie viel weniger Treibhausgasemissionnen die Liebfrauenkirche kämpfen müsste, wäre verbiogas der einzige Energielieferant.

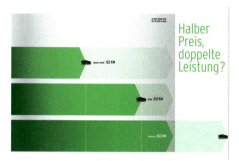

Bei der Ethanolproduktion anfallende Rohstoffe werden zu Biogas umgewandelt, daraus zurückbleibende Reste werden zu Dünger. Dieses Prinzip verdiente in 2010 auch den Innovationspreis Biogas der Deutschen Energie-Agentur dena.

Detaillierte Analysen zur Lage des Unternehmens und genaue Zahlen findet der Leser dann auf den weiteren Seiten der in Schweizer Broschur gebundenen Finanzpublikation. Diese besticht durch klar gegliederte, weiße Seiten, auf denen mit grünen Überschriften und Highlights der ökologische Anspruch beständig verdeutlicht wird. Sonst jedoch wird das Auge von nichts abgelenkt, was den konzentrierten Zahlenkonsum stören könnte. So schlägt der Leser letztendlich voller neuer Erkenntnisse einen lesens- und erlebenswerten Geschäftsbericht zu, der mit seinem originellen und konsequent umgesetzten Konzept die erhaltene Aufmerksamkeit wirklich verdient hat.

FINANZKENNZAHLEN

Stand: 31.12.2010
Rechnungslegung nach IFRS

Börsensegment: Prime Standard

WKN: A0JL9W

Umsatz: 520,6 Mio. Euro

Ergebnis je Aktie: 0,13 Euro

EBIT: 10,4 Mio. Euro

Eigenkapital: 332,5 Mio. Euro

Marktkapitalisierung: 261,5 Mio. Euro

Mitarbeiter: 743

Der nächste Geschäftsbericht erscheint am 21. März 2012

INFORMATION

VERBIO Vereinigte Bioenergie AG
Augustusplatz 9
04109 Leipzig
Anna-Maria Schneider
Investor Relations
Fon: 0341 308530-94
Fax: 0341 308530-98
ir@verbio.de
www.verbio.de

Volksbank Paderborn-Höxter-Detmold eG

Der Vorstand

In Zeiten des Internets ist die ganze Welt nur einen Klick entfernt. Problemlos kann sich jeder Videos aus Australien ansehen, Musik aus Südafrika hören und mit Menschen aus den USA chatten. Ist da der Begriff „Heimat" überhaupt noch zeitgemäß? „Ja", sagt die Volksbank Paderborn-Höxter-Detmold. Denn gerade in einer globalisierten Welt, in der sich alles immer schneller dreht, wächst die Sehnsucht nach dem Beständigen. „Heimat schafft Erwartungen. Wer sie erfüllt, schafft wiederum Vertrauen", heißt es im aktuellen Jahresbericht der Bank, der sich auf 72 Seiten dem Thema „Heimat 2.0" widmet. Angelehnt an „Web 2.0" erhält der Begriff „Heimat" so nicht nur eine zeitgemäße Bedeutung, sondern unterstreicht gleichzeitig, dass er nach wie vor ein Wert mit Zukunft ist.

Das Cover des Jahresberichts ist ganz in den Farben der Volksbank gehalten. Mattes Weiß, Orange und ein intensives Blau dominieren den ersten Eindruck. Auf der stabilen Kartonage im DIN-A4-Format sind verschiedene Schlagworte zu sehen, die – passend zum Titel – untereinander vernetzt sind. Begriffe wie „Familie", „Vertrauen", „Apfelkuchen" oder „Ruhe" verdeutlichen, welche unterschiedlichen Assoziationen das Wort „Heimat" in den Menschen weckt. Die Umschlagklappen zeigen übersichtlich in Reihen angeordnet Porträts der Menschen, die der Volksbank Paderborn-Höxter-Detmold ihr Gesicht geben: zum Beispiel Filialleiter, Private-Banking-Betreuer, Unternehmenskunden-Betreuer und Auslandsspezialisten. Seit fast 150 Jahren gestaltet das Unternehmen nun schon seine Heimat in Ostwestfalen mit. Dabei ist es seit jeher Ziel, die Stärken eines großen Instituts wie Kompetenz und Leistung mit lokaler Nähe und entsprechend intensiver Kundenbetreuung zu vereinen. Dass dieses sogenannte „Heimatbank-Modell" ein sehr erfolgreiches ist, beweist das abgelaufene Geschäftsjahr, das die Volksbank „einmal wieder" mit dem besten Ergebnis in ihrer Geschichte abgeschlossen hat, wie auf Seite vier des Berichts zu lesen ist.

Ein erstes gestalterisches Highlight ist die Übersicht über die Standorte der Volksbank.

Kühe, Mistgabeln, Heu und Stroh – so schön kann Heimat sein und wenn es um Sinnstiftung geht, ist nicht nur die Stiftung Eben-Ezer aktiv, sondern auch die Bank, die ihr zur Seite steht und regionale Verantwortung übernimmt.

Diese sind rund um eine Wiesenlandschaft aufgelistet, deren Form an eine Weltkugel erinnert. So wird auf anschauliche Art und Weise das lückenlose Filialnetz in der Region visualisiert. Aber auch das anschließende Interview mit dem Vorstand fesselt den Blick des Betrachters. Eingeleitet wird es durch eine Doppelseite in Tapetenoptik, auf der in breiten, goldenen Rahmen Porträts der sieben Vorstandsmitglieder hängen. Diese sprechen auf insgesamt vier Seiten über die Stärken der Volksbank, ihre Zukunftspläne und den Spagat zwischen „Heimat" und der „weiten Welt".

Im weiteren Verlauf der Publikation zeigen großformatige Bilder, worum es der Volksbank Paderborn-Höxter-Detmold in erster Linie geht: Menschen und ihre Geschichten. Volksbank-Kunden werden in mehrseitigen Strecken porträtiert und bilden das ganze Spektrum derer ab, für die das Unternehmen passende finanzielle Lösungen bereithält. Vom Privatkunden über Angehörige der freien Berufe bis zum Mittelständler, vom Schuhverkäufer bis zum Künstler ist jeder vertreten – denn für die Bank zählt der Mensch und nicht das Kapital. Dies wird auch auf der folgenden Doppelseite deutlich, die noch einmal einige besondere Momente der Volksbank aus dem Jahr 2010 bildlich und mit kurzer Beschreibung Revue passieren lässt.

Aber auch so kann Heimat aussehen: Als Rückzugsort für Kreativität und Kunst, als zweite Heimat zum entfernten Peru – dunkles Brot und Goethe gehören ebenso dazu wie Studium und kalte Temperaturen.

Ob der Volksbank-Padercup der B-Junioren-Fußball-Elite, die feierliche Grundsteinlegung mit anschließendem Richtfest des Bankneubaus in der Paderborner Innenstadt, das Mitglieder- und Familienfest im LWL-Freilichtmuseum oder die Spielzeugsammel-Aktion für Kinder in Litauen in Detmold – allesamt zeugen sie vom großen gesellschaftlichen Engagement des Unternehmens. Im Gegensatz zum lebendig und emotional gestalteten Hauptteil ist der Finanzteil klar und nüchtern gehalten – auf Fotos wird gänzlich verzichtet. Aber auch dieser Part, der die Überschrift „Heimat-Bilanz 2.0" trägt, eröffnet mit einem einfallsreichen Layout: Eine Doppelseite zeigt – wie schon auf dem Cover – einige untereinander vernetzte Schlagworte, die sich diesmal nicht um die Bedeutung von „Heimat", sondern um den unternehmerischen Erfolg drehen. Und dieser konnte sich im vergangenen Jahr sehen lassen: Mit einer Bilanzsumme von 3,7 Mrd. Euro zählt die Volksbank Paderborn-Höxter-Detmold weiter zu den größten Volksbanken in Deutschland. Per 31. Dezember 2010 haben die Kunden der Bank 4,2 Mrd. Euro anvertraut und die Bankeinlagen erhöhen sich um 2,2 % auf mehr als 2,9 Mrd. Euro. Auch die Kundenkredite verzeichneten ein Plus von 4,8 % und kletterten auf ein Volumen von 2,5 Mrd. Euro. Alle Zahlen werden anhand von übersichtlichen

Auch die Standortgrafik stellt den Bezug zur Heimat her, indem sie die Region einer Weltkugel gleich in die Mitte setzt, und schaut man sich die Bilanz an, so ist es eine starke Heimat-Bank, die sich hier präsentiert.

Tabellen und eingängigen Balkendiagrammen anschaulich dargestellt und sauber aufgeschlüsselt. Blaue Highlights und entsprechende Fettungen sorgen für die Kennzeichnung signifikanter Werte. Generell überzeugt die Publikation durch eine klare Strukturierung und viel Weißraum; der Text in serifenloser Schrift ist informativ und gut lesbar.

Der Jahresbericht der Volksbank Paderborn-Höxter-Detmold entlässt den Leser mit einem guten Gefühl. Denn, wie das Unternehmen selbst, erfüllt auch die kurzweilige Lektüre auf beispielhafte Art und Weise die Träume und Sehnsüchte der Menschen: der Wunsch nach Vertrauen und Zuverlässigkeit. Und sie zeigt, dass die Volksbank auch in Zukunft für ihre Kunden vor allem eines sein wird: ein Stück Heimat in der globalisierten Welt.

FINANZKENNZAHLEN

Stand: 31.12.2010
Rechnungslegung nach HGB

Bilanzsumme 3,7 Mrd. Euro

Filialen: 57

Mitarbeiter: 746

Der nächste Geschäftsbericht erscheint am 24. April 2012

INFORMATION

Volksbank Paderborn-Höxter-Detmold
Neuer Platz 1
33098 Paderborn
Sylvia Hackel
Unternehmenskommunikation
Fon: 05251 294-279
Fax. 05251 294-310
sylvia.hackel@volksbank-phd.de
www.volksbank-phd.de

Online-Bericht vorhanden

Agentur
Lok.Design.Division, Bielefeld
www.lokbase.com

Volkswagen AG

Prof. Dr. Martin Winterkorn,
Vorstandsvorsitzender

Ein kraftvoller Pickup auf den staubigen Pisten Patagoniens. Ein schneeweißer Supersportwagen auf der Stadtautobahn der chinesischen Metropole Guangzhou. Ein effizienter Ethanolbus in der schwedischen Hauptstadt Stockholm. Oder ein quirliger Kleinwagen in den Gassen von Barcelona. Autos sind so verschieden wie die Menschen, die sie fahren. Jedes dieser Modelle hat ein vollkommen anderes Aussehen, andere Eigenschaften und einen anderen Charakter – und doch stammen sie alle aus dem gleichen Automobilkonzern: Volkswagen.

„Vielfalt erfahren." heißt folgerichtig der Geschäftsbericht 2010 des Wolfsburger Autobauers. Sein Einband ist puristisch weiß, der Titel ebenfalls in reinem Weiß geprägt. Doch bevor man diesen lesen kann, entfernt der Betrachter erst die um das 332-seitige Druckwerk gewickelte Banderole. Sie ist eine beeindruckende Collage von Impressionen aus der Markenwelt von Volkswagen und besteht aus Bildern, die dem Leser im Verlauf der Publikation wieder begegnen werden. Und sie hat einen weiteren Clou: Beim Auseinanderfalten erweist sich die Banderole als Poster, das auf seiner Rückseite einen kompletten Überblick über die Produktpalette aller Konzernmarken bietet. Neben Volkswagen und der eigenständigen Marke Volkswagen Nutzfahrzeuge, sind das Audi, Seat, Škoda, die Luxusmarke Bentley, die Sportwagenschmieden Bugatti und Lamborghini sowie der Lkw- und Bushersteller Scania.

Auf diesem Poster findet der Leser alte Bekannte wie Polo und Golf, aber auch regelrechte Exoten: Etwa die Volkswagen Lavida oder Passat Lingyu, die für den chinesischen Markt gebaut werden, oder den Parati für südamerikanische Fahrer. Allein diese Beilage ist ein Höhepunkt für jeden Auto-Enthusiasten.

Schlägt man dann den Geschäftsbericht auf, herrscht edles Silber vor, das vom Deckblatt bis zu den Trennseiten der einzelnen Kapitel ins Auge fällt. Klappt man die weiße innere Umschlagseite um, entdeckt man die Kennzahlen des Geschäftsjahrs und eine Weltkarte, die unter der Überschrift „Märkte in Bewegung"

Leicht-Athleten finden sich auf jeder Piste und dank des Einsatzes von Carbon, dem superleichten und extrem steifen Werkstoff, zählt der Lamborghini eindeutig zur automobilen Avantgarde.

die Entwicklung der Auslieferungszahlen nach Zielregion demonstriert. Das beeindruckendste Wachstum zeigt der chinesische Markt: ein Plus von 87,9 % ist hier verzeichnet, rund 1,92 Mio. Fahrzeuge wurden ausgeliefert. Auch in Indien sowie Süd- und Nordamerika verdeutlichen kräftige Zuwächse den Bedarf nach Qualitätsfahrzeugen „made by Volkswagen". Damit wird das Geschäftsjahr 2010 zum neuen Rekordjahr für den Konzern. Rund 7,3 Mio. Fahrzeuge verkauften die Wolfsburger, über 15 % mehr als im Vorjahr. Damit setzten sie fast 127 Mrd. Euro um und erzielten ein operatives Ergebnis von 7,1 Mrd. Euro.

Den Einstieg in den Volkswagen Geschäftsbericht bilden 25 vorgeschaltete Seiten, die durch ein etwas schmaleres Format vom Rest der Publikation abgesetzt sind. Sie beinhalten ein Inhaltsverzeichnis, gefolgt von fünf Doppelseiten mit jeweils einer Hochglanzfotografie. Die Bilder von der nächtlichen Skyline bis zur idyllischen Küstenlandschaft stehen für die Vielfalt des Konzerns in Bezug auf seine Kunden, seine Aufgaben, seine Ideen, Antriebe und Strukturen. Und innerhalb des Berichts spannen sie den Bogen zu den thematischen Schwerpunkten und der Bildwelt des folgenden Imageteils. Selbstverständlich kommen auch Aufsichtsrat und Vorstand zu Wort.

Fahren wie von selbst: Die innovativen Assistenzsysteme von Volkswagen sorgen für eine so sichere wie entspannte Fahrt, heute wie morgen.

Freie Fahrt

Einfach einsteigen und entspannt die Fahrt genießen, während das Auto selbstständig lenkt, bremst und Gas gibt. Vision einer fernen Zukunft? In der Forschung des Volkswagen Konzerns hat diese Zukunft bereits begonnen.

Im Anschluss an den Strategieteil beginnt das Magazin, auf das sich Kenner der vorhergehenden Volkswagen Geschäftsberichte schon gefreut haben werden. Denn es gehört mit seinen 72 aufwendig produzierten Seiten zu den wohl attraktivsten Imageteilen der deutschen Geschäftsberichtswelt. Ebenfalls auf Hochglanzpapier gedruckt, bietet es Reportagen, Interviews, Essays und eine große Auswahl anspruchsvoller und hochwertiger Fotografie. Die Bandbreite der Geschichten im Magazin reicht vom Zwiegespräch zwischen dem Vorstandsvorsitzenden Prof. Dr. Martin Winterkorn mit dem ESA-Astronauten Hans-Wilhelm Schlegel bis zum Bericht über die Amarok Challenge, eine 20.000-Kilometer-Fahrt durch ganz Südamerika. Die Autoren des Magazins fahren mit dem Star-Pianisten Lang Lang im Audi R8 durch China, treffen den Chefdesigner der Nobelmarke Bentley in London und schauen sich die weltgrößte Bugatti-Sammlung im elsässischen Mulhouse an. So verbindet das Magazin Tradition und Zukunft, überwindet geografische und kulturelle Distanzen und verbindet seine Leser in der Erfahrung, dass hier Vielfalt von der ersten bis zur letzten Seite im wahrsten Wortsinn erfahren wird.

Volkswagen ist einer der größten Automobilhersteller überhaupt und sorgt dafür, dass die Märkte in Bewegung bleiben: transparent, offen und zuverlässig.

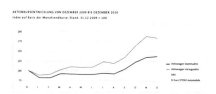

Auch die folgenden mehr als 200 Seiten, die die Ergebnisse der Konzernbereiche, den Corporate Governance-Bericht sowie Lagebericht und Konzernabschluss enthalten, sind durchgehend hervorragend gestaltet. Das aufgeräumte Layout, die intelligent aufbereiteten Diagramme auf den Einleitungsseiten auf silbernem Fond und die übersichtliche Navigation dank Rubrizierung am oberen Seitenrand erleichtern die Leserführung und stellen die umfangreichen Inhalte ansprechend dar. Der Leser findet hier alle wissenswerten Fakten rund um den Konzern. Und am Ende der Lektüre wird vermutlich jeder noch einmal zurückblättern zum Magazinteil – und in den faszinierenden Bildern aus der Welt der Automobile schwelgen.

FINANZKENNZAHLEN

Stand: 31.12.2010
Rechnungslegung nach IFRS

Börsensegment: DAX

WKN: 766403 (Vorzugsaktie)

Umsatz: 126.875 Mio. Euro

Ergebnis je Vorzugsaktie: 15,23 Euro

Dividende je Vorzugsaktie: 2,26 Euro

Operatives Ergebnis: 7.141 Mio. Euro

Eigenkapital: 48.712 Mio. Euro

Marktkapitalisierung: 51.901 Mio. Euro

Mitarbeiter: 399.381 (weltweit)

Der nächste Geschäftsbericht erscheint im März 2012

INFORMATION

Volkswagen AG
Brieffach 1972
38436 Wolfsburg
Stefanie Lioe
Konzernkommunikation
Fon: 05361 987587
Fax: 05361 95787587
stefanie.lioe@volkswagen.com
www.volkswagen.de
www.volkswagenag.com

Online-Bericht vorhanden

Agentur
3st kommunikation GmbH, Mainz
www.3st.de

Vorwerk & Co. KG

Die persönlich haftenden Gesellschafter: Walter Muyres (links) und Reiner Strecker

Zu Hause ist ein Ort, der wie kein anderer für Gefühle und Werte wie Familie, Glück und Geborgenheit steht. Ein Ort der Zuflucht – und das Stück heile Welt, von dem wir alle träumen. Der Geschäftsbericht 2010 der Vorwerk & Co. KG nimmt den Leser mit auf eine unterhaltsame und humorvolle Reise in diese Welt. Unter dem Titel „Trautes Heim, Glück allein" gibt er neben Zahlen und Fakten auch Einblicke in das zu Hause von Menschen in insgesamt neun verschiedenen Ländern. Mit feiner Ironie zaubert die 62 Seiten starke Publikation dem Leser ein Lächeln auf die Lippen, wenn sie vom Schicksal der Pantoffelhelden, der Gartenzwerge, die in der freien Wildbahn ausgesetzt werden, und der Liebesbriefe einer Wärmeflasche berichtet. Gleichzeitig transportiert der Geschäftsbericht so auch die Werte, für die das Familienunternehmen seit nunmehr 128 Jahren steht: Menschlichkeit, Offenheit und Internationalität.

Dass Vorwerk mit seinen rund 623.000 Mitarbeitern und selbstständigen Beratern überall auf der Welt zu Hause ist, zeigt bereits das Cover. Auf dem stabilen Einband in frischem Hellblau sticht gleich auf den ersten Blick der in Schwarz gedruckte Titel „Trautes Heim, Glück allein" hervor, der im Folgenden in fünf Sprachen übersetzt wurde. Am Ende steht in weißer Schrift „Willkommen..." und lädt den Leser zum Weiterblättern ein. Das im unteren Seitenbereich eingeprägte Firmenlogo verleiht dem Bericht gleichzeitig eine sehr hochwertige Note, was die Einschlagseiten und das in der Länge gekürzte A4-Format noch bestärken. Als weiterer Hingucker ist auf dem Cover ein weißer, gezackter Kreis abgebildet, in dessen Mitte ein blau geblümter Sessel zu sehen ist. So weiß der Betrachter gleich, was ihn erwartet – ein Geschäftsbericht mit Wohlfühlfaktor.

Dieser Eindruck bestätigt sich beim ersten Umblättern und einem Blick ins Editorial: „Machen Sie es sich schon einmal gemütlich: Es wird duften, es wird knistern, es wird warm ums Herz" steht dort geschrieben. Dass dies keineswegs übertrieben ist, merkt der Leser bereits im anschließenden Lagebericht. Dieser ist

Berge, Tannenbäume, Schubkarre und Gartenzwerge – es wird wohl kein Deutscher sein, der hier keine Heimatgefühle bekommt – oder?

Grüß Gott / Bad Tölz

Wie kaum ein anderes Symbol steht der Gartenzwerg für „German Gemütlichkeit". Aber eigentlich ist der kleine Kerl ein armer Wicht. Mit Schaufel, Spitzhacke oder Schubkarre bewaffnet, muss er hinter Zäunen und Hecken eingesperrt täglich harte Arbeit verrichten.

Schon haben sich die wahren Fans zur „Front zur Befreiung der Gartenzwerge" vereinigt. Dank ihr hat so mancher bärtige Geselle den Weg in die freie Natur gefunden. Nieder mit der Sklaverei!

gespickt mit originellen und fantasievollen Betrachtungen zum Thema „Trautes Heim" und hält zudem zahlreiche spielerische Elemente parat. Unter der Überschrift „Grüezi / Zermatt" bekommen auf den Seiten 4 und 5 nackte Füße mit Hilfe einer Drehscheibe gemütliche Pantoffeln aus der Schweiz verpasst. Ein kurzer Text erzählt, wie die Fußbekleidung den Weg in die Schweiz gefunden hat und damit den Weg für die Spezies des Pantoffelhelden ebnete. Auf der deutschen Doppelseite sind – wie könnte es anders sein – mit Lack überzogene Gartenzwerge abgebildet. Schließlich stehe der Gartenzwerg wie kaum ein anderes Symbol für „German Gemütlichkeit", ist dort zu lesen. Weiterhin lässt sich ein Feuer am französischen Kamin via eingelegter DVD zum Knistern und Flackern bringen und ein Wackelbild veranschaulicht, warum die Thailänder den Gecko als Haustier lieben. Fußmatten, die sich mit einer Lasche herausklappen lassen, gibt es für das mobile Zuhause von „Mr. und Mrs. Smith" und im „Schnupperland" weckt Duftlack Kindheitserinnerungen an frisch gewaschene Wäsche, Apfelbäume und selbst gekochtes Essen.

Die Ideenvielfalt ist für einen Geschäftsbericht so außergewöhnlich und in vielen Details so intelligent angelegt, dass man fast vergessen könnte, worum es hier eigentlich geht – nämlich den Blick zurück auf eines der erfolgreichsten Jahre der Firmengeschichte. Vorwerk erwirtschaftete 2010

Da wo Heimat draufsteht ist auch Heimat drin, und wenn man so viel reisen muss wie in den USA, ist es eben die Fußmatte, die sagt: zu Hause!

Hello /
Phoenix /
33° 27' N / 112° 4' W

Wo eine Fußmatte ist, ist auch ein Zuhause. Ganz egal, wo Mr. und Mrs. Smith ihre mobilen vier Wände parken – als Erstes kommt die Matte vor die Tür.

So bleibt das Heim immer schön sauber – bis man sich zum nächsten Ziel aus dem Staub macht.

einen Umsatz von knapp 2,4 Mrd. Euro und war mit Gesellschaften oder Distributoren in 66 Ländern aktiv. Im Geschäftsbericht sind diese für den Leser in einer Weltkarte übersichtlich dargestellt und passend zum Cover in verschiedenen Blautönen eingefärbt. Das Kerngeschäft des Unternehmens ist der Direktvertrieb hochwertiger Produkte. Dabei umfasst die breite Produktpalette neben Haushaltsgeräten, wie Staubsauger und Küchenmaschinen, auch Teppiche, Kosmetika und Dienstleistungsangebote in den Bereichen Gebäudemanagement, Leasing und Finanzierung. Jedem dieser Geschäftsfelder ist in der Publikation ein kurzer Abschnitt gewidmet, in dem sich auch der gezackte Kreis vom Titelbild wiederfindet. Dieser beinhaltet eine Zahl, die auf teilweise amüsante, aber auch erstaunliche Fakten hinweist. Man erfährt beispielsweise, dass die Luft, die der Kobold-Staubsauger ausstößt, 1.000 Mal reiner ist als normale Atemluft oder dass der Thermomix die Funktionen von zwölf einzelnen Küchengeräten vereint. Auch dass die akf-Gruppe unter anderem für den Kauf von 43 Kühen eine passende Finanzierungsmöglichkeit gefunden hat, lässt sich hier nachlesen.

So hat Vorwerk bis heute mit seinen Produkten das Zuhause vieler Menschen geprägt und zu einem trauten Heim werden lassen – und das ganz ohne großes Aufsehen. Dieser wichtige Grundsatz des Unternehmens lässt sich auch auf den Geschäftsbericht übertragen, der auf die Zurschaustellung

Die Grafiken weisen den Leser gleich zu Beginn darauf hin, dass er es mit einem der erfolgreichsten Geschäftsjahre der Gruppe zu tun hat.

bewährter Produkte komplett verzichtet: Kein neuer Kobold-Staubsauger und kein Teppich-Design werden gezeigt. Allerdings ist in kleinerem Format ein 14-seitiges Faltblatt auf die vordere, innere Umschlagseite eingelegt, das sowohl Bilder als auch kurze Beschreibungen einzelner Produkte enthält. Damit endet die Reise durch den Vorwerk Geschäftsbericht, der auf eindrucksvolle Weise zeigt, dass jährliche Bilanzen auch unterhaltsam sein können. Was bleibt, ist ein gemütliches Gefühl und die Gewissheit, dem Traum von der heilen Welt ein bisschen näher gekommen zu sein.

FINANZKENNZAHLEN

Stand: 31.12.2010
Rechnungslegung nach HGB

Umsatz: 2.372 Mio. Euro

Eigenkapital: 1.112 Mio. Euro

Mitarbeiter: 623.760 (weltweit)

Der nächste Geschäftsbericht erscheint im Mai 2012

INFORMATION

Vorwerk & Co. KG
Mühlenweg 17–37
42275 Wuppertal
Michael Weber, Alexandra Stolpe
Unternehmenskommunikation
Fon: 0202 564-1208
Fax: 0202 564-1812
corporate.communications@vorwerk.de
www.vorwerk.de

Online-Bericht vorhanden

Agentur
OrangeLab, Düsseldorf
www.orange-lab.de

siehe Sonderteil
Seite 402

Wacker Chemie AG

Der Vorstand (v.l.n.r.):
Auguste Willems,
Dr. Rudolf Staudigl (Vorsitzender),
Dr. Joachim Rauhut,
Dr. Wilhelm Sittenthaler

Wer zu den treuen Lesern der Berichte der Wacker Chemie AG zählt, fühlt sich in der Ausgabe 2010 sicher wie zu Hause. Die jährlichen Publikationen des Unternehmens folgen einer klaren Gestaltungslinie, die mit jeder neuen Veröffentlichung weiterentwickelt wird. Dazu zählt zum Beispiel, dass die Fotos und Porträts ausgezeichnet sind. Die Bilder des Vorstands und Aufsichtsrats, in den meisten Geschäftsberichten lästiges Pflichtprogramm, sind bei WACKER stets aufs Neue gut gelungen. Die dargestellten Herren wirken, als mache ihnen der alljährliche Fototermin sogar Spaß. Psychologisch vermitteln die Bilder, dass ihnen auch ihre Arbeit Spaß macht, und so wird schon vor dem ersten Wort eine Basis des Vertrauens geschaffen. Die Aufbereitung des Inhalts, der Fakten und Zahlen von Lagebericht und Konzernabschluss verstärken diesen Eindruck. Auch das Layout vermittelt Freude an der Arbeit: Wenn jemand stolz auf seine Leistung ist, dann macht es ihm auch Spaß, die Ergebnisse schön zu präsentieren. Als wiederkehrendes Element funktionieren Kurztexte in großer Schrift wie eine „Stimme aus dem Off". Sie bringen Inhalte auf den Punkt, begleiten den Leser und vermitteln, wie so ein großes und komplexes Unternehmen funktioniert, wie es tickt, wie Ideen und Visionen mit kaufmännischem Denken und Hochtechnologie zusammenwirken.

Seit 2007 steht jeder der jährlichen Abschlussberichte unter einem Motto, das einen Aspekt der Unternehmensführung aufgreift und anhand von Reportagen aus dem Konzernalltag veranschaulicht. Prägnant und schön bebildert füllen sie das ganze Buch mit Leben. 2007 lautete das Leitmotiv „Wege zum Kunden", gefolgt 2008 von „Wege zur Globalität" und „Wege zur Produktivität" im Jahr 2009. Titel des Geschäftsberichts 2010 der Wacker Chemie AG ist „Wege zur Beschaffung": Beschaffung ist ein Schlüsselbegriff der Betriebswirtschaftslehre. Er umfasst den Einkauf und die Logistik, die dafür sorgt, dass der Einkauf zur richtigen Zeit an seinen Bestimmungsort gelangt.

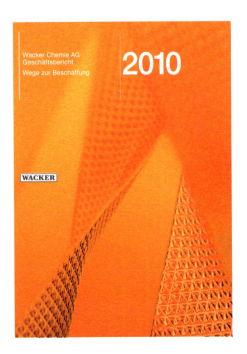

Das Thema ist gut gewählt. Den Übersichtszahlen, die auf dem vorderen Innenumschlag

Ohne Projekteinkäufer Bernhard Kollmuss von WACKER liefe hier, am Standort im chinesischen Zhangjiagang gar nichts, denn es gilt, über 10.000 Bestellpositionen bei 240 Anbietern rechtzeitig und in korrekter Menge auf die Baustelle liefern zu lassen.

präsentiert werden, ist zu entnehmen, dass WACKER im Geschäftsjahr 2010 mit 16.314 Mitarbeitern einen Umsatz von 4,748 Mrd. Euro erzielte. Dass gerade dieser Aspekt unternehmerischen Handelns im Vordergrund steht, mag dadurch begründet sein, dass WACKER derzeit große Investitionen in den Neubau von Produktionsstätten tätigt, insbesondere in die Produktion von Silicium. Dazu erwarb WACKER 2010 das norwegische Siliciummetallwerk in Holla, baut im chinesischen Zhangjiagang gemeinsam mit dem us-amerikanischen Partner Dow Corning einen der größten Siliconstandorte der Welt auf und plant im us-amerikanischen Charleston die Errichtung einer Polysiliciumproduktion – übrigens die größte Einzelinvestition, die WACKER je getätigt hat.

Und wer plant, rund 1,1 Mrd. Euro in ein neues Bauprojekt zu investieren, tut gut daran, seinen Aktionären zu erklären, warum das nötig ist. Dazu liefert der thematische Teil des Geschäftsberichts das nötige Hintergrundwissen. Anhand der Rohstoffbeschaffung, der Energieversorgung, des Einkaufs für Bauprojekte und des Lieferantenmanagements wird gezeigt, wie wesentlich die Beschaffung für WACKER ist. Sie erfordert tägliches Ringen um den besten Preis für die bestmögliche Qualität und zugleich langfristige Planung, um Versorgungslücken zu vermeiden. 2,8 Mrd. Euro

Am Standort in Nünchritz geht Ende des Jahres die neue Polysiliciumanlage in Betrieb und Dr. Siegfried Kiese ist als Leiter des Technischen Einkaufs für die Bestelllung und Lieferung tausender Einzelteile zuständig – dank guter Partnerschaften geht hier alles seinen Gang.

wendete WACKER für Rohstoffe, Waren und Dienstleistungen auf – eindrucksvoll dokumentiert durch die Trennblätter der einzelnen Kapitel. Jedes ist einem eigenen Bereich des Einkaufs gewidmet und zeigt als schwarz-weiße Fotografie ein Arrangement von bereichsspezifischen Produkten, von in Plastik eingeschweißten Polysiliciumchunks über Ventile aus der Anlagentechnik und Styroporflocken für die Verpackung bis hin zu Telefonen, Flachbildschirmen und Arbeitskitteln für die Mitarbeiter.

Die Wacker Chemie AG präsentiert ihre Ergebnisse für 2010 auf 240 Seiten, die durch die Verwendung von schweren, hochwertigen Papieren und Kartons noch voluminöser wirken. Der mattierte Umschlagkarton liegt gut in der Hand, die Trennseiten aus leichtem Karton und griffige Seitenaussparungen machen das Blättern angenehm, und der Konzernabschluss wurde auf besonders schwerem Papier gedruckt – dieser Geschäftsbericht fordert geradezu auf, ihn gründlich durchzuarbeiten. Die Wacker Chemie AG hat 2010 ein ausgezeichnetes Umsatzergebnis erzielt und konnte den Wert ihrer Aktien nach einem durch die Weltwirtschaftskrise bedingten Tief im Jahr 2009 wieder im Gewinnbereich stabilisieren. Sie braucht sich also nicht zu verstecken.

Ob die Veranschaulichung des Energiemixes, des weltweiten Projekteinkaufs oder des Lieferantenmanagements – die aufschlussreichen Grafiken führen des Leser sehr gut in die Unternehmensbereiche ein.

Entsprechend ist die dominierende Farbe des Layouts, wie in den beiden Jahren zuvor, ein leuchtendes Orange. Orange strahlt das Bildmotiv auf dem Umschlag; die Nahaufnahme des WACKER-Produkts SILPURAN®, eines Siliconkautschuks, der für medizinische Zwecke hergestellt wird. Orange im Kontrast zur grauen Schriftfarbe sind auch die erläuternden Kurztexte, die Bildunterschriften und die Zwischenüberschriften der Texte hervorgehoben, ebenso wie die Elemente der Grafiken, an denen die aktuellen Zahlen abzulesen sind. Die Signalfarbe wirkt reizend und beruhigend zugleich – und unterstützt damit den Gesamteindruck dieses Geschäftsberichts, der reizt, weil man sich nicht vorstellen kann, dass solch komplexe Zusammenhänge, wie sie der Konzern täglich bewältigt wirklich zu bewältigen sind – und beruhigt, indem er vermittelt, dass hier Leute am Werk sind, die ihr Geschäft verstehen und mit Freude und Stolz ihre Arbeit tun.

FINANZKENNZAHLEN

Stand: 31.12.2010
Rechnungslegung nach IFRS

Börsensegment: MDAX

WKN: WCH888

Umsatz: 4.784,4 Mio. Euro

Ergebnis je Aktie: 9,88 Euro

Dividende je Aktie: 3,20 Euro

EBIT: 764,6 Mio. Euro

Eigenkapital: 2.446,8 Mio. Euro

Mitarbeiter: 16.314 (weltweit)

Der nächste Geschäftsbericht erscheint im März 2012

INFORMATION

Wacker Chemie AG
Hanns-Seidel-Platz 4
81737 München
Heide Feja
Corporate Communications
Fon: 089 6279-1167
Fax: 089 6279-2310
heide.feja@wacker.com
www.wacker.com

Online-Bericht vorhanden

Agentur
häfelinger + wagner design GmbH, München
www.hwdesign.de

Wacker Neuson SE

Der Vorstand:
Richard Mayer (Sprecher),
Martin Lehner,
Werner Schwind,
Günther C. Binder (v.l.n.r.)

Die Produktphilosophie von Wacker Neuson lässt sich mit einem Wort auf den Punkt bringen: Prozess-Know-how. Dieses eine Wort zeigt, für welche Effizienz und Klarlinigkeit der Drei-Marken-Konzern steht, welches Versprechen er mit seinen Marken Wacker Neuson, Kramer Allrad und Weidemann in den Geschäftsbereichen Baugeräte, Kompaktmaschinen und Dienstleistungen bietet. Es richtet sich an Profis im Baugewerbe, im Garten- und Landschaftsbau, in Kommunen und in der Industrie – und an die Aktionäre. Dieses Wort drückt Dynamik aus und überzeugt von der Wachstums- und Innovationsstärke eines Unternehmens, dessen gesunde finanzielle Basis auch die Krise der vergangenen Jahre nicht beeinträchtigen konnte und dessen Erfolgskurve mit dem Jahr 2010 wieder rasant ansteigt.

Mit ambitionierten Plänen startet Wacker Neuson in das Jahr 2010, markiert eindrucksvoll seinen Turnaround nach der Branchenkrise, steigert seine Umsätze von Quartal zu Quartal und schließt mit einem Plus von 39 % im Bereich Baugeräte und von 34 % im Bereich Kompaktbaumaschinen. Die Performance der Aktie endet gar bei einem Plus von 53 %. Dieser Erfolg bestätigt die Strategie, zu investieren in Forschung und Entwicklung und sich weiterhin als Marktführer zu etablieren in Europa und den USA. Dafür krempeln 3.142 Mitarbeiter die Ärmel hoch und zeigen das Potenzial dieser Unternehmensphilosophie, wenn sie gelebt wird von jedem einzelnen Mitarbeiter, wenn sie

gefüllt wird mit Werten wie Vertrauen, Nähe und transparenter Kommunikation und wenn sie umgesetzt wird durch Leistung, Teamgeist und Service.

Der Geschäftsbericht 2010 von Wacker Neuson erzählt davon auf 156 Seiten. Er führt seine Leser durch die Konzernwelt, bereitet spannend die Themen des Jahres auf durch pfiffige Highlight-Seiten und informiert sachlich über die Daten und Fakten. Seitenregister leiten durch die Kapitel und die Farben Gelb und Grau vereinfachen die Leserführung: Gelb steht für den schwungvollen redaktionellen Teil und Grau ist die Farbe für Information und Recht-

Die Fähnchen machen es deutlich: Wacker Neuson ist auf dem besten Weg, neue Märkte zu erschließen, links im Bild die kompakten Baumaschinen – so wird das Motto „Wir packen's an" überzeugend mit Leben gefüllt.

fertigung. Trotz seiner Seitenstärke bleibt der Bericht übersichtlich und flexibel. Eine kunststoffveredelte und geklappte Kartonage umhüllt den klebegebundenen Innenteil, dessen seidenmatte Seiten den gewichtigen Inhalt durch eine geringere Grammatur aufwiegen. So mutet der Geschäftsbericht 2010 der Wacker Neuson SE haptisch schmeichelnd und visuell spannend an und kein Motto könnte das besser unterstreichen, als jenes, das die Titelseite prägt: „Packen wir's an". Der Konzern setzt dieses Motto in Szene durch Fotos von Mitarbeitern, durch eine Energie, die ausstrahlt von Mensch und Maschine. Hier beginnt der Spannungsbogen und macht Lust darauf, umzublättern und zu lesen von der Kompetenz des Konzers, von den Menschen, die ihm ein Gesicht geben. Den Auftakt dazu bieten die Kennzahlen und die Definition der Geschäftsbereiche. Eine strahlend gelbe Doppelseite stellt eine Produktauswahl fotografisch dar. Wie Miniaturen reihen sich die kleinen Bilder der Baugeräte, Kompaktbaumaschinen und Dienstleistungen aneinander, sind gleichsam eine Visualisierung der drei Bereiche. Und dann präsentiert sich das Vorstandsteam. Sympathisch und nah – vor großer Maschine. Richard Mayer, Martin Lehner, Werner Schwind und Günther C. Binder richten ihr Wort an die Aktionäre und Leser und wählen dazu das Stilmittel des Interviews. Sie

Auch auf den landwirtschaftlichen Höfen dieser Welt ist der Konzern zu Hause mit seiner Marke Weidemann und treibt die Expansion tatkräftig voran, z. B. durch die Adaption erfolgreicher Baumaschinen für den landwirtschaftlichen Einsatz.

beantworten Fragen zu den Produktsegmenten, zu internationalen Märkten, zur steilen Expansion von Wacker Neuson. Sie richten ihren Blick nach vorne. Sie stimmen ein auf den Erfolg. Sie motivieren und mit jeder Seite schwingt das Motto des Berichts mit. Packen wir's an. Was genau sie damit meinen, das zeigen die folgenden Highlightseiten mit einer Wort- und Bildsprache, die beweist: Das Jahr 2010 lief besser als geplant. Bedingt durch die konjunkturelle Entwicklung. Getragen durch die Wachstumskraft des Konzerns und vor allem: Erreicht durch die Tatkraft der Mitarbeiter, durch ihren Willen, Wacker Neuson nach vorne zu bringen.

Dafür dankt der Vorstand und dafür setzt er fünf seiner Mitarbeiter und Mitarbeiterinnen in den Mittelpunkt von 14 abwechslungsreichen Seiten. Sie begegnen dem Leser bereits im Kleinformat auf der Titelseite und sie laden ihn ein, nun zu erfahren, was Wacker Neuson unter Wachstumsstrategie, Produktexzellenz, Innovationsstärke, Flexibilität, Kundenservice und Teamarbeit versteht. Im Magazinstil führen großformatige Detailfotos den Blick aufs Thema. Bildunterschriften schlüsseln die Motive auf. Und dann wird die Aufmerksamkeit hingeführt zum Text. Er setzt die Schlagzeile. Er sagt deutlich, wo Wacker Neuson steht, und wo der Konzern hin will in den nächsten Jahren. Das

Entwicklung der Aktie, Aktionärsstruktur oder Vermögens- und Finanzlage – sämtliche Grafiken lassen den Leser zuversichtlich in die Zukunft der Wacker Neuson SE blicken.

Aktionärsstruktur
Gesamt in %

- 38,5 Wacker-Familie[1]
- 29,0 Neuson Ecotec GmbH
- 1,5 Vorstand
- 31,0 Streubesitz

Grundkapital/Anzahl der Aktien: 70,14 Mio. Stand: 1. März 2011
[1] Umfasst die Gesellschaften Wacker-Werke GmbH & Co. KG, Wacker Familiengesellschaft mbH & Co. KG und VGC Invest GmbH.

ist ein journalistischer Stil. Das ist authentisch und transparent. Und das ist unterhaltsam, denn der Leser erfährt von Herausforderungen und Strategien und von dem Einsatz der Mitarbeiter für den Weltkonzern. Diese Seiten könnten losgelöst vom Geschäftsbericht weiter wirken als eine sympathische Imagebroschüre im besten Sinne und sie fügen sich dennoch ein in das Gesamtwerk 2010. Mit dem Umblättern der letzten Highlightseite ändert sich das Layout. Dann navigiert das Seitenregister weiter durch den Lagebericht und durch den Konzernabschluss. Tabellen, Grafiken und eine sachliche Sprache in Spalten legt ausführlich Rechenschaft ab über das Geschäftsjahr 2010 und beweist auch hier: Wacker Neuson ist ein Qualitätsführer im Markt und seine Ziele für die nächsten Jahre sind hoch. Packen wir's an.

FINANZKENNZAHLEN

Stand: 31.12.2010
Rechnungslegung nach IFRS

Börsensegment: Prime Standard

WKN: WACK01

Umsatz: 757,9 Mio. Euro

Ergebnis je Aktie: 0,34 Euro

Dividende: 0,17 Mio. Euro

EBIT: 36,7 Mio. Euro

Eigenkapital: 830,6 Mio. Euro (vor Minderheiten)

Marktkapitalisierung: 911,8 Mio. Euro

Mitarbeiter: 3.142

Der nächste Geschäftsbericht erscheint am 22. März 2012

INFORMATION

Wacker Neuson SE
Preußenstraße 41
80809 München
Katrin Neuffer
Investor Relations
Fon: 089 35402-173
Fax: 089 35402-298
ir@wackerneuson.com
www.wackerneuson.com

Online-Bericht vorhanden

Agentur
Kirchhoff Consult AG, Hamburg
www.kirchhoff.de

WashTec AG

Thorsten Krüger, Vorstandssprecher (links) und Houman Khorram, Vorstand

Glänzender Lack, Scheiben mit Durchblick: Autofreunde überall auf der Welt legen auf eine saubere Karosse Wert, ohne dafür das Wochenende opfern zu müssen. Sie verlassen sich auf Waschanlagen der Augsburger WashTec AG. Deren Geschäftsbericht trägt den prägnanten Titel „Creating Value". Werte zu schaffen, das ist ein großes Versprechen in wirtschaftlich schwierigen Zeiten. Wie das geht, erzählt der Rückblick auf das Geschäftsjahr 2010 mit überzeugenden Mitteln.

Zum Beispiel Bilder: Sie tragen Informationen und Emotionen. Stark angeschnitten und aus ungewöhnlicher Perspektive zeigt das Titelfoto ein Detail einer Waschanlage. So sieht man auf den ersten Blick, welches Geschäft das Unternehmen betreibt und dass wir es mit einem ausgetüftelten Werk der Maschinenbaukunst zu tun haben. Ganz nebenbei kommt so die emotionale Botschaft an: Hier fährt man unbesorgt jedes Auto hinein.

Der Titel „Creating Value" wird mit diesem Produkt geschickt verbunden. Nicht schwarz auf weiß, sondern weiß auf blau montiert steht er wie selbstverständlich auf der Anlage. So fokussiert geht es weiter. Die einleitende Textseite erklärt, was es mit dem Titelthema auf sich hat: für Kunden, Aktionäre, Mitarbeiter und Umwelt. Wirtschaftlich, so ist hier zu erfahren, hat WashTec durch Effizienzsteigerungen das Ergebnis 2010 überproportional gesteigert und durch weltweite Akquisitionen die Basis im schwierigen wirtschaftlichen Umfeld verbreitert.

Was das in Zahlen bedeutet, lässt sich auf einen Blick in Erfahrung bringen. Der Umschlag ist klappbar und bietet aufgeschlagen eine Tabelle und vier Säulengrafiken mit den Konzernkennzahlen im

Fünfjahres-Vergleich. Zugeklappt erhält der Leser inhaltliche Ergänzungen: Ein Kreisdiagramm stellt in acht Textfeldern den „Hidden Champion" WashTec vor. Daneben steht ein prägnantes Mission Statement in drei Sätzen.

Das Wesentliche ist damit leicht erfasst: WashTec ist Full-Service-Provider, stellt also nicht nur Waschanlagen her, sondern bietet die komplette Angebotspalette rund um die Fahrzeugwäsche an: Instandhaltung und Reparatur, Wasch-

Eine Detailaufnahme aus der Waschanlage zeigt nicht nur ausgefeilte Technik, sondern steht auch Pate für die Innovationsführerschaft von WashTec, denn das Unternehmen hält mehr als 700 Patente.

chemie und Dienstleistungen wie Finanzierungs- und Marketingsupport sowie den Betrieb von Waschanlagen im Namen und auf Rechnung der Kunden.

Damit hat sich das Unternehmen zum weltweiten Marktführer im Fahrzeugwaschgeschäft entwickelt. Mit rund 1.600 Mitarbeitern wurde 2010 ein Umsatz von 268,4 Mio. Euro erzielt, das Ergebnis vor Steuern erreichte 18,6 Mio. Euro. „Werte schaffen" bedeutet für die Aktionäre, dass WashTec auch in den kommenden Jahren eine nachhaltige Ausschüttungsquote von 40 % des Netto-Ergebnisses anstrebt.

Erfolgreiche Maschinenbauer wissen um die Bedeutung von Modulen. Dieses Know-how spiegelt der Aufbau des Geschäftsberichts wider. Die inhaltlichen Module Konzern, Konzernlagebericht und Konzernabschluss sind durch ein Register am Seitenrand tatsächlich fassbar, denn jeder Bereich wurde dort unterschiedlich lang ausgestanzt: Zugriff leicht gemacht. Der weiteren Hervorhebung dienen drei unterschiedliche Blautöne, die aus der dunkelblauen Farbe des Logos abgeleitet sind.

Der emotionale Wert der blauen Unternehmensfarbe wird konsequent genutzt. Einerseits ist Wasser das Element, mit dessen ökonomisch und ökologisch überzeugender Verwendung das Unternehmen Werte schafft. Andererseits vermittelt ein kühler Blauton eine Vorstellung von technischer Kompetenz. Von dieser doppelten Konnotation profitiert die Darstellung des Konzerns im ersten Modul.

Diese Zahl muss man sich einmal genau vor Augen führen: Täglich werden weltweit rund zwei Millionen Fahrzeuge in einer WashTec-Anlage gewaschen – wenn das keine solide Basis für ein gutes Geschäftsjahr ist.

Fünf Doppelseiten stellen hier wichtige Aspekte der Unternehmensentwicklung heraus. Ihre Überschrift lautet „Wussten Sie schon,", nämlich z.B., dass WashTec über 700 Patente hält. Visualisiert wird dies durch ein über den Seitenfalz hinausgehendes Großfoto. Es zeigt eine Rundbürste, die eine Felge reinigt. Wasser spritzt und die Details der Maschine scheinen mit den Händen greifbar zu sein.

Die Bedeutung des Umweltschutzes wird in diesem Modul auch dadurch unterstrichen, dass dem Nachhaltigkeitsbericht reichlich Platz eingeräumt wird. Unterschwellig geschieht dies auch durch das naturfarbene, griffige Papier. Es betont zugleich die Wertigkeit dieses Berichts, ebenso wie der Schuber im Hochformat. Der ermöglicht es, den im Querformat und zweispaltig angelegten Bericht ganz einfach im Regal einzuordnen.

Einen gelungenen Kontrast zu den bewegt-lebendigen, aber menschenlosen Fotos bilden die Aufnahmen des Führungsduos. Das Vorstandsteam präsentiert sich mit großen, freigestellten Porträtbildern, durch die es den Leser sehr direkt anspricht. Darum herum sind kurze Lebensläufe gesetzt. Die direkte Ansprache macht auch das Vorwort aus. Ihre persönliche Verantwortlichkeit betonen die beiden Vorstände Thorsten Krüger und Houman Khorram zudem durch von ihnen unterzeichnete strategische Leitlinien. Die Sprache dieser Doppelseiten gibt die Richtung vor. Sie ist präzise, nüchtern und kommt ohne unnötige technokratische Begrifflichkeiten aus.

Performance der Aktie, Umsatzentwicklung, internationale Präsenz – die aufschlussreichen Grafiken stehen dem Text an den entsprechenden Stellen zusammenfassend zur Seite.

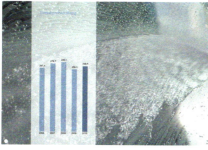

Der Konzernlagebericht enthält zahlreiche Tabellen und Säulengrafiken, die mit Blaustufen und grafisch sehr reduziert gestaltet sind. Infografiken, Überschriften und Paginierung nehmen in Blau die Unternehmensfarbe ebenfalls auf. Dem schnellen Überblick dienen gefettete Stichworte in den Absätzen. So entsteht ein abwechslungsreiches Seitenbild mit einer klaren grafischen Linie. Dazu trägt auch die schmal geschnittene Grotesk-Type bei. Sie wirkt modern und ist dank des großzügigen Zeilenabstands gut lesbar – Lesbarkeit zeichnet diesen Jahresbericht insgesamt aus, womit wirklich ein Wert für die Nutzer entsteht, ganz getreu dem Motto: Creating Value.

FINANZKENNZAHLEN

Stand: 31.12.2010
Rechnungslegung nach IFRS

Börsensegment: Prime Standard

WKN: 750750

Umsatz: 268,4 Mio. Euro

Ergebnis je Aktie: 0,77 Euro

Dividende: 4,3 Mio. Euro

EBIT: 20,3 Mio. Euro

Eigenkapital: 94,4 Mio. Euro

Marktkapitalisierung: 127,8 Mio. Euro

Mitarbeiter: 1.639 (weltweit)

Der nächste Geschäftsbericht erscheint im März 2012

INFORMATION

WashTec AG
Argonstraße 7
86153 Augsburg
Florian Fitter
Investor Relations
Fon: 0821 5584-0
Fax: 0821 5584-1135
washtec@washtec.de
www.washtec.de

Agentur
Büro Benseler, Mering

Westfälische Wilhelms-Universität Münster

Prof. Dr. Ursula Nelles, Rektorin

Dass Prognosen schwierig sind, besonders wenn sie die Zukunft betreffen, das wusste schon der dänische Physik-Nobelpreisträger Niels Bohr. Die Rektorin der Westfälischen Wilhelms-Universität Münster, Prof. Dr. Ursula Nelles, schließt sich in ihrem Vorwort zum Jahrbuch 2010 dieser Einsicht an. Zugleich betont sie jedoch die Möglichkeit, Zukunft im Rahmen des Möglichen zu gestalten. Die WWU hat sich dabei mächtig ins Zeug gelegt, wovon die vorliegende Publikation frisch, intelligent und zweisprachig Zeugnis ablegt. Schon das Cover gibt sehr originell die Richtung für die folgenden 184 Seiten vor. Es macht durch den ausgestanzten Turm des Hauptgebäudes den Blick frei für die Fundamente der WWU: In weißen Versalien auf grasgrünem Grund sind Begriffe zu lesen wie Bildung, Forschung, Innovation, Fortschritt, die WWU im Wandel und Zukunft. Damit lässt die optische Anmutung des Jahrbuchs gleich zu Beginn keinen Zweifel an der inhaltlichen Ausrichtung aufkommen. Auf den Seiten 4 bis 6 wird den Lesern der gestalterische Ansatz unter dem Titel „Rückblick in die Zukunft" explizit erläutert. Dazu dient die bekannte Sentenz, wonach nichts so beständig wie der Wandel ist. Das Jahrbuch greift das Konzept Zukunft inhaltlich und grafisch auf: zum einen in den Titelthemen der verschiedenen Kapitel und zum anderen anhand der Fotos von Julia Holtkötter, die jedes Kapitel einleiten. Die Uni-Fotografin des Jahres 2010 hat dabei alte Bilder der WWU ein zweites Mal fotografiert und eröffnet damit interessante Perspektiven auf gestern und heute. Die Frage, wie

derselbe Ort in der Zukunft aussehen wird, bleibt offen, visualisiert durch ein Fragezeichen-Raster, das sich über das aktuelle Motiv legt. Eine großartige Idee, die im Dreiklang der Bildkomposition den Ausgangspunkt für kreative Visionen darstellt. In diesem Kontext manifestiert sich das neue, 2010 beschlossene Zukunftskonzept der WWU Münster, das den Titel „Gelenkte Evolution" trägt, äußerst gelungen. Es zielt auf den ergebnisoffenen Prozess der universitären Selbstorganisation, der auf Optimierung ausgerichtet ist.

An erster Stelle steht in diesem Jahrbuch das Thema Forschung, wobei die Doppelseite 10/11 auf den Aspekt Fortschritt durch Forschung fokussiert. Der visuelle Dreiklang zeigt hier Ausdauertraining in der Sportmedizin im Wandel der Zeit: von den 70er-/80er-Jahren

Hier ist die Bildsprache ganz dem Motto „Rückblick in die Zukunft" verpflichtet: Gestern weideten noch Schafe auf dem heutigen Schlossvorplatz, dessen ferne Zukunft unter Fragezeichen verborgen liegt.

über 2010 bis hin zum fiktiven Szenario des Jahres 2045. Und schon beginnt die Fantasie des Lesers zu arbeiten ... Nach der motivstarken Einführung folgt – als stringentes Merkmal aller Kapitel – ein mehrseitiges Interview. Im Kapitel Forschung steht Prorektor Prof. Dr. Stephan Ludwig, Direktor am Institut für Molekulare Virologie, Rede und Antwort. Er erläutert, wie die neue WWU-Geschäftsstelle der Nationalen Forschungsplattform für Zoonosen, also Krankheiten, die von Tieren auf Menschen übertragen werden, ihre Vorgaben umsetzt.

Auf welch hohem Niveau in Münster geforscht wird, erschließt sich im Verlauf der weiteren Lektüre mit großem Nachdruck. Prestigeträchtige Förderpreise für gleich drei Professoren, die Eröffnung einer Außenstelle des Fraunhofer-Instituts in Münster oder der neue Mathematik-Sonderforschungsbereich erregen dabei ebenso Aufmerksamkeit wie die auf den Seiten 24 und 25 vorgestellten weiteren neuen Forschungsprojekte und Förderungen. Positiv wirkt dabei immer wieder die klare und zugleich abwechslungsreiche Seitengestaltung, die stimmig mit Foto- und Bildstrecken arbeitet und anhand

Brasilianisch schaut es aus der einen Seite, daneben trifft ein deutscher Blick den Leser: Das geschickt inszenierte Doppelporträt bildet den Auftakt zum Bericht über das neu eröffnete Brasilienzentrum.

der Farbe Blau kräftige Akzente setzt. Besonders gelungen kommen die Seiten 36 und 37 daher, auf denen das Exzellenzcluster „Religion und Politik" vorgestellt und über eine europaweit beachtete Studie zum Thema religiöse Vielfalt in Europa berichtet wird. Abgerundet wird das Forschungs-Kapitel durch ein vierseitiges Konvolut zu Zahlen und Fakten, dem sich das nächste Kapitel Studium und Lehre anschließt – visuell exemplifiziert durch den Hörsaal H1 am Hindenburgplatz: gestern, heute und in Zukunft. Auch hier gefallen die frische Farbgebung und das ungezwungene, moderne Informationsdesign, das z.B. die münstersche Studierendeninitiative „weitblick" und deren Engagement in Entwicklungsländern einprägsam in Szene setzt. Dazu passt auch die atmosphärisch aufgeladene Einführung in das Kapitel Internationales, das dem Sport seinen Rang als weltweit verbindendes Moment zuweist. In diesem Zusammenhang ist die Präsentation des 2010 an der WWU gegründeten Brasilienzentrums, das die vielfältigen Aktivitäten zwischen den münsterschen und zahlreichen brasilianischen Forschungseinrichtungen bündelt und den Austausch forciert, gut aufgehoben. Das

Der Bus macht neugierig auf die „Expedition Münsterland" und lädt zu Entdeckungen ein, über die Drittmittel informiert die mittlere Grafik, und die Weltkarte zeigt die Internationalität der Studierenden.

› Drittmittelausgaben 2010 nach Herkunft

› Herkunft der ausländischen Studierenden im Wintersemester 2010/11 nach Kontinenten

wunderschöne Motiv auf Seite 80 transportiert diese Botschaft ebenso ästhetisch wie nachhaltig. Münster ist eine vitale Universität, in der nicht nur gelehrt, gelernt und geforscht, sondern eben auch gelebt wird, wie das Kapitel Menschen und Leben zeigt.

Das statistische Jahrbuch, in der gleichen Manier aufgemacht wie das Jahrbuch, versorgt den Leser mit dem notwendigen Zahlen- und Datenmaterial, ausführlich erläutert durch ebenso einprägsame wie anschauliche Grafiken. Exzellenz also, wohin man in Münster auch schaut und die auch das Jahrbuch 2010 gekonnt reproduziert. Selten findet man Publikationen, die konzeptionelle Durchdachtheit und Stringenz mit einer derart stimmigen gestalterischen Verve zu verbinden wissen. Die Fotos von Julia Holtkötter haben – den Wandel im Blick – daran entscheidenden Anteil. Es lohnt sich deshalb, auf den Seiten 126 und 127 nochmals nachzulesen, was sie in ihrer Ausstellung Tempus Campus visuell so sinnfällig dokumentiert hat.

FINANZKENNZAHLEN

Stand: 31.12.2010

Fachbereiche: 15

Studierende: rd. 37.200

Haushalt (ohne Medizin): 386,7 Mio. Euro

Drittmittelausgaben: 117,1 Mio. Euro

Mitarbeiter: 5.000

Der nächste Geschäftsbericht erscheint im April 2012

INFORMATION

Westfälische Wilhelms-Universität (WWU) Münster
Schlossplatz 2
48149 Münster
Norbert Robers
Stabsstelle Kommunikation
Fon: 0251 83-22232
Fax: 0251 83-21445
norbert.robers@uni-muenster.de
www.uni-muenster.de

Agentur
Gestaltung: goldmarie design, Münster
www.goldmarie-design.de
Text: Tim Stelzer, Münster

WMF AG

Der Vorstand (v.l.n.r.):
Dr. Rudolf Wieser,
Thorsten Klapproth (Vorsitz),
Ulrich Müller, Dr. Bernd Flohr

Zukunft braucht Herkunft. Diesen Kernsatz wählt die wmf group für ihren Geschäftsbericht 2010 und greift damit die neue Organisationsstruktur des Konzerns mit seinen Produkten rund ums Zubereiten, Kochen und Genießen auf. Seit jeher verbinden Kunden weltweit mit WMF etwas Besonderes, das sich auszeichnet durch formschönes Design, durch optimale Funktionalität und durch höchste Qualität. Das sind die Markenwerte von Gründung an. Mit dem Geschäftsbericht 2010 schlägt die wmf group von dieser Tradition einen Bogen zur Gegenwart und darüber hinaus in die Zukunft, lenkt den Blick des Lesers nach vorne und zeigt mit jeder Seite des 142 starken Berichts, wo der Konzern heute steht und welche kraftvollen Perspektiven sich aus dessen Herkunft entwickeln.

2011 stellt sich der Konzern mit neuer Organisation vor. Fünf Geschäftsbereiche stehen für den Erfolg des Globalplayers mit festverankerten Wurzeln im Schwäbischen. Und mit dieser neuen Organisation steht die wmf group bereits an der Schwelle, die Milliarde-Euro-Umsatzgrenze zu sprengen, davon ist der Vorstandsvorsitzende, Thorsten Klapproth, überzeugt. Die Entwicklung 2010 nährt diese Prognose mit beeindruckenden Zahlen: Der Umsatz steigt um 13 % auf 901,6 Mio. Euro und die Aktie schließt zum Jahresende mit 27,32 Euro. Das ist ein Jahresplus von 42 %. Thorsten

Klapproth sieht die Gründe für diese Erfolgsserie, die sich seit 2004 kontinuierlich fortsetzt, im überaus hohen Engagement der 6.005 Mitarbeiter und in einer systematischen Ausweitung der Geschäftsfelder. Diese sind unter dem neuem Logo der Gruppe vereint, das erstmals die Titelseite des Geschäftsberichts ziert: wmf group. Unter diesem Logo vereinen sich die zehn starken Marken alfi, Auerhahn, Boehringer, Hepp, Kaiser, petra, Princess, Schaerer, Silit und WMF. Und es ist nur konsequent, dass das Konzept des Geschäftsberichts 2010 diese neue Geschäftsbereichsstruktur in den Mittelpunkt stellt und sie zum visuellen Highlight erklärt.

Wenn es um Tisch und Küche geht, versteht WMF seit
158 Jahren das Geschäft: der Sikomatic von einst heißt heute
Perfect Ultra und setzt damals wie heute Maßstäbe, wenn es
um zeitgemäßes und funktionales Design geht.

Das Titelbild zeigt eine junge Designerin, abgebildet im Großformat, und umgeben von einem weichgezeichneten Ateliershintergrund in Schwarz-Weiß-Grau entsteht ein Eindruck von edlem und kreativem Ambiente, der sich mit dem Berühren der seiden-matten Kartonage verstärkt. Das ist die haptische Einladung, den Bericht umzublättern und sich einzulassen auf die Erfolgsstory des Jahres 2010. Und bereits mit diesem ersten Umblättern erfährt der Leser, welche Vielfalt sich hinter dem neuen Konzernnamen verbirgt, eingeteilt in die Geschäftsbereiche „WMF Filialen", „Tisch und Küche", „Elektrokleingeräte", „Hotel" und „Kaffeemaschinen". Und die gegenüberliegende Seite dieser ersten Präsentation erklärt textlich, dass WMF stolz ist auf die gewachsenen Werte, auf das Selbstverständnis, die Herkunft nicht zu vergessen, wenn es um die Gestaltung der Zukunft geht. Genau diese Maxime setzt der Geschäftsbericht in seinen Imageseiten ausdrucksstark um, lädt ein zu einer Reise durch die Zeit, bebildert und beschriftet und wie eine kleine Reportage gestaltet zu jedem einzelnen Geschäftsbereich.

Hier stehen die Bilder im Vordergrund. Sie erzählen Geschichten, sie wecken Emotionen und sie bilden den Zeitgeist ab, der früher wie heute die Trends setzt. Diese Momentaufnahmen wirken

Die der Aufmacherseite folgende Bildstrecke zeigt in liebevollen Detailaufnahmen den Alltag mit Produkten von WMF – das ist nicht nur sympathisch, sondern auch und vor allem authentisch.

nah, weil der Leser sympathischen Akteuren begegnet, die einen Einblick geben in ihren Alltag. Und der Text ergänzt diese Schlaglichter mit Informationen zu Produkten und Szenen. Aus dieser Harmonie zwischen Bild und Wort entsteht eine beeindruckende Reise durch die Welt der wmf group. Den Auftakt macht die WMF-Filiale Stuttgart mit einer Ansicht von 1936 und heute. Es hat sich viel geändert, aber die Marke bleibt. Und die Qualität. Und der Anspruch auf Innovation. Heute gleicht das Betreten der Filiale dem Eintritt in eine Erlebniswelt. Das zeigen zwei Kundinnen, denen eines am Herzen liegt: Inspirationen und hochwertige Produkte. Mit jedem Umblättern entstehen neue Bilder von den Bereichen der wmf group. Die Gegenüberstellung von Produkten aus früherer Zeit und in neuem Design vermittelt eine Idee davon, wie viel Entwicklung, wie viel Engagement, wie viel Know-how und Service sich in jedem einzelnen Produkt vereinen. Das Storytelling auf den Folgeseiten zieht den Leser immer weiter hinein in den Alltag der ausgewählten Kunden und Mitarbeiter. Sie zeigen ihre Art von Lifestyle und machen damit Lust, mehr zu erfahren von dem Traditionsunternehmen, das längst aufgebrochen ist zu internationalen Märkten wie die Standortkarte am Ende des Berichts beweist.

Der weltweit bestens aufgestellte Konzern weiß in jeder Hinsicht zu überzeugen, wie es die originellen Grafiken dem Leser anschaulich und eindeutig vermitteln.

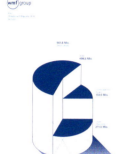

Und wenn dann inmitten dieser Reportagen die junge Frau des Titelblatts fotografische Szenen ihrer Arbeit aneinanderreiht und die Atmosphäre von Kreativität, von Technik und Styling durch die Seiten wirken lässt, dann fühlt sich der Leser berührt und eingeführt in die Welt der wmf group. Nach diesen Geschichten zu den Geschäftsbereichen ändert sich das Layout. Farbige Seitenränder navigieren durch das Jahr und mit dem Konzernabschluss ändert sich zusätzlich die Haptik. Jetzt prägen Zahlen das Bild. Sie unterstreichen, begründen mit jeder Zeile, was der Vorstandsvorsitzende, Thorsten Klapproth, in seinem Interview zu Beginn des Berichts verspricht: Wettbewerbsfähigkeit, Umsatzwachstum und Profitabilität. Das beweisen die Daten und Fakten und davon erzählen die Reportagen unter dem Motto des Geschäftsberichts 2010: Zukunft braucht Herkunft.

FINANZKENNZAHLEN

Stand: 31.12.2010
Rechnungslegung nach IFRS

Umsatz: 901,6 Mio. Euro

Ergebnis je Aktie: 2,73 Euro

Dividende: 18,2 Mio. Euro

EBIT: 58,4 Mio. Euro

Eigenkapital: 310,1 Mio. Euro

Marktkapitalisierung: 367,6 Mio. Euro

Mitarbeiter: 6.005 (weltweit)

Der nächste Geschäftsbericht erscheint im April 2012

INFORMATION

WMF AG
Eberhardstraße
73312 Geislingen/Steige
Dr. Jörg Hass
Unternehmenskommunikation
Fon: 07331 258-529
Fax: 07331 258-061
joerg.hass@wmf.de
www.wmf.de

HTML-Bericht vorhanden

Agentur
Strichpunkt GmbH, Stuttgart
www.strichpunkt-design.de

NACHHALTIGKEIT IM BLICK

Unter dem Titel „Nachhaltigkeit im Blick" stellt die diesjährige Ausgabe der „Beispielhaften Geschäftsberichte" erstmalig in einem Extra-Kapitel eine Auswahl jener Geschäftsberichte vor, die sich in besonderem Maß auf die Themen Unternehmerische Verantwortung, Nachhaltigkeit und Umwelt konzentrieren. Die Ideen und Absichten hinter den vorgestellten Konzepten fassen die erläuternden Texte zusammen, beispielhafte Seiten geben einen Einblick in die tatsächliche Umsetzung. Damit gibt dieses Kapitel einen vertieften Einblick in einen aktuellen Schwerpunkt der Berichterstattung, der zunehmend an Bedeutung gewinnt und erweist gleichzeitig jenen Berichten, die schon heute den Fokus auf nachhaltige Entwicklung im Unternehmen legen, ihre verdiente Referenz.

NACHHALTIGKEIT IM BLICK

AUDI AG

„Die Menschen bei Audi werden ihre Leidenschaft für das Automobil in die Zukunft transportieren. Mit unserer Strategie 2020 und unseren e-tron Studien demonstrieren wir eindrucksvoll, wie sehr sich in unserem Unternehmen Vernetzung, Umgang und Denken verändern."

RUPERT STADLER, VORSITZENDER DES VORSTANDS

Die Entwicklung der Elektromobilität stellt die Automobilindustrie vor große technologische Herausforderungen. So handelt es sich bei der Elektrifizierung des Antriebsstrangs nicht nur um eine weitere Motorisierungsvariante. Vielmehr gilt es, das Automobil von Grund auf neu zu erfinden. Audi stellt sich dieser Aufgabe. Denn es geht um Antworten auf den globalen Klimawandel, um Alternativen zu fossilen Rohstoffen und um zeitgemäße Mobilitätskonzepte für die wachsenden Megacitys dieser Welt. Dass der Antrieb mit Strom dabei kein Widerspruch zu sportlichem Fahrspaß ist, erkennt man beim Audi Geschäftsbericht bereits auf der Titelseite. Vier e-tron Studien zeigen hier ihre markanten Frontpartien und strahlen Kraft und Eleganz aus. Im Magazinteil erfährt der Leser mehr über das nächste Kapitel der Mobilität. Mehrseitige Reportagen mit faszinierenden Fotos und Infografiken vermitteln die Bedeutung, die das Thema für den Ingolstädter Konzern hat. Auch bei E-Fahrzeugen will Audi getreu dem Motto „Vorsprung durch Technik" der führende Premiumhersteller werden.

NACHHALTIGKEIT IM BLICK

Evonik Industries AG

„Am Wind Explorer zeigt sich, wozu Pioniergeist und deutsche Hochtechnologie fähig sind."

DR. KLAUS ENGEL, VORSTANDSVORSITZENDER

Ressourceneffizienz ist – neben Gesundheit, Ernährung und der Globalisierung von Technologien – einer der Treiber der Unternehmensstrategie von Evonik. Deutlich wird dieses Bekenntnis zur Nachhaltigkeit schon durch das Konzept des kompletten Imageteils des Geschäftsberichts 2010. Die Pionierfahrt des Elektromobils Wind Explorer wird darin in packenden Bildern und passenden Worten durch Australien begleitet und die dafür notwendigen Innovationen von Evonik werden vorgestellt: Leichtbau, Technologien für den Leichtlaufreifen, Lithium-Ionen-Batterie – kurzum alles für die ressourcenschonende Mobilitätslösung von morgen. Der Wind Explorer lässt sich dabei von Lenkdrachen ziehen und hat ein eigenes Windkraftwerk an Bord, kurz: geht mit Hightech-Ausstattung neue Wege. Damit wird er geradezu zum Sinnbild für den Evonik-Konzern, der auch mit dem Titel der Publikation „Vorreiter sein" klar macht, dass dem Unternehmen sehr daran gelegen ist, seine führende Position im Bereich nachhaltiger Innovationen zu behaupten.

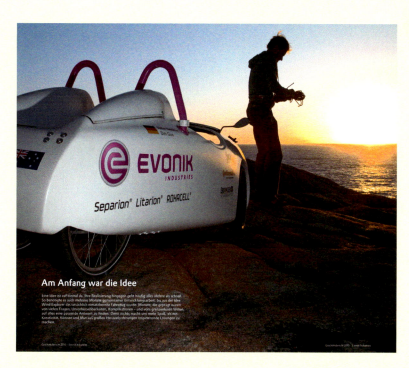

NACHHALTIGKEIT IM BLICK

Förde Sparkasse

Nachhaltigkeit fängt zu Hause an, vor Ort und im Kleinen. Die Förde Sparkasse als zweitgrößte Sparkasse Schleswig-Holsteins macht in ihrem Sozialbericht 2010 vor, wie das geht. Unter dem Titel „Raum für soziales Engagement" wird die am Gemeinwohl ausgerichtete Geschäftspolitik des Unternehmens dargestellt – und mit einer geschickt komponierten Bilderwelt aus maritimen Motiven und authentischen Menschen aus der Region illustriert. Dabei unterstützt die Förde Sparkasse bewusst kulturelle Veranstaltungen und Initiativen, fördert soziale Projekte und engagiert sich für Sport, Wissenschaft und Umweltschutz. Besonders hervorzuheben ist das völlige Fehlen von Berührungsängsten. So beginnt das Editorial des vierköpfigen Vorstands mit der Frage, ob der Leser wisse, was ein „Ollie" ist. Die Antwort präsentiert die nächste Seite: Zwei Jugendliche zeigen diesen gekonnten Sprung mit dem Skateboard, und die Sparkasse berichtet von ihrer Spende für eine neue Skateranlage im Ort Altenholz. Ein Beispiel von vielen für echte und damit nachhaltige Integration.

„Zu unserem öffentlichen Auftrag gehört nicht nur die kreditwirtschaftliche Versorgung der Bevölkerung und des Mittelstands in unserem Geschäftsgebiet. Nach unserer nachhaltigen, am Gemeinwohl ausgerichteten Geschäftspolitik unterstützen wir bewusst kulturelle Veranstaltungen und Initiativen, fördern soziale Projekte und engagieren uns für den Sport, die Wissenschaft und den Umweltschutz. Dieses wollten wir mit unserem Sozialbericht verdeutlichen."

GÖTZ BORMANN, VORSTANDSVORSITZENDER

376

NACHHALTIGKEIT IM BLICK

GEWOBA Aktiengesellschaft Wohnen und Bauen

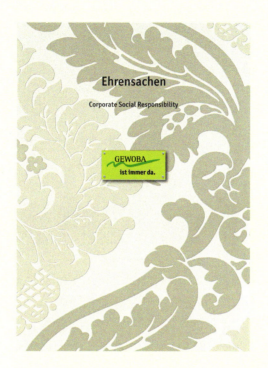

„Für uns ist ein nachhaltiges Geschäftsmodell seit Jahren selbstverständlich: Auch, was erst in Zukunft Früchte trägt, steigert den Unternehmenswert. Das Management der GEWOBA denkt die Zukunft immer voraus, wie man in unserem CSR-Bericht an vielen Beispielen sehen kann."

MANFRED SYDOW, VORSTAND

Als größtes Immobilienunternehmen in Bremen übernimmt die GEWOBA auch Verantwortung für den Standort und seine Menschen. Sie wahrzunehmen ist „Ehrensache" – so der Titel des diesjährigen Berichts zur Corporate Social Responsibility. Darin zeigen die Führungskräfte des Unternehmens in selbst verfassten Beiträgen, wie sie diesen Anspruch im Alltag erfüllen. Daneben setzt der Bericht auf authentische Testimonials von Mietern, Partnern und Mitarbeitern, die jeweils auf Doppelseiten einzelne Leistungen der GEWOBA von flexiblen Elternzeitlösungen bis zum kostenlosen EnergieSpar-Check präsentieren. Auch die Errichtung effizienter Wohngebäude oder die Investition in Angebote für die Mieter wie Begegnungsstätten, Kitas oder Seniorenberatungsstellen sind Grundpfeiler der sogenannten CSR-Rendite. Diese lässt sich nicht kurzfristig monetär beziffern, sondern wirkt sich langfristig positiv auf das Gemeinwohl aus – und führt zu einer nachhaltigen Steigerung von Wohn- und Lebensqualität. Dieser CSR-Bericht demonstriert das eindrucksvoll - Ehrensache eben.

NACHHALTIGKEIT IM BLICK

Hubert Burda Stiftung

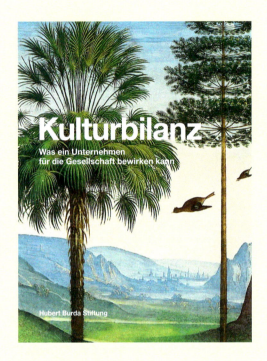

„Die Kulturbilanz zeigt alle Förderaktivitäten meines Hauses. Sie ist geprägt vom Dialog zwischen Wissenschaft und Künsten. Ein Medienunternehmen reflektiert stets beide zusammen wie die zwei Seiten einer Münze. Es lebt in diesem Spannungsfeld."

DR. HUBERT BURDA

Neben ihrer Geschäftsbilanz hat Hubert Burda Media in diesem Jahr noch eine weitere Publikation herausgegeben – eine Kulturbilanz. Auf 170 Seiten geht es darum, was ein Unternehmen für die Gesellschaft bewirken kann. Der Verleger Dr. Hubert Burda blickt auf zahlreiche Initiativen und Projekte der vergangenen Jahrzehnte zurück und erinnert an Freunde und Weggefährten. 36 Jahre Engagement für Kultur, Wissenschaft, Kommunikation und das Allgemeinwohl werden hier eindrücklich beschrieben und illustriert. Die Bandbreite reicht vom Petrarca-Literaturpreis über die Innovationskonferenz „Digital Life Design" bis zur Vortragsreihe an der Ludwig-Maximilians-Universität in München mit Persönlichkeiten wie Peter Sloterdijk, Wim Wenders oder Sir Norman Foster. So breit das Spektrum der Förderaktivitäten ist, einiges haben sie dennoch gemeinsam. Bei allen geht es um Innovation und um Kommunikation, um ein besseres Selbstverständnis der Gesellschaft und um deren Zukunftsfähigkeit, kurzum: die Nachhaltigkeit allen menschlichen Handelns.

NACHHALTIGKEIT IM BLICK

LANXESS AG

Seit dem Jahr 2008 ist ein ausführliches CR-Kapitel fester Bestandteil des LANXESS Geschäftsberichts. Es unterstreicht den Anspruch des Unternehmens, in seinen geschäftlichen Aktivitäten die Erfordernisse von Ökonomie, Ökologie und Gesellschaft gleichermaßen zu berücksichtigen. Darüber hinaus adressiert es die vielfältigen Informationsbedürfnisse der über den Kapitalmarkt hinausgehenden Öffentlichkeit. Auf ein jährlich wechselndes Schwerpunktthema wird dabei bewusst verzichtet – das Kapitel ist in das allgemeine Leitthema und Bildkonzept des Geschäftsberichts integriert. So wird zum einen nach außen hin deutlich vermittelt, dass Corporate Responsibility ein integraler Bestandteil des LANXESS Geschäftsmodells ist. Zum anderen gewährleistet diese Herangehensweise eine hohe Berichtskontinuität und Transparenz im Hinblick auf die erzielten Fortschritte.

„Für uns ist ‚Grüne Chemie' kein Schlagwort. LANXESS macht schon heute ernst damit. Wir richten unseren Wachstumskurs am Grundsatz der Nachhaltigkeit aus."

AXEL C. HEITMANN

NACHHALTIGKEIT IM BLICK

Linde AG

„Linde ist in vielfältiger Weise Lösungsanbieter für emissionssenkende, ressourceneffiziente Technologien."

PROF. DR.-ING. WOLFGANG REITZLE,
VORSITZENDER DES VORSTANDS

„Die Weltbevölkerung wächst, der Energiebedarf steigt – um dem Klimawandel erfolgreich entgegenwirken zu können, sind umweltfreundliche Technologien gefordert" heißt es zu Beginn des Kapitels Umwelt & Ressourcen im Linde Annual, dem jährlichen Imageteil des Geschäftsberichts des Industriegase- und Engineeringunternehmens. Als Global Player auf diesem Sektor ist Linde schon naturgemäß nah an allen Themen, die mit Energieeffizienz zu tun haben. So zeigt der Bericht nicht nur großformatige Bilder erhaltenswerter Natur, wie etwa aus dem Hochland von Ecuador, sondern auch beeindruckende Aufnahmen von Linde-Technologien für effizienteren Energieeinsatz. Diese reichen von der Ergasverflüssigung bis zur Wasserstoffzapfsäule für Gabelstapler in der Autofabrik. Neben den Bildwelten sind es auch kreativ aufbereitete Grafiken, etwa zum Thema CO_2-Ausstoß, die das Thema Nachhaltigkeit für den Leser greifbar machen – und gleichzeitig das Engagement von Linde gekonnt vermitteln.

NACHHALTIGKEIT IM BLICK

Siemens AG

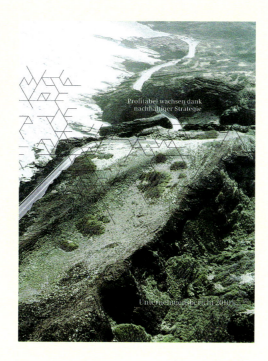

„Schon heute an morgen denken und damit den nachfolgenden Generationen der Welt eine gute Zukunft ermöglichen – das ist unser Anspruch."

BARBARA KUX, MITGLIED DES VORSTANDS DER SIEMENS AG, CHIEF SUSTAINABILITY OFFICER

„Für einen kurzfristigen Gewinn verkaufe ich nicht die Zukunft des Unternehmens" war schon das Credo des Unternehmensgründers Werner von Siemens. Dem Auftrag, verantwortungsvoll mit den Mitarbeitern, dem gesellschaftlichen Umfeld und den natürlichen Ressourcen umzugehen, kommt die Siemens AG heute erkennbar nach. Erkennbar daran, dass der Weltkonzern jedes Jahr einen eigenen Nachhaltigkeitsbericht veröffentlicht. Daran, dass er dem Thema auch in der jährlichen Berichterstattung gebührend Platz einräumt. Daran, dass es zusätzlich eine umfassende und multimedial aufbereitete Website gibt. Und natürlich an den Auszeichnungen, die Siemens erhält: So ist das Unternehmen erneut als Branchenbester im wichtigen Dow Jones Sustainability Index ausgezeichnet worden, und erreicht auch im Carbon Disclosure Project Spitzenplätze. Im Geschäftsbericht 2010 – der schon mit seiner bewusst ausgesuchten Akzentfarbe Grün als Symbol für umweltfreundliche Technologien aufwartet – erhält dieses zentrale Thema ebenfalls einen so angemessenen wie attraktiven Rahmen.

Lebrija – erneuerbare Energie aus Solarthermie

Reportage 1

Fokus auf innovationsgetriebene Wachstumsmärkte

In nicht einmal sechs Stunden empfangen die Wüsten der Erde so viel an Sonnenenergie, wie alle Menschen zusammen in einem Jahr benötigen.

Solarthermie hilft, diese Energie zu gewinnen, ohne dabei CO_2-Emissionen zu erzeugen. Eine erste Anlage von Siemens speist ab 2011 Strom ins spanische Netz ein.

NACHHALTIGKEIT IM BLICK

Stadtwerke Hannover AG

"Die ökonomische, ökologische und soziale Verantwortung ist Leitlinie des unternehmerischen Handelns" heißt es im Bericht der Stadtwerke Hannover AG, die mit „enercity – positive energie" die erste Strommarke auf dem deutschen Energiemarkt einführten. Diese drei definierten Nachhaltigkeitsdimensionen werden in der Publikation in den gleichgewichteten Kapiteln „Markt", „Mensch" und „Umwelt" ausführlich dargestellt und damit selbstverständlich in die jährliche Geschäftsberichterstattung integriert. Als Energieunternehmen sind die Themen Klimaschutz und Energieeffizienz fest im Alltag der Stadtwerke verankert – und tauchen auch in der Berichterstattung kontinuierlich auf. Das beginnt beim Elektrorollermotiv auf dem Titel und reicht bis zum Artikel über die Solar BobbyCar Challenge, für die zwölf Azubis ihre Freizeit opferten. Auch die aktive Teilnahme an der preisgekrönten „Klima-Allianz Hannover 2020" wird ästhetisch in Wort und Bild beschrieben. Nachhaltigkeit bekommt in der vorliegenden Publikation eine deutliche Präsenz, die völlig selbstverständlich wirkt.

„Ökonomischer Erfolg lässt sich dauerhaft nicht gegen die Gesellschaft erreichen. Deshalb stellt sich enercity seiner sozialen und ökologischen Verantwortung"

MICHAEL G. FEIST, VORSTANDSVORSITZENDER

NACHHALTIGKEIT IM BLICK

Uzin Utz AG

Nachhaltigkeit ist auch eine Frage von Verbundenheit – zur Umwelt, aber auch zur Heimat und Historie. Der Geschäftsbericht der Uzin Utz AG, die 2011 ihr 100-jähriges Jubiläum feiert, vermittelt diese Nähe schon auf der Titelseite. Eine fast meditative Fotografie der Brenzquelle in Königsbronn bildet den Auftakt zu einer Reihe, die den kompletten Imageteil mit Naturaufnahmen aus der Region rund um den Firmensitz im Ulmer Donautal zu einem ästhetischen Erlebnis macht. Der Hersteller von Produktsystemen und Maschinen für den Boden hat sich schon seit der Entwicklung des ersten lösemittelfreien Klebstoffs im Jahr 1982 größtmöglicher Umweltfreundlichkeit verschrieben. Seit 2011 nun werden in Deutschland überhaupt keine lösemittelhaltigen Klebstoffe mehr produziert und verkauft. Es sind Nachhaltigkeits-News wie diese, die einerseits die Texte des Berichts prägen, und die andererseits die den ganzen 24-seitigen Imageteil begleitende Zeitleiste wie ein roter Faden durchziehen und für eine – so auch der Titel des Imageteils – echte „Erfolgsbasis" sorgen.

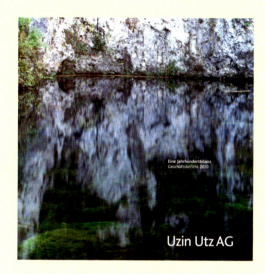

„Kontinuität ist ein zentraler Erfolgsfaktor der Uzin Utz AG – bei der Forschung und Entwicklung, bei der strategischen Ausrichtung und im Hinblick auf die Stabilität unseres Personalstamms. Wie nachhaltig wir handeln, zeigt sich vor allem immer auch daran, wie motiviert unsere Mitarbeiter sind, die den Erfolg unseres Unternehmens auch in der Zukunft ganz entscheidend beeinflussen."

DR. H. WERNER UTZ, VORSTANDSVORSITZENDER

▮ AUSGEZEICHNETE GESTALTUNGSIDEEN

In diesem Kapitel stellen wir Ihnen außergewöhnliche und besonders originelle Geschäftsberichte vor. Sie zeichnen sich durch Gestaltungsmerkmale aus, die im Buch selbst nicht angemessen wiedergegeben werden können. Deshalb präsentieren wir Ihnen die aus den Berichten ausgewählten Seiten anhand eigens angefertigter Studioaufnahmen. Ergänzt wird die bildliche Darstellung durch Angaben zu Papier, Verarbeitung etc. Mögen diese Ideen dazu anregen, Mut zur kreativen Gestaltung zu entwickeln!

AUSGEZEICHNETE GESTALTUNGSIDEEN

Deufol AG

PAPIER
Umschlagverpackung: Invercote G 200 g kaschiert auf e-Wellext
Inhalt: PhoeniXmotion xenon matt 150 g
Trenner: Algro Design DUO 380 g

VERARBEITUNG
Umschlag als Versandkarton, Register-Stanzung, Wire-O-Bindung (Inhalt),
Partielle Lackierung

FARBEN
4/4-farbig schwarz + HKS 13 + Pantone Black 7 + Lack

AUFLAGE
1.000 Exemplare

AUSZEICHNUNGEN (Auswahl)
PLATINUM AWARD Competition Class, LACP 2010 Vision Awards, USA
PLATINUM Award Best Report Financial WORLDWIDE, LACP 2010 Vision Awards, USA
GOLD AWARD Financial Data: Packaging, ARC Awards 2010 International, USA
BRONZE AWARD, Cover Photo/Design: Packaging, ARC Awards 2010 International, USA

AGENTUR
FIRST RABBIT GmbH, Köln

DRUCKEREI
ASCO STURM DRUCK GmbH, Bremen

AUSGEZEICHNETE GESTALTUNGSIDEEN

EADS N.V.

PAPIER
Buchbox:
TRUCARD, 380 g, FSC
Umschlag: HEAVEN 42, 300 g, FSC
Inhalt: HEAVEN 42, 150 g, FSC
Annual Report/Leaflet:
Umschlag: HEAVEN 42, 300 g/250 g, FSC
Inhalt: HEAVEN 42, 150 g/ FSC
Registrierungsdokument/Finanzbericht:
Umschlag: HEAVEN 42, 300 g, FSC/AMBER PREPRINT, 160 g, FSC
Inhalt: AMBER PREPRINT 80 g, FSC

VERARBEITUNG
Buchbox:
auf der ersten Seite matte polypropylene Laminierung, Prägedruck,
selektive UV-Lackierung
Annual Report/Leaflet:
genähter Buchrücken, matte polypropylene Laminierung, acryllackierte Innenseiten
Registrierungsdokument/Finanzbericht:
genähter Buchrücken, matte polypropylene Laminierung

FARBEN
Buchbox, Annual Report, Leaflet: 4c
Registrierungsdokument:
Umschlag: 4c, Innenumschlag und Inhalt: BLACK + SLATE BLUE PANTONE 5405
Finanzbericht: Umschlag 4c, BLACK + SLATE BLUE PANTONE 5405

AUFLAGE
Annual Report, Registrierungsdokument, Finanzbericht: 912 Exemplare
Nur Annual Report: 1.302 Exemplare
Nur Leaflet: 1.330 Exemplare

AGENTUR
W & Cie, Boulogne Billancourt, Frankreich

DRUCKEREI
Imprimerie CHIRAT, Saint-Just la Pendue, Frankreich

AUSGEZEICHNETE GESTALTUNGSIDEEN

GESCO AG

PAPIER
Pflichtteil: Luxo Art Samt 150/250/300 g
Beileger: Luxo Art Samt 150/250/300 g und Inaplast matt 200

VERARBEITUNG
8-seitiger Hauptumschlag verbindet eingeklebten Pflichtteil und den durch Magneten gehaltenen Beileger

FARBEN
Pflichtteil: 3-farbig: GESCO-Grün, Hellgrün, Metallic
Beileger: 4-farbig Skala

AUFLAGE
4.500 dt. Exemplare
500 engl. Exemplare

AGENTUR
heureka! GmbH, Essen

DRUCKEREI
Druckstudio GmbH, Düsseldorf

FINANZTEIL

- 2 — Vorwort des Vorstands
- 4 — Die GESCO-Aktie
- 8 — Erklärung zur Unternehmensführung und Corporate Governance-Bericht
- 12 — Konzernlagebericht
- 24 — GESCO AG – Kurzfassung des Jahresabschlusses
- 27 — GESCO Konzern – Jahresabschluss
    - 28 — Bilanz
    - 30 — Gewinn- und Verlustrechnung / Gesamtergebnisrechnung
    - 31 — Kapitalflussrechnung
    - 32 — Eigenkapitalveränderungsrechnung / Segmentberichterstattung
    - 34 — Anhang
- 73 — Bestätigungsvermerk des Abschlussprüfers
- 74 — Bericht des Aufsichtsrats
- 78 — Finanzkalender / Aktionärskontakt
- 80 — Impressum

BEILAGE

- 2 — Das GESCO-PLUS
- 18 — GESCO-Tochtergesellschaften im Porträt

AUSGEZEICHNETE GESTALTUNGSIDEEN

GILDEMEISTER
Aktiengesellschaft

PAPIER
Umschlag: Algro Design Duo 380 g
Innenumschlag: Galaxy Keramik 250 g
Inhalt: Galaxy Keramik 170 g
Aktionärsbrief: Corolla Book Premium White 90 g

VERARBEITUNG
Gedoppelter Außenumschlag, Inhalt als Schweizer Broschüre, 7-fache Registerstanzung, Außenumschlag und einige Innenseiten im Multi Ink Verfahren gedruckt, zwei in den Umschlag integrierte Einschubfächer für „Konzernstruktur" und „Produktübersicht". Umschlag gestanzt und mattcellophaniert. Blindprägung. Heißfolienprägung. Laserstanzung.

FARBEN
Umschlag: 4c Skala + Pantone Silber 877 + Dispersionslack matt Primer vollflächig + 1/0c Cellophanierung matt
Innenumschlag: Schwarz + Pantone Silber 877 + Pantone Blau 541/ 4c Skala + Pantone Silber 877 + Pantone Blau 541 + Dispersionslack matt
Konzernlagebericht: 4c Skala + Pantone Silber 877 + Pantone Blau 541 + Dispersionslack matt
Konzernabschluss + Aktionärsbrief: Schwarz + Pantone Silber 877 + Pantone Blau 541 + Dispersionslack matt

AUFLAGE
3.500 dt. Exemplare
1.000 engl. Exemplare

AUSZEICHNUNGEN (Auswahl)
Platz 1 M-Dax, manager magazin,
Platz 3 Gesamtranking, manager magazin

AGENTUR
Montfort Werbung GmbH, Klaus, Österreich

DRUCKEREI
Eberl Print GmbH, Immenstadt

AUSGEZEICHNETE GESTALTUNGSIDEEN

NanoFocus AG

Kompetenzen und Leistungen

PAPIER
Broschüren Unternehmensentwicklung/Kompetenzen:
Umschlag: Bilderdruck h'frei weiß matt, Claro Silk 300 g,
Innenteil: Bilderdruck h'frei weiß matt, Claro Silk 150 g/170 g von Antalis
Hardcover-Schutzumschlag: Bilderdruck h'frei weiß matt Claro Silk 135 g von Antalis

VERARBEITUNG
Broschüren: Bogen schneiden, Umschlag rillen/nuten, Umschlagaußenseiten mit Spezialmattcellophanierung, Inhalt falzen, Bogen zusammentragen/sammeln, PUR-Klebebinden/ Rückendrahtheftung mit 2 Klammern, endschneiden
Hardcover-Schutzumschlag: Bogen schneiden, Außenseiten Spezialmattcellophanierung, kaschieren des gedruckten Außenbogens und des Innenspiegels auf 2 mm Maschinengraupappe.

FARBEN
Broschüren, Hardcover-Schutzumschlag:
Euroskala von Epple + Dispersionslack neutral

AUFLAGE
Broschüre Unternehmensentwicklung: 500 Exemplare
Broschüre Kompetenzen: 1.000 Exemplare
Hardcover-Schutzumschlag: 500 Exemplare

AGENTUR
Nicolaygrafik, Frankfurt am Main

DRUCKEREI
JD Druck GmbH, Lauterbach

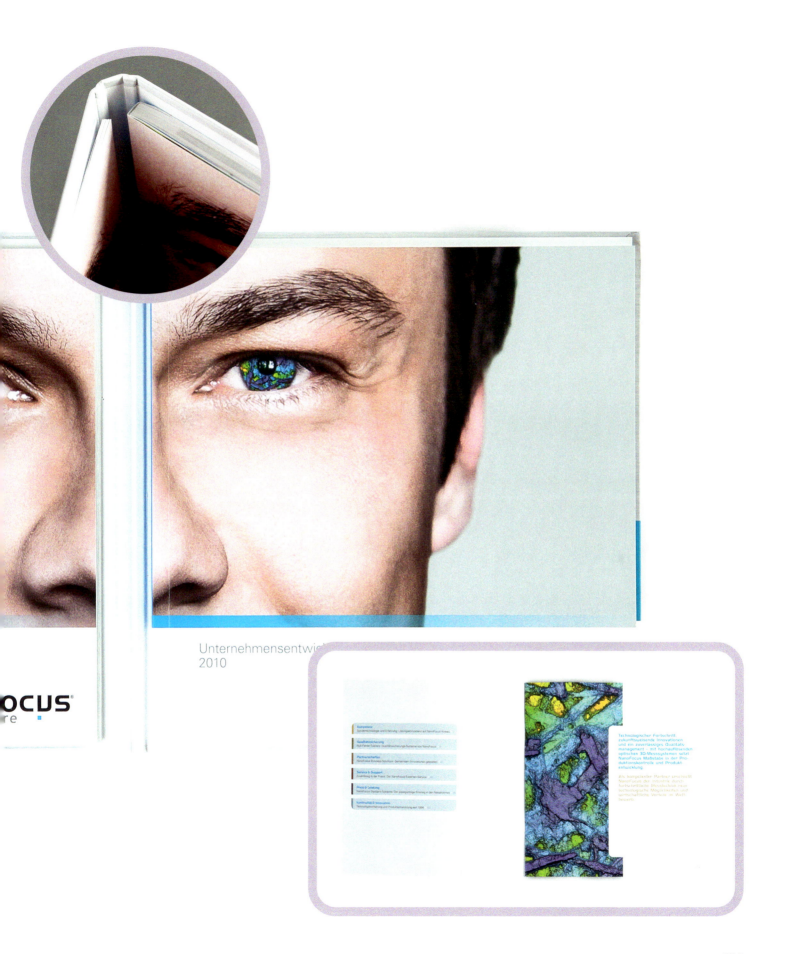

AUSGEZEICHNETE GESTALTUNGSIDEEN

Oldenburgische Landesbank AG

PAPIER
Berichte: Umschlagseiten: Papyrus // Avanta Image, weiß 330 g
Innenseiten: PhoeniXmotion // Xantur 150 g – matt naturweiß, FSC
Trenner-Seiten: Papier Union // Fly Design weiß 150 g
Mappe: Gmund // Act Green, FSC Green 300 g;
Farbe: 3/0-farbig Siebdruck Sperrgrund plus Relieflack silber

VERARBEITUNG
Mappe: Siebdruck, Relieflack, Laser-Stanzung
Inhalt: Prägung, Partielle Lackierung, Register-Stanzung

FARBEN
5/5-farbig Skala + HKS 55

AUFLAGE
Jahresberichte: 6.500 dt. Exemplare
Mappen: 2.100 Exemplare

AUSZEICHNUNGEN (Auswahl)
PLATINUM AWARD „Competition Class", LACP 2010 Vision Awards, USA
SILVER AWARD „Best Report Financial Europe/Middle East/African Region",
LACP 2010 Vision Awards, USA
GOLD AWARD „Printing & Production: Banks: Regional", ARC Awards 2010
International, USA

AGENTUR
FIRST RABBIT GmbH, Köln

DRUCKEREI
Friedr. Schmücker GmbH, Löningen

AUSGEZEICHNETE GESTALTUNGSIDEEN

SCHOTT AG

PAPIER
Umschlag: Maxisilk 350 g, FSC
Inhalt: Maxisilk 150 g, FSC

VERARBEITUNG
PUR-Klebebindung, Block über Bundbogen auf U3 eingehängt

FARBEN
Umschlag: 4 c Skala + SCHOTT Hausfarbe Pantone 2935
+ UV Lack auf den Außenseiten
Inhalt: 4 c Skala + SCHOTT Hausfarbe Pantone 2935

AUFLAGE
1.000 dt. Exemplare
700 engl. Exemplare

AUSZEICHNUNGEN (Auswahl)
GOLD AWARD, ARC Awards 2010 International, USA
Platin in der Kategorie Industrieunternehmen, LACP 2010 Vision Awards, USA

AGENTUR
3st kommunikation GmbH, Mainz

DRUCKEREI
ODD GmbH & Co. KG Print + Medien, Bad Kreuznach

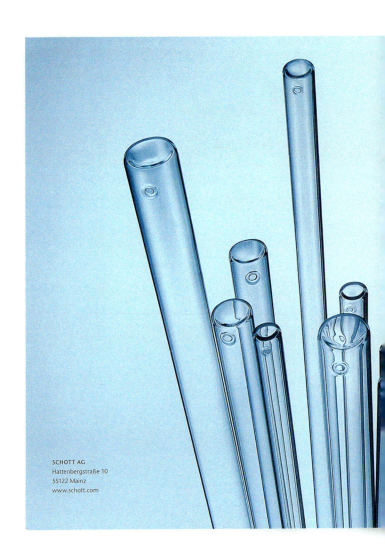

SCHOTT AG
Hattenbergstraße 10
55122 Mainz
www.schott.com

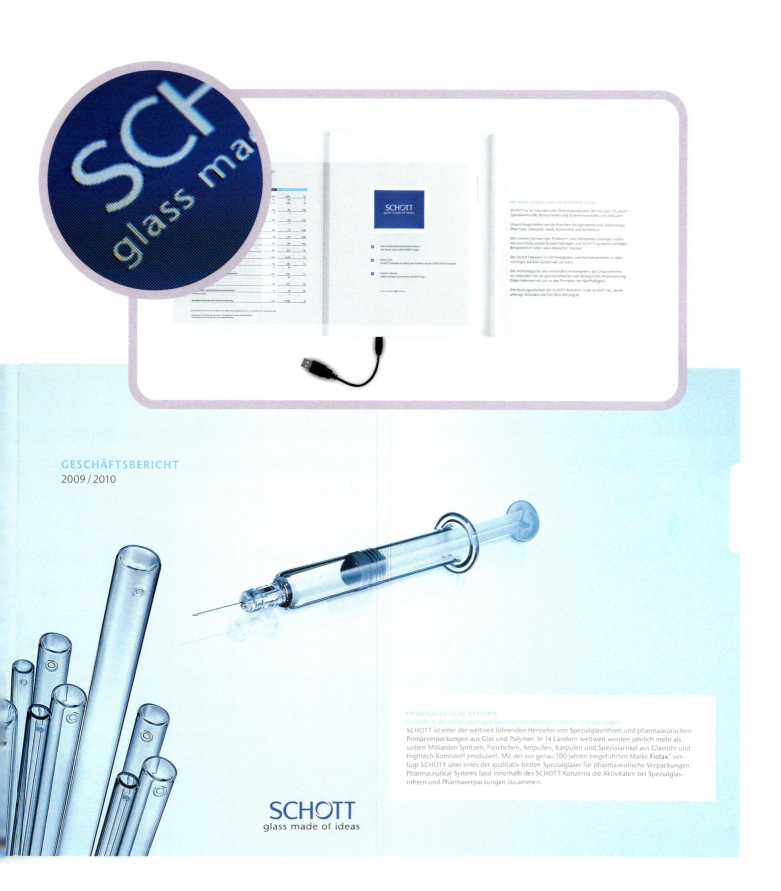

AUSGEZEICHNETE GESTALTUNGSIDEEN

ThyssenKrupp AG

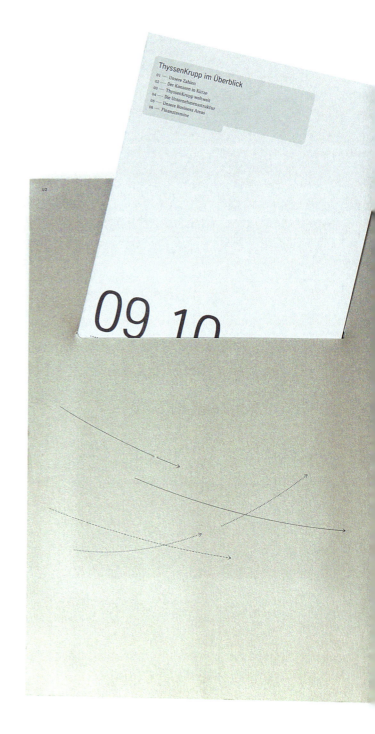

PAPIER
Umschlag: Stardream diamond 120 g, Graupappe
Inhalt: Antinoe brut zartweiss 110 g, (VS-Brief),
Lakepaper hide, Eurobulk 115 g, Envirotop 100 g

VERARBEITUNG
PUR Klebebindung, Stanzung und div. Kaschierungen

FARBEN
Umschlag: 4/0 + glänz. Folienkaschierung, glänz. Dispersionslackierung
Inhalt: 4/4 + 2 Sonderfarben
Kapiteltrenner: 6/6-farbig

AUFLAGE
12.000 dt. Exemplare
8.000 engl. Exemplare

AUSZEICHNUNGEN
3. Platz Gesamtranking, manager magazin

AGENTUR
häfelinger + wagner design, München

DRUCKEREI
Druckpartner, Essen

BRIEF AN DIE AKTIONÄRE

Sehr geehrte Aktionärinnen und Aktionäre,

vor einem Jahr habe ich Ihnen an dieser Stelle über das bisher schwierigste Jahr in der Geschichte von ThyssenKrupp berichtet. Es fiel mir nicht leicht, den Milliarden-Euro-Verlust zu erläutern. Meinen Glauben an die Stärken von ThyssenKrupp und meine Zuversicht in die Zukunft des Unternehmens hatte ich aber nie verloren, denn wir haben umgehend mit einem umfangreichen Maßnahmenpaket gegengesteuert. Deshalb konnte ich Ihnen damals auch versichern, dass Ihr Unternehmen aus der Krise gestärkt hervorgehen und – sobald der Konjunkturmotor wieder anspringt – an die erfolgreiche Entwicklung der vergangenen Jahre anknüpfen wird. Das haben wir im abgelaufenen Geschäftsjahr 2009/2010 in der Tat geschafft, und über die wesentlichen Fortschritte möchte ich Sie an dieser Stelle informieren.

UNSERE WERKE IN AMERIKA SIND ERFOLGREICH GESTARTET

Im Juni 2010 haben wir unser neues integriertes Hüttenwerk in Brasilien in Betrieb genommen. Es ist die größte industrielle Investition der letzten zehn Jahre in Brasilien und zugleich das bisher größte Projekt für ThyssenKrupp – das Investitionsvolumen liegt bei 5,2 Mrd €. Für die Umsetzung unserer Wachstumsstrategie bei hochwertigem Qualitätsflachstahl ist das Werk von zentraler Bedeutung: Es wird nach dem Hochlauf rund 5 Mio t Brammen jährlich für unsere Weiterverarbeitungswerke im US-Bundesstaat Alabama und in Deutschland produzieren – und zwar mit höchsten Qualitätsstandards und zu optimierten Kosten. Der Hochlauf verläuft erfolgreich, der erste Hochofen produziert seit Ende Juli 2010 täglich bis zu 6.500 t Roheisen. Die ersten Brammen sind im Oktober auch in Europa angekommen und haben unsere Qualitätserwartungen voll erfüllt.

Fast gleichzeitig hat die Warmbreitbandstraße in unserem neuen Qualitätsflachstahlwerk in Alabama die Produktion aufgenommen. Sie ist das Kernstück des Werkes mit einem Gesamt-Investitionsvolumen von 3,6 Mrd US-Dollar. Erste Aufträge von Warm- und Kaltband wurden an US-amerikanische Kunden ausgeliefert, die Resonanz ist sehr gut. Die nachgeschalteten Weiterverarbeitungs- und Veredelungsanlagen werden schrittweise fertiggestellt; sie sind so ausgelegt, dass höchste Qualitätsansprüche industrieller Kunden, z. B. im Automobilbau, erfüllt werden können.

Auch unser neues Edelstahl-Walzwerk in Alabama ist jetzt in Betrieb. Seit Oktober 2010 produziert das Kaltwalzgerüst zunächst jährlich rund 100.000 t Kaltband, die auf 140.000 t ausgeweitet werden können. Weitere Aggregate sind im Bau. Nach der Fertigstellung wird das Werk die breiteste Produktabmessung auf dem US-Markt anbieten. Das Investitionsvolumen für das integrierte Rostfrei-Werk liegt bei 1,4 Mrd US-Dollar. Die Gesamtkapazität soll später 1 Mio t Brammen pro Jahr betragen.

Und was für alle drei Werke von besonderer Bedeutung ist: Die in der Hauptversammlung 2010 kommunizierten Budgets halten wir ein, die Wirtschaftlichkeit ist trotz höherer Investitionskosten als ursprünglich geplant gegeben. Wir haben an allen drei Projekten ungeachtet der jüngsten Wirtschaftskrise grundsätzlich festgehalten, denn wir sind von deren industrieller Sinnhaftigkeit und strategischer Bedeutung für die Zukunft von ThyssenKrupp weiterhin fest überzeugt. Langfristig bietet der NAFTA-Markt unverändert attraktive Absatzchancen. Der erfolgreiche Anlauf und die rege Kundenresonanz sind die beste Bestätigung für unsere Strategie.

Dr.-Ing. Ekkehard D. Schulz, Vorsitzender des Vorstands, aufgenommen am 11.10.2010 im ThyssenKrupp Quartier, Essen.

AUSGEZEICHNETE GESTALTUNGSIDEEN

Vorwerk & Co. KG

PAPIER
Umschlag: Umschlagkarton 300 g, blau, gerippt, FSC
Inhalt: Fly 150 g, 1,2-faches Volumen, FSC
Folder: Fly 130 g, 1,2-faches Volumen, FSC

VERARBEITUNG
Fadenheftung, inhalt in 5mal genuteten Umschlag breit überklebt eingehängt und im Rücken verleimt, Umschlag-Klappe mit Schlitzstanzung für Folder und Faconleimung

FARBEN
Umschlag: 2/0-farbig
Inhalt: 5/5-farbig
Folder: 5/5-farbig

AUFLAGE
6.500 dt. Exemplare
3.000 engl. Exemplare

AUSZEICHNUNGEN
red dot award communication design 2011
2. Platz in der Kategorie „Geschäftsberichte", Innovationspreis der Deutschen Druckindustrie

AGENTUR
OrangeLab, Düsseldorf

DRUCKEREI
Druckhaus Ley + Wiegandt GmbH + Co., Wuppertal

Hello / Phoenix
33°27′N / 112°4′W

Wo eine Fußmatte ist, ist auch ein Zuhause. Ganz egal, wo Mr. und Mrs. Smith ihre mobilen vier Wände parken – als Erstes kommt die Matte vor die Tür.

So bleibt das Heim immer schön sauber – bis man sich zum nächsten Ziel aus dem Staub macht.

Lagebericht /
Direktvertrieb
Vorwerk Thermomix

Deutliches Umsatzwachstum im Bereich
Weiterer Ausbau und Schwerpunkt Kundenservice

Der Geschäftsbereich Vorwerk Thermomix konnte im Berichtsjahr das bereits sehr zufriedenstellende Vorjahr nochmals übertreffen und erreicht mit einem Umsatz von 609,6 Millionen Europa-Plus von 21,6 Prozent. Zudem konnte der Geschäftsbereich auch im Ergebnis nochmals deutlich zulegen.

Der Thermomix ist das Multitalent in der Küche. Er übernimmt die Funktion von zwölf Küchengeräten, kann zerkleinern, rühren, dünsten und wiegen – und das in einem Gerät, ganz ohne Umrüsten. Durch sein mildes Dampfgaren bleibt der Eigengeschmack der frischen Zutaten und die Geltung komplett erhalten, weitestgehend erhalten. Der Thermomix ist damit ein ideales Begleiter für eine frische, ausgewogene und gesunde Ernährung. Die Vorteile überzeugen immer mehr Menschen zu kaufen, den der Thermomix wird eher Vorführung durch eine geschulte Repräsentantin im eigenen Zuhause kennengelernt als gekauft. Ausgezeichnet ist aber nicht nur das Produkt, überzeugend ist auch die vertriebliche Anzahl. Thermomix bietet attraktive berufliche Möglichkeiten, gerade für Frauen.

ONLINE-GESCHÄFTSBERICHTE DER DAX- UND MDAX-UNTERNEHMEN IM VERGLEICH

Dieses Kapitel wird Ihnen von der Online Division der Kirchhoff Consult AG, Hamburg, präsentiert.

ONLINE-GESCHÄFTSBERICHTE DER DAX- UND MDAX-UNTERNEHMEN IM VERGLEICH

Zum vierten Mal in Folge hat die Kirchhoff Consult AG im Sommer 2011 die Online-Geschäftsberichte der DAX- und MDAX-Unternehmen auf die Qualität ihrer Umsetzung hin untersucht. Wie in den Jahren zuvor wurden ausschließlich vollwertige HTML-Berichte in die Auswertung aufgenommen. Die Berichte wurden anhand eines 97 Punkte umfassenden Fragenkatalogs in den Bereichen Konzept, Service und Technik beurteilt. In der Gesamtschau ergibt sich folgendes Ranking:

Rang	Unternehmen	Konzept in %	Service in %	Technik in %	Gesamt in %
1	Deutsche Bank	81	86	74	80,3
2	Demag Cranes	86	64	89	79,7
3	BASF	92	88	58	79,3
4	Merck	83	69	69	73,7
5	Henkel	73	60	86	73,0
5	Linde	72	73	74	73,0
7	Hannover Rück	77	76	64	72,3
8	Allianz	68	73	70	70,3
9	Wacker Chemie	71	71	68	70,0
10	Lufthansa	68	73	65	68,7
11	Volkswagen	73	74	58	68,3
12	Fresenius	63	78	56	65,7
13	Wincor Nixdorf	70	60	66	65,3
14	Gerresheimer	58	70	67	65,0
15	LANXESS	57	50	86	64,3
16	Deutsche EuroShop	67	52	70	63,0
17	Bayer	69	48	71	62,7

VON MARCO SCHÜLLER, HEAD OF ONLINE DIVISION, KIRCHHOFF CONSULT AG

Rang	Unternehmen	Konzept in %	Service in %	Technik in %	Gesamt in %
18	ThyssenKrupp	57	61	68	62,0
19	SAP	58	58	67	61,0
20	Daimler	54	57	66	59,0
21	Beiersdorf	58	47	71	58,7
22	Brenntag	54	59	61	58,0
23	Deutsche Post DHL	41	63	69	57,7
24	HUGO BOSS	39	64	61	54,7
25	K+S	37	65	60	54,0
26	Adidas	59	51	50	53,3
26	Fresenius Medical Care	36	69	55	53,3
28	Continental	48	45	65	52,7
29	Telekom	42	43	59	48,0
30	Salzgitter	45	37	59	47,0
31	Celesio	29	46	62	45,7
32	Hochtief	47	35	51	44,3
33	METRO	44	32	56	44,0
34	Gildemeister	32	28	61	40,3
35	TUI	37	25	57	39,7
36	Douglas	19	44	51	38,0

ONLINE-GESCHÄFTSBERICHTE DER DAX- UND MDAX-UNTERNEHMEN IM VERGLEICH

20 der 30 DAX-Unternehmen bieten in diesem Jahr einen vollwertigen HTML-Bericht an, das sind drei Unternehmen weniger als im Vorjahr. Demgegenüber hat sich die Zahl der DAX-Unternehmen, die lediglich ein PDF ihres Geschäftsberichts zum Download bereitstellen, von einem auf drei erhöht. Im MDAX bieten 16 Unternehmen einen vollwertigen HTML-Bericht an, zwei mehr als im letzten Jahr. Ein PDF wird in 14 Fällen zum Download bereitgestellt, im Vorjahr wählten nur 13 Unternehmen diese Form der Aufbereitung ihres Berichts. Hinsichtlich der Verteilung der Berichte auf die verschiedenen Aufbereitungsformen ist demnach kein eindeutiger Trend erkennbar.

Die qualitative Analyse der diesjährigen Berichte zeigt, dass es durchaus noch Verbesserungspotenzial gibt. Im Bewertungsbereich Konzept werden durchschnittlich nur 57,3 % (DAX: 61,4/MDAX: 52,3) der möglichen Gesamtpunktzahl erreicht. Im Bereich Service liegt dieser Wert bei 58,2 % (DAX: 63,4/MDAX: 51,7) und im Bereich Technik bei 65,0 % (DAX: 65,1/MDAX: 64,9). Die Potenziale des Online-Geschäftsberichts werden in den seltensten Fällen ausgeschöpft.

AUFBEREITUNGSFORMEN VON ONLINE-GESCHÄFTSBERICHTEN

Neuerungen im Bereich der Aufbereitungsformen von Online-Geschäftsberichten haben sich in diesem Jahr nicht ergeben. Weiterhin verteilen sich die Berichte auf die vier Formen PDF, PDF-Plus, Hybridform und vollwertiger HTML-Bericht.

Der einfachste Weg, den Geschäftsbericht online verfügbar zu machen, ist der, ein weboptimiertes PDF zum Download anzubieten. Das PDF liegt aus dem Printprozess bereits vor und die Optimierung besteht meist lediglich in einer Reduzierung der Dateigröße. In wenigen Fällen wird das PDF zusätzlich mit interaktiven Bookmarks versehen, die die Navigation innerhalb des Dokuments vereinfachen.

Bei der als PDF-Plus bekannten Variante werden die Einzelseiten des PDFs in Bilder konvertiert und diese dann in einen HTML-Rahmen integriert, der das lineare Durchblättern, das direkte Ansteuern bestimmter Seiten sowie das Vergrößern der Ansicht erlaubt. In manchen Fällen ist zusätzlich eine Suchfunktion integriert. In diesem Jahr wurde die PDF-Plus-Variante erstaunlich häufig als Flashumsetzung angeboten. Da sämtliche Apple-Produkte weiterhin kein Flash darstellen können, ist mit dieser Wahl eine nicht unerhebliche Limitierung der Reichweite verbunden.

Die Hybridform trat wie im Vorjahr in zwei unterschiedlichen Varianten in Erscheinung. In der Variante PDF/HTML werden die meisten Seiten des Berichts ähnlich wie beim PDF-Plus als Bilder in einem HTML-Rahmen zum Durchblättern angeboten. Wichtige Tabellen und Abschnitte sowie in vielen Fällen die Startseite werden in echtem HTML umgesetzt. In der Variante HTML/Bild hingegen wird der Großteil des Berichts in HTML umgesetzt. Lediglich die Tabellen werden von dieser Form der Aufbereitung ausgenommen und als Bilder integriert.

Die vollwertige HTML-Umsetzung ist die einzig mediengerechte Form der Aufbereitung von Online-Geschäftsberichten. Sie bietet die Möglichkeit, onlinespezifischen Mehrwert gegenüber der gedruckten Variante zu realisieren. In dieser Form werden sämtliche Berichtsinhalte inklusive der Tabellen und des Anhangs in HTML aufbereitet.

Links im Fließtext, sowie in den Tabellen gepaart mit seitenspezifischen berichtsinternen und -externen Links, leiten den Nutzer durch den Bericht und verweisen ihn auf interessante Inhalte. Ebenso kann an vielen Stellen des Online-Geschäftsberichts in die IR-Sektion der Corporate Website und damit zu aktuellen Informationen verlinkt werden. Mit Hilfe einer komfortablen Suchfunktion und einer intuitiv bedienbaren Navigation lassen sich Berichtsinhalte schnell auffinden. Druck- und Downloadmanager sowie XLS-Downloads der Tabellendaten ermöglichen es, die Inhalte weiterzuverarbeiten. Durch die Integration von Videos und interaktiven Grafiken wird der Bericht belebt und das Nutzerinteresse geweckt.

Die Frage, welche Form der Aufbereitung die sinnvollste ist, wird mit Blick auf eine Zielgruppen- und eine Kosten-Nutzen-Analyse jeweils unternehmensindividuell entschieden. Aus den Daten der Berichtssaison 2010 lässt sich hier jedenfalls kein eindeutiger Trend ablesen.

BEST-PRACTICE-BEISPIELE AUS DEM BEREICH KONZEPT

HUGO BOSS – Prominent platzierte seitenspezifische Links verweisen auf weiterführende Inhalte.

Volkswagen – Ein Feedbackformular ermöglicht es den Nutzern, Lob und Kritik zu äußern.

Im Bewertungsbereich Konzept geht es vorrangig um drei Fragekomplexe: Wie steht es um die Auffindbarkeit des Berichts im Netz?

ONLINE-GESCHÄFTSBERICHTE DER DAX- UND MDAX-UNTERNEHMEN IM VERGLEICH

Wie leicht zugänglich sind die Informationen innerhalb des Berichts und wie ausgeprägt ist die Dialogorientierung des Unternehmens?

Die Auffindbarkeit des Berichts in den gängigsten Suchmaschinen ist von großer Bedeutung. Eine gute Platzierung kann über entsprechende Maßnahmen der Suchmaschinenoptimierung erzielt werden. Zusätzlich sollte es auf der Corporate Website Teaser und Links geben, die auf den Online-Bericht verweisen – je prominenter platziert desto besser. Auch besteht die Möglichkeit, einen Hinweis auf die Onlineversion im gedruckten Bericht zu platzieren. Diese Chance zur Erhöhung der Aufmerksamkeit wird jedoch nur von 16 Unternehmen aus dem Feld der 36 bewerteten Berichte genutzt.

Innerhalb des Online-Geschäftsberichts sorgt eine gut strukturierte und intuitiv bedienbare Navigation für einen unkomplizierten Zugang zu den Informationen. Zusätzlich bieten Links im Fließtext sowie in den Tabellen, gepaart mit seitenspezifischen internen und externen Links, eine gute Möglichkeit, den Nutzer durch den Bericht zu führen und ihm interessante Inhalte schmackhaft zu machen. Ein Vorjahresvergleich erlaubt den Sprung zu den korrespondierenden Inhalten des Vorjahresberichts und vereinfacht damit deren Vergleichbarkeit.

Den Dialog mit und zwischen den Nutzern zu fördern, gehört mittlerweile in den meisten Berichten zum Standard. Dazu werden Kontaktmöglichkeiten über E-Mail-Links oder Formulare angeboten, Feedbackmöglichkeiten zum Zweck der Aufnahme von Lob und Kritik geschaffen sowie Social Bookmarks integriert, die das Teilen der Inhalte über diverse Social Media-Plattformen ermöglichen und damit für eine Verbreitung der Inhalte sorgen.

BEST-PRACTICE-BEISPIELE AUS DEM BEREICH SERVICE

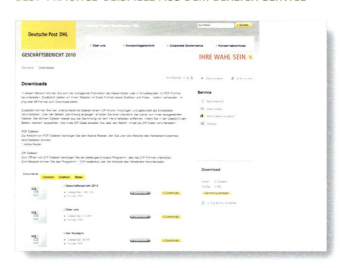

Deutsche Post DHL – Das Downloadcenter stellt sämtliche PDF- und XLS-Dateien sowie Grafiken und Bilder zur Verfügung.

BASF – Die Suchfunktion erlaubt das lineare Durchblättern der jeweiligen Fundstellen.

Im Bewertungsbereich Service beurteilen wir das Angebot und die Qualität der Servicefunktionen. Eine Volltextsuche, eine Druckfunktion sowie ein Downloadcenter gehören mittlerweile zur Standardausstattung eines Onlineberichts. Nichtsdestoweniger unterscheiden sich die Implementierungen teilweise sehr deutlich in Sachen Qualität und Usability.

Eine Suchfunktion beispielsweise, die die Suchergebnisse nach Relevanz reiht, den Suchbegriff auf der Übersichts- wie auch auf der Fundstellenseite farblich hervorhebt und einen kleinen Textausschnitt rund um die Fundstelle präsentiert, ist keineswegs in allen Berichten anzutreffen. Noch seltener bieten die Suchfunktionen eine Möglichkeit, sämtliche Fundstellen linear durchzublättern. Stattdessen zwingen viele Implementierungen den Nutzer jedes Mal wieder zur Ergebnisübersichtsseite zurück, wenn er eine weitere Fundstellenseite aufrufen will.

Ein Downloadcenter sollte das PDF des Geschäftsberichts auch kapitelweise anbieten, ebenso wie es XLS-Dateien aller Tabellen sowohl in einer Gesamtdatei als auch als Einzeldateien zur Verfügung stellen sollte. Die Integration von Bildern und Grafiken sowie von Videos sind sinnvolle Erweiterungen.

BEST-PRACTICE-BEISPIELE AUS DEM BEREICH TECHNIK

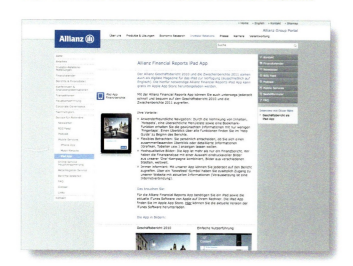

Allianz – Eine eigene iPad-App des Geschäftsberichts wird nur von wenigen Unternehmen angeboten. Die meisten reagieren mit einer Optimierung der Webseite für mobile Endgeräte auf deren wachsende Verbreitung.

Deutsche Bank – Mit Hilfe eines Akkordeonelements lässt sich viel Inhalt übersichtlich auf einer Seite darstellen.

Im Bewertungsbereich Technik geht es um die Einhaltung von Webstandards bei der Programmierung, um das Maß an Barrierearmut der Berichte sowie um deren Usability.

ONLINE-GESCHÄFTSBERICHTE DER DAX- UND MDAX-UNTERNEHMEN IM VERGLEICH

Die Qualität der Programmierung ist für den Nutzer nicht auf den ersten Blick erkennbar. Trotzdem ist die Einhaltung der gängigen Webstandards und das Programmieren von validem HTML- und CSS-Code im Hinblick auf die Sichtbarkeit für Suchmaschinen sowie die korrekte Darstellung des Layouts über die verschiedenen Browser und Plattformen hinweg wichtig – insbesondere angesichts der stetig wachsenden Zahl von mobilen Endgeräten mit ihren unterschiedlichen Displayformaten.

Sinnvolle Alternativtexte für Bilder, Grafiken und grafische Bedienelemente sowie Transkripts von Video- und Audioinhalten und ausreichende Farbkontraste tragen dem Ziel möglichst großer Barrierearmut Rechnung.

Die Frage nach der Usability stellt sich in besonderer Dringlichkeit angesichts der Daten aus den Webstatistiken. Diese belegen, dass sich ein durchschnittlicher Nutzer zwischen drei und fünf Minuten mit dem Online-Bericht beschäftigt und in dieser Zeit zwischen sieben und zehn Seiten betrachtet. Der Bericht wird demnach nicht am Bildschirm gelesen, sondern es werden Informationen hochselektiv gesucht und extrahiert. Wird dem Nutzer die Informationsaufnahme durch kleine Schriftgrößen oder geringe Absatzabstände, nicht ausreichende Farbkontrastwerte, eine uneinheitliche Auszeichnung von Links oder eine verwirrende Navigation erschwert, dann erhöht sich die Absprungwahrscheinlichkeit deutlich.

AGENTURVERZEICHNIS

AGENTURVERZEICHNIS

▌ 3st kommunikation GmbH
Hindenburgstraße 32
55118 Mainz
Fon: 06131 96443-0
info@3st.de
www.3st.de
ElringKlinger AG
Helaba Landesbank Hessen-Thüringen
Heraeus Holding GmbH
SCHOTT AG
STIHL Holding AG & Co. KG

▌ 85four Limited
85 Ferkenwell Road
GB-London EC1R 5AR
Fon: +44207 400-4709
www.85four.com
Dialog Semiconductor Plc

▌ A3PLUS GMBH
Thesings Allee 21
33332 Gütersloh
Fon: 05241-9571-0
info@a3plus.de
www.a3plus.de
FernUniversität in Hagen

▌ acm Werbeagentur GmbH
Balanstraße 55
81541 München
Fon: 089 480901-0
kontakt@acm.by
www.acm.by
GBW AG

▌ AM Agentur für Kommunikation GmbH
Industriestraße 45
70565 Stuttgart
Fon: 0711 7831-0
stuttgart@am-com.com
www.am-com.com
TLG IMMOBILIEN GmbH

▌ ART-KON-TOR Kommunikation GmbH
Hainstraße 1
07745 Jena
Fon: 03641 8877-0
info@art-kon-tor.de
www.art-kon-tor.de
Beta Systems Software AG

▌ Berichtsmanufaktur GmbH
Poststraße 17
20354 Hamburg
Fon: 040 430990-80
www.berichtsmanufaktur.de
INDUS Holding AG

▌ Blösch & Partner Werbeagentur GmbH
Otto-Hahn-Straße 1
75031 Eppingen
Fon: 07262 9177-0
epp@bloesch-partner.de
www.bloesch-partner.de
mwb fairtrade AG

▌ Bransch & Partner Werbeagentur GmbH
Diemershaldenstraße 36
70184 Stuttgart
Fon: 0711 23979-3
info@branschundpartner.de
www.branschundpartner.de
Progress-Werk Oberkirch AG

▌ Büro3
Dorfstraße 14
24975 Maasbüll
Fon: 04634 1055
k.luebke@buero3.de
www.buero3.de
Förde Sparkasse

▌ Büro Ballweg - Konzeption & Gestaltung
Haßlerstraße 15
89077 Ulm
Fon: 0731 9317348
ballweg@ballweg-ulm.com
www.ballweg-ulm.com
Uzin Utz AG

▌ Büro Benseler
Eckener Straße 10
86415 Mering
Fon: 08233 4388
büro.benseler@t-online.de
WashTec AG

▌ BUTTER GmbH
Kronprinzenstraße 87
40217 Düsseldorf
Fon: 0211 86797-0
contact@butter.de
www.butter.de
Salzgitter AG

▌ CAT Consultants GmbH & Co. KG
Ferdinandstraße 6
20095 Hamburg
Fon: 040 303744-0
info@cat-consultants.de
www.cat-consultants.de
HOYER GmbH
LPKF Laser & Electronics AG

▌ Cortent Kommunikation AG
Clemensstraße 3
60487 Frankfurt am Main
Fon: 069 5770300-61
info@cortent.de
www.cortent.de
Giesecke & Devrient GmbH

▌ CROSSALLIANCE communication GmbH
Freihamer Straße 2
82166 Gräfelfing/München
Fon: 089 89827227
sh@crossalliance.de
www.crossalliance.de
elexis AG

▌ cyclos design GmbH
Hafenweg 24
48155 Münster
Fon: 0251 915998-0
info@cyclos-design.de
www.cyclos-design.de
technotrans AG

❚ dassyndikat.com - Dworacek Tasto GbR
Rottmannstraße 2-4
69121 Heidelberg
Fon: 06221 658365
hallo@dassyndikat.com
www.dassyndikat.com
REALTECH AG

❚ double com GmbH
Bleibtreustraße 5a
81479 München
Fon: 089-520117-29
info@double-com.de
www.double-com.de
Nemetschek AG

❚ Edenspiekermann AG
Friedrichstraße 126
10117 Berlin
Fon: 030 212808-0
info@de.edenspiekermann.com
www.edenspiekermann.com
Messe Frankfurt GmbH

❚ ergo Unternehmenskommunikation
GmbH & Co. KG
Venloer Straße 241-245
50823 Köln
Fon: 0 221 912887-0
ergo@ergo-komm.de
www.ergo-komm.de
comdirect bank AG

❚ FIRST RABBIT GmbH
Zollstockgürtel 59
50969 Köln
Fon: 0221 946103-0
mail@first-rabbit.de
www.firstrabbit.de
Deufol AG
Oldenburgische Landesbank AG

❚ FORCE Communications & Media GmbH
Niederkasseler Lohweg 185
40547 Düsseldorf
Fon: 0211 542211-0
info@force-agentur.de
www.force-cm.com
Santander Consumer Bank AG

❚ Freework Grafik-Design GmbH
Otto-Dix-Weg 1
71679 Asperg
Fon: 07141 24247-0
freework@freework-design.de
www.freework-design.de
USU Software AG

❚ G+J Corporate Editors GmbH
Stubbenhuk 10
20459 Hamburg
Fon: 040 3703-5161
info@ corporate-editors.com
www.corporate-editors.com
AUDI AG

❚ goetzinger + komplizen Werbeagentur GmbH
Pforzheimer Straße 68b
76275 Ettlingen
Fon: 07243 76170-0
contact@goetzinger-komplizen.de
www.goetzinger-komplizen.de
Stadtwerke Tübingen GmbH

❚ goldmarie design
Broda & Broda GbR
Sternstraße 32
48145 Münster
Fon: 0251 3977677-0
info@goldmarie-design.de
www.goldmarie-design.de
Westfälische Wilhelms-Universität (WWU) Münster

❚ häfelinger + wagner design gmbh
Türkenstr. 55-57
80799 München
Fon: 089 202575-0
info@hwdesign.de
www.hwdesign.de
Deutsche Bank AG
Siemens AG
ThyssenKrupp AG
Wacker Chemie AG

❚ Heimrich & Hannot
Stralauer Allee 2
10245 Berlin
Fon: 030 308780-0
www.heimrich-hannot.de
envia Mitteldeutsche Energie AG

❚ heureka! Profitable Communication GmbH
Renteilichtung 1
45134 Essen
Fon: 0201 61546-0
info@heureka.de
www.heureka.de
GESCO AG

❚ HGB Hamburger Geschäftsberichte GmbH & Co. KG
Rentzelstraße 10a
20146 Hamburg
Fon: 040 414613-0
research@hgb.de
www.hgb.de
DEKRA SE
Deutsche Telekom AG
PSI AG

❚ Impacct Communication t&p GmbH
Gurlittstraße 24
20099 Hamburg
Fon: 040 280069-88
info@impacct.de
www.impacct.de
R. STAHL AG

❚ Irlenkäuser Communication GmbH
Adlerstraße 74
40211 Düsseldorf
Fon: 0211 1666-20
irl@irlcomm.de
www.irlenkaeuser.de
TUI AG

❚ Kaiserberg Kommunikation GmbH
Mülheimer Straße 100
47057 Duisburg
Fon: 0203 306-5000
info@kaiserberg.com
www.kaiserberg.de
Stadtwerke Münster

AGENTURVERZEICHNIS

■ Kirchhoff Consult AG
Herrengraben 1
20459 Hamburg
Fon: 040 609186-0
info@kirchhoff.de
www.kirchhoff.de
Deutscher Sparkassen- und Giroverband
GRAMMER AG
LANXESS AG
MediGene AG
TUI AG
Wacker Neuson SE

■ LinusContent AG
Wilhelm-Leuschner-Straße 9-11
60329 Frankfurt am Main
Fon: 069 9074888-0
team@linuscontent.com
www.linuscontent.com
DIC Asset AG

■ LOK. Design Division -
Agentur für visuelle Kommunikation
Neustädter Straße 16
33602 Bielefeld
Fon: 0521 9676036
justus@lokbase.com
www.lokbase.com
Volksbank Paderborn-Höxter-Detmold eG

■ mann + maus GmbH & Co. KG
Große Düwelstraße 28
30171 Hannover
Fon: 0511 844898-0
mum@cybermaus.de
www.mannundmaus.de
Stadtwerke Hannover AG

■ Markenteam Werbeagentur GmbH
Könneritzstraße 3
01067 Dresden
Fon: 0351 43813-0
info@markenteam-dresden.de
www.markenteam-dresden.de
DREWAG - Stadtwerke Dresden GmbH

■ MediaCom - Agentur für Media-Beratung GmbH
Derendorfer Allee 10
40476 Düsseldorf
Fon: 0211 17162-0
sven.wollner@mediacom.de
www.mediacom.de
Volkswagen AG

■ Montfort Werbung GmbH
Freiwies 10
A-6833 Klaus
Fon: +435523 53938
office@montfortwerbung.com
www.montfrotwerbung.com
GILDEMEISTER Aktiengesellschaft

■ mpm media process management gmbh
Untere Zahlbacher Straße 13
55131 Mainz
Fon: 06131 9569-20
info@digitalagentur-mpm.de
www.digitalagentur-mpm.de
Mainova AG

■ nicolaygrafik
Oeder Weg 56
60318 Frankfurt am Main
Fon: 069 48002526
atelier@nicolaygrafik.de
www.nicolaygrafik.de
NanoFocus AG

■ OrangeLab Werbeagentur
Hüttenstraße 31 A
40215 Düsseldorf
Fon: 0211 598942-21
t.redlinger@orange-lab.de
www.orange-lab.de
Vorwerk & Co. KG

■ Peter Schmidt Group GmbH
ABC-Straße 47
20354 Hamburg
Fon: 040 441804-0
info@peter-schmidt-group.de
www.peter-schmidt-group.de
Linde AG

■ red cell Werbeagentur GmbH
Rathausufer 16-17
40213 Düsseldorf
Fon: 0211 3090-0
info@redcell.de
www.redcell.de
Bertelsmann AG
Sunways AG

■ SAHARA Werbeagentur
Werastraße 51
70190 Stuttgart
Fon: 0711 2373-00
kontakt@sahara.de
www.sahara.de
Bertrandt AG

■ Salzkommunikation Berlin GmbH
Oranienburger Straße 26
10117 Berlin
Fon: 030 345062-30
info@salz-berlin.de
www.salz-berlin.de
Eckert & Ziegler AG

■ Scheufele Hesse Eigler
Kommunikationsagentur GmbH
Cretzschmarstraße 10
60487 Frankfurt am Main
Fon: 069 138710-0
info@scheufele-online.de
www.scheufele-online.de
GfK SE
MVV Energie AG

■ Sepp Barske
Tucholskystraße 37
10117 Berlin
Fon: 030 54770770
sepp@barkse.de
www.barske.de
CAMERA WORK AG

▌Spiess Consult GmbH & Co. KG
Düsseldorfer Straße 70
40545 Düsseldorf
Fon: 0211 550217-0
info@spiessconsult.de
www.spiessconsult.de
Seven Principles AG

▌Strichpunkt –
Agentur für visuelle Kommunikation GmbH
Krefelder Straße 32
70376 Stuttgart
Fon: 0711 620327-0
info@strichpunkt-design.de
www.strichpunkt-design.de
Beiersdorf AG
METRO GROUP
WMF AG

▌Studio Delhi
Rochusstraße 11
55116 Mainz
Fon: 06131 62907-96
rech@studiodelhi.de
www.studiodelhi.de
Funkwerk AG

▌Trawny/ Quass von Deyen GbR –
Konzeption + Design
Hohenstaufenring 42
50674 Köln
Fon: 0221 921621-0
mail@kdkoeln.de
www.kdkoeln.de
Stadtwerke Köln GmbH

▌W & Cie
1 Cours de L'Île Seguin
F-92650 Boulogne-Billancourt Cedex
Fon: +33172 2700-00
s.lecomte@wcie.fr
www.wcie.fr
EADS N.V.

▌W.A.F Werbegesellschaft mbh
Gottfried-von-Cramm-Weg 35
14192 Berlin
Fon: 030 303005-0
waf@waf-werbung.de
www.waf-werbung.de
Bechtle AG

▌Whitepark GmbH & Co.
Neuer Wall 17-19
20354 Hamburg
Fon: 040 3099776-30
info@whitepark.de
www.whitepark.de
PVA TePla AG

▌Wir Design communication AG
Sophienstraße 40
38118 Braunschweig
Fon: 0531 8881-0
welcome@wirdesign.de
www.wirdesign.de
Commerzbank AG

▌Xeo GmbH
Speditionsstraße 15
40221 Düsseldorf
Fon: 0211 552211-00
info@xeo-marken.de
www.xeo-marken.de
Evonik Industries AG

▌Zum Goldenen Hirschen
Dammtorwall 7a
20354 Hamburg
Fon: 040 28455-0
hamburg@hirschen.de
www.hirschen.de
GEWOBA Aktiengesellschaft Wohnen und Bauen

IMPRESSUM

DNB, Deutsche Bibliothek

Deutsche Standards: Beispielhafte Geschäftsberichte
(bearbeitet von Steffen Heemann, Olaf Salié und Cläre Stauffer)
Köln: Deutsche Standards EDITIONEN, 2011

ISBN: 978-3-86936-252-6
14. Auflage
© 2011 Deutsche Standards EDITIONEN GmbH, Köln

Nachdruck, auch nur in Auszügen, nur mit schriftlicher Genehmigung des Verlags.
Kein Teil dieses Buchs darf ohne schriftliche Einwilligung des Verlags in irgendeiner Form
reproduziert werden oder unter Verwendung elektronischer Systeme verarbeitet,
vervielfältigt oder veröffentlicht werden.

Alle Rechte vorbehalten. Printed in Germany.

Chefredaktion: Olaf Salié
Projektleitung: Kristina Reinbothe
Redaktionelle Leitung: Cläre Stauffer
Gestaltung: Stefan Laubenthal
Fotos „Ausgezeichnete Gestaltungsideen": Peter Johann Kierzkowski | pjk-atelier
Herstellung: Firmengruppe APPL, aprinta druck, Wemding
Gedruckt auf Profistar, holzfrei, weiß, matt vollgestrichen 150 g/qm.

Die Copyrights für die in diesem Buch abgebildeten Logos und die zur Verfügung gestellten Fotografien und Grafiken
liegen ausschließlich bei den beteiligten Unternehmen und dürfen ohne deren ausdrückliche Genehmigung nicht abgedruckt
bzw. verwendet werden.

Bildnachweis:
Porträt Roland Tichy: Copyright Heike Rost